Die Geschäftsführung ohne Auftrag als Anspruchsgrundlage
bei gescheiterten Verträgen

Europäische Hochschulschriften
Publications Universitaires Européennes
European University Studies

Reihe II
Rechtswissenschaft

Série II Series II
Droit
Law

Bd./Vol. 4392

PETER LANG
Frankfurt am Main · Berlin · Bern · Bruxelles · New York · Oxford · Wien

Tobias Hader

Die Geschäftsführung ohne Auftrag als Anspruchsgrundlage bei gescheiterten Verträgen

PETER LANG
Europäischer Verlag der Wissenschaften

Bibliografische Information Der Deutschen Bibliothek
Die Deutsche Bibliothek verzeichnet diese Publikation in der Deutschen Nationalbibliografie; detaillierte bibliografische Daten sind im Internet über <http://dnb.ddb.de> abrufbar.

Zugl.: Jena, Univ., Diss., 2006

27
ISSN 0531-7312
ISBN 3-631-55393-5

www.peterlang.de

Meiner Mutter,
im Gedenken
an meinen Vater

Vorwort

Der Fakultätsrat der Rechtswissenschaftlichen Fakultät der Friedrich-Schiller-Universität Jena hat diese Arbeit im Wintersemester 2005/2006 als Dissertation angenommen. Das Manuskript wurde im November 2005 abgeschlossen.

Die Arbeit entstand während meiner wissenschaftlichen Mitarbeit am Lehrstuhl für Bürgerliches Recht, Römisches Recht und Europäische Rechtsgeschichte von Frau Prof. Dr. Elisabeth Koch. Ihr, meiner Doktormutter, gilt mein besonderer Dank für die hervorragenden Arbeitsbedingungen am Lehrstuhl sowie die stets engagierte und hilfreiche Betreuung der Arbeit. An Frau Prof. Dr. Monika Schlachter geht mein herzlicher Dank für die zügige Erstellung des Zweitgutachtens.

Nicht zuletzt danke ich meiner Freundin, Claudia Thieme, für ihre Unterstützung, für ihre Geduld bei so manchen juristischen Gesprächen und für das mühevolle und zeitintensive Korrekturlesen der Arbeit.

Dieses Buch ist meiner Mutter und dem Andenken meines Vaters gewidmet.

Jena, im März 2006 Tobias Hader

Inhaltsübersicht

Inhaltsverzeichnis

A. Einleitung

§ 1 *Anlaß und Ziel der Arbeit*

> „Nach der Rechtsprechung des BGH kann bei Nichtigkeit eines Vertrages unbeschränkt auf die Grundsätze der §§ 677 ff. BGB zurückgegriffen werden, wenn ihre sonstigen Voraussetzungen gegeben sind ... Hält sich der Geschäftsführer zur Geschäftsführung für verpflichtet, so schließt dies allein die Anwendbarkeit der §§ 677 ff. BGB nicht aus ...“[1]

Diese oder eine sinngemäße Formulierung verwendet der *Bundesgerichtshof* seit der Entscheidung des *VII.-Zivilsenats* vom 25.06.1962[2] in ständiger Rechtsprechung,[3] wenn es um die Anwendung der Regeln der Geschäftsführung ohne Auftrag[4] in denjenigen Fällen geht, in denen der Geschäftsführer aufgrund eines nicht zustande gekommenen oder nicht wirksamen Vertrages mit Geschäftsbesorgungscharakter tätig wurde.

Die Basis für eine dementsprechende Auslegung des § 677 BGB[5] bildet dessen allgemein gehaltener Wortlaut. Dieser ist so dehnbar gefaßt, daß die Tatbestandsvoraussetzungen der GoA nur schwer zu präzisieren sind. Als Folge hat die Rechtsprechung diese Unbestimmtheit genutzt und mit Hilfe der *Figur des auch-fremden Geschäfts* und der *Vermutung des Fremdgeschäftsführungswillens* eine Grundlage geschaffen, um die GoA als allgemeines Regreßinstrument zum Ausgleich verschiedenster Vermögensopfer einzusetzen.

Darüber hinaus sind vor allem die vielseitigen Rechtsfolgen der Grund für die „geradezu magische Anziehungskraft“[6], welche die GoA auf die

---

[1] *BGH*, Urteil vom 30.09.1993 - VII ZR 178/91, *BGH* NJW 1993, 3196 = MDR 1993, 1206 = WM 1994, 74.

[2] *BGH*, Urteil vom 25.06.1962 - VII ZR 120/61, *BGHZ* 37, 258 = NJW 1962, 2010 = WM 1962, 1034.

[3] Vgl. beispielsweise *BGHZ* 39, 87, 90; *BGH* NJW 1971, 609, 612, insoweit in *BGHZ* 55, 128 nicht abgedruckt; *BGHZ* 101, 393, 399; 143, 9, 15 f.; 157, 168, 175; *BGH* NJW-RR 1989, 970; *BGH* NJW 1997, 47, 48; *BGH* WM 2004, 2441, 2443; *BGH* NJW-RR 2005, 639, 641; *BGH* ZIP 2005, 1599.

[4] Im folgenden abgekürzt als GoA.

[5] §§ ohne Gesetzesangabe sind solche des BGB.

[6] So die Worte von *Hauß*, Ein strapaziertes Rechtsinstitut - Zur Eingrenzung der Geschäftsführung ohne Auftrag, in: Festgabe für Hermann Weitnauer (1980), S. 333.

Rechtsprechung ausübt. Neben dem Schadensersatz- und Herausgabeanspruch des Geschäftsherrn sticht hier der Aufwendungsersatzanspruch des berechtigten Geschäftsführers ohne Auftrag gem. §§ 670, 683 S. 1, 677 besonders hervor.

Natürlich ist es folgerichtig und sogar notwendig, den Anwendungsbereich einer sprachlich weit gefaßten Norm abzugrenzen und ihn dadurch gewissermaßen mit Leben auszufüllen. Bemerkenswert ist jedoch, daß die Konkretisierung einer Norm durch die Rechtsprechung in wenigen Bereichen des Zivilrechts so viel Widerspruch in der Wissenschaft findet wie bei der auftraglosen Fremdgeschäftsführung. So sieht sich die Rechtsprechung und im besonderen der *BGH* seit jeher dem Vorwurf der Wissenschaft ausgesetzt, die GoA zu einem uferlosen Auffangtatbestand gemacht zu haben.[7]

Anlaß für die vorliegende Arbeit war deshalb zunächst die Tatsache, daß die Anwendbarkeit der GoA *im allgemeinen* noch immer umstritten ist. Angesichts des über einhundert Jahre andauernden Streits um den legitimen Anwendungsbereich der GoA stellt sich die Frage, warum die Wissenschaft nicht wie in anderen Rechtsbereichen die gefestigte Rechtsprechung des *BGH* als Rechtsfortbildung anerkannt hat, sondern die GoA stets aufs neue zum Thema rechtsdogmatischer Debatten wählt.[8]

I. Die Fälle der gescheiterten Verträge mit Geschäftsbesorgungscharakter

Eine Sonderstellung nehmen im Rahmen der Problematik der auftraglosen Fremdgeschäftsführung die Fälle der gescheiterten Verträge mit Geschäftsbesorgungscharakter ein.

Schon wegen der hohen Praxisrelevanz der Rückabwicklung von gescheiterten Verträgen konzentriert sich ein wesentlicher Teil des Widerspruchs in der Wissenschaft auf die Anwendung der GoA bei dieser Konstellation. Zu bemerken ist dabei, daß im Gegensatz zu vielen anderen

---

[7] So beispielsweise *Erman/Ehmann*, vor § 677 Rn. 10; vgl. die umfangreichen Nachweise bei *Gursky*, AcP 185 (1985), S. 13, Fn. 2-4.

[8] Vgl. z. B. die neueren Untersuchungen von *Köndgen*, Die Geschäftsführung ohne Auftrag im Wandel der Zeiten - Versuch einer Ehrenrettung, in: Rechtsgeschichte und Privatrechtsdogmatik, Festschrift für Hans Hermann Seiler (1999), S. 371 ff.; *Griebe*, Der Aufwendungsersatzanspruch des Geschäftsführers ohne Auftrag (1996); *Schmidt*, JuS 2004, 862 ff.

Fallgruppen der GoA die fast einhellige Meinung in der Literatur die Anwendbarkeit der §§ 677 ff. ablehnt.

Weiterhin ist die Rechtsprechung in den letzten Jahren insbesondere zur *Problematik der auch-fremden Geschäfte* in Bewegung geraten. Einige Oberlandesgerichte verweigerten dem *BGH* die Gefolgschaft und wichen von dessen ständiger Rechtsprechung zu diesem Problemkreis ab.[9] Aber auch in der neueren Judikatur des *BGH* selbst finden sich Anhaltspunkte, die auf eine teilweise Abkehr von der Anwendung der GoA beim Vorliegen eines auch-fremden Geschäfts schließen lassen.[10] Dagegen hält der *BGH* in den Fällen der *unwirksamen und nicht zustande gekommenen Verträge* unbeirrt an seiner ständigen Rechtsprechung fest.[11] Ungeklärt ist deshalb, warum sich der *BGH* gerade in diesen Fällen den Einwänden der Wissenschaft verschließt.

Aufgrund dieser Ausgangssituation soll im folgenden versucht werden, die Fallgruppe der gescheiterten Verträge herauszugreifen und unabhängig von den übrigen Problemfeldern der GoA einer Lösung zuzuführen. Die Untersuchung soll insbesondere im Hinblick auf die Rechtsprechung des *BGH* folgende Fragen beantworten:

1. Ist der Rückgriff auf die Regeln der GoA bei gescheiterten Verträgen mit Geschäftsbesorgungscharakter überhaupt zulässig, das heißt ist die vom *BGH* befürwortete und in ständiger Rechtsprechung wiederholte Auslegung der §§ 677 ff. zutreffend?
2. Soweit dies zweifelhaft ist, welches Anliegen steht hinter der Anwendung der GoA auf gescheiterte Verträge durch die Rechtsprechung und wird dieses Anliegen erreicht?
3. Ist für dieses Anliegen ein Rückgriff auf die GoA notwendig oder lassen sich dementsprechende Ergebnisse auch ohne Anwendung der GoA erzielen?

---

[9] Beispielsweise *OLG Saarbrücken*, NJW 1998, 828; *OLG Koblenz*, NJW 1999, 2904; *OLG Oldenburg*, MDR 2000, 1373; zur Tendenz in der Rechtsprechung *Falk*, JuS 2003, 833, 837 ff.

[10] Beispielsweise *BGH* NJW 2000, 72 ff.; für die Fallgruppe des sogenannten pflichtgebundenen Geschäftsführers ohne Auftrag *BGH* NJW-RR 2004, 81 ff. Einzelheiten unter Gliederungspunkt D. § 6 III. 4., S. 156.

[11] Vgl. nur zuletzt *BGH* NJW-RR 2004, 81; *BGH* WM 2004, 2441; *BGH* NJW-RR 2005, 639.

II. Die Konkretisierung des Untersuchungsbereichs

Vor dem Einstieg in die Problematik sind zunächst die in diesem Zusammenhang üblichen Begriffe zu erläutern sowie der Untersuchungsbereich einzugrenzen.

1. Die Terminologie

Um die „Wirkungslosigkeit" eines Rechtsgeschäfts zu beschreiben, werden in Rechtsprechung, Literatur und im BGB selbst unterschiedliche Termini gebraucht. So ist von „unwirksamen", „nichtigen", „fehlerhaften", „unvollständigen" Rechtsgeschäften bzw. „Nicht-Rechtsgeschäften" die Rede. Oberbegriff für tatbestandlich vollendete, aber gleichzeitig mangelbehaftete Rechtsgeschäfte ist das „fehlerhafte Rechtsgeschäft".[12] „Nichtigkeit" und „Unwirksamkeit" werden dabei als Unterbegriffe im Zusammenhang mit Rechtsgeschäften gebraucht, deren beabsichtigte Rechtsfolgen aufgrund eines Unwirksamkeitsgrundes grundsätzlich nicht eintreten. Beide Begriffe werden in der vorliegenden Arbeit synonym verwendet, da entgegen einiger Literaturmeinungen der Sprachgebrauch des BGB keinen Schluß auf eine inhaltliche Differenzierung zuläßt.[13] Weiterhin wird bei Verwendung der beiden Termini in der Arbeit weder zur Art der Fehlerhaftigkeit noch zu einer möglichen Wirkung des Rechtsgeschäfts über die grundsätzliche Nichtgeltung der vertraglichen Rechtsfolgen hinaus eine Aussage getroffen.

Den *unwirksamen* stehen die *nicht zustande gekommenen* Rechtsgeschäfte gegenüber. Bei diesen sind schon die Tatbestandsvoraussetzungen eines Rechtsgeschäfts nicht erfüllt. So liegt schon kein „Vertrag" vor, wenn sich die präsumtiven Parteien bezüglich der wesentlichen Vertragsbestandteile nicht geeinigt haben.[14] Die nicht zustande gekommenen Rechtsgeschäfte sind in denjenigen Konstellationen Bestandteil der Untersuchung, in denen der Geschäftsführer irrtümlich von einem wirksamen Vertrag ausging.

---

[12] Vgl. *Palandt/Heinrichs*, Überbl. v. § 104, Rn. 26; zur Terminologie fehlerhafter Rechtsgeschäfte umfassend *Beckmann*, Nichtigkeit und Personenschutz (1998), S. 13 ff.

[13] Vgl. dazu die Übersicht bei *Beckmann*, Nichtigkeit und Personenschutz (1998), S. 17 ff.

[14] *MüKo/Kramer*, § 154 Rn. 11; *Leenen*, AcP 188 (1988), S. 381, 386.

Ist in dieser Untersuchung von *gescheiterten Verträgen* die Rede, so werden von diesem Begriff nichtige Verträge als auch nicht zustande gekommene Verträge erfaßt.

Werden in der Untersuchung die Begriffe *Geschäftsführer* und *Geschäftsherr* verwendet, ist damit ebenfalls noch keine Aussage zur möglichen Anwendbarkeit der GoA verbunden. Soweit die Anwendung der GoA gerade in Frage steht, werden die Personen lediglich hinsichtlich der Stellung bei Annahme einer wirksamen GoA bezeichnet.

2. Die untersuchten Konstellationen

Gegenstand der Untersuchung sind ausschließlich die Fälle der *gescheiterten Verträge*, in denen die vermeintlich geschuldete Tätigkeit den *Charakter einer Geschäftsbesorgung* im Sinne der GoA besitzt. Betroffen sind demnach alle Aufträge im engeren Sinn, Rechtsberatungs-, Verwalter-, Treuhänder-, Geschäftsbesorgungs- sowie Dienst- und Werkverträge. Im weiteren sind zwei sich teilweise überschneidende Fallkonstellationen denkbar, die im Ergebnis unterschiedlich zu behandeln sein könnten.

a) Aufgrund gesetzlicher Anordnung nichtige Verträge

Zuvorderst sind die Fälle zu nennen, in denen sich ein Vertrag *aufgrund einer gesetzlichen Anordnung* als *nichtig* erweist. Die Nichtigkeit ergibt sich dabei in der überwiegenden Anzahl der Fälle aus einem Verstoß gegen § 125 oder § 138 I bzw. gegen ein Verbotsgesetz i. V. m. § 134.[15] Hinzu kommen die Fälle, bei denen der Vertrag an der fehlenden Geschäftsfähigkeit einer Vertragspartei scheitert.[16]

Zu trennen sind diese Fälle wiederum nach dem Kenntnisstand des Geschäftsführers. Bei der Entscheidung dieser Konstellation wird sich dementsprechend die Frage stellen, ob bei einer Kenntnis des Geschäftsfüh-

---

[15] Beispielsweise *BGHZ* 37, 258; 39, 87; 50,90; 70,12; 101, 393; 118, 142; *BGH* NJW-RR 1993, 200; *BGH* NJW 1993, 3196; *BGH* NJW 1997, 47.

[16] Richtigerweise kommt es bei Geschäftsunfähigen zu keinem Vertragschluß, weil schon keine wirksame Willenserklärung vorliegt. Gleichwohl können diese Konstellationen in die nichtigen Verträge einbezogen werden, da sich durch diesen Unterschied keine abweichende Betrachtung ergibt. Vgl. dazu die Ausführungen unter Gliederungspunkt E. § 1, S. 179.

rers von dem Gesetzesverstoß und der Nichtigkeit möglicherweise anders zu entscheiden ist, als wenn der Geschäftsführer von der Unwirksamkeit keine Kenntnis hatte.

b) Sonstige gescheiterte Verträge

Neben den Fällen der nichtigen Verträge stehen diejenigen Konstellationen, bei denen der Geschäftsführer aus anderen Gründen *irrtümlich* von einer vertraglichen Verpflichtung gegenüber dem Geschäftsherrn ausgeht.[17]

Das ist insbesondere dann möglich, wenn trotz eines rechtsgeschäftlichen Kontakts zwischen den Beteiligten oder sogar Vertragsverhandlungen der Vertrag *nicht zustande gekommen* ist. Darüber hinaus sind hier diejenigen Sachverhalte einzuordnen, bei denen der Geschäftsführer ohne vorherigen Kontakt mit dem Geschäftsherrn lediglich irrtümlich glaubte, einen wirksamen Vertrag zu erfüllen.

Als Sonderfälle der gescheiterten Verträge sollen die Fälle des *versteckten Dissenses* sowie die Fälle behandelt werden, in denen der Vertrag wegen *fehlender Vertretungsmacht des Vertreters* scheitert.

Alle Fälle der gescheiterten Verträge stimmen insoweit hinsichtlich der subjektiven Einstellung des Geschäftsführers überein. Nimmt man diejenigen Fälle aus, bei denen der Geschäftsführer von der Nichtigkeit Kenntnis hatte, ging der Geschäftsführer stets *irrtümlich* von einer bestehenden Verpflichtung aus. Darüber hinaus ist jeweils der *Wille zur Vertragserfüllung* das eigentliche Motiv des Handelns. Dementsprechend liegt in allen Fällen ein ausgeprägtes *Eigeninteresse des Geschäftsführers an der Durchführung des Geschäfts* vor, will er sich doch von der vertraglichen Verbindlichkeit befreien und dafür die vereinbarte Gegenleistung beanspruchen. Die genannten Merkmale stellen deshalb die Gemeinsamkeit der gescheiterten Verträge dar und werden deshalb bei der Auslegung der §§ 677 ff. eine tragende Rolle spielen.

3. Von der Untersuchung ausgenommene Sonderfälle

Die Fälle nichtiger Arbeitsverträge sowie Fälle der Schwarzarbeit werden dagegen wegen ihrer Besonderheit nicht Gegenstand der Untersuchung sein.

---

[17] Beispielsweise *BGHZ* 143, 9; *BGH* WM 2000, 973; *BGH* NJW-RR 2004, 81.

a) Unwirksame Arbeitsverträge

Ist ein Arbeitsvertrag wegen §§ 105, 107, 134 oder 138 bzw. nach erfolgter Anfechtung nichtig, handelt es sich zweifellos um einen nichtigen Vertrag mit Geschäftsbesorgungscharakter. Gleichwohl werden diese Fälle von der Untersuchung ausgenommen. Die Rechtsprechung hat zu diesen Fällen mit der Lehre des „faktischen" bzw. „fehlerhaften" Arbeitsverhältnisses eine Sonderlösung geschaffen, welche nicht in Frage gestellt werden soll. Soweit das Arbeitsverhältnis schon in Vollzug gesetzt wurde und sich keine vorrangigen Interessen der Allgemeinheit oder schutzwürdiger Personen vorfinden, besteht ein sogenanntes fehlerhaftes Arbeitsverhältnis, was nur für die Zukunft, *ex nunc*, als nichtig angesehen wird. Begründet wird diese Ausnahme mit dem „extrem interessenwidrigen" und „unbilligen" Ergebnis, welches sich für den Arbeitnehmer bei der Rückabwicklung *ex tunc* nach bereicherungsrechtlichen Grundsätzen ergibt.[18]

b) Fälle der Schwarzarbeit

Die Fälle der sogenannten Schwarzarbeit betreffen zwei Konstellationen. Bei der *unselbständigen Schwarzarbeit* werden die steuerlichen und sozialversicherungsrechtlichen Meldepflichten umgangen. Diese Pflichten wollen die Beschäftigung nicht verhindern, sondern nur finanziell belasten.[19] Deshalb bleiben die Verträge grundsätzlich wirksam, wenn die Absicht, Steuern und Sozialversicherungsbeiträge zu hinterziehen, nur Nebenzweck war.[20]

Anders sind die Fälle zu entscheiden, in denen ein Verstoß gegen das Gesetz zur Bekämpfung der Schwarzarbeit vorliegt. Das SchwArbG, welches vor allem die *selbständige Schwarzarbeit* betrifft,[21] untersagt durch § 1 gerade die Erbringung von Dienst- oder Werkleistungen unter Verletzung der gesetzlichen Pflichten. Die Verträge sind deshalb bei beiderseitigem Gesetzesverstoß nichtig.[22] Entsprechend seiner ständigen Rechtsprechung

---

[18] Vgl. *BAGE* 5, 58; *BAG* NJW 1962, 555; *BAG* NJW 1984, 446, 447; *Hanau/Adomeit*, Arbeitsrecht (2000), F. III 5.

[19] Vgl. dazu *Hanau/Adomeit*, Arbeitsrecht (2000), F. III 5.

[20] *BAG* DB 2003, 1581, 1582.

[21] Bei unselbständiger Schwarzarbeit werden nur Bezieher von Sozialleistungen, welche eine Beschäftigung aufnehmen, ohne dies dem zuständigen Leistungsträger mitzuteilen, erfaßt, § 1 Abs. 1 Nr. 1 SchwArbG.

[22] Vgl. *BGHZ* 85, 39, 42 f.; 111, 308, 311.

erklärt der *BGH* hier die GoA für grundsätzlich anwendbar, versagt jedoch einen Anspruch auf Aufwendungsersatz mit Ablehnung der Voraussetzungen des § 670.[23] Vielmehr verweist er auf das Bereicherungsrecht, den Kondiktionsausschluß des § 817 S. 2 und trifft schließlich eine Billigkeitsentscheidung nach § 242.[24] Bei einem einseitigen Verstoß gegen das Gesetz zur Bekämpfung der Schwarzarbeit besteht keine einheitliche Rechtsprechung. Nach der Rechtsprechung des *BGH* bleibt der Vertrag grundsätzlich wirksam.[25] Nach der *Canaris*[26] folgenden Rechtsprechung einiger Landgerichte[27] ist demgegenüber von einer Teilnichtigkeit der Verträge auszugehen.

Insgesamt bleibt festzuhalten, daß die Fälle der Schwarzarbeit die untersuchte Problematik zur GoA grundsätzlich nicht tangieren. Soweit der *BGH* bei einem beiderseitigen Verstoß gegen das SchwArbG die GoA für anwendbar erklärt, geschieht dies nur zur Beibehaltung der Rechtsprechung zur GoA bei nichtigen Verträgen. Eine praktische Konsequenz ergibt sich daraus indes nicht.

§ 2 Gang der Überlegungen

Stellt man die Frage nach der Anwendbarkeit der GoA auf gescheiterte Verträge, geht es im Kernpunkt um die Entstehung des gesetzlichen Schuldverhältnisses in diesen Fällen.

Der *erste Abschnitt* befaßt sich deshalb zunächst mit den allgemeinen Grundlagen zum Rechtsinstitut GoA. Zu Tatbestandsvoraussetzungen und Rechtsfolgen der GoA hat sich zwar eine sogenannte herrschende Meinung gebildet. Diese wird jedoch - teilweise nicht unberechtigt - von bedeutenden Stimmen in der Wissenschaft nicht nur in bezug auf Einzelheiten, sondern grundsätzlich mit Blick auf Sinn und Zweck der Norm sowie auf die Struktur des Tatbestandes abgelehnt. Können an dieser Stelle auch nicht alle Grundsatzfragen der GoA umfassend erörtert werden, muß doch für die nachfolgende Analyse eine Grundlage geschaffen werden, welche sowohl

---

[23] *BGHZ* 111, 308, 311; vgl. dazu auch *Voß*, Vertragliche und gesetzliche Ansprüche des Schwarzarbeiters (1994), S. 83 ff.

[24] Vgl. *BGHZ* 111, 308, 312 ff.

[25] *BGH* NJW 1984, 2403; *BGH* NJW-RR 2002, 557.

[26] *Canaris*, NJW 1985, 2404.

[27] *LG Bonn*, NJW-RR 1991, 180; *LG Mainz*, NJW-RR 1998, 48.

den Anforderungen der Praxis als auch den Anforderungen an eine wissenschaftliche Arbeit genügt.

Im *zweiten Abschnitt* soll die Problematik der gescheiterten Verträge mit Geschäftsbesorgungscharakter anhand der Rechtsprechung vertieft dargestellt werden. Dazu wird zunächst die Entwicklung der Rechtsprechung seit Inkrafttreten des BGB aufgezeigt. Anschließend wird anhand von wenigen Beispielsfällen aus der Judikatur des *BGH* dargestellt, welche Bereiche von der Problematik konkret betroffen sind. Durch Analyse der zugrundeliegenden Sachverhalte und der Urteilsbegründungen soll geklärt werden, aus welchen Gründen der *BGH* in ständiger, jedoch nicht vollends konsequenter Rechtsprechung bei gescheiterten Verträgen auf die GoA zurückgreift.

Im Anschluß an diese Vorbetrachtungen folgt in einem *dritten Abschnitt* der erste Schwerpunkt der Untersuchung. Darin soll die Frage beantwortet werden, ob bei nichtigen und nicht zustande gekommenen Verträgen der Tatbestand der GoA erfüllt ist. Zur Beantwortung dieser Frage werden die Vorschriften der §§ 677 ff. nach der klassischen Methodenlehre detailliert ausgelegt.

Berücksichtigt werden die bis dahin gefunden Ergebnisse in einem *vierten Abschnitt*, welcher den zweiten Schwerpunkt darstellen soll. In diesem wird untersucht, welchen Einfluß Normen und Wertungsgesichtspunkte außerhalb der §§ 677 ff. auf die Auslegung besitzen. Insofern wird die teleologische und systematische Auslegung mit der Frage nach der Erforderlichkeit einer teleologischen Reduktion der Vorschriften der GoA im Falle gescheiterter Verträge fortgesetzt. In diesem Schritt sollen die Wertungen der Nichtigkeitsgründe, Wertungen des Rechts der ungerechtfertigten Bereicherung, die Stellung der GoA im Anspruchssystem des BGB sowie die schutzwürdigen Interessen der Parteien besonders berücksichtigt werden.

Schließlich werden in einem *letzten Abschnitt* die Ergebnisse der Untersuchung zusammengefaßt.

B. Grundlagen zur GoA

Im folgenden Abschnitt wird zunächst kurz die Struktur sowie die Entwicklung und Präzisierung der §§ 677 ff. durch Judikatur und Wissenschaft dargestellt. Dabei soll nur auf diejenigen Punkte eingegangen werden, die für das Thema der Arbeit von Bedeutung sind.

§ 1 Die Rechtsnatur der GoA

Die Geschäftsführung ohne Auftrag gehört neben dem Deliktsrecht, dem Bereicherungsrecht und dem Eigentümer-Besitzer-Verhältnis zur bürgerlichrechtlichen Ausgleichsordnung.[1] Innerhalb dieser Ordnung erfaßt die GoA nichtvertragliche sowie nicht anderweitig geregelte Geschäftsbesorgungen.

Rechtssystematisch ist die GoA nach der herkömmlichen am Entstehungsgrund orientierten Einteilung ein gesetzliches Schuldverhältnis. Sind die Tatbestandsvoraussetzungen erfüllt, treten die Rechtsfolgen demgemäß ohne Rücksicht darauf ein, ob sie rechtsgeschäftlich gewollt sind oder nicht.

§ 2 Die grundlegenden Funktionen der GoA

Noch vor der Darstellung von Voraussetzungen und Rechtsfolgen muß der Blick auf die Funktionen des Rechtsinstituts GoA gerichtet werden. An dieser Stelle kann nun keineswegs der Streit über das Funktionsverständnis der GoA umfassend wiedergegeben werden, noch soll ein Vorgriff auf die später folgende detaillierte Auslegung der §§ 677 ff. erfolgen. Vielmehr wird der Rahmen abgesteckt, in dem sich die anschließende Betrachtung bewegen wird. Denn nur mit einem gewissen Vorverständnis von den Funktionen der GoA im Sinne eines hermeneutischen Zirkels[2] scheint eine nähere Betrachtung der §§ 677 ff. sinnvoll.

---

[1] *H. H. Seiler*, JuS 1987, 368; *Oppermann*, AcP 193 (1993), 497.

[2] Vgl. dazu nur *Looschelders/Roth*, Juristische Methodik im Prozeß der Rechtsanwendung (1996), S. 71 ff.

I. *Anreizfunktion*

Die GoA soll zuvorderst eine *Anreizfunktion* besitzen. Das Schuldverhältnis dient dazu, die Rechtsstellung eines selbstlos Hilfeleistenden zu regeln und zu begünstigen. Der Aufwendungsersatzanspruch des § 683 bietet einen Anreiz für die Wahrnehmung einer fremden Angelegenheit, das Haftungsprivileg des § 680 soll den Geschäftsführer zur Gefahrenabwehr ermutigen.[3]

II. *Ausgleichsfunktion*

Eng mit der Anreizfunktion verbunden ist die Funktion der GoA als *schuldrechtliche Ausgleichsregelung.* So bildet die GoA die spezielle Ausgleichsordnung für die Fälle der unlegitimierten Geschäftsbesorgung.[4] Die größte Bedeutung haben in diesem Zusammenhang der Anspruch des Geschäftsführers auf Ersatz seiner Aufwendungen sowie der Anspruch des Geschäftsherrn auf Herausgabe des durch die Geschäftsführung Erlangten. Durch die Gegenüberstellung der Ansprüche soll ein gerechter Ausgleich zwischen den Beteiligten ermöglicht werden. Weder der Geschäftsherr noch der Geschäftsführer soll einen unberechtigten Vorteil aus der Geschäftsführung ziehen noch einen Nachteil aus ihr erleiden.[5]

III. *Schutzfunktion*

Wiederum in direktem Zusammenhang mit der Ausgleichsfunktion steht die Bestimmung der GoA, den Geschäftsherrn vor unerwünschter Einmischung in seinen Rechtskreis zu schützen.

Diese *Schutzfunktion* ist indes kein selbständiger Regelungszweck. Denn gerade ohne die anspruchsbegründenden oder begünstigenden Vorschriften der GoA würden Deliktsrecht und die Störungsabwehrrechte ausreichenden Schutz gewährleisten.

---

[3] *Larenz/Canaris*, Schuldrecht Besonderer Teil II/1, 13. Auflage (1986), S. 436; *Mellulis*, Das Verhältnis von Geschäftsführung ohne Auftrag und ungerechtfertigter Bereicherung (1971), S. 4 ff.; *Helm*, Gutachten und Vorschläge (1983), S. 335, 361 f.

[4] So schon der Redaktor des Entwurfs zum Schuldrecht, *v. Kübel*, in: Schubert, Die Vorlagen der Redaktoren für die erste Kommission, Schuldrecht II, S. 934 f.; vgl. auch *MüKo/H. H. Seiler*, vor § 677 Rn. 3; *Staudinger/Wittmann*, Vorbem. zu §§ 677 ff., Rn. 6 f.

[5] Dazu *Staudinger/Wittmann*, Vorbem. zu §§ 677 ff., Rn. 6.

Vielmehr handelt es sich um ein Korrelativ innerhalb des Rechtsinstituts GoA. Einerseits wird der Anwendungsbereich der GoA eingeschränkt und damit die Ansprüche des Geschäftsführers an bestimmte Voraussetzungen gebunden. So werden insbesondere die Aufwendungen des Geschäftsführers nur ersetzt, wenn dieser bei der Übernahme des Geschäfts Wille und Interesse des Geschäftsherrn beachtet hat, § 683 S. 1. Die Fälle der unerlaubten Eigengeschäftsführung werden durch § 687 Abs. 2 ganz aus dem Anwendungsbereich ausgeschlossen.

Zum anderen werden dem Geschäftsführer die Pflichten der §§ 677, 678, 681 auferlegt und auf diese Weise der Einmischungsschutz verwirklicht.[6]

§ 3 Die dogmatische Präzisierung der §§ 677 BGB seit Inkrafttreten des BGB

Schon bald nach Inkrafttreten des BGB herrschten viele Zweifel über Begriff und Voraussetzungen der GoA. Weil dies im unklaren und vom Wortlaut her weit gefaßten Tatbestand der GoA begründet liegt, stellte *Rabel* schon 1909 fest, daß sich „die Redaktoren des 11. Titels nicht viel Lorbeeren verdient" haben.[7] Wissenschaft und Praxis sahen sich deshalb der Aufgabe gegenüber, den Tatbestand der GoA zu konkretisieren. Wie unzureichend dies gelungen ist, soll in diesem Abschnitt aufgezeigt werden. Trotz umfangreicher Bemühungen sind Bedeutung und Verhältnis der objektiven und subjektiven Merkmale der Fremdgeschäftsführung noch immer nicht zufriedenstellend geklärt.

I. Das Regelungssystem der §§ 677 ff. BGB

In den §§ 677 ff. werden unter der Überschrift „Geschäftsführung ohne Auftrag" mehrere Tatbestände zusammengefaßt, deren Einteilung sich nicht auf den ersten Blick erschließt. Im Gegensatz zu Deliktsrecht und Bereiche-

[6] Durch die weite Auslegung der Voraussetzungen der §§ 677 und 683 S. 1 in der Rechtsprechung wird die Funktion des Schutzes vor unerwünschter Einmischung in die Angelegenheiten eines anderen allerdings weitestgehend entwertet, vgl. dazu mit weiteren Nachweisen *Helm*, Gutachten und Vorschläge (1983), S. 335, 362 sowie die Ausführungen unter Gliederungspunkt B. § 3 IV. 2., S. 61.

[7] *Rabel*, RheinZ 10 (1919), S. 89 ff., in: Gesammelte Aufsätze, Band I - Arbeiten zum Privatrecht 1907-1930, S. 309, 314.

rungsrecht ist die Eingangsvorschrift § 677 nicht die Anspruchsnorm, sondern die Anweisung an den Geschäftsführer, sich interessen- und willensgerecht zu verhalten. Gleichwohl ist § 677 die Zentralnorm der GoA. Denn allein mit der auftrags- oder berechtigungslosen Geschäftsführung für einen anderen entsteht das gesetzliche Schuldverhältnis der GoA.[8] Im weiteren muß zwischen mehreren Erscheinungsformen der GoA unterschieden werden, die in Voraussetzungen und Rechtsfolgen divergieren.

1. Die Geschäftsführung ohne Auftrag

Im Wortlaut der §§ 677 ff. findet sich keine Unterscheidung zwischen „berechtigter" und „unberechtigter" GoA. Dessenungeachtet wird von der herrschenden Lehre[9] und der Rechtsprechung[10] eine diesbezügliche Unterscheidung vorgenommen.

a) Die berechtigte GoA

Das Ideal der fremdnützigen Geschäftsbesorgung wird durch die „berechtigte" Geschäftsführung ohne Auftrag dargestellt. Diese liegt vor, wenn neben den Voraussetzungen des § 677 die Geschäftsübernahme durch den Geschäftsführer dem Interesse und dem Willen des Geschäftsherrn entspricht, § 683 S. 1. Die genehmigte Geschäftsführung steht nach § 684 S. 2 der berechtigten gleich.

b) Die unberechtigte GoA

Demgegenüber liegt eine „unberechtigte" Geschäftsführung ohne Auftrag vor, wenn die Voraussetzungen des § 677, nicht jedoch die des § 683 S. 1,

---

[8] Umstritten im Fall der nicht willens- oder interessengemäßen Geschäftsführung, das heißt bei der „unberechtigten" GoA. Vgl. dazu die Ausführungen unter Gliederungspunkt B. § 3 III., S. 51.

[9] Siehe schon *Lent*, Wille und Interesse bei der Geschäftsbesorgung (1938), S. 7 f.; *Enneccerus/Lehmann*, Recht der Schuldverhältnisse, Bd. 2 (1958), § 165; aus der aktuellen Literatur *Soergel/Beuthien*, vor § 677 Rn. 3; *Staudinger/Wittmann*, Vorbem. zu § 677 Rn. 1; *Erman/Ehmann*, vor § 677 Rn. 6.

[10] Vgl. nur *BGH* NJW 2001, 3184, 3185; *BGH* WM 1996, 2159; *OLG Hamm*, NJW-RR 1991, 1303, 1304.

erfüllt sind. Entspricht folglich die Übernahme der Geschäftsführung nicht dem Interesse und dem Willen des Geschäftsherrn, verweist § 684 S. 1 den Geschäftsführer hinsichtlich seiner Ansprüche auf das Bereicherungsrecht.[11]

2. Die irrtümliche Eigengeschäftsführung

Behandelt der Geschäftsführer ein objektiv fremdes Geschäft irrtümlich als ein eigenes, finden gem. § 687 Abs. 1 die Vorschriften der GoA keine Anwendung. Mißverständlich ist deshalb die falltechnische Einordnung als „unechte Geschäftsführung ohne Auftrag".[12] Denn § 687 Abs. 1 stellt nur klar, daß sich die Abwicklung gerade nicht nach den §§ 677 ff. richtet. Weil § 687 Abs. 1 nicht positiv feststellt, was an deren Stelle gelten soll, muß auf die allgemeinen Bestimmungen der §§ 812 ff., §§ 823 ff., §§ 946 ff., §§ 985 ff. zurückgegriffen werden.[13]

3. Die unerlaubte Eigengeschäftsführung

Ein widerrechtlicher Eingriff in einen fremden Rechtskreis und keine GoA liegt vor, wenn der Geschäftsführer ein fremdes Geschäft trotz der Kenntnis der Fremdheit als eigenes führt, § 687 Abs. 2.[14] Gleichwohl kann der Geschäftsherr gegen den Geschäftsführer die in § 687 Abs. 2 S. 1 genannten

---

[11] Allerdings ist umstritten, ob es sich um eine Rechtsgrund- oder Rechtsfolgenverweisung handelt, vgl. dazu *Hadding*, Die Verweisungen auf die Vorschriften über die Herausgabe einer ungerechtfertigten Bereicherung im BGB, in: Festschrift für Otto Mühl (1981), S. 225, 240 ff.

[12] Vgl. nur *Rödder*, JuS 1983, 930, 933; *Esser/Weyers*, Schuldrecht, Band 2, Teilband 2 (2000), S. 25.

[13] *Esser/Weyers*, Schuldrecht, Band 2, Teilband 2 (2000), S. 24 ff.; *Globisch*, DVP 1998, 267, 272.

[14] Auch schon im Römischen Recht war die *negotiorum gestio* ausgeschlossen, wenn der Gestor nach seiner Vorstellung nur in eigenem Interesse gehandelt hat, vgl. *H. H. Seiler*, Der Tatbestand der negotiorum gestio im Römischen Recht (1968), S. 324. Anders wohl nur *Afric.* D. 3, 5, 48; dazu *Muscheler*, JuS 1988, 627, 631.

Ansprüche geltend machen.[15] In diesem Fall ist er allerdings selbst dem Geschäftsführer im Rahmen des § 684 S. 1 verpflichtet. Dem Geschäftsherrn steht demnach ein Wahlrecht zu, welches seine Rechtsstellung gegenüber den allgemeinen Vorschriften verbessert.[16]

II. Der Tatbestand der GoA

Eine „echte“ Geschäftsführung ohne Auftrag liegt nach § 677 dann vor, wenn jemand ein Geschäft für einen anderen führt, ohne dazu legitimiert zu sein. Die Fälle des § 687 gehören nicht zum gesetzlichen Schuldverhältnis der GoA im engeren Sinn und werden deshalb von der weiteren Betrachtung ausgeschlossen.

1. Die Besorgung eines Geschäfts

Die Geschäftsbesorgung ist wie im Auftragsrecht weit zu verstehen. Es werden Tätigkeiten rechtlicher, wirtschaftlicher oder nicht wirtschaftlicher Art ebenso erfaßt wie lediglich tatsächliche Handlungen.[17] Dabei kann es sich um ein einzelnes Geschäft oder mehrere Geschäfte handeln.[18]

Bei der Geschäftsführung im Sinne der GoA handelt es sich gleichwohl nicht um eine rechtsgeschäftsähnliche Handlung, da es an der Wesensähnlichkeit mit geschäftsähnlichen Handlungen fehlt.[19] Damit ist die Geschäftsfähigkeit des Geschäftsführers auch keine Voraussetzung für die

---

[15] Die Folgen dieser Geltendmachung sind umstritten. Während nach einer Meinung diese nur die Wirkungen einer fremdnützigen, aber nicht interessen- oder willensgerechten Geschäftsführung auslösen soll (so beispielsweise *MüKo/H. H. Seiler*, § 687 Rn. 9), wertet eine Gegenmeinung die Geltendmachung wie eine Genehmigung (*Esser/Weyers*, Schuldrecht, Band 2, Teilband 2 (2000), S. 25).

[16] Insbesondere erfolgt eine Besserstellung gegenüber § 249, denn der Geschäftsherr kann gem. § 667 das Erlangte auch dann herausverlangen, wenn er selbst es nicht erzielt hätte; *Esser/Weyers*, Schuldrecht, Band 2, Teilband 2 (2000), S. 25; vgl. auch *Giesen*, Jura 1996, 225, 234, 243.

[17] RGZ 167, 85, 89; Näheres dazu bei *MüKo/H. H. Seiler*, § 677 Rn. 2; *Staudinger/Wittmann*, Vorbem. zu §§ 677 ff., Rn. 20.

[18] Mot. II, 855.

[19] Umfassend dazu *Klatt*, Auftraglose Fremdgeschäftsführung durch Minderjährige (2001), S. 215 ff., 238 f.

Entstehung des gesetzlichen Schuldverhältnisses der GoA.[20] Allerdings muß die sogenannte „Geschäftsführungsfähigkeit" gegeben sein. Dafür ist lediglich das Bewußtsein erforderlich, auf einen fremden Rechtskreis einzuwirken und die Wirkungen dieser Handlung als Fremdwirkung gelten zu lassen. Geschäftsunfähige und in der Geschäftsfähigkeit Beschränkte werden durch die Haftungsprivilegierung des § 682 hinreichend geschützt.[21]

2. Die Geschäftsbesorgung „für einen anderen"

Wesentlich mehr Probleme als der Begriff der Geschäftsbesorgung bereitet eine Antwort auf die Frage, in welchem Fall der Geschäftsführer ein Geschäft „für einen anderen" besorgt.

Wie in den meisten Fallgruppen der GoA hängt auch die Lösung bei den hier untersuchten gescheiterten Verträgen im wesentlichen von diesem Tatbestandsmerkmal ab. Die Beurteilung der Frage, unter welchen Voraussetzungen der Geschäftsführer ein Geschäft „für einen anderen" führt, wird deshalb später im Rahmen der problemspezifischen Auslegung ausführlich besprochen. An dieser Stelle soll zum Verständnis der Rechtsprechung nur ein Überblick gegeben werden.

a) Handeln mit Fremdgeschäftsführungswillen

Nach seinem Wortlaut scheint § 677 nur auf die Willensrichtung des Handelnden abzuzielen. Insofern stimmen Rechtsprechung[22] und die herrschende Lehre[23] noch darin überein, den Willen, das Geschäft für einen anderen zu führen, als unverzichtbares Kriterium oder zumindest Ausgangspunkt der GoA anzusehen.[24]

---

[20] Dies ist jedoch umstritten, teilweise wird die entsprechende Anwendung der §§ 104 ff. gefordert. Zum Streitstand *MüKo/H. H. Seiler*, § 682 Rn. 2 ff.

[21] Vgl. dazu *Staudinger/Knothe*, Vorbem. zu §§ 104-115, Rn. 44 f.

[22] Vgl. nur *BGHZ* 1, 54, 62; 46, 318, 327; 143, 9, 14 f.; *BGH* WM 2000, 973.

[23] Vgl. *MüKo/H. H. Seiler*, § 677 Rn. 6 mit weiteren Nachweisen; *Staudinger/Wittmann*, Vorbem. zu §§ 677 ff., Rn. 35 ff.

[24] Einschränkend *Wollschläger*, Die Geschäftsführung ohne Auftrag (1976), S. 52 ff., 72, 319 f. *Wollschläger* will nach seiner „Zuständigkeitstheorie des fremden Geschäfts" die Zuordnung nur nach objektiven Kriterien vornehmen. Ähnlich *H. Müller*, Der Fremdgeschäftsführungswille (1980), S. 209 ff.

Der Fremdgeschäftsführungswille[25] besteht dabei aus dem kognitivem und dem voluntativen Element. Als kognitives Element muß beim Geschäftsführer das Bewußtsein vorhanden sein, das Geschäft eines anderen zu führen.[26] Ein Irrtum über die Person des Geschäftsherrn ist dabei unbeachtlich, vgl. § 686.

Das voluntative Element besteht aus dem Willen des Geschäftsführers, die Angelegenheit für den anderen zu führen. Das Geschäft muß mit anderen Worten für die Rechnung des anderen vorgenommen werden und der Geschäftsführer muß wollen, daß der Erfolg dem Geschäftsherrn zugute kommt.[27]

Die Frage, welche Bedeutung dem Tatbestandsmerkmal „Fremdgeschäftsführungswillen" exakt beizumessen ist, ist auch einhundert Jahre nach Inkrafttreten des BGB nicht zufriedenstellend geklärt. Insbesondere ist dabei umstritten, bis zu welchem Ausmaß des Eigeninteresses noch von einem Fremdgeschäftsführungswillen gesprochen werden kann. Die Rechtsprechung läßt das Vorliegen des Fremdgeschäftsführungswillens nur in Ausnahmefällen an einem Eigeninteresse des Geschäftsführers scheitern.[28]

Vom überwiegenden Teil des Schrifttums wird die extensive Auslegung der Rechtsprechung kritisiert.[29] Eigene praktikable Lösungsvorschläge sind jedoch selten.

b) Die Erforderlichkeit eines fremden Geschäfts

So führen die Schwierigkeiten bei der Feststellung des Fremdgeschäftsführungswillens in der Praxis ohne Umweg zum folgenden Auslegungsschritt der herrschenden Lehre und Rechtsprechung, der *objektiven Zuordnung des Geschäfts* mit anschließender *Vermutung des Fremdgeschäftsführungswil-*

---

[25] Synonym wird auch der Begriff „Fremdgeschäftsführungsbewußtsein" gebraucht, obwohl davon nach dem begrifflichen Verständnis nur das kognitive Element des Fremdgeschäftsführungswillens erfaßt wird, vgl. z. B. *MüKo/H. H. Seiler*, § 677 Rn. 6.

[26] *Soergel/Beuthien*, § 677 Rn. 4; *BGH* NJW 1991, 2638, 2639; VIZ 1998, 401, 402.

[27] Beispielsweise *Erman/Ehmann*, § 677 Rn. 6; *Wollschläger*, Die Geschäftsführung ohne Auftrag (1976), S. 73 f.

[28] Vgl. beispielsweise *BGHZ* 87, 274, 278; *BGHR* BGB § 677 Erbensucher 1.

[29] Vgl. dazu die Darstellung von Kritik und Verbesserungsvorschlägen *MüKo/H. H. Seiler*, § 677 Rn. 13 ff.

lens. Die ganz überwiegende Meinung[30] legt den § 677 nämlich berichtigend aus. Entgegen dem Wortlaut des § 677 wird neben der subjektiven auch die objektive Fremdheit des Geschäfts gefordert.[31] Als wesentliche Grundlage für den Begriff und Anwendungsbereich der GoA bedarf diese Auslegung einer Erläuterung.

Als lautete in § 677 die Formulierung „ein fremdes Geschäft mit Fremdgeschäftsführungswillen besorgt“, wird sein Tatbestand in ein subjektives und objektives Element aufgelöst und das „fremde Geschäft“ zum ungeschriebenen Tatbestandsmerkmal erklärt[32]. Teilweise geschieht das sogar – anscheinend ohne darin ein Problem zu sehen – wie selbstverständlich,[33] im übrigen werden jedoch überzeugende Argumente dafür vorgebracht.

Es wird zum einen auf den Ursprung der Geschäftsführung ohne Auftrag verwiesen, denn in der römisch-rechtlichen[34] sowie der gemeinrechtlichen[35] *negotiorum gestio* war das fremde Geschäft selbständiges und ausschlaggebendes Merkmal.[36] Auch im Vorentwurf zum BGB war noch vom „Geschäft

---

[30] Vgl. nur *MüKo/H. H. Seiler*, § 677 Rn. 4 ff.; *Erman/Ehmann*, § 677 Rn. 3; *Medicus*, Bürgerliches Recht (2004), Rn. 407 f.; *Wollschläger*, Die Geschäftsführung ohne Auftrag (1976), S. 52 f.; *Lent*, Der Begriff der auftraglosen Geschäftsführung (1909), S. 7 ff.

[31] Andere Ansicht wohl nur *Wittmann*, Begriff und Funktionen der Geschäftsführung ohne Auftrag (1981); *Gursky*, Der Tatbestand der Geschäftsführung ohne Auftrag, AcP 185 (1985), S. 13; *Reichard*, Negotium alienum und ungerechtfertigte Bereicherung, AcP 193 (1993), S. 597.

[32] Vgl. *Wollschläger*, Die Geschäftsführung ohne Auftrag (1976), S. 53 f.

[33] So beispielsweise *H. Müller*, Der Fremdgeschäftsführungswille (1980), S. 22 ff.; *Wollschläger*, Die Geschäftsführung ohne Auftrag (1976), S. 52 f.; *Wolf*, Festschrift Mühl (1981), S. 703, 704; *Thies*, Die Nichtigkeit des Werkvertrages unter besonderer Berücksichtigung des Eigentümer-Besitzer-Verhältnisses (2001), S. 25.

[34] Dazu *H. H. Seiler*, Der Tatbestand der negotiorum gestio im Römischen Recht (1968), S. 324 f, 332; *Wlassak*, Zur Geschichte der negotiorum gestio (1879), S. 141, 198; *Wittmann*, Begriff und Funktionen der Geschäftsführung ohne Auftrag (1981), S. 39 ff.

[35] Umfassend zum fremden Geschäft bei der negotiorum gestio *v. Monroy*, Die vollmachtlose Ausübung fremder Vermögensrechte (1878); *Windscheid/Kipp*, Lehrbuch des Pandektenrechts, Band 2, 9. Auflage (1906), § 430.

[36] *H. Müller*, Der Fremdgeschäftsführungswille (1980), S. 105 ff., 110 ff.; *H. H. Seiler*, Der Tatbestand der negotiorum gestio im römischen Recht (1968), S. 325 f.; anders wohl nur *Reichard*, Negotium alienum und ungerechtfertigte Bereicherung, AcP 193 (1993), S. 568, 572, der in dem negotium alienum des Römischen Rechts nur das willens- und interessengemäße Geschäft (i. S. d. heutigen § 683) sieht.

eines Anderen" die Rede.[37] Die *Erste Kommission*[38] wollte durch die von ihr vorgenommene Subjektivierung des Tatbestandes das fremde Geschäft indes nicht in Frage stellen, sondern hatte diesbezüglich lediglich begriffliche sowie praktische Bedenken.[39]

Des weiteren ergibt sich das Tatbestandsmerkmal „fremdes Geschäft" aus der Gegenüberstellung mit § 687.[40] Auch aus der Formulierung „der wirkliche Geschäftsherr" in § 686 ist die Existenz eines objektiven Moments im Rahmen der GoA zu erkennen.[41]

Der Hauptgrund für die Auslegung der herrschenden Meinung ist indes die Schwierigkeit der Feststellung des Fremdgeschäftsführungswillens in der Praxis.[42] Stellt man als Interpretationshilfe nämlich zunächst das Vorliegen eines fremden Geschäfts fest, läßt sich daraufhin leichter auf den Fremdge-

---

37 § 233 des „Theilentwurfs des Obligationenrechts", im folgenden abgekürzt als TE-OR (Nr. 4), war Grundlage des § 677: „Unternimmt jemand die Besorgung des Geschäfts eines Anderen, ohne von diesem beauftragt oder dazu berufen zu sein, so haftet er dem Geschäftsherrn ...", *v. Kübel*, in: Schubert, Die Vorlagen der Redaktoren für die erste Kommission, Schuldrecht II, S. 929. Näheres zum Vorentwurf des Schuldrechts unter Gliederungspunkt D. § 4 III., S. 116.

38 Näheres zur *Ersten Kommission* und zur Entstehung der Vorschriften zur GoA unter D. § 4 IV., S. 123.

39 „Nur wenn er *(der Fremdgeschäftsführungswille)* zugleich nach Außen offenbart worden *(ist)*, könne überhaupt begriffsmäßig von der Besorgung eines fremden Geschäfts die Rede sein. Dies besonders auszusprechen, erscheine wegen zweifelloser Selbstverständlichkeit entbehrlich. ... Dazu komme, daß der entgegenstehende Standpunkt *(die Formulierung im Sinne des Vorentwurfs)* die Nothwendigkeit mit sich bringe, den Begriff des objektiv fremden Geschäfts näher zu bestimmen und eine solche Bestimmung werde, solle sie einigermaßen befriedigen, auf große und kaum zu besiegende Schwierigkeiten stoßen.", Prot. I. Komm., S. 1645 f., in: *Jakobs/Schubert*, Die Beratung des Bürgerlichen Gesetzbuchs, Schuldverhältnisse III, S. 124 (Anmerkungen in Klammern nicht im Original).

40 *Lent*, Der Begriff der auftraglosen Geschäftsführung (1909), S. 115 f., welcher das Problem wie folgt umschreibt: „Ob man nun im § 677 eine erschöpfende Definition sieht und § 687 nur zur Auslegung heranzieht, oder ob man § 677 für unvollständig ansieht und erst durch seine Zusammenstellung mit § 687 die Definition gewinnen zu können glaubt, ist sachlich unerheblich."

41 Anders *Reichard*, Negotium alienum und ungerechtfertigte Bereicherung, AcP 193 (1993), S. 568, 569 ff.

42 Dazu umfassend *H. Müller*, Der Fremdgeschäftsführungswille (1980), S. 211 ff.

schäftsführungswillen schließen, denn regelmäßig will der Geschäftsführer fremde Geschäfte nicht für sich selbst führen.

Im Gegensatz zu dieser Konzeption steht der subjektive Fremdgeschäftsführungsbegriff von *Wittmann*[43]. Nach diesem soll die Fremdgeschäftsführungsabsicht das einzig entscheidende Merkmal und damit alleiniges Abgrenzungskriterium sein. Allerdings soll diese fremdnützige Absicht aus dem „sozialen Sinn" der Tätigkeit zu ermitteln sein,[44] so daß im Ergebnis doch wieder objektive Merkmale berücksichtigt werden.[45]

Auch *Gursky*[46] erklärt allein die tatsächliche Willensrichtung des Geschäftsführers für bestimmend. Damit entsteht ein erhebliches Nachweisproblem, welches *Gursky* auch erkennt und mit Hilfe des Anscheinsbeweises lösen will. Demnach sei der Fremdgeschäftsführungswille zu vermuten, wenn „typischerweise in einer derartigen Situation eine solche Handlung mit dieser Zweckrichtung verbunden ist".[47] Die „typischen" Geschehensabläufe in diesem Sinne müßten jedoch wiederum von objektiven Umständen abgeleitet werden.

Neben einer anderen dogmatischen Begründung der Fremdheit bringt die subjektive Theorie damit aber weder Vorteile in der Bestimmung des Begriffs der GoA noch in der praktischen Handhabung. Die vorliegende Arbeit baut deshalb auf der Grundlage des ***kombinierten objektiv-subjektiven Fremdgeschäftsführungsbegriffs*** der herrschenden Meinung in Literatur und Rechtsprechung auf.

aa) Das objektiv fremde Geschäft

Unterschieden wird im weiteren zwischen ***objektiv*** fremden und ***subjektiv*** fremden Geschäften. Die objektiv fremden Geschäfte sind solche, die „schon

---

43 *Wittmann*, Begriff und Funktionen der Geschäftsführung ohne Auftrag (1981); auch *Staudinger/Wittmann*, Vorbem. zu §§ 677 ff., Rn. 21, 35 ff.; ähnlich *Schmidt*, JuS 2004, 862, 866 f.

44 *Wittmann*, Begriff und Funktionen der Geschäftsführung ohne Auftrag (1981), S. 18 ff.; *Staudinger/Wittmann*, Vorbem. zu §§ 677 ff., Rn. 35.

45 Vgl. dazu *MüKo/H. H. Seiler*, § 677 Rn. 19.

46 *Gursky*, JurA 1969, 103; *Gursky*, AcP 185 (1985), S. 13.

47 *Gursky*, AcP 185 (1985), S. 13, 35.

ihrer Natur nach unabhängig von der Willensrichtung des Geschäftsführers für diesen fremd sind".[48]

bb) Das subjektiv fremde Geschäft

Dagegen sind die subjektiv fremden Geschäfte ihrer Natur nach keiner Person zugewiesen, sondern objektiv neutral. Sie erhalten ihren Fremdcharakter erst durch die subjektive Einstellung des Geschäftsführers.[49] Damit kommt es in diesen Fällen wieder allein auf das Vorliegen (und den Nachweis) des Fremdgeschäftsführungswillens an.[50]

cc) Das zugleich eigene und fremde Geschäft

Gleichsam zwischen den objektiv und subjektiv fremden Geschäften stehen solche Geschäfte, die nicht nur in den Rechtskreis einer, sondern in den mehrerer Personen einzuordnen sind. Diese sogenannten „auch-fremden" Geschäfte sind damit objektiv dem Geschäftsführer wie dem Geschäftsherrn gleichzeitig zugeordnet.

Nach allgemeiner Auffassung ist die Annahme einer Fremdgeschäftsführung in diesen Fällen nicht ausgeschlossen. So sieht die Rechtsprechung in einer zusätzlichen Eigengeschäftsführung des Geschäftsführers regelmäßig keinen Hinderungsgrund für die Anwendung der §§ 677 ff.[51] Nur vereinzelt wird bei einem überwiegenden Eigeninteresse die Fremdheit des Geschäfts verneint.[52]

---

[48] So die Definition von *Gursky*, AcP 185 (1985), S. 13, 15, welche man als „kleinsten gemeinsamen Nenner" bezeichnen könnte.

[49] *Staudinger/Wittmann*, Vorbem. zu §§ 677 ff., Rn. 22.

[50] Genaugenommen entscheidet allein das voluntative Element des Fremdgeschäftsführungswillens, da das Geschäft gerade durch die Willensrichtung des Geschäftsführers zu einem fremden wird; dazu schon *Lent*, Wille und Interesse bei der Geschäftsbesorgung (1938), S. 116.

[51] Vgl. *BGHZ* 16, 12, 16; 30, 162, 167; 40, 28, 30; 63, 167, 169 f.; 110, 313, 314 ff. Zur einschränkenden Tendenz in der Rechtsprechung des *BGH* siehe die Ausführungen unter Gliederungspunkt D. § 6 III. 4., S. 156.

[52] Widersprüchlich ist schon die Verknüpfung der Begriffe „Interesse" des Geschäftsführers und „Fremdheit" des Geschäfts, vgl. beispielsweise *BGHZ* 54, 157, 160 f. Ursache dafür sind jedoch die unbestimmten Zuordnungskriterien bzgl. des Geschäfts, dazu die sogleich folgenden Ausführungen unter Gliederungspunkt c).

Grundsätzlich steht auch nach Meinung der Wissenschaft der Weg zur GoA bei einem zugleich eigenen Geschäft des Geschäftsführers offen.[53] Die weite Auslegung der §§ 677 ff. durch die Rechtsprechung wird allerdings überwiegend kritisiert und als verfehlt angesehen.[54] Nur wenige Stimmen befürworten eine extensive Anwendung der GoA.[55]

c) Die Zuordnung des Geschäfts zu einem fremden Rechtskreis

Mit Hilfe der genannten Definition zum objektiv fremden Geschäft ist eine Zuordnung eines Geschäfts zu einer bestimmten Person noch nicht möglich. Vielmehr müssen zusätzliche Kriterien über das normative Tatbestandsmerkmal der „Fremdheit" entscheiden. Jedoch ist die Voraussage der Verfasser des BGB, daß die Abgrenzung des fremden Geschäfts „auf große und kaum zu besiegende Schwierigkeiten" stoßen werde,[56] eingetroffen.

So finden sich in der Rechtsprechung keine genauen Merkmale für eine objektive Abgrenzung der Geschäfte. Nach Rechtsprechung des *Reichsgerichts* nimmt der Geschäftsführer ein objektiv fremdes Geschäft wahr, wenn er „eine Handlung vornehme, die an sich Gegenstand der Sorge eines anderen sei".[57] Auch der *BGH* nennt keine genauen Abgrenzungskriterien. Ohne Begründung und uneinheitlich wird auf Merkmale wie den „Sorgebereich"[58], den „Rechtskreis"[59], den „Geschäftsbereich"[60] oder die „Pflicht"[61]

---

[53] Vgl. *Medicus*, Bürgerliches Recht (2004), Rn. 410 ff.; *Wollschläger*, Die Geschäftsführung ohne Auftrag (1976), S. 320; *Wittmann*, Begriff und Funktionen der Geschäftsführung ohne Auftrag (1981), S. 31; *Gursky*, AcP 185 (1985), S. 13, 38; *MüKo/H. H. Seiler*, § 677 Rn. 24; *Schreiber*, DB 1979, 1397.

[54] Vgl. schon *Rabel*, RheinZ 10 (1919), S. 89, in: Gesammelte Aufsätze, Band I - Arbeiten zum Privatrecht 1907-1930, S. 309, 312; *Schubert*, AcP 178 (1978), S. 425, 428; *Emmerich*, JuS 2000, 603; *Erman/Ehmann*, § 677 Rn. 9 ff.; *Helm*, Gutachten und Vorschläge (1983), S. 335, 385 ff.

[55] *Wollschläger*, Die Geschäftsführung ohne Auftrag (1976), S. 319 ff.; für eine Anwendung der GoA auf spezifische Fallgruppen beispielsweise *Lützenkirchen*, MDR 2001, 9; *Dorn*, NJW 1964, 799; *Gursky*, AcP 185 (1985), S. 13, 40 ff.; mit Einschränkungen *Griebe*, Der Aufwendungsersatzanspruch des Geschäftsführers ohne Auftrag (1996), S. 108, 115, 193; *MüKo/H. H. Seiler*; § 677 Rn. 13 ff., 24.

[56] Prot. I. Komm., S. 1646, in: *Jakobs/Schubert*, Die Beratung des Bürgerlichen Gesetzbuchs, Schuldverhältnisse III, S. 124; vgl. dazu die näheren Ausführungen unter Gliederungspunkt D. § 4 VII. 1., S. 135.

[57] *RGZ* 97, 61, 66.

[58] *BGHZ* 43, 188, 191 f.; 67, 368, 372.

des Geschäftsherrn verwiesen. In einigen Fällen wird das fremde Geschäft auch vom Handlungsergebnis her bestimmt. So soll es darauf ankommen, daß die Handlung im „Interesse“[62] des Geschäftsherrn liegt bzw. diesem „zugute kommt“[63].

Diese unterschiedlichen Formulierungen in der Rechtsprechung widersprechen sich nicht, sondern kennzeichnen die möglichen Aspekte der Fremdheit. Eine eindeutige Bestimmung ist damit allerdings nur in einfachen Fällen möglich, beispielsweise bei einer klaren sachenrechtlichen Zuordnung. Für Grenzfälle bieten die genannten Begriffe indes keine ausschlaggebenden Argumente, welche das Auslegungsergebnis vorhersehbar machen,[64] sie erweisen sich damit lediglich als Leerformeln.

In der Literatur findet man nur wenige Vorschläge dafür, nach welchen Kriterien die Fremdgeschäftsführung umfassend und widerspruchsfrei bestimmt werden sollte. Mangels einer eigenen Lösung des Problems werden die Abgrenzungskriterien der Rechtsprechung - teilweise mit deutlichem Unbehagen - häufig nur wiederholt.[65] So findet sich mehrfach die Formulierung, ein Geschäft sei dann fremd, wenn es „in einem „fremden Rechts- oder Interessenkreis“ liegt.[66] Im Ergebnis wird damit auch in der Literatur die Fremdheit des Geschäfts schlicht durch den Begriff des „sonstigen rechtlich geschützten Interesses“ ersetzt, welcher bei problematischen Fällen ebensowenig Anhaltspunkte für eine Lösung bietet.

Damit ist festzustellen, daß der Begriff des fremden Geschäfts nicht nur umstritten, sondern weitestgehend unbestimmt ist.

---

[59] *BGHZ* 54, 157, 160 f.; 72, 151, 153; 143, 9, 14; *BGH* NJW-RR 1989, 970; *BGH* NJW 1993, 3196.

[60] *BGHZ* 32, 44, 51.

[61] *BGHZ* 65, 354, 358; 65, 384, 368 f., jeweils in bezug auf eine öffentlich-rechtliche Pflicht.

[62] *BGHZ* 82, 323, 329 f.; *BGH* MDR 2002, 270; *BGHR* BGB § 677 Erbensucher 1; ebenso *BVerwG* LKV 2000, 302, 303.

[63] *BGHZ* 40, 28, 31.

[64] Ebenso *Esser/Weyers*, Schuldrecht, Band 2, Teilband 2 (2000), S. 8 ff.

[65] Vgl. beispielsweise *MüKo/H. H. Seiler*, § 677 Rn. 4; *Oppermann*, AcP 193 (1993), S. 497, 503 f.

[66] Vgl. beispielsweise *Palandt/Sprau*, § 677 Rn. 4; *Erman/Ehmann*, vor § 677 Rn. 5; *Medicus*, Bürgerliches Recht (2004), Rn. 408.

d) Die Vermutung des Fremdgeschäftsführungswillens

Dieser Umstand verdient besondere Beachtung, weil mit der Festlegung des Begriffs des fremden Geschäfts in der Rechtswirklichkeit bereits die Vorentscheidung darüber getroffen ist, „wie weit der Anwendungsbereich der Geschäftsführung ohne Auftrag reichen soll".[67] Denn die Rechtsprechung spricht sich für eine Vermutung des Fremdgeschäftsführungswillens bei Führung eines objektiv fremden oder zumindest auch-fremden Geschäfts aus.[68] Die Fremdheit des Geschäfts soll folglich Anhaltspunkt dafür sein, daß in diesen Fällen der Geschäftsführer mit Fremdgeschäftsführungswillen tätig wird. Die Beweislast zur Widerlegung dieser Vermutung wird von der Rechtsprechung demjenigen aufgetragen, der das Vorliegen des Fremdgeschäftsführungswillens bestreitet.[69] Mit diesem „juristischen Kunstgriff"[70] kann die - wegen ihrer geringen Beweiskraft problematische - Parteivernehmung zur Feststellung des Fremdgeschäftsführungswillens vermieden werden.

Solange ein Geschäft ausschließlich objektiv fremd ist, hat die Vermutung des Fremdgeschäftsführungswillens nach einhelliger Meinung auch ihre Berechtigung.[71] Denn Geschäfte, die weder im Rechtskreis noch Interesse des Geschäftsführers liegen, wird dieser in aller Regel mit Fremdgeschäftsführungswillen führen.

---

67 Vgl. *Schubert*, AcP 178 (1978), 425, 433.

68 Vgl. beispielsweise *BGHZ* 38, 270, 276; 70, 389, 396; 143, 9, 14 f., *BGH* NJW 2000, 72 f.

69 Vgl. nur *BGHZ* 40, 28, 30 f. (Funkenflug): „Die Feststellung, ob ... der Wille vorhanden ist, auch ein fremdes Geschäft zu führen, kann auf Schwierigkeiten stoßen. Ist er nicht in irgend einer Form nach außen in Erscheinung getreten, so ist er ... unbeachtlich. Es müssen also stets Anhaltspunkte vorhanden sein, die den Geschäftsführungswillen äußerlich erkennbar machen. Diese Anhaltspunkte können sich aus der Natur des Geschäfts ergeben. Ist es bereits seinem Wesen nach ganz oder wenigstens a u c h ein objektiv fremdes, so wird jener Geschäftsführungswille zu vermuten, und es wird Sache desjenigen sein, der ihn leugnet, den Gegenbeweis zu führen."

70 So die Formulierung von *H. Müller*, Der Fremdgeschäftsführungswille (1980), S. 42.

71 *Falk*, JuS 2003, 833, 835.

Bei objektiv fremden Geschäften stimmt auch die Literatur einer Vermutung des Fremdgeschäftsführungswillens zu.[72] Allerdings steht man einer umfassenden Vermutung beim „auch-fremden“ Geschäft, wie er von der Rechtsprechung praktiziert wird, mit Skepsis gegenüber.[73]

3. Die fehlende Beauftragung oder sonstige Berechtigung

Die Geschäftsführung muß schließlich ohne Auftrag oder sonstige Berechtigung gegenüber dem Geschäftsherrn erfolgen, § 677. Das Fehlen einer anderweitigen Legitimation oder vertraglichen Verpflichtung ist demnach negative Tatbestandsvoraussetzung.

Die Anwendung der §§ 677 ff. ist jedenfalls ausgeschlossen, wenn der Geschäftsführer vom Geschäftsherrn zu der Geschäftsbesorgung „beauftragt“ wurde. Auftrag in diesem Sinne meint jedes rechtlich wirksame Rechtsgeschäft mit Geschäftbesorgungscharakter, mithin Werk-, Dienstverträge sowie Geschäftsbesorgungsverträge im Sinne von § 675.[74] Nach dem Wortlaut des § 677 muß die Beauftragung durch den Geschäftsherrn („von ihm“) erfolgt sein, womit nur durch eine diesem gegenüber bestehende Verpflichtung oder Berechtigung des Geschäftsführers die GoA von vornherein ausgeschlossen ist.[75]

Sonstige Berechtigung im Sinne des § 677 Alt. 2 ist jede gesetzlich eingeräumte Befugnis, die Geschäfte eines anderen zu besorgen. In Betracht kommt hier beispielsweise eine Legitimation aus Organ- oder Amtsstellung (Vereinsvorstand, Insolvenzverwalter), familienrechtlichem Status oder öffentlich-rechtlichem Rechtsverhältnis. Eine im Allgemeininteresse beste-

---

[72] Vgl. *Medicus*, Bürgerliches Recht (2004), Rn. 410 ff.; *Wollschläger*, Die Geschäftsführung ohne Auftrag (1976), S. 320; *Wittmann*, Begriff und Funktionen der Geschäftsführung ohne Auftrag (1981), S. 31; *Gursky*, AcP 185 (1985), S. 13, 38; *MüKo/H. H. Seiler*, § 677 Rn. 24.

[73] Z. B. *Schubert*, AcP 178 (1978), 425, 428; *Medicus*, Bürgerliches Recht (2004), Rn. 412; *St. Lorenz*, NJW 1996, 883, 884 ff.; *Erman/Ehmann*, § 677 Rn. 9.

[74] *MüKo/H. H. Seiler*, § 677 Rn. 43, 47. Die Klärung des Verhältnisses von GoA und vereinbartem Gefälligkeitsverhältnis steht noch aus. In der Wissenschaft wird dieses Problem nicht thematisiert, während die Rechtsprechung bei Geschäftsbesorgungen aus Gefälligkeit überwiegend nicht auf eine GoA zurückgreift. Vgl. beispielsweise *BGH* NJW 1988, 2116, *BGH* NJW 1992, 498; *OLG Koblenz*, NJW-RR 2002, 595; *OLG Düsseldorf*, NZBau 2005, 402; jedoch Anwendung der GoA in *BGH* VersR 1976, 997.

[75] *Soergel/Beuthien*, § 677 Rn. 15; *MüKo/H. H. Seiler*, § 677 Rn. 44.

hende gesetzliche Pflicht, die auch zum Eingriff in einen fremden Rechtskreis legitimiert (z. B. § 323c StGB), hat jedoch keine Ausschlußwirkung.[76]

4. Zwischenergebnis

Als Ergebnis dieses Überblicks ist damit festzustellen, daß die Frage, ob der Geschäftsführer ein Geschäft „für einen anderen" besorgt hat, das Hauptproblem bei der Anwendung der GoA darstellt. Die Zuordnung eines Geschäfts ist nach herrschender Ansicht vornehmlich durch objektive Kriterien zu entscheiden. In diesem Punkt sind sich Rechtsprechung und Rechtslehre weitestgehend einig. Darüber hinaus sind die Voraussetzungen der Geschäftsführung „für einen anderen" umstritten.

III. Das einheitliche Schuldverhältnis der GoA

Im vorigen Abschnitt wurden die drei Grundvoraussetzungen des § 677 kurz dargelegt. Umstritten ist jedoch, ob nicht zusätzlich dazu das Vorliegen der Voraussetzungen des § 683 S. 1 Bedingung für die Entstehung des gesetzlichen Schuldverhältnisses der GoA ist.

1. Die Lehre von der berechtigten GoA

Nach der noch herrschenden Meinung begründet nur die berechtigte Geschäftsführung, das heißt die im Interesse und mit Willen des Geschäftsherrn übernommene bzw. die nach § 684 S. 2 genehmigte Geschäftsbesorgung, das gesetzliche Schuldverhältnis der GoA.[77] Damit wird das Vorliegen der in § 683 S. 1 für den Aufwendungsersatzanspruch aufgestellten Voraussetzungen bereits für die Anwendbarkeit des Grundtatbestandes des § 677 gefordert. Folgerichtig werden nach dieser Ansicht bei einer willens- und interessenwidrigen Geschäftsübernahme die Rechts-

---

[76] *MüKo/H. H. Seiler*, § 677 Rn. 43; ausführlich dazu *Klatt*, Auftraglose Fremdgeschäftsführung durch Minderjährige (2001), S. 44 ff.

[77] *Lent*, Wille und Interesse bei der Geschäftsbesorgung (1938), S. 7 f.; *Esser/Weyers*, Schuldrecht, Band 2, Teilband 2 (2000), S. 4 ff.; *H. H. Seiler*, JuS 1987, 368, 369; *Staudinger/Wittmann*, Vorbem. zu §§ 677 ff., Rn. 1 f.; *Erman/Ehmann*, vor § 677 Rn. 6; *Globisch*, DVP 1998, 267, 271; *Gursky*, AcP 185 (1985), S. 13, 42 f.; *Larenz/Canaris*, Schuldrecht Besonderer Teil II/1, 13. Auflage (1986), S. 451 f.

beziehungen zwischen Geschäftsherr und Geschäftsführer abgesehen von § 678 und 684 S. 1 nur nach den allgemeinen Vorschriften abgewickelt.

Diese von *Lent*[78] und *Nipperdey*[79] begründete Lehre von der berechtigten GoA stützt sich im wesentlichen auf drei Argumente. Zum einen sei es sinnwidrig, daß bei einem unberechtigten Eingriff in einen fremden Rechtskreis der Geschäftsführer die willens- und interessengemäße Geschäftsführung gem. § 677 sowie die Nebenpflichten des § 681 schuldet.[80] Des weiteren soll ein Widerspruch darin liegen, den Geschäftsherrn zur Herausgabe eines Vermögenswerts nach 684 S. 1 zu verpflichten, den dieser zuvor erst durch §§ 667 Alt. 1, 681 S. 2, 677 vom unberechtigten Geschäftsführer erlangt hat.[81] Schließlich stützt sich die herrschende Lehre auf den Einwand, § 684 S. 2 besitze keine praktische Bedeutung, wenn schon dem unberechtigten Geschäftsführer der Herausgabeanspruch aus §§ 667 Alt. 1, 681 S. 2, 677 zusteht.[82]

2. Die Lehre vom einheitlichen Schuldverhältnis der GoA

Diese Konzeption, die lange Zeit in der Zivilrechtsdogmatik als fundiert galt, ist in letzter Zeit zu Recht in Frage gestellt worden. So hängt für eine im Vordringen befindliche Ansicht in der Literatur, die von *Wollschläger* initiiert wurde,[83] die Frage der Entstehung des Schuldverhältnisses nicht von den Voraussetzungen des § 683 S. 1 ab. Schon beim Vorliegen der

---

78 Die Geschäftsführungsansprüche werden erstmals eingeengt von *Lent*, Die Gesetzeskonkurrenz im bürgerlichen Recht und Zivilprozeß, Band I (1912), S. 294, f.; ausdrücklich dann *derselbe*, Wille und Interesse bei der Geschäftsbesorgung (1938), S. 7 f.

79 *Staudinger/Nipperdey*, 11. Auflage, vor § 677 Rn. 7 ff., § 677 Rn. 19.

80 *Lent*, Wille und Interesse bei der Geschäftsbesorgung (1938), S. 8; *Esser/Weyers*, Schuldrecht, Band 2, Teilband 2 (2000), S. 5 f.; *Reuter/Martinek*, Ungerechtfertigte Bereicherung (1983), S. 711.

81 Vgl. dazu *Gursky*, AcP 185 (1985), S. 13, 42 f.; so ebenfalls schon *Lent*, Die Gesetzeskonkurrenz im bürgerlichen Recht und Zivilprozeß, Band I (1912), S. 308.

82 *Fikentscher*, Schuldrecht (1997), S. 584; *Reuter/Martinek*, Ungerechtfertigte Bereicherung (1983), S. 711.

83 *Wollschläger*, Die Geschäftsführung ohne Auftrag (1976); S. 45 ff.

Tatbestandsmerkmale des § 677, also auch bei der sogenannten „unberechtigten“ GoA, soll das gesetzliche Schuldverhältnis entstehen.[84]

Im Ergebnis wäre damit der unberechtigte dem berechtigten Geschäftsführer ohne Auftrag in bezug auf seine Pflichten und Rechte abgesehen von den §§ 683 und 684 gleichgestellt. In diesem Fall treffen auch den unberechtigten Geschäftsführer ohne Auftrag neben der Pflicht, das Geschäft dem Willen und Interesse des Geschäftsherrn entsprechend sorgfältig zu führen (§ 677), die Nebenpflichten des § 681 S. 1, § 681 S. 2 i. V. m. §§ 666 bis 668 (insbesondere die Anzeige-, Rechenschafts- und Herausgabepflicht) sowie die Verpflichtung zum Schadensersatz unter den Voraussetzungen des § 280 Abs. 1.

Gleichwohl werden von den Vertretern dieser Auslegung der §§ 677 ff. überwiegend die Begriffe berechtigte und unberechtigte GoA gebraucht. Diesen kommt dann jedoch nur eine Ordnungsfunktion zu. Die Entstehung des gesetzlichen Schuldverhältnisses ist von der Unterscheidung unabhängig.

3. Der Standpunkt der Rechtsprechung

Die Rechtsprechung differenziert zwar zwischen berechtigter und unberechtigter GoA,[85] hat zur Entstehung eines Schuldverhältnisses bei der unberechtigten GoA aber noch nicht explizit Stellung bezogen. Es finden sich allerdings Urteile, in denen der *BGH* die Ansprüche des Geschäftsherrn auf Schadensersatz und Herausgabe auch bei unberechtigter Fremdgeschäftsführung zuerkannt hat.[86]

---

[84] *MüKo/H. H. Seiler*, vor § 677 Rn. 12, § 677 Rn. 50 (anders noch *H. H. Seiler*, JuS 1987, 368, 369); *Pesch*, JuS 1995, 361, 363; *Wollschläger*, Die Geschäftsführung ohne Auftrag (1976), S. 45 ff.; *Klatt*, Auftraglose Fremdgeschäftsführung durch Minderjährige (2001), S. 51 ff., 64 f.; *Beuthien*, Die unberechtigte Geschäftsführung ohne Auftrag im bürgerlichrechtlichen Anspruchssystem, in: Festschrift für Alfred Söllner zum 70. Geburtstag (2000), S. 125, 136.

[85] Vgl. z. B. *BGH* NJW 2001, 3184, 3185; VersR 1981, 980, 981; *OLG Hamm*, NJW-RR 1991, 1303.

[86] So beispielsweise in *BGH* NJW 1984, 1461, 1462; *BGHR* BGB § 677 Schadensersatz 1.

4. Die Bedeutung des Meinungsstreits

Die Streitfrage um die Lehre von der berechtigten GoA kann nicht dahingestellt bleiben, denn die Rechte und Pflichten von Geschäftsführer und Geschäftsherrn unterscheiden sich je nach dem rechtsdogmatischen Verständnis der GoA in wesentlichen Punkten.

Insofern muß *Helm* widersprochen werden, welcher die praktische Bedeutung der Aufteilung in berechtigte und unberechtigte GoA leugnet.[87] Die Entscheidung dieses Streits hat bei der unberechtigten GoA bedeutende Auswirkungen auf deren Rechtsfolgen und damit auf den Anwendungsbereich der GoA im allgemeinen. So ist es ganz entscheidend, ob für einen Herausgabeanspruch nach §§ 667 Alt. 1, 681 S. 2, 677 bzw. für einen Schadensersatzanspruch nach §§ 280 Abs. 1, 677 eine willens- und interessengerechte Geschäftsübernahme als zusätzliche Tatbestandsvoraussetzung gefordert wird oder nicht.[88] Darüber hinaus bestimmt die Beantwortung dieser Frage auch das Verhältnis zu den anderen gesetzlichen Schuldverhältnissen. Hier sei nur die Anerkennung der unberechtigten GoA als Rechtsgrund im Sinne des Bereicherungsrechts genannt,[89] was für diese Arbeit von besonderer Bedeutung ist.

5. Stellungnahme

Das Problem der unberechtigten GoA kann im Rahmen dieser Arbeit nicht in voller Umfänglichkeit bearbeitet werden. Gleichwohl sollen doch die tragenden Argumente dafür genannt werden, warum der weiteren Untersuchung die Konzeption vom „einheitlichen Schuldverhältnis der Geschäftsführung ohne Auftrag" zugrundegelegt wird.

---

[87] *Helm*, Gutachten und Vorschläge (1983), S. 335, 365 f.

[88] Lehnt man die Lehre von der berechtigten Geschäftsführung ohne Auftrag ab, besteht möglicherweise ein Anspruch aus Eingriffskondiktion gem. § 812 Abs. 1 S. 1 Alt. 2. Dieser Eingriffsbereicherungsanspruch ist jedoch – soweit er überhaupt gegeben ist – neben dem Risiko einer möglichen Entreicherung des Eingreifenden nach § 818 Abs. 3 bei Unmöglichkeit der Herausgabe in Natur gem. § 818 Abs. 2 der Höhe nach begrenzt auf den objektiven Verkehrswert, vgl. *Palandt/Thomas*, § 818 Rn. 19 ff.

[89] Vgl. dazu *MüKo/H. H. Seiler*, vor § 677 Rn. 15, 17.

a) Der Wortlaut und die Systematik der §§ 677 ff. BGB

Schon im Wortlaut und der Systematik der §§ 677 ff. findet die Auffassung der herrschenden Lehre keine Stütze.[90]

Dem Wortlaut der §§ 677 ff. läßt sich weder eine ausdrückliche Trennung in „berechtigte" und „unberechtigte" GoA entnehmen, noch finden sich Anhaltspunkte dafür, daß § 677 und § 681 nur dann Anwendung finden sollen, wenn gleichzeitig die Voraussetzungen des § 683 S. 1 erfüllt sind.[91]

Auch der Gesetzesaufbau spricht eindeutig für ein einheitliches Schuldverhältnis der GoA. So zeigt sich die Systematik der §§ 677 ff. im Lichte der Lehre vom einheitlichen Schuldverhältnis als geordnet. Nachdem in § 677 die Grundvoraussetzungen jeder GoA aufgestellt und die Grundpflichten des Geschäftsführers genannt werden, folgen in den §§ 678–681 die weiteren Pflichten des Geschäftsführers. Die Ansprüche des Geschäftsführers gegen den Geschäftsherrn werden im Anschluß daran in den §§ 683 und 684 geregelt, je nachdem, ob die Übernahme der Geschäftsführung dem Interesse und Willen des Geschäftsherrn entsprach.

Dagegen scheinen bei Zugrundelegung der herrschenden Lehre die Tatbestände und Rechtsfolgen zweier verschiedener Rechtsverhältnisse – nämlich der berechtigten und unberechtigten GoA – willkürlich in den §§ 677 ff. verstreut. Obwohl beispielsweise § 681 bei der unberechtigten GoA keine Anwendung finden soll, wird ohne nähere Begründung bei § 682 das Gegenteil angenommen.[92] Auch die Einordnung des § 678 in das System der §§ 677 gelingt den Vertretern der Lehre von der berechtigten GoA nur mit Unstimmigkeiten. Dieser Paragraph stelle einen deliktischen

---

[90] Vgl. zu den folgenden Ausführungen *Klatt*, Auftraglose Fremdgeschäftsführung durch Minderjährige (2001), S. 51 ff.

[91] Vgl. auch Mot. II, 854 f. zu § 749 E I (inhaltlich entsprechend § 677): „Der § 749 Abs. 1 stellt ... zugleich diejenigen Voraussetzungen fest, von deren Vorhandensein die Anwendung der Vorschriften dieses Titels im Allgemeinen abhängt. ... Als Voraussetzung der Haftung und der negotiorum gestio überhaupt ... bezeichnet der Entwurf hiernach die Thatsache, daß Jemand für einen Anderen ohne dessen Auftrag und ohne Amtspflicht ein Geschäft besorgt ..."

[92] *Larenz/Canaris*, Schuldrecht Besonderer Teil II/1, 13. Auflage (1986), S. 451 f.

„Sondertatbestand" dar,[93] wogegen der Wortlaut eindeutig für ein Übernahmeverschulden im Rahmen eines Schuldverhältnisses spricht.[94]

b) Die Problematik des § 684 BGB

Tragendes Argument der herrschenden Lehre ist die Fassung des § 684. Nach § 684 S. 1 hat der Geschäftsherr dem unberechtigten Geschäftsführer ohne Auftrag das aus der Geschäftsführung Erlangte nach den bereicherungsrechtlichen Vorschriften herauszugeben. Nach der Lehre vom einheitlichen Schuldverhältnis ist jedoch der unberechtigte Geschäftsführer wiederum zur Herausgabe des aus der Geschäftsbesorgung Erlangten nach §§ 667 Alt. 1, 681 S. 2, 677 verpflichtet. Die Vertreter der herrschenden Lehre von der berechtigten GoA sehen in diesen scheinbar gegenläufigen Ansprüchen einen Widerspruch.[95]

Allerdings wird hierbei der inhaltliche Unterschied zwischen beiden Ansprüchen übersehen. Nach der hier bevorzugten Ansicht regelt § 684 S. 1 – vergleichbar dem § 683 bei der willens- und interessengerechten Geschäftsübernahme – nur die Herausgabe derjenigen Bereicherung, welche den getätigten Aufwendungen des Geschäftsführers entspricht.[96] Durch diese teleologische Reduktion des § 684 S. 1 wird im Ergebnis die Begünstigung des unberechtigten Geschäftsführers ohne Auftrag vermieden.[97]

Denn um den Herausgabeanspruch nach §§ 667 Alt. 1, 681 S. 2, 677 auch bei der unberechtigten Geschäftsführung geltend machen zu können, muß nach der herrschenden Lehre der Geschäftsherr die Geschäftsführung

---

[93] So *Batsch*, Aufwendungsersatzanspruch und Schadensersatzpflicht des Geschäftsführers im Falle berechtigter und unberechtigter Geschäftsführung ohne Auftrag, AcP 171 (1971), S.218, 229 ff.

[94] Zu den dogmatischen Unstimmigkeiten bei der Einordnung des § 678 vgl. nur *Larenz/Canaris*, Schuldrecht Besonderer Teil II/1, 13. Auflage (1986), S. 451, Fn. 58.

[95] Vgl. *Reuter/Martinek*, Ungerechtfertigte Bereicherung (1983), S. 711.

[96] So schon *Schulz*, AcP 105 (1909), 1, 469 f.; *Wolf*, JZ 1966, 467, 470; *Wollschläger*, Die Geschäftsführung ohne Auftrag (1976), S. 46; *Klatt*, Auftraglose Fremdgeschäftsführung durch Minderjährige (2001), S. 56 f.; *Beuthien*, Die unberechtigte Geschäftsführung ohne Auftrag im bürgerlichrechtlichen Anspruchssystem, in: Festschrift für Alfred Söllner zum 70. Geburtstag (2000), S. 125, 129 f.

[97] Allerdings ist zuzugeben, daß durch diese Begrenzung des § 684 S. 1 auf die Herausgabe der Aufwendungen nicht sauber zwischen Aufwendungsersatz und Bereicherungsausgleich unterschieden wird; vgl. dazu *MüKo/H. H. Seiler*, § 684 Rn. 9.

gem. § 684 S. 2 genehmigen. Damit wird der Geschäftsherr jedoch genötigt, eine nicht willens- und interessengemäße Geschäftsübernahme zu billigen. Darüber hinaus setzt er sich mit der Genehmigung nicht nur dem Anspruch auf Aufwendungsersatz gem. § 683 aus, sondern muß auf seinen eventuell bestehenden Schadensersatzanspruch gem. § 678 verzichten.[98]

Ein solches Ergebnis bei einer interessenwidrigen Einmischung in den Rechtskreis des Geschäftsherrn widerspricht aber eindeutig dessen Schutzbedürfnis. Auch der Einwand, § 684 S. 2 verliere mit der Anwendbarkeit des § 681 bei der unberechtigten GoA nahezu jegliche Bedeutung, kann aufgrund der vorangegangenen Überlegungen deshalb nicht überzeugen.[99]

c) Die Pflicht zur Interessenwahrung nach § 677 BGB

Obwohl Wortlaut und Systematik des § 677 genau das Gegenteil nahelegen, schließt die herrschende Lehre dessen Anwendung auf die unberechtigte GoA aus. Bei nicht willens- und interessengerechter Geschäftsübernahme habe der Geschäftsführer nicht die Sorgfaltspflichten des § 677 zu beachten, sondern die Führung des fremden Geschäfts schlicht zu unterlassen.[100]

Auch dieses Argument gegen ein einheitliches Schuldverhältnis der GoA erweist sich bei näherer Betrachtung als nicht stichhaltig. Für die Annahme einer Sorgfaltspflicht auch beim unberechtigten Geschäftsführer ohne Auftrag sprechen wiederum die Interessen des Geschäftsherrn. Da auch durch die Vorschriften der GoA ein unerwünschtes Eingreifen in den Rechtskreis des Geschäftsherrn nicht wirksam verhindert wird, werden dessen Belange doch nur dann bestmöglich gewahrt, wenn der Geschäfts-

---

[98] *Staudinger/Wittmann*, § 684 Rn. 10; *RGRK/Steffen*, § 684 Rn. 17; *Larenz/Canaris*, Schuldrecht Besonderer Teil II/1, 13. Auflage (1986), S. 438 ff. Das gilt jedoch nur, soweit man die berechtigte GoA als Rechtfertigungsgrund ansieht, vgl. dazu die folgenden Ausführungen.

[99] Zur verbleibenden Bedeutung der Genehmigung gem. § 684 S. 2 siehe *Klatt*, Auftraglose Fremdgeschäftsführung durch Minderjährige (2001), S. 58 f. sowie *Beuthien*, Die unberechtigte Geschäftsführung ohne Auftrag im bürgerlichrechtlichen Anspruchssystem, in: Festschrift für Alfred Söllner zum 70. Geburtstag (2000), S. 125, 130.

[100] *Lent*, Wille und Interesse bei der Geschäftsbesorgung (1938), S. 8; *Esser/Weyers*, Schuldrecht, Band 2, Teilband 2 (2000), S. 5 f.; *Reuter/Martinek*, Ungerechtfertigte Bereicherung (1983), S. 711; *Gursky*, AcP 185 (1985), S. 13, 43.

führer wenigstens zur ordnungsgemäßen Führung des Geschäfts gem. § 677 verpflichtet wird.[101]

d) Die Besserstellung des unberechtigten Geschäftsführers ohne Auftrag

Gegen die Auslegung des §§ 677 ff. im Sinne der herrschenden Lehre spricht auch die Untersuchung des Falles, in dem der Geschäftsführer während der Ausführung des fremden Geschäfts schuldhaft einen Schaden verursacht. Da § 678 nur auf ein Übernahmeverschulden anwendbar ist, muß die Lehre von der berechtigten GoA den Geschäftsherrn auf die deliktischen Ansprüche verweisen.[102] Bei diesen fehlt jedoch die Möglichkeit, das Handeln selbständiger Gehilfen zuzurechnen. Auch können auf Grundlage des Deliktsrechts nur bestimmte Vermögensschäden ersetzt werden, während im Rahmen der GoA umfassend auch für reine Vermögensschäden gehaftet wird. Die deliktischen Ansprüche sind für den Geschäftsführer im Vergleich zu einem möglichen Anspruch aus §§ 280 Abs. 1, 677 damit von Nachteil. Die herrschende Lehre führt somit dazu, daß der unberechtigte Geschäftsführer weniger scharf haftet als derjenige Geschäftsführer, der willens- und interessengemäß in einen fremden Rechtskreis eingreift.[103]

Darüber hinaus wird nach dieser Ansicht der unberechtigte Geschäftsführer aber auch hinsichtlich der Beweislage bevorzugt. Weil § 683 S. 1 als Tatbestandsmerkmal des Schuldverhältnisses der GoA angesehen wird, muß der Geschäftsherr im Bestreitensfalle (138 IV ZPO) das Vorliegen der Voraussetzungen des Aufwendungsersatzanspruches des Geschäftsführers beweisen, um selbst den Anspruch aus §§ 280 Abs. 1, 677 (bzw. gerade §§ 683 S. 1, 677) geltend machen zu können.[104] Dasselbe gilt insoweit für die Geltendmachung des Herausgabeanspruchs gem. §§ 667 Alt. 1, 681 S. 2, 677.

---

[101] So auch *Klatt*, Auftraglose Fremdgeschäftsführung durch Minderjährige (2001), S. 59 f. mit weiteren Nachweisen.

[102] Zur umstrittenen Konkurrenz zwischen GoA und Deliktshaftung siehe nur *MüKo/H. H. Seiler*, vor § 677 Rn. 16 f.; *Helm*, Gutachten und Vorschläge (1983), S. 382 f.

[103] Zum Vergleich der Haftung aus GoA und Delikt siehe *Helm*, Gutachten und Vorschläge (1983), S. 335, 384.

[104] Vgl. *Pesch*, Jura 1995, 361, 363.

e) Die berechtigte GoA als Rechtfertigungsgrund

Schließlich verbleibt nur noch ein Faktum, welches der herrschenden Ansicht die Integration der unberechtigten GoA in das gesetzliche Schuldverhältnis bisher erschwert hat. Dies ist die Betrachtung der berechtigten GoA als Rechtfertigungsgrund für Eingriffe in fremde Lebensgüter und absolute Rechte.[105] Danach handelt derjenige Geschäftsführer ohne Auftrag nicht widerrechtlich, der bei der Geschäftsübernahme die Voraussetzungen des § 683 S. 1 bzw. der §§ 683 S. 2, 679 erfüllt.[106]

In Anbetracht der Tatsache, daß die Lehre von der berechtigten GoA als Rechtfertigungsgrund in der Rechtspraxis keinerlei Bedeutung besitzt[107] und darüber hinaus weder in sich stimmig[108] noch frei von Bedenken ist,[109]

---

[105] Damit ist speziell die rechtfertigende Wirkung der berechtigten GoA im Zivilrecht gemeint. Zur Problematik der rechtfertigenden Wirkung im Strafrecht siehe *Fisch*, Strafbarkeitsausschluß durch berechtigte Geschäftsführung ohne Auftrag (2000), S. 122 ff.

[106] *Wittmann*, Begriff und Funktionen der Geschäftsführung ohne Auftrag (1981), S. 171 ff.; *Esser/Weyers*, Schuldrecht, Band 2, Teilband 2 (2000), S. 20; *RGRK/Steffen*, § 823 Rn. 383; *Fikentscher*, Schuldrecht (1997), S. 589; *Fisch*, Strafbarkeitsausschluß durch berechtigte Geschäftsführung ohne Auftrag (2000), S. 119 mit weiteren Nachweisen.

[107] Außer zwei Entscheidungen des *Reichsgerichts* (*RG* JW 1910, 574 f.; *RGZ* 149, 205, 208) existiert – soweit ersichtlich – keine Rechtsprechung zur zivilrechtlichen Rechtfertigung durch eine GoA. Damit hat diese Kontroverse ohnehin nur theoretische Bedeutung. Vgl. dazu auch *Wollschläger*, Die Geschäftsführung ohne Auftrag (1976), S. 271 f.

[108] So trifft man auf die pauschale Feststellung, daß die berechtigte GoA Rechtfertigungsgrund für den Eingriff in einen fremden Rechts- und Interessenkreis darstellt. Die Berechtigung der GoA ergibt sich aber nur aus einer berechtigten *Übernahme* der Geschäftsführung, eine nicht willens- und interessengemäße Geschäftsführung ist gerade keine Voraussetzung (§ 683 S. 1). Demnach dürfte aber die GoA keinen Rechtfertigungsgrund bei Überschreitung des Handlungsrahmens bzw. bei pflichtwidriger Geschäftsführung bieten, denn die Rechtfertigungswirkung von Schuldverhältnissen reicht nur soweit der Schädiger pflichtgemäß handelt; vgl. *Helm*, Gutachten und Vorschläge (1983), S. 335, 362. Die daraus folgende Konsequenz, daß die §§ 823 ff. bei einem Ausführungsverschulden regelmäßig anwendbar bleiben, wird jedoch überwiegend nicht gezogen; vgl. beispielsweise *Palandt/Sprau*, § 677 Rn. 11; *Fisch*, Strafbarkeitsausschluß durch berechtigte Geschäftsführung ohne Auftrag (2000), S. 119 ff.; *Ernst*, Schuldrecht, Besonderer Teil II (1999), § 74 A.; *Soergel/Beuthien*, vor § 677 Rn. 9.

kann auch diese Problematik der hier vertretenen Ansicht nicht entgegenstehen. Im übrigen bieten sich für die Lösung dieser Fälle die sachnäheren Notstandsregelungen[110] bzw. eine analoge Anwendung des § 34 StGB[111] an.

6. Ergebnis

Nach der Betrachtung der § 677 ff. und der Gegenüberstellung der beiden Lehrmeinungen zeigt sich klar die Überlegenheit der Lehre vom einheitlichen Schuldverhältnis der GoA. Diese Untersuchung baut deshalb auf der Ansicht auf, nach welcher das gesetzliche Schuldverhältnis der GoA schon bei Erfüllung der Voraussetzungen des § 677 *ex lege* zur Entstehung gelangt. Die Unterscheidung zwischen berechtigter und unberechtigter Geschäftsführung ist dementsprechend nur im Hinblick auf die unterschiedlichen Anspruchsinhalte der §§ 683, 684 von Bedeutung.

IV. Die Rechtsfolgen der GoA

Die nachfolgende Darstellung der Rechtsfolgen der GoA kann kurz gehalten werden, da in den wesentlichen Punkten Einigkeit besteht. Näher betrachtet wird lediglich die Entwicklung des Aufwendungsersatzanspruches in der Rechtsprechung. Denn damit verknüpft sind sowohl die Frage nach der Funktion der GoA wie auch deren Anwendungsbereich in der Praxis.

1. Entstehung des gesetzlichen Schuldverhältnisses

Erfüllt der Geschäftsführer die Voraussetzungen des § 677, so entsteht das gesetzliche Schuldverhältnis der GoA. Die Rechtsfolgen sind weitgehend durch Verweisung in das Auftragsrecht geregelt, Geschäftsherr und Geschäftsführer stehen sich damit wie Auftraggeber und Beauftragter gegenüber. Folglich entstehen wie beim Auftrag im Sinne des § 662 stets

---

109 Siehe dazu schon *Planck/Lobe*, Vorbem. § 677 Anm. V, S. 271 ff.; *MüKo/H. H. Seiler*, vor § 677 Rn. 16 f.

110 Beispielsweise die Grundsätze des übergesetzlichen rechtfertigenden Notstandes, vgl. dazu *MüKo/H. H. Seiler*, vor § 677 Rn. 17.

111 *Wollschläger*, Die Geschäftsführung ohne Auftrag (1976), S. 275.

Verpflichtungen des Geschäftsführers, jedoch nicht zwingend solche des Geschäftsherrn.

2. Die Verpflichtungen des Geschäftsführers

Der Geschäftsführer ist nach § 677 verpflichtet, das Geschäft im Interesse und mit Rücksicht auf den Willen des Geschäftsherrn zu führen.[112] Bei einem Verstoß gegen diese Pflicht kommt ein Schadensersatzanspruch des Geschäftsherrn gem. §§ 280 Abs. 1, 677 in Betracht. Mit der Ausnahme des § 680 bei einer Geschäftsführung zur Gefahrenabwehr haftet der Geschäftsführer dann im Rahmen des § 276.[113] Der für § 677 maßgebliche Wille des Geschäftsherrn bezüglich der *Durchführung* des Geschäfts ist in diesem Zusammenhang strikt vom Willen des Geschäftsherrn hinsichtlich der *Übernahme* der Geschäftsführung zu unterscheiden.[114] Hat der Geschäftsführer bei Übernahme des Geschäfts Interesse und Wille des Geschäftsherrn nicht beachtet, so ist er allein wegen dieses Übernahmeverschuldens aus § 678 zum Schadensersatz verpflichtet, ohne daß die eigentliche Schadenszufügung schuldhaft verursacht sein muß.[115]

Der Geschäftsführer hat dem Geschäftsherrn die Übernahme des Geschäfts anzuzeigen und wenn möglich dessen Entschließung abzuwarten, § 681 S. 1. Im übrigen haftet der Geschäftsführer dem Geschäftsherrn durch die Verweisung des § 681 S. 2 weitestgehend wie ein Beauftragter. Ihn treffen die Nebenpflichten aus §§ 666-668, wobei vor allem die Pflicht zur Herausgabe des aus der Geschäftsführung Erlangten gem. § 667 von Bedeutung ist.

---

[112] Die Frage nach dem Rangverhältnis ist ebenso wie bei § 683 S. 1 streitig, jedoch für die Praxis ohne erkennbare Bedeutung. Siehe dazu nur *MüKo/H. H. Seiler*, § 677 Rn. 52.

[113] Vgl. *Larenz/Canaris*, Schuldrecht Besonderer Teil II/1, 13. Auflage (1986), S. 446 ff.

[114] Man beachte die unterschiedliche Akzentuierung der Formulierungen in § 677 und § 683. § 677: „... hat das Geschäft so zu führen, wie das Interesse des Geschäftsherrn mit Rücksicht auf dessen wirklichen oder mutmaßlichen Willen es erfordert.“, § 683 S. 1: „Entspricht die Übernahme der Geschäftsführung dem Interesse und dem wirklichen oder dem mutmaßlichen Willen des Geschäftsherrn, ...“

[115] Ob § 678 einen selbständigen haftungsbegründenden Tatbestand darstellt oder nur die Haftung des § 677 auf eine nicht gewollte Geschäftsübernahme erweitert, ist umstritten, vgl. dazu *MüKo/H. H. Seiler*, § 678 Rn. 1 f.

3. Die Verpflichtungen des Geschäftsherrn

Den Umfang der Pflichten des Geschäftsherrn bestimmen maßgeblich die Voraussetzungen des § 683 S. 1. Entspricht demnach die Übernahme der Geschäftsführung dem Interesse *und* dem wirklichen oder mutmaßlichen Willen des Geschäftsherrn, ist der Geschäftsherr zum Ersatz der Aufwendungen des Geschäftsführers verpflichtet.[116] Angesichts seiner Bedeutung werden die Voraussetzungen und der Umfang des Aufwendungsersatzes im Anschluß gesondert ausgeführt.

In den Fällen der nicht willens- und interessengemäßen Geschäftsführung kann der Geschäftsführer lediglich nach den Vorschriften der ungerechtfertigten Bereicherung das durch die Geschäftsführung Erlangte vom Geschäftsherrn herausverlangen, § 684 S. 1.[117] Dieser Anspruch kommt in der Regel einem Aufwendungsersatzanspruch gleich, da die Bereicherung des Geschäftsherrn meist den gesparten Aufwendungen oder Verwendungen des Geschäftsführers entspricht.[118] Allerdings trägt der Geschäftsführer das Risiko der Entreicherung des Geschäftsherrn gem. § 818 Abs. 3 sowie das Risiko des wirtschaftlichen Erfolges seiner Geschäftsführung, da nicht bereichernde Aufwendungen nicht erstattet werden.

4. Der Aufwendungsersatzanspruch des Geschäftsführers

Sind neben den Voraussetzungen des § 677 auch die des § 683 S. 1 erfüllt, „kann der Geschäftsführer wie ein Beauftragter Ersatz seiner Aufwendungen verlangen“.

a) Die Voraussetzungen des § 683 BGB

Die Übernahme der Geschäftsführung muß „dem Interesse und dem wirklichen oder dem mutmaßlichen Willen des Geschäftsherrn“ entsprechen, § 683 S. 1. Weil nur die Übernahme der *konkreten Geschäftsführung* Bezugspunkt sein kann, muß auch die Art, wie das Ziel erreicht werden soll, interessen-

---

[116] Gleiches gilt bei der Ausnahme der §§ 683 S. 2, 679 und bei genehmigter Geschäftsführung gem. § 684 S. 2.

[117] Die Einordnung als Rechtsfolgen- oder Rechtsgrundverweisung spielt dabei keine Rolle, vgl. *MüKo/H. H. Seiler*, § 684 Rn. 4.

[118] *Martinek/Theobald*, JuS 1997, 612.

und willensgemäß sein.[119] Der Begriff „Übernahme" in § 683 S. 1 stellt damit nur klar, daß maßgeblicher Zeitpunkt für die Feststellung von Wille und Interesse der Beginn der Geschäftsführung ist.[120] Weil es deshalb gerade nicht auf die interessen- und willensgemäße *tatsächliche Durchführung* des Geschäfts ankommt,[121] hängt die Entstehung des Anspruchs auf Aufwendungsersatz keinesfalls vom Erfolg der Geschäftsführung ab.[122]

aa) Das Interesse des Geschäftsherrn an der Geschäftsübernahme

Die Übernahme des Geschäfts liegt dann im Interesse des Geschäftsherrn, wenn die Vornahme des Geschäfts objektiv nützlich, also sachlich vorteilhaft ist.[123] Gleichwohl kann das Interesse des Geschäftsherrn nicht ohne Rücksichtnahme auf subjektive Elemente festgestellt werden. Vielmehr ist es regelmäßig die persönliche Situation des Geschäftsherrn, welche den Maßstab des Interesses kennzeichnet. Damit ist für die interessengemäße Geschäftsübernahme nicht nur die abstrakte wirtschaftliche Betrachtung des Geschäfts ausschlaggebend, sondern die Vorteilhaftigkeit gerade für den Geschäftsherrn.[124]

bb) Der wirkliche und mutmaßliche Wille des Geschäftsherrn

Neben dem Interesse muß die Übernahme dem wirklichen oder mutmaßlichen Willen des Geschäftsherrn entsprechen. Nach allgemeiner Auffassung

---

119 *Gursky*, AcP 185 (1985), S. 13, 45.

120 *MüKo/H. H. Seiler*, § 683 Rn. 11; *Staudinger*/Wittmann, Vorbem. zu § 677 Rn. 52; *Lent*, Wille und Interesse bei der Geschäftsbesorgung (1938), S. 13.

121 Insbesondere, weil die Rechtsprechung teilweise nicht exakt zwischen Übernahme und Führung des Geschäfts unterscheidet, siehe beispielsweise *BGH* NJW 1982, 875, 877: „Der Anspruch auf Aufwendungsersatz setzt weiterhin voraus, daß die Geschäftsführung dem wirklichen oder mutmaßlichen Willen des Geschäftsherrn entspricht." Ähnlich *BGH* NJW-RR 1993, 522, 523; *BGHZ* 101, 393, 400.

122 *Erman/Ehmann*, § 683 Rn. 1.

123 So die Allgemeine Meinung, vgl. nur *MüKo/H. H. Seiler*, § 683 Rn. 2; *BGHZ* 16, 12, 16.

124 *MüKo/H. H. Seiler*, § 683 Rn. 4; *Larenz/Canaris*, Schuldrecht Besonderer Teil II/1, 13. Auflage (1986), S. 438 ff.

entscheidet in erster Linie der ausdrücklich oder konkludent geäußerte[125] wirkliche Wille, der mutmaßliche Wille ist subsidiär.[126]

In den meisten Fällen wird der wirkliche Wille des Geschäftsherrn jedoch nicht geäußert. Der daraufhin ausschlaggebende mutmaßliche Wille ergibt sich wiederum aus einer objektiven Betrachtung der Umstände unter Berücksichtigung der individuellen Situation des Geschäftsherrn. Damit stimmt der mutmaßliche Wille in der Regel mit dem „Interesse" im Sinne des § 683 S. 1 überein.[127]

cc) Das Verhältnis von Wille und Interesse des Geschäftsherrn

Nach dem Wortlaut des § 683 S. 1 müssen sowohl das Interesse als auch der Wille des Geschäftsherrn für eine berechtigte Geschäftsübernahme gegeben sein. Unstreitig ist die interessengemäße, aber nicht gewollte Geschäftsübernahme aus dem Anwendungsbereich des § 683 auszuscheiden.[128]

Umstritten ist dagegen der Fall der unvernünftigen, das heißt einer interessenwidrigen, jedoch dem Willen des Geschäftsherrn entsprechenden Geschäftsführung. Ist die Geschäftsführung vom Geschäftsherrn gerade erwünscht, besteht kein Anlaß, diesen vor einem Eingriff in seinen Rechtskreis zu schützen. Nach der vorzugswürdigen Ansicht muß deshalb eine teleologische Beschränkung des § 683 S. 1 vorgenommen werden, so daß in diesen Fällen auf das objektive Interesse verzichtet werden kann.[129]

---

[125] Die Kenntnis des Geschäftsführers von diesem ist dabei nicht erforderlich, vgl. nur *Staudinger/ Wittmann*, Vorbem. zu §§ 677 ff. Rn. 28.

[126] Allgemeine Meinung, vgl. *Staudinger/Wittmann*, Vorbem. zu § 677 ff. Rn. 48; *MüKo/H. H. Seiler*, § 683 Rn. 10.

[127] *Staudinger/Wittmann*, Vorbem. zu § 677 ff. Rn. 50; *BGHZ* 47, 370, 372; *BGH* NJW 1971, 609, 612; anders nur, wenn aus Äußerungen des Geschäftsherrn zu schließen ist, daß er sich in einem solchen Fall (nicht dem konkreten, denn sonst wäre der wirkliche Wille bekannt) entgegen seinem Interesse verhalten werde, vgl. *Larenz/Canaris*, Schuldrecht Besonderer Teil II/1, 13. Auflage (1986), S. 438.

[128] *Larenz/Canaris*, Schuldrecht Besonderer Teil II/1, 13. Auflage (1986), § S. 443 ff.

[129] Vgl. *Staudinger/Wittmann*, Vorbem. zu § 677 ff. Rn. 49; *Soergel/Beuthien*, § 683 Rn. 5; *OLG Düsseldorf*, NJW-RR 1996, 913, 914; andere Ansicht mit Verweis auf den eindeutigen Wortlaut *Larenz/Canaris*, Schuldrecht Besonderer Teil II/1, 13. Auflage (1986), S. 443 ff. Der Streit hat jedoch keine praktische Bedeutung, da auch nach der abweichenden Ansicht der Geschäftsherr die Geschäftsführung gem. § 684 S. 2 genehmigen kann.

dd) Die Voraussetzungen des § 683 S. 1 BGB in der Rechtsprechung

In der Rechtsprechung hat der Interessebegriff des § 683 S. 1 eine weite Auslegung erfahren. Danach kommt nahezu jede Handlung, die auch nur entfernt für den Geschäftsherrn von Vorteil sein kann, als seinem Interesse entsprechend in Betracht.[130] Folgerichtig finden sich in der Rechtsprechung nur wenige Fälle, in denen Aufwendungsersatz wegen fehlenden Interesses versagt wird.[131]

In mehreren Entscheidungen fehlt die Differenzierung zwischen der Fremdheit des geführten Geschäfts und dem Interesse des Geschäftsherrn völlig, womit die Eigenständigkeit des Interessebegriffs aufgeben wird.[132] Diese großzügige Festlegung des Geschäftsherrninteresses hat direkte Auswirkung auf die Auslegung des Tatbestandsmerkmals des mutmaßlichen Willens. Damit ist *Helm* zuzustimmen, welcher die Verknüpfung von objektiver Fremdheit, Interesse und mutmaßlichem Willen zu einem nicht mehr trennbaren Gesamtkomplex konstatiert.[133] Diese Vermengung der Tatbestandsmerkmale wird zum großen Teil nur noch in den Fällen aufgegeben, in denen der die Geschäftsübernahme ablehnende Wille des Geschäftsherrn bekannt war.[134]

Als Zwischenergebnis ist festzuhalten, daß es für das Zusprechen eines Aufwendungsersatzanspruches - abgesehen von den wenigen Fällen, in denen der entgegenstehende Wille des Geschäftsherrn bekannt ist - auf die *objektive Nützlichkeit* des Geschäfts ankommt. Vergleichbar zur Problematik bei der Feststellung eines fremden Geschäfts wurden jedoch bisher keine nachvollziehbaren Kriterien für diese Nützlichkeit aufgestellt, die über eine Billigkeitsentscheidung im Einzelfall hinausgehen.

b) Die Voraussetzungen des § 670 BGB

Durch die Formulierung „wie ein Beauftragter“ in § 683 S. 1 wird auf § 670 verwiesen. Damit ist der Geschäftsherr zum Ersatz derjenigen Aufwendun-

---

130 Zu diesem Problemkreis *Helm*, Gutachten und Vorschläge (1983), S. 335, 371 f.

131 Siehe die Aufzählung bei *Helm*, Gutachten und Vorschläge (1983), S. 335, Fn. 303; vgl. aus der neueren Rechtsprechung nur *BGH* NJW 2001, 3184, 3185.

132 *BGHZ* 38, 270, 275; 40, 28, 30; 82, 323, 329 f.

133 *Helm*, Gutachten und Vorschläge (1983), S. 335, 372 f.

134 Vgl. beispielsweise *BGH* NJW 2001, 3184, 3185; *OLG Hamm*, NJW-RR 1991, 730, 731; *OLG Düsseldorf*, NVwZ 1995, 827, 829.

gen verpflichtet, welche der Geschäftsführer „zum Zwecke der Ausführung des Auftrags" machte und „die er den Umständen nach für erforderlich" halten durfte. Die „Erforderlichkeit" ist dabei im Sinne der herrschenden Meinung in Literatur und Rechtsprechung überwiegend nach objektiven Kriterien zu bestimmen. Der Geschäftsführer hat nach sorgfältiger Prüfung der Notwendigkeit der Aufwendungen eine Ermessensentscheidung zu treffen.[135]

Als zusätzliche subjektive Komponente muß der Geschäftsführer sich am individuellen Interesse und Willen des Geschäftsherrn orientieren.[136] Folglich geht der Begriff der „Erforderlichkeit" mit den Voraussetzungen des § 683 S. 1 soweit konform, wodurch sich in der Praxis keine Abgrenzungsschwierigkeiten ergeben. Bedeutung erlangt § 670 allerdings bei gescheiterten Verträgen. Besteht nämlich die Führung des Geschäfts in einer vom Gesetz verbotenen Tätigkeit, darf der Geschäftsführer seine Aufwendungen nach ständiger Rechtsprechung nicht „den Umständen nach für erforderlich halten".[137]

c) Der Umfang des Aufwendungsersatzanspruches

Der Begriff der Aufwendung umfaßt freiwillig aufgeopferte Vermögenswerte[138] sowie tätigkeitsspezifische Schäden.[139] Dem Geschäftsführer ohne Auftrag steht nach dem Wortlaut des Gesetzes kein Entgelt für die Vergütung seiner Dienste zu, § 662.[140] Nur wenn dieser anderweitigen Erwerb aufopfert, steht ihm Aufwendungsersatz zu. Allgemein anerkannt ist jedoch eine Vergütung, wenn die Tätigkeit zum Beruf oder Gewerbe des Geschäfts-

---

[135] *Palandt/Sprau*, § 670 Rn. 4; *MüKo/H. H. Seiler*, § 670 Rn. 9.

[136] *Staudinger/Wittmann*, § 683 Rn. 4.

[137] Vgl. *BGHZ* 37, 258, 262 f.; 111, 308, 311; *BGH* VersR 1970, 422; *BGH* NJW-RR 1997, 564; *BGH* NJW 2000, 1560, 1562; *OLG Hamm*, NJW-RR 1989, 364, 365; *LG Wuppertal*, MDR 1969, 572.

[138] Vgl. *Erman/Ehmann*, § 670 Rn. 3; *MüKo/H. H. Seiler*, § 670 Rn. 6 mit weiteren Nachweisen.

[139] So die allgemeine Ansicht; die Problematik der Schäden des Geschäftsführers als Aufwendungen ist für die Arbeit ohne Bedeutung, vgl. dazu *MüKo/H. H. Seiler*, § 683 Rn. 18 ff.

[140] Die Dienstleistung könnte schon als Teil der Aufwendung selbst gesehen werden. Allerdings muß im Umkehrschluß aus § 1835 III und anderen ausdrücklichen Anordnungen das Gegenteil gefolgert werden; dazu *MüKo/H. H. Seiler*, § 670 Rn. 19 f.

führers gehört.[141] Diese Ausnahme wird überwiegend mit der analogen Anwendung des § 1835 Abs. 3 begründet.[142] Nach anderer Ansicht ist darauf abzustellen, ob bei einem Vertragsschluß üblicherweise eine Vergütung vereinbart worden wäre.[143] Daneben wird darauf verwiesen, die Unentgeltlichkeit der GoA sei nur auf ein Redaktionsversehen der Autoren des BGB zurückzuführen und dementsprechend müsse § 683 korrigierend interpretiert werden.[144]

Bei der hier untersuchten Fallkonstellation der gescheiterten Verträge gehört die Tätigkeit regelmäßig zum Beruf oder Gewerbe des Geschäftsführers. Darüber hinaus war die Übernahme der Geschäftsführung den Umständen und dem mutmaßlichen Parteiwillen nach nur gegen Entgelt zu erwarten. Nach allen Ansichten ist damit, unabhängig von der Problematik der Anwendbarkeit der GoA, der Ersatz der Arbeitsleistung im Rahmen des Aufwendungsersatzanspruches anzuerkennen.[145]

d) Die Aufteilung der Aufwendungen

Hat der Geschäftsführer eigene Interessen wahrgenommen, gewährt ihm die Rechtsprechung nur anteiligen Aufwendungsersatz.[146] Die Verteilung der Kosten wird „nach dem Maß der Verantwortlichkeit und dem Gewicht der Interessen der Beteiligten“ vorgenommen, „soweit nicht der Geschäftsführer die Aufwendungen kraft seiner besonderen Verpflichtung selbst tragen soll.[147]

In der Literatur wird dieser Aufteilung der Aufwendungen richtigerweise zugestimmt. Unklar ist jedoch die dogmatische Konstruktion dieser Rechtsfolge. Ohne einen Bezugspunkt in den §§ 677 ff., 670 zu nennen, spricht der *BGH* mehrheitlich davon, daß „der Umfang des Anspruchs auf Aufwen-

---

141 *Staudinger/Wittmann*, § 683 Rn. 3; *Erman/Ehmann*, § 683 Rn. 7, *Palandt/Sprau*, § 683 Rn. 8.

142 *Staudinger/Wittmann*, § 683 Rn. 3; *Soergel/Beuthien*, § 683 Rn. 11.

143 *Köhler*, JZ 1985, 359, 362 f.

144 Dazu umfassend *H. H. Seiler*, Über die Vergütung von Dienstleistungen des Geschäftsführers ohne Auftrag, in: Festschrift für Heinz Hübner (1984), S. 239 ff.; ebenso *Wollschläger*, Die Geschäftsführung ohne Auftrag (1976), S. 311 ff.

145 Weiterführend zu dem Problem der Arbeitsleistungen als Aufwendungen im Rahmen der GoA *Köhler*, JZ 1985, 359.

146 *BGHZ* 16, 12, 16; 40, 28, 32; 98, 232, 242 f.; *BGH* NJW 1990, 2058, 2059.

147 *BGH* NJW 2000, 217, 220.

dungsersatz“ in diesen Fällen „regelmäßig eingeschränkt ist“.[148] In einem Fall wird der „Rechtsgedanke des § 254“ herangezogen,[149] was mangels Alternativen die beste Lösung zu sein scheint. In Betracht kommt allenfalls noch die Minderung des Aufwendungsersatzanspruchs um den Herausgabeanspruch des Geschäftsherrn gem. §§ 667 Alt. 1, 681 S. 2, 677. Dann ständen sich jedoch Aufwendungs- und Bereicherungsanspruch gegenüber, was nicht in allen Fällen zur Aufteilung der Aufwendungen führt, wie beispielsweise bei der Entreicherung des Geschäftsführers gem. § 818 Abs. 3.[150]

In den Fällen der gescheiterten Verträge ist die Frage der Aufteilung der Aufwendungen allerdings nicht von Bedeutung. Zwar begründet das Interesse des Geschäftsführers an der Vergütung des vermeintlichen Vertrages ein Eigeninteresse im Sinne des auch-fremden Geschäfts. Für eine Teilung des Aufwendungsersatzes ist bei Betrachtung der Rechtsprechung jedoch eine beiderseitige objektive Verantwortlichkeit erforderlich.[151]

V. *Das Verhältnis der GoA zu den anderen gesetzlichen Schuldverhältnissen*

Das Recht der GoA überschneidet sich in vielen Bereichen mit anderen gesetzlichen Schuldverhältnissen.[152] Von Bedeutung ist im Rahmen dieser Untersuchung insbesondere das Verhältnis zum Recht der ungerechtfertigten Bereicherung.

In der Literatur besteht Einigkeit darüber, daß die § 677 ff. eine *schuldrechtliche Sonderverbindung* begründen, welche in ihrem Anwendungs-

---

148 *BGHZ* 16, 12, 16; 40, 28, 32; *BGH* NJW 2000, 217, 220.

149 *BGH* NJW 1990, 2058, 2059.

150 *Griebe* hält die über den Fremdnutzen hinausgehenden Aufwendungen für „nicht erforderlich“, vgl. *Griebe*, Der Aufwendungsersatzanspruch des Geschäftsführers ohne Auftrag (1996), S. 165. Jedoch sind gerade die *gesamten* Aufwendungen „zur Ausführung des Auftrags ... den Umständen nach ... erforderlich“, ein Zusammenhang zwischen der Erforderlichkeit und den Eigeninteressen des Geschäftsführers besteht demnach nicht.

151 Vgl. die den Entscheidungen aus Fn. 146 zugrundeliegenden Sachverhalte.

152 Dazu umfassend *Helm*, Gutachten und Vorschläge (1983), S. 335, 377 ff.

bereich die § 812 ff. verdrängen.[153] Liegen die allgemeinen Merkmale des § 677 vor, erfolgen Leistungen oder Eingriffe zwischen Geschäftsführer und Geschäftsherr deshalb mit *Rechtsgrund* im Sinne des § 812, was nach der hier vertretenen Ansicht auch für die fremdbezogene, jedoch nicht willens- und interessengemäße GoA gilt.[154] Ob diese allgemeine Richtlinie bei gescheiterten Verträgen einzuschränken ist, bleibt der weiteren Untersuchung vorbehalten.

Dagegen ist die gerichtliche Praxis zum Verhältnis von GoA und ungerechtfertigter Bereicherung gespalten.[155] Zwar hat der *BGH* die Lehre von der GoA als Rechtsgrund mehrmals ausdrücklich bestätigt.[156] Insgesamt ist jedoch festzustellen, daß der *BGH* die Konkurrenzregeln eher als Gestaltungsspielräume nutzt. So finden sich auch in der neueren Rechtsprechung Urteile, in denen die ungerechtfertigte Bereicherung trotz Vorliegens einer GoA als subsidiäre oder gleichrangige Anspruchsgrundlage angeführt wird.[157] Angesichts der unterschiedlichen und sich teilweise entgegenstehenden Ergebnisse beider Schuldverhältnisse ist indes offensichtlich, daß eine solche unbeschränkte Konkurrenz unmöglich passend sein kann.

Das Verhältnis der GoA zu den verbleibenden gesetzlichen Schuldverhältnissen ist in der Praxis ebenso ungelöst wie die Konkurrenz zum Bereicherungsrecht.[158] Insbesondere die Annahme der GoA als Rechtferti-

---

[153] Für die berechtigte GoA ist dies allgemein anerkannt, vgl. nur *Mellulis*, Das Verhältnis von Geschäftsführung ohne Auftrag und ungerechtfertigter Bereicherung (1971), S. 100, 133; *Koppensteiner/Kramer*, Ungerechtfertigte Bereicherung (1988), S. 210; *Fikentscher*, Schuldrecht (1997) S. 589, 597; nach der hier vertretenen Ansicht gilt dies folgerichtig auch für die unberechtigte GoA, dazu *MüKo/H. H. Seiler*, vor § 677 Rn. 15.

[154] Siehe Gliederungspunkt B. § 3 III. 6., S. 60; ebenso *MüKo/H. H. Seiler*, vor § 677 Rn. 15.

[155] Dazu umfassend *Helm*, Gutachten und Vorschläge (1983), S. 335, 379 ff.

[156] *BGH* NJW 1969, 1205, 1207; *BGH* WM 1996, 2159, 2162; *BGH* NJW 1993, 3196 : „Liegt berechtigte Geschäftsführung ohne Auftrag vor, so besteht für das Tätigwerden des Geschäftsführers im fremden Rechtskreis ein Rechtsgrund mit der Folge, daß für Bereicherungsansprüche des Geschäftsführers kein Raum ist ..."

[157] Vgl. *BGHZ* 37, 258, 263 f., dem folgend *BGHZ* 111, 308, 311; 118, 142, 150; *BGH* NJW-RR 1997, 564 f.; *BGH* NJW 2000, 1560, 1562.

[158] Vgl. nur *Helm*, Gutachten und Vorschläge (1983), S. 335, 380 ff.

gungsgrund bei deliktischen Eingriffen ist umstritten.[159] Für die Fälle der gescheiterten Verträge ist dieses Problem jedoch ohne Bedeutung.[160]

Mit den §§ 987 ff. und 994 ff. können sich die Vorschriften der GoA ebenfalls überschneiden. Ob die allgemeine Annahme in der Rechtsprechung zugunsten der Vorrangigkeit der §§ 987 ff. auch für die GoA gilt, ist nicht eindeutig,[161] die Literaturmeinungen dazu sind gespalten.[162] Ein Konkurrenzverhältnis ist allerdings lediglich bei einer Vindikationslage aufgrund eines nichtigen Werkvertrages denkbar, was eine umfassende Klärung dieses Problems im Rahmen dieser Untersuchung nicht rechtfertigt.[163]

§ 4 Resümee

Schon nach diesem kurzen Überblick über das Regelungssystem der §§ 677 ff. wird deutlich, warum die GoA auf „zielbewußte Richter"[164] so attraktiv wirkt:

So können wegen des weit gefaßten Wortlauts des § 677 die unterschiedlichsten Lebenssachverhalte unter das Rechtsinstitut der GoA subsumiert werden. Durch das umfassende Rechtsfolgenprogramm bietet sich deshalb die Möglichkeit, die GoA als Instrument zur Umverteilung von Kosten und Lasten zu benutzen.

Problematisch ist dabei, daß die Rechtsfolgen der GoA denen der übrigen Schuldverhältnisse und insbesondere denen des Bereicherungsrechts im Einzelfall diametral entgegenstehen können. Verbunden mit dem konturenlosen Tatbestand der GoA ermöglicht dies der Rechtsprechung eine nahezu

---

[159] Dazu *MüKo/H. H. Seiler*, vor § 677 Rn. 16 f.

[160] Wenn die Gerichte einen Schadensersatzanspruch gem. § 678 bzw. § 280 Abs. 1 i. V. m. § 677 zusprechen, dann nur aufgrund von reinen Vermögensschäden. Diese werden im Deliktsrecht zwar von § 823 Abs. 2 und § 826 erfaßt, eine Überschneidung mit den hier untersuchten Fällen ist allerdings nur schwer denkbar.

[161] *BGHZ* 41, 157, 158; *BGH* NJW 1996, 52; zum Grundsatz des Vorrangs der §§ 987 ff. einführend *Erman/Ebbing*, vor §§ 987-993 Rn. 69 ff.

[162] Vgl. mit weiteren Nachweisen *MüKo/H. H. Seiler*, vor § 677 Rn. 18.

[163] Vgl. zu diesem Problemkreis die Untersuchung von *Thies*, Die Nichtigkeit des Werkvertrages unter besonderer Berücksichtigung des Eigentümer-Besitzer-Verhältnisses (2001). *Thies* befürwortet darin eine Anwendung der § 994 ff. als erschöpfende Sonderregelung im Verhältnis zu GoA und Bereicherungsrecht bei Vorliegen einer Vindikationslage, vgl. S. 191 ff., 201 ff.

[164] So die treffende Formulierung von *Falk*, JuS 2003, 833, 835.

beliebige Veränderung der vom Gesetzgeber primär getroffenen Kosten- und Risikozuweisungen. Denn durch die Anerkennung von Vergütungsansprüchen im Rahmen des Aufwendungsersatzes und durch die Anwendbarkeit der GoA auch bei ausdrücklichen Nichtigkeitsnormen wie §§ 134, 138 läßt sich ein unwirksames Vertragsverhältnis durch das gesetzliche Schuldverhältnis der GoA faktisch weitgehend ersetzen.[165]

[165] Vgl. nur *Helm*, Geschäftsführung ohne Auftrag, in: Gutachten und Vorschläge zur Überarbeitung des Schuldrechts, Band 3 (1983), S. 335, 393.

C. Gescheiterte Verträge mit Geschäftsbesorgungscharakter in der Rechtsprechung

Im nächsten Schritt der Untersuchung wird die Rechtsprechung des *BGH* zu den Fällen der gescheiterten Verträge mit Geschäftsbesorgungscharakter näher beleuchtet.

Nach einem Überblick über die Entstehung der ständigen Rechtsprechung werden beispielhafte Entscheidungen des *BGH* zu gescheiterten Verträgen dargelegt. Es soll dabei insbesondere die Frage geklärt werden, ob hinter der Anwendung der GoA auf diese Fälle ein besonderes Anliegen steht. Dafür sollen die Entscheidungsgründe hinsichtlich der zugrundegelegten Wertungen und erzielten Ergebnisse kritisch hinterfragt werden. In diesem Zusammenhang sind auch alternative Lösungsmöglichkeiten in die Betrachtung einzubeziehen.

Im Anschluß werden zwei aktuelle Entscheidungen des *BGH* analysiert, die von seiner ständigen Rechtsprechung zu gescheiterten Verträgen mit Geschäftsbesorgungscharakter abweichen. Bei diesen Urteilen stellt sich die entsprechende Frage, warum die zugrundeliegenden Sachverhalte nicht den §§ 677 ff. unterstellt wurden.

Den Entscheidungen zu der Konstellation der gescheiterten Verträge liegen regelmäßig folgende Ausgangssituationen alternativ oder kumulativ zugrunde:

1. Der Geschäftsführer erfüllt seine vermeintlich bestehende Vertragspflicht und hat dabei Aufwendungen. Der Erfolg der Fremdgeschäftsführung schlägt sich beim Geschäftsherrn als Vermögenszuwachs nieder. In diesen Fällen geht es um den Aufwendungsersatzanspruch des Geschäftsführers gem. §§ 670, 683 S. 1, 677 bzw. um dessen Bereicherungsanspruch aus unberechtigter GoA gem. §§ 818, 684 S. 1, 677.
2. Der Geschäftsführer erlangt aufgrund der Tätigkeit Vermögenswerte von der anderen vermeintlichen Vertragspartei. Einschlägig ist hier der Herausgabeanspruch des Geschäftsherrn gem. §§ 667 Alt. 1, 681 S. 2, 677. Bei dieser Ausgangssituation stellt das Kernproblem die Frage dar, wem die Vermögenswerte nach der Rechtsordnung zustehen.
3. Ein Vertragspartner erleidet einen Schaden, welcher auf ein Tätigwerden im Rahmen des vermeintlich bestehenden Vertrages zurückzuführen ist.

Hier geht es um den Schadensersatzanspruch des Geschäftsherrn gem. § 678 bzw. §§ 280 Abs. 1, 677 (früher p.F.V. der GoA).[1]

§ 1 Die Entwicklung der Rechtsprechung

Die Rechtsprechung zur Anwendung der GoA auf unwirksame Verträge kann in zwei Phasen unterteilt werden. Bis 1962 findet die GoA in den hier untersuchten Fallkonstellationen im allgemeinen keine Beachtung. Seit der *BGH* die GoA in der Entscheidung *BGHZ* 37, 258 für grundsätzlich anwendbar erklärt hat, werden die Ansprüche aus GoA in der Rechtsprechung regelmäßig angeprüft.

I. Die Rechtsprechung bis 1962

Obwohl schon das *Reichsgericht* in zwei wenig beachteten Entscheidungen aus den Jahren 1917[2] und 1920[3] bei nichtigen Rechtsverhältnissen die GoA erwähnt und grundsätzlich für anwendbar hält, verfolgt die Rechtsprechung diese Auslegungsmöglichkeit nicht weiter und verzichtet weitestgehend auf eine Prüfung der Möglichkeit, die Regeln der GoA anzuwenden. Als Beispiele seien hier zwei Entscheidungen des *BGH* genannt, welche nach der

[1] Diese Fälle kommen in der Gerichtspraxis nur in begrenzter Anzahl vor, vgl. aus der neueren Rechtsprechung *BGH*, Urteil v. 21.2.1996 - IV ZR 261/94 = *BGHR* BGB § 677 Schadensersatz 1.

[2] *RGZ* 90, 211; Es ging um den Schadensersatzanspruch aufgrund einer unterlassenen Eintragung von Sicherungshypotheken durch die aufgrund eines Beschlusses der Gläubigerversammlung dazu verpflichtete Bank. Sollte dieser Beschluß wegen eines Gesetzesverstoßes nichtig sein, „so würden ihr *(der beklagten Bank)* die gleichen Pflichten als Geschäftsführerin ohne Auftrag obliegen“, *RGZ* 90, 211, 215 (Anmerkung in Klammern nicht im Original).

[3] *RGZ* 98, 131; Das *RG* beruft sich in der Entscheidung auf die GoA, um mittelbaren Besitz des Geschäftsführers an Aktien zu konstruieren, welche dieser dem Geschäftsherrn aushändigte. Weil der Auftrag zur Verwahrung und Veräußerung infolge der Geschäftsunfähigkeit des Geschäftsführers nichtig war, liegt „Geschäftsführung ohne Auftrag im Sinne des § 677 ... vor; denn L. *(der Beauftrage)* hat die ihm von dem Beklagten aufgetragenen Rechtsgeschäfte ausgeführt, obwohl der Auftrag - was er nicht wußte - der Wirksamkeit entbehrte“, *RGZ* 98, 131, 134 (Anmerkung in Klammern nicht im Original).

heute herrschenden Rechtsprechung wohl nach den Regeln der GoA gelöst würden.

1. Rückforderung aus nichtigem Auftrag - BGH WM 1957, 1190

In der Entscheidung des *VII. BGH-Zivilsenats* aus dem Jahre 1957 geht es um einen Rückforderungsanspruch aus einem nichtigen Geschäftsbesorgungsvertrag:[4]

> Der klagende *Auftraggeber* übergab im Jahre 1947 dem beklagten *Beauftragten* größere Geldbeträge. Mit dem Geld hat der Beauftrage auftragsgemäß in der sowjetischen Besatzungszone Zellwolle und Stoffe erworben und gewinnbringend weiterverkauft. Der Auftraggeber fordert vom Beauftragten Rechnungslegung und Rückzahlung des Geldes.

Der Handel mit Stoffen stellte ein verbotenes Schwarzmarktgeschäft dar, da Erwerb und Verkauf in West-Berlin der Zwangsbewirtschaftung unterlagen. Weil der Geschäftsbesorgungsvertrag zwischen den Beteiligten gem. § 134 nichtig sei, prüft der *BGH* einen Anspruch auf Rückerstattung des zugewandten Geldes aus ungerechtfertiger Bereicherung. Da der Auftraggeber als Teilnehmer an einem Schwarzmarktgeschäft jedoch „keinen Schutz verdiene“, wird ihm die Kondiktion wegen § 817 S. 2 vom *BGH* versagt.[5] Die GoA wird in der Entschcidung nicht erwähnt.

2. Rückforderung aus nichtigem Auftrag - BGHZ 28, 255

Einen ähnlich gelagerten Fall hatte der gleiche Senat des *BGH* im Jahre 1958 zu entscheiden:[6]

> Der *Auftraggeber* wurde 1947 wegen eines Wirtschaftsvergehens verhaftet. Dem *Rechtsanwalt*, den er daraufhin mit seiner Verteidigung beauftragt hatte, zahlte er in der Folge 143.000 Reichsmark.

---

[4] *BGH*, Urteil vom 16.05.1957 - VII ZR 422/56, WM 1957, 1190. Der Sachverhalt ist vereinfacht dargestellt; unabhängig von der rechtlichen Wirksamkeit der Beauftragung werden die Prozeßparteien zum besseren Verständnis als *Auftraggeber* und *Beauftragter* bezeichnet.

[5] *BGH* WM 1957, 1190, 1191.

[6] *BGH*, Urteil vom 23.10.1958 - VII ZR 169/57, *BGHZ* 28, 255. Der Sachverhalt ist vereinfacht dargestellt; unabhängig von der rechtlichen Wirksamkeit der Beauftragung wird der Kläger zum besseren Verständnis als *Auftraggeber* bezeichnet.

Nach Darstellung des Auftraggebers habe das Geld als Honorar sowie zur Bezahlung der in Aussicht stehenden Geldstrafe verwandt werden sollen. Der Rechtsanwalt behauptet dagegen, daß das Geld im wesentlichen zur Anschaffung von französischen Francs bestimmt gewesen sei. Der Auftraggeber beansprucht die Rückerstattung des zugewandten Geldes.

Der *BGH* bestätigt die Ansicht des Berufungsgerichts, nach der es nicht darauf ankomme, welche Behauptung richtig ist. Der Anspruch des Auftraggebers sei in dem einen wie dem anderen Fall gerechtfertigt.

Bei Annahme der Richtigkeit des Vortrags des Auftraggebers würde sich dessen Herausgabeanspruch aus §§ 675, §§ 667 Alt. 1, 681 S. 2, 677 BGB ergeben.

Sollten dagegen, wie vom beauftragten Rechtsanwalt behauptet, mit dem Geld französische Francs angeschafft werden, fände nach Ansicht des *BGH* der Anspruch des Auftraggebers auf Rückzahlung des Geldes seine Grundlage in §§ 812, 817 S. 1.[7] Denn der Umtausch des Geldes und der zugehörige Geschäftsbesorgungsvertrag wären wegen Verstoßes gegen die damaligen Devisengesetze[8] nichtig. Auch in diesem Urteil wird ein Herausgabeanspruch aus GoA nicht thematisiert.[9]

---

[7] *BGHZ* 28, 255, 258 f.

[8] Art. V MilRegG 53 a. F. i. V. m. Art. I Abs. 1 a, 2 c MilRegG 53 a. F.

[9] Bemerkenswert ist ebenfalls die Auseinandersetzung des Gerichts mit dem Kondiktionsausschluß des § 817 S. 2. So offenbart die Entscheidung die Probleme des *BGH* beim Umgang mit dieser Vorschrift. Unter Aufgabe seiner - noch ein Jahr zuvor in *BGH* WM 1957, 1190 vertretenen - Auslegung des Kondiktionsausschlusses des § 817 S. 2 schränkt der *VII. Senat* dessen Anwendungsbereich erheblich ein. Demnach soll die Kondiktion trotz eines Gesetzesverstoßes des Leistenden nicht gem. § 817 S. 2 ausgeschlossen sein, wenn die Zuwendung nicht abschließend in das Vermögen des Empfängers übergehen sollte. Vgl. *BGHZ* 28, 255, 257 f. mit Verweis auf Entscheidungen des *RG* sowie *BGHZ* 19, 208. Näheres zur Einschränkung des § 817 S. 2 unter Gliederungspunkt E. § 1 III. 1. c), S. 209.

II. Die Leitentscheidung des BGH für die Anwendung der GoA bei gescheiterten Verträgen - BGHZ 37, 258

Als Wendepunkt der Rechtsprechung kann die Entscheidung des *VII. BGH-Zivilsenats* vom 25.06.1962 zur unerlaubten Rechtsberatung eines Betriebs- und Wirtschaftsberaters bezeichnet werden.[10]

1. Sachverhalt und Gründe

Dem Urteil liegt folgender Sachverhalt zugrunde:[11]

> Ein *Betriebs- und Wirtschaftsberater* wurde dazu beauftragt, eine Schuldensanierung durchzuführen. Von ca. 40.000 DM, die er vom *Auftraggeber* dafür erhielt, wandte er ca. 21.000 DM zur Befriedigung der Gläubiger auf. Den Restbetrag von ca. 19.000 DM behielt er ein, nachdem er sein Honorar mit ca. 25.000 DM bezifferte. Der Auftraggeber verlangt Rückzahlung eines Teilbetrages von 10.000 DM, da er die Vergütung für weit überhöht hält.

Die vereinbarte Tätigkeit des Beraters, mit den Gläubigern des Auftraggebers eine außergerichtliche Einigung zu erzielen, stellt sich nach Ansicht des *BGH* als Besorgung einer fremden Rechtsangelegenheit im Sinne des Art. 1 § 1 RBerG[12] dar. Die demnach erforderliche behördliche Erlaubnis wurde nicht erteilt. Nach Ansicht des *BGH* führe schon der alleinige Gesetzesverstoß des Betriebsberaters zur Nichtigkeit des Vertrages nach § 134:

> „Im vorliegenden Fall ergibt die dahingehende Prüfung, daß bereits der Verstoß des Rechtsberaters zur Anwendung des § 134 BGB ausreicht. Das Gesetz kann nämlich seinen Zweck, eine unsachgemäße Beratung und Vertretung der Rechts-

---

[10] *BGH*, Urteil vom 25.06.1962 - VII ZR 120/61, *BGHZ* 37, 258 = NJW 1962, 2010 = WM 1962, 1034.

[11] Der Sachverhalt ist vereinfacht dargestellt; unabhängig von der rechtlichen Wirksamkeit der Beauftragung wird der Kläger zum besseren Verständnis als *Auftraggeber* bezeichnet.

[12] Art. 1 § 1 Abs. 1 S. 1 RBerG: „Die Besorgung fremder Rechtsangelegenheiten, einschließlich der Rechtsberatung und der Einziehung fremder oder zu Einziehungszwecken abgetretener Forderungen, darf geschäftsmäßig - ohne Unterschied zwischen haupt- und nebenberuflicher oder entgeltlicher und unentgeltlicher Tätigkeit - nur von Personen betrieben werden, denen dazu von der zuständigen Behörde die Erlaubnis erteilt ist."

suchenden zu verhindern, nur erreichen, wenn der Erfüllungsanspruch des Auftraggebers vernichtet wird."[13]

Für die Beurteilung eines Herausgabeanspruches sieht der *BGH* zwei Alternativen. Zum einen hält er eine *Teilnichtigkeit des Vertrages* für möglich. In diesem Fall wäre der Herausgabeanspruch aus § 667 von der Nichtigkeit auszunehmen, da dieser geeignet ist, den Beratenen zu schützen. Der Anspruch des Auftraggebers auf Herausgabe der dem Berater zugewandten Vermögenswerte würde sich dann unmittelbar aus § 667 ergeben.[14]

Daneben liege nach Auffassung des *BGH* die *Anwendung der Grundsätze über die GoA* nahe.[15] Weil der Betriebsberater ohne rechtsgültigen Auftrag oder sonstigen Vertrag Geschäfte des Auftraggebers besorgt habe, seien die Voraussetzungen des § 677 BGB gegeben. Die GoA sei auch dadurch nicht ausgeschlossen, daß sich der Geschäftsführer möglicherweise zur Leistung verpflichtet gehalten habe. Gegen eine solche Ansicht wird argumentiert:

> „Diese Einschränkung findet weder im Wortlaut noch im Sinn des Gesetzes eine hinreichende Stütze. Es ist daher davon auszugehen, daß bei einer Nichtigkeit des Auftrags (oder des sonst in Betracht kommenden Vertrags) unbeschränkt auf die Grundsätze der §§ 677 ff. BGB zurückgegriffen werden kann, wenn ihre sonstigen Voraussetzungen gegeben sind."[16]

Der erste Satz des Zitats stellt den einzigen Ansatz einer Begründung zu der Frage dar, warum die GoA in den hier untersuchten Fallkonstellationen Anwendung finden kann. Die fehlende Einschränkung im Wortlaut des § 677 ist dabei noch problemlos nachvollziehbar. Leider wird der Leser darüber im Unklaren gelassen, welchen Sinn des Gesetzes der *BGH* seiner Beurteilung zugrunde legt. Der Aussagegehalt der Begründung des *BGH* erschöpft sich folglich in einer Behauptung.

Hinsichtlich des Herausgabeanspruchs ergibt sich nach beiden angeführten Lösungswegen das gleiche Ergebnis, entweder aus § 681 S. 2 i. V. m. § 667 oder direkt aus § 667. Welcher Möglichkeit zu folgen ist, läßt der *BGH* dementsprechend offen.[17]

In der Urteilsbegründung nimmt der *BGH* anschließend zum Honoraranspruch des Betriebsberaters Stellung. Hat er soeben erstmals die Grundsätze

---

13 *BGHZ* 37, 258, 262.
14 *BGHZ* 37, 258, 263.
15 *BGHZ* 37, 258, 262.
16 *BGHZ* 37, 258, 263 mit Verweis auf *RGZ* 90, 211, 215 f. und 98, 131, 134.
17 *BGHZ* 37, 258, 263.

der GoA bei nichtigen Verträgen für anwendbar erklärt, sieht der *BGH* sich sogleich gezwungen, davon eine Ausnahme zu statuieren. Nach der Feststellung, daß die Bemühungen des Beraters grundsätzlich einen Aufwendungsersatzanspruch gem. §§ 677, 683 S. 1 begründen könnten, läßt er diesen Anspruch an den Voraussetzungen des § 670 scheitern:

> „Jene Aufwendungen bestanden aber aus einer vom Gesetz verbotenen Tätigkeit. Diese durfte er nicht »den Umständen nach für erforderlich halten«; deswegen entfällt ein Anspruch aus dem § 670 BGB ..."[18]

Damit ist deutlich das Anliegen zu erkennen, die nichtigkeitsbegründende Norm nicht durch das Zusprechen eines Aufwendungsersatzes im Rahmen der GoA wieder zu konterkarieren.

Die darauffolgenden Ausführungen in den Urteilsgründen sind im Hinblick auf das Konkurrenzverhältnis von GoA und Bereicherungsrecht von Bedeutung. Nach der Ablehnung des Anspruchs auf Aufwendungsersatz prüft der *BGH* eine Forderung aus ungerechtfertigter Bereicherung, ohne auf die GoA als Rechtsgrund für die Leistung des Beraters einzugehen.[19] Diese Grundsatzentscheidung des *VII. Zivilsenats* im Sinne einer freien Konkurrenz hat die weitere Rechtsprechung zur GoA nachhaltig geprägt. War das Verhältnis der GoA zum Bereicherungsrecht in der Rechtsprechung bisher weitestgehend ungeklärt, werden in der nachfolgenden Gerichtspraxis Ansprüche aus beiden Schuldverhältnissen sowohl alternativ als auch nebeneinander geprüft, ohne daß dazu weiterer Begründungsaufwand betrieben wird.[20]

2. Stellungnahme

Die Entscheidung des *BGH* soll im folgenden näher untersucht werden. Möglicherweise ist durch Gegenüberstellung des Anliegens des Gerichts und der Lösung erkennbar, ob tatsächlich eine grundsätzliche Wende der Rechtsprechung beabsichtigt war oder ob es sich nur um eine „Verlegenheitslösung" gehandelt hat.

---

[18] *BGHZ* 37, 258, 263 f.

[19] *BGHZ* 37, 258, 263 f.

[20] Vgl. *BGHZ* 111, 308, 311; 118, 142, 150; *BGH* NJW-RR 1997, 564, 564 f.; *BGH* NJW 2000, 1560, 1562.

a) Das Anliegen des BGH

In den Gründen der Entscheidung wird das Anliegen des *BGH* deutlich zum Ausdruck gebracht: Das Ergebnis soll dem Sinn und Zweck des RBerG entsprechen. Dieses Verbotsgesetz diene nach Ansicht des *BGH* insbesondere dem Schutz des Rechtssuchenden,[21] womit der alleinige Verstoß des Rechtsberaters schon für die Unwirksamkeit des Vertrages ausreichen soll. Wie sich das Gericht diesen Schutz vorstellt, wird aus dem Ergebnis der Entscheidung deutlich. Der Beratene soll die im Vertrauen auf die Wirksamkeit des Vertrages geleisteten Vermögenswerte zurückerlangen, während dem Berater für seine gesetzlich verbotene Tätigkeit kein Anspruch auf Vergütung zustehen soll.

Das Ziel des *BGH*, dem Beratenen vertragliche bzw. vertragsähnliche Rechte zu erhalten, ist auch durchaus berechtigt. Würde der Auftraggeber seinen Herausgabeanspruch verlieren, so wäre diese Rechtsfolge „höchst ungerecht“[22], träfe ihn diese doch ohne eigenen Gesetzesverstoß. Daneben verkehrte sich das RBerG, welches gerade den Schutz des Rechtssuchenden bezweckt, zu dessen Nachteil.

Eventuell gebietet deshalb gerade dieser Schutz des Rechtssuchenden die Lösung über die Grundsätze der GoA. Aufschluß gibt darüber nur ein Vergleich mit den alternativen Lösungsmöglichkeiten.

b) Die Teilnichtigkeit des Vertrages als alternative Lösungsmöglichkeit

Als mögliche Lösung des vorliegenden Falles wird vom *BGH* selbst die Teilnichtigkeit des Vertrages angeführt. Während dem Auftraggeber die vertraglichen Ansprüche erhalten bleiben, ist der gegen das gesetzliche Verbot verstoßende Rechtsberater auf einen Anspruch aus Bereicherungsrecht angewiesen.[23] Die Rechtsfolgen bei Annahme einer Teilnichtigkeit entsprechen damit genau denen bei Anwendung der GoA. Warum der *BGH*

---

[21] *BGHZ* 37, 258, 261 f. Daneben erwähnt der *BGH* noch den Schutz des Anwaltsstandes. Dieser Zweck ist jedoch verfassungsrechtlich problematisch und wird dementsprechend in der neueren Rechtsprechung nicht mehr erwähnt. Dazu umfassend *Schönberger*, NJW 2003, 249, 252 ff.

[22] So *Canaris* zu der entsprechenden Problematik bei einseitigem Verstoß gegen das SchwArbG, NJW 1985, 2404.

[23] Vgl. *BGHZ* 37, 258, 263.

den Fall nicht durchgängig im Sinne einer Teilnichtigkeit löst, sondern daneben noch die GoA bemüht, wird aus den Gründen nicht deutlich.

Indes ist anzumerken, daß der *BGH* in der nachfolgenden Gerichtspraxis die Möglichkeit einer Teilnichtigkeit gem. § 139 bei Verbotsgesetzen ebenfalls nicht weiter verfolgt hat. Obwohl in der Literatur die Lösung über die Teilnichtigkeit bei einseitigen Gesetzesverstößen beworben wurde,[24] finden sich regelmäßig nur Urteile, in denen der Vertrag entweder als vollständig wirksam oder unwirksam angesehen wird und die Rechtsfolgen gegebenenfalls gem. § 242 angepaßt werden.[25]

c) Die Nichtigkeit des Vertrages und Anwendung des Bereicherungsrechts

Es stellt sich die Frage, ob sich bei durchgehender Anwendung des Bereicherungsrechts ein anderes Ergebnis zeigt. Geht man, anders als der *BGH*, davon aus, daß der Vertrag nichtig, die GoA in solchen Fällen jedoch nicht anwendbar ist, verbleibt dem Auftraggeber ein Rückforderungsanspruch nach dem Recht der ungerechtfertigten Bereicherung.

Im Verlauf der Tätigkeit wurde das Vermögen des Beraters um 40.000 DM gemehrt. Nach dem vom Gericht geschilderten Sachverhalt ist allerdings fraglich, woher die Vermögenswerte stammten. Hat der Auftraggeber selbst an den Berater gezahlt, lag eine Leistung im Sinne des § 812 Abs. 1 S. 1 Alt. 1 vor.[26] Daß der Berater die Gelder überwiegend an Dritte auszahlen sollte, ist dafür unbeachtlich.[27] Bei dementsprechender Prüfung des Tatbestandes der *condictio indebiti* kommt man zunächst zu einem Bereicherungsanspruch gem. §§ 818, 812 Abs. 1 S. 1 Alt. 1, welcher dem Herausgabeanspruch des Auftraggebers gem. § 667 entspricht. Dieser Anspruch wäre auch nicht durch § 818 Abs. 3 oder § 817 S. 2 ausgeschlossen. Eine Entreicherung gem. § 818 III liegt nicht vor, da nach eigener Abrechnung des Beraters noch ein Restbetrag von 19.000 DM vorhanden

---

24 *Canaris*, NJW 1985, 2404 f.

25 Vgl. *BGHZ* 85, 39, 42 f.; 111, 308, 311; *BGH* NJW 1984, 2403; *BGH* NJW-RR 2002, 557; *BGH* ZIP 2005, 1599.

26 Der Tatbestand des § 817 S. 1 wäre in diesem Fall nicht einschlägig. Wird § 817 S. 1 neben § 812 Abs. 1 S. 1 Alt. 1 überhaupt ein eigener Regelungsbereich zugesprochen, so beschränkt sich dieser auf die Fälle, in denen sich die Nichtigkeit gem. § 134 oder § 138 nicht auf das Kausalgeschäft erstreckt, sowie auf die Konstellationen, in denen § 812 durch § 814 gesperrt wird. Vgl. zu diesem Problemkreis *MüKo/Lieb*, § 817 Rn. 4 ff.

27 Vgl. *Palandt/Thomas*, § 812 Rn. 46 f.; *OLG Köln*, NJW-RR 1994, 1540, 1541.

war. Weil nur der Betriebsberater, nicht aber der klagende Auftraggeber gegen Art. 1 § 1 RBerG verstieß,[28] kommt auch ein Kondiktionsausschluß gem. § 817 S. 2 nicht in Frage.

Der Berater hat jedoch im Rahmen seiner Tätigkeit Darlehen für den Auftraggeber aufgenommen und dessen Anwesen veräußert.[29] Sollten ihm die Vermögenswerte deshalb direkt von Dritten im Rahmen treuhänderischen Forderungseinzugs zugeflossen sein, besteht ein Anspruch des Auftraggebers gem. § 816 Abs. 2,[30] welcher im Ergebnis der Leistungskondiktion entspricht.

Hinsichtlich der Gegenforderung des Beraters bleibt das Resultat bei Anwendung des Bereicherungsrechts ebenfalls unverändert, da schon der *BGH* neben der GoA einen dementsprechenden Anspruch aus ungerechtfertigter Bereicherung berücksichtigt hat.[31]

3. Resümee

Hinter der Entscheidung des *BGH* vom 25.06.1962 steht das berechtigte Anliegen, den Rechtssuchenden zu schützen und diesem bei einseitigen Gesetzesverstößen des Beraters vertragsähnliche Ansprüche zu erhalten.[32] Bei näherer Betrachtung der Entscheidung bleibt allerdings unklar, warum sich der *BGH* von seiner bisherigen Rechtsprechung löst und bei nichtigen Verträgen auf die GoA zurückgreift.[33] Der Vergleich mit alternativen Lösungsmöglichkeiten zeigt, daß die Heranziehung der GoA im vorliegenden Fall das Entscheidungsergebnis nicht beeinflußt hat.

Ein wahrscheinlicher Grund für den Rückgriff auf die GoA könnte in der Entscheidung des Berufungsgerichts liegen. In dieser wird dem Auftraggeber ein direkter Anspruch aus § 667 zuerkannt, weil das Gericht den Vertrag bei einseitigem Gesetzesverstoß des Beraters für gültig befindet. Weil auch

---

[28] *BGHZ* 37, 258, 260 ff.

[29] Vgl. die Ausführungen in der 2. Revision *BGHZ* 50, 90, 92 f.

[30] Vgl. *Wollschläger*, Die Geschäftsführung ohne Auftrag (1976), S. 242 f.

[31] *BGHZ* 37, 258, 263. Die genaue Errechnung des Gegenanspruchs ist nur abgedruckt in NJW 1962, 2010, 2011 f.

[32] Ebenso *Larenz/Canaris*, Schuldrecht Besonderer Teil II/2, 13. Auflage (1994), S. 347.

[33] Der *BGH* sieht sich selbst eher in Fortführung der Rechtsprechung des *RG*, zitiert er doch *RGZ* 90, 211 und *RGZ* 98, 131.

§ 681 S. 2 auf § 667 verweist, liegt bei Annahme eines vollständig nichtigen Vertrages das schlichte Ausweichen auf die GoA nahe.

Eine wesentliche Arbeitserleichterung ist damit jedoch nicht verbunden, denn der *BGH* sieht sich durch die grundsätzliche Beurteilung des Rechtsverhältnisses als GoA dazu genötigt, den Aufwendungsersatzanspruch des Beraters durch eine zweifelhafte Begründung zu versagen.

Bezeichnend ist darüber hinaus die Anführung der Teilnichtigkeit des Vertrages als alternative Lösungsmöglichkeit. Dies läßt nur den Schluß zu, der *BGH* selbst sei von der Anwendung der GoA bei nichtigen Verträgen nicht vollkommen überzeugt. Gleichwohl hat sich das in *BGHZ* 37, 258 entworfene Lösungsmodell gewissermaßen „verselbständigt“[34] und zur ständigen Rechtsprechung entwickelt.

§ 2 Die GoA als Anspruchsgrundlage bei gescheiterten Verträgen

Welche Problemstellungen dadurch entstanden sind, soll der folgende Überblick über die aktuelle Rechtsprechung des *BGH* zur Anwendung der GoA auf gescheiterte Verträge zeigen.

I. Der Aufwendungsersatzanspruch des Geschäftsführers als Ersatz für die vertragliche Vergütung

Mit der Bezugnahme auf *BGHZ* 37, 258 hat die spätere Rechtsprechung den Begriff des „Für-erforderlich-halten-dürfens“ mehrfach dazu benutzt, sich die Anwendung der GoA bei nichtigen Verträgen offenzuhalten, ohne gleichzeitig die betroffenen Verbotsgesetze leerlaufen zu lassen.[35]

Die Leitentscheidung des *BGH* hatte jedoch auch Auswirkungen auf diejenigen Fälle, in denen die Nichtigkeit nicht auf einem Verbotsgesetz beruhte, sondern auf anderen Rechtsnormen wie beispielsweise § 125 oder § 142 Abs. 1. Darüber hinaus wendet der *BGH* seit dem Jahr 1962 die Vorschriften der Geschäftsführung ohne Auftrag auch in Fällen an, in denen ein Vertrag *nicht zustande gekommen* war. Die nachfolgenden Entscheidungen des *BGH* sind für die jeweilige Konstellation repräsentativ.

---

[34] *Larenz/Canaris*, Schuldrecht Besonderer Teil II/2, 13. Auflage (1994), S. 348.

[35] Vgl. nur *BGH* VersR 1970, 422, *BGHZ* 111, 308; 118, 142, *BGH* NJW-RR 1997, 564.

1. Vergütung bei nichtigem Bauvertrag - BGH NJW 1993, 3196

In dem am 30.09.1993 vom *VII. BGH-Zivilsenat* entschiedenen Fall streiten die Parteien um die Vergütung von Bauleistungen, welche aufgrund eines formnichtigen Vertrages erbracht wurden.[36]

a) Sachverhalt und Gründe

Ein *Bauunternehmer* errichtete im Auftrag der *Bauherren* zwei Wohn- und Geschäftshäuser. Gemäß einer Zusatzvereinbarung im privatschriftlichen Vertrag wollte er von den Bauherren gleichzeitig eine Gaststätte erwerben, deren Kaufpreis mit der Bausumme verrechnet werden sollte. Weil diese Zusatzvereinbarung jedoch als Grundstücksvertrag gem. § 313 S. 1 a. F.[37] formbedürftig war und mit dem restlichen Bauvertrag eine rechtliche Einheit bildete, folgte daraus die Nichtigkeit des gesamten Vertrages gem. §§ 313 S. 1 a. F., 125 S. 1.

Der Bauunternehmer trat sämtliche Rechte an den *Kläger* ab, welcher jetzt im Klageweg die Vergütung der erbrachten Bauleistungen von den Bauherren begehrt. Das *OLG Hamm* hat dem Kläger einen Anspruch aus ungerechtfertigter Bereicherung für die ohne Rechtsgrund erbrachten Bauleistungen gem. §§ 812, 818 II zugesprochen.[38]

Der *BGH* sieht die Ausführungen des Berufungsgerichts als rechtsfehlerhaft an. So hätte dieses nicht geprüft, ob ein Vergütungsanspruch nach den §§ 670, 683 S. 1, 677 bestand. Anders als in *BGHZ* 37, 258 ordnet jetzt der *VII. Senat* die GoA als Ausschlußgrund für eine bereicherungsrechtliche Rückabwicklung ein:

> „Liegt berechtigte Geschäftsführung ohne Auftrag vor, so besteht für das Tätigwerden des Geschäftsführers im fremden Rechtskreis ein Rechtsgrund mit der Folge, daß für Bereicherungsansprüche des Geschäftsführers kein Raum ist."[39]

---

[36] *BGH*, Urteil v. 30.09.1993 - VII ZR 178/91, NJW 1993, 3196 = MDR 1993, 1206 = WM 1994, 74.

[37] § 313 (Fassung bis 31.12.01): „Ein Vertrag, durch den sich der eine Teil verpflichtet, das Eigentum an einem Grundstück zu übertragen oder zu erwerben, bedarf der notariellen Beurkundung. Ein ohne Beobachtung dieser Form geschlossener Vertrag wird seinem ganzen Inhalte nach gültig, wenn die Auflassung und die Eintragung in das Grundbuch erfolgen." § 313 a. F. entspricht § 311b Abs. 1 n. F.

[38] Der Sachverhalt ist vereinfacht dargestellt.

[39] *BGH* NJW 1993, 3196.

Mit Verweis auf seine ständige Rechtsprechung - allerdings unter Auslassung von *BGHZ* 37, 258 - erklärt der *BGH* die GoA bei nichtigen Verträgen für unbeschränkt anwendbar, wenn ihre sonstigen Voraussetzungen gegeben sind.[40] Um dies festzustellen, verweist der *BGH* daraufhin die Sache zur neuen Verhandlung und Entscheidung an das Berufungsgericht zurück.

b) Stellungnahme

Das Urteil vom 30.09.1993 ist typisch für eine Reihe von Entscheidungen, in denen der *BGH* bei nichtigen Verträgen mit Geschäftbesorgungscharakter auf das Recht der GoA verweist.[41]

Anders als bei einem Verstoß des Geschäftsführers oder beider Beteiligten gegen ein Verbotsgesetz darf der Geschäftsführer in den Fällen der Formnichtigkeit seine getätigten Aufwendungen auch „für erforderlich halten". Hinsichtlich des Anspruchs und dessen Höhe ergibt sich für den Bauunternehmer damit kein Unterschied zur vollständigen Wirksamkeit des Vertrages.

Aus welchem Grund der *BGH* allerdings anders als das Berufungsgericht auf die GoA verweist, bleibt nach der Analyse des Urteils unklar. Ein möglicher Grund könnte darin liegen, daß in Rechtsprechung und Literatur weitgehend ungeklärt ist, nach welcher Methode die Höhe des Wertersatzes gem. § 818 Abs. 2 beim Bau auf fremdem Grund und Boden zu bestimmen ist.

So kann der Wert der Bauleistung grundsätzlich nach der Änderung des Marktwerts des Grundstücks oder nach dem der üblichen Vergütung berechnet werden.[42] Das in der Berufung urteilende *OLG Hamm* legte das übliche Entgelt für die ausgeführten Bauleistungen zugrunde. Dagegen stellte der *BGH* beim Bau auf fremdem Grund und Boden bisher auf die objektiv zu

---

[40] Vgl. das Zitat auf S. 1 der Arbeit = *BGH* NJW 1993, 3196.

[41] Vgl. nur *BGHZ* 37, 258; 39, 87; *BGH* VersR 1970, 422; *BGH* WM 1972, 616; *BGH* NJW 1984, 1461; *BGHZ* 101, 393; *BGH* NJW-RR 1989, 970; *BGHZ* 118, 142, *BGH* NJW-RR 1993, 200;

[42] Dazu umfassend *Eidenmüller*, JZ 1996, 889 ff. (die dort angeführte 3. Methode der Berechnung nach dem „Selbstkostenfestpreis" ist wegen der Aufhebung der BaupreisVO im Jahre 1999 weggefallen).

bemessende Steigerung des Grundstücksverkehrswerts ab.[43] Möglicherweise hält der *BGH* die Orientierung am Verkehrswert im vorliegenden Fall aber für unangemessen. Denn hier hatten die Bauherren den Vertrag gekündigt, wodurch der Bauunternehmer nur einen Rohbau der in Auftrag gegebenen Häuser fertigstellen konnte. Damit dürfte sich die Wertsteigerung des Grundstücks aber in Grenzen gehalten haben.[44] Im Rahmen des Aufwendungsersatzanspruches im Sinne des § 670 kommt es dagegen nur auf die übliche Vergütung zuzüglich der tatsächlichen Aufwendungen an.[45] Dadurch läßt sich die im vorliegenden Fall anscheinend als unbillig angesehene Orientierung an der Verkehrswertsteigerung mittels Anwendung der GoA umgehen.[46]

Daß der Rückgriff auf die GoA wahrscheinlich mit der Wertermittlungsmethode bei Bau auf fremdem Grund im Zusammenhang steht, bestätigt eine Entscheidung des gleichen *BGH-Zivilsenats* aus dem Jahre 2001 zu dieser Problematik.[47] Zwar soll die Höhe des Wertersatzes im Sinne des § 818 Abs. 2 noch immer grundsätzlich nach der Steigerung des Grundstücksverkehrswerts zu berechnen sein.[48] Weil in diesem Fall der Eigentümer die Leistungen jedoch veranlaßte und nutzte, stellt der *BGH* in der Entscheidung auf die ersparten Aufwendungen ab. Denn „es widerspräche Treu und Glauben, wenn *(der Eigentümer)* ... wegen der möglicherweise nicht vorhandenen Wertsteigerung seines Grundstücks ... das Erlangte unentgeltlich behalten und nutzen könnte."[49]

---

[43] *BGHZ* 10, 171, 180; 17, 236, 239 ff.; *BGH* NJW 1962, 2293 f.; *BGH* WM 1967, 1250, 1251.

[44] Vgl. auch die diesbezüglichen Ausführungen des *BGH* zum Anspruch aus GoA, *BGH* NJW 1993, 3196, 3197.

[45] Vgl. nur *BGH* NJW-RR 1989, 970, 970 f.

[46] Zu diesem Ergebnis kommt auch *Eidenmüller*, JZ 1996, 889, 891 ff., welcher je nach dem Grund für die Unwirksamkeit des Vertrages eine unterschiedliche Wertermittlungsmethode befürwortet. Vgl. auch *OLG Koblenz*, BauR 1995, 252, 254, welches den Wert von Malerarbeiten - ohne sich festzulegen - nach alternativen Methoden ermittelt hat.

[47] *BGH*, Urteil vom 26. 4. 2001 - VII ZR 222/99, NJW 2001, 3184.

[48] *BGH* NJW 2001, 3184, 3186.

[49] *BGH* NJW 2001, 3184, 3186 (Anmerkungen in Klammern nicht im Original).

2. Vergütung eines Rechtsanwalts bei irrtümlicher Annahme einer vertraglichen Verpflichtung – BGH WM 2000, 973

Als typischer Fall der irrtümlichen Geschäftsbesorgung wird die Entscheidung des *IX. BGH-Zivilsenats* vom 17.02.2000 gewählt.[50]

a) Sachverhalt und Gründe

Ein *Rechtsanwalt* beriet eine *Aktiengesellschaft* bei der Privatisierung ihrer Werkswohnungen. Er führte unter Einbeziehung des verantwortlichen Abteilungsleiters und des Betriebsrates der AG Verhandlungen mit einem Investor. Vorstand und Aufsichtsrat wurden davon in Kenntnis gesetzt. Später wurde der Rechtsanwalt von der AG aufgefordert, seine „Bemühungen in diese Richtung" einzustellen. Der Rechtsanwalt ist nicht in der Lage zu beweisen, daß er von der AG zu der Geschäftsbesorgung beauftragt worden war. Gleichwohl macht er im Klageweg Ansprüche auf Anwaltshonorar und Reisekostenersatz geltend.

Das *OLG Naumburg* hat dem Rechtsanwalt mit Verweis auf § 687 Abs. 1 jeglichen Anspruch versagt.

Die Begründung, mit der das Berufungsgericht den Anspruch versagt, hält der *BGH* für nicht haltbar. Nicht nur bei Nichtigkeit eines Vertrages, sondern auch in den Fällen, in denen sich der Geschäftsführer für verpflichtet hält, es in Wahrheit aber nicht ist, könnten die Regeln der GoA Anwendung finden. Demnach könne der Rechtsanwalt die übliche Vergütung verlangen, wenn die Voraussetzungen des § 683 S. 1 erfüllt sind und er mit dem Willen handelte, ein Geschäft der beklagten AG und nicht des Investors zu führen.[51] Beides erscheint dem *BGH* „naheliegend", worauf er die Sache zur Prüfung der Voraussetzungen des § 683 S. 1 sowie des Forderungsumfangs an das Berufungsgericht zurückverweist.[52]

b) Stellungnahme

Die Entscheidung vom 17.02.2000 zeigt beispielhaft, welche geringen Anforderungen der *BGH* an die Voraussetzungen der GoA und insbesondere an den Fremdgeschäftsführungswillen stellt. Der Ansicht des Berufungs-

---

[50] *BGH*, Urteil v. 17.02.2000 – IX ZR 344/98, WM 2000, 973, der Sachverhalt wird vereinfacht dargestellt.

[51] *BGH* WM 2000, 973 mit Verweis auf *BGH* NJW 2000, 422, 424 = *BGHZ* 143, 9.

[52] *BGH* WM 2000, 973.

gerichts, bei einer irrtümlichen Annahme des Geschäftsführers von einer vertraglichen Verpflichtung führe dieser aus seiner Sicht ein eigenes Geschäft mit der Rechtsfolge des § 687 Abs. 1, begegnet der *BGH* nicht mit Argumenten, sondern verweist nur auf seine ständige Rechtsprechung:

> „Die Auffassung, wer davon ausgehe, zu einem bestimmten Geschäft beauftragt zu sein, führe aus seiner Sicht im Verhältnis zu seinem vermeintlichen Auftraggeber kein fremdes, sondern ein eigenes Geschäft, widerspricht der höchstrichterlichen Rechtsprechung."[53]

Die Nachverfolgung der zitierten Rechtsprechung führt dabei von *BGH* NJW 2000, 422, 424 über *BGH* NJW 1997, 47, 48 zur Entscheidung *BGHZ* 37, 258, 262 f.[54] Deren zweifelhafte Begründung der Anwendbarkeit der §§ 677 ff. wurde schon dargelegt.[55] Dementsprechend fehlt der Anwendung der GoA in den Fällen des Irrtums des Geschäftsführers eine nachvollziehbare dogmatische Rechtfertigung.

Betrachtet man die Entscheidung dagegen vom Ergebnis her, wird die Lösung über die GoA in mancher Hinsicht verständlich. Für einen Anspruch aus ungerechtfertigter Bereicherung müßte der klagende Rechtsanwalt im besonderen die Verwertung seiner Tätigkeit durch die AG sowie den dadurch entstandenen Vermögensvorteil nachweisen.[56] Weil ihm schwerfallen dürfte, die eingetretene Bereicherung zu beweisen, erscheint die Zuerkennung eines bereicherungsrechtlichen Anspruchs als unwahrscheinlich.

Aus dem knapp geschilderten Sachverhalt wird dagegen zumindest deutlich, daß der Rechtsanwalt tatsächlich beratend tätig war und der Kontakt zu dem Investor auch über ihn hergestellt wurde. Unterstellt man deshalb dem *BGH* die Absicht, dem Rechtsanwalt für diese Tätigkeit eine Vergütung zukommen zu lassen, so bietet ein Anspruch auf Aufwendungsersatz gem. §§ 670, 683 S. 1, 677 dafür die einzige Grundlage.

---

[53] *BGH* WM 2000, 973.

[54] *BGH* WM 2000, 973 verweist auf *BGH* NJW 1997, 47, 48, diese auf *BGHZ* 37, 258, 262 f.

[55] Vgl. die Ausführungen unter Gliederungspunkt C. § 1 II. 1., S. 77.

[56] Vgl. *BGH*, Urteil v. 30.11.1999 – X ZR 84/97, http://www.lexetius.com/1999,356 Rn. 16 (nicht anderweitig veröffentlicht); *BGH* NJW 1982, 879, 880; *BGH* MDR 1995, 39.

II. Der Herausgabe- und Schadensersatzanspruch des Geschäftsherrn als Ersatz für die vertragliche Haftung

Anders als in den Fällen des Aufwendungsersatzes ist bei Streitfällen, welche einen Herausgabe- oder Schadensersatzanspruch betreffen, in der Regel der Geschäftsherr im Sinne der GoA klagende Prozeßpartei.

1. Herausgabeanspruch bei einer Adelstiteladoption - BGH NJW 1997, 47

In den Fällen des Herausgabeanspruches gem. §§ 667 Alt. 1, 681 S. 2, 677 hat der Geschäftsführer im Rahmen seiner Geschäftsbesorgung Vermögenswerte erlangt, welche die Gegenpartei des gescheiterten Vertrages beansprucht. Typisch für diese Konstellation ist ein Urteil des *III. BGH-Zivilsenats* vom 10.10.1996.[57]

a) Sachverhalt und Gründe

Die Entscheidung zur Rückabwicklung einer sogenannten „Adelstiteladoption" hat folgenden Sachverhalt zur Grundlage:[58]

> Ein Rechtsanwalt (im folgenden *Auftraggeber*) wollte zur Erlangung eines Adelstitels von einer adoptionswilligen Adligen als Kind angenommen werden. Zu diesem Zweck ließ er einem *Treuhänder* insgesamt 175.000 DM zukommen. Im Rahmen einiger verschachtelter Treuhandabreden war dieser damit betraut, das Geld bis zum Abschluß der Adoption zu verwalten sowie die Honoraransprüche aller beteiligten Personen und alle Aufwendungen daraus zu begleichen.
>
> Der beklagte Treuhänder zahlte die verwalteten Gelder schon vor Abschluß der Adoption vollständig an einen Vermittler und einen „Titelhändler" aus. 36.000 DM buchte der Treuhänder auf ein eigenes Konto als die ihm zustehende Honorarforderung um. Vor dem anberaumten Adoptionstermin überlegt es sich der Auftraggeber jedoch anders und verlangt die Rückzahlung aller übergebenen Gelder.

---

57 *BGH*, Urteil v. 10.10.1996 - III ZR 205/95, NJW 1997, 47 = MDR 1997, 309 = ZIP 1996, 2113.

58 Der Sachverhalt ist vereinfacht dargestellt; unabhängig von der rechtlichen Wirksamkeit der Beauftragung wird der Kläger zum besseren Verständnis als *Auftraggeber* bezeichnet.

Der *BGH* kommt zu dem Ergebnis, daß alle rechtsgeschäftlichen Abmachungen und Erklärungen, die auf den „Kauf" eines Adelstitels abzielen, wegen Verstoßes gegen die guten Sitten gem. § 138 Abs. 1 nichtig seien. Von der Nichtigkeit würden auch alle Tätigkeiten erfaßt, die diesen Titelkauf vermitteln oder in die Wege leiten. Folgerichtig erklärt der *BGH* auch den Geschäftsbesorgungsvertrag und die Treuhandvereinbarung zwischen den Parteien für unwirksam.[59]

Nach Ansicht des *BGH* käme ein Herausgabeanspruch nur nach den Regeln über die GoA in Betracht. Der Treuhänder habe mit der Verwaltung und Weiterleitung der übermittelten Gelder ein Geschäft des Auftraggebers geführt, damit sei er grundsätzlich nach §§ 667 Alt. 1, 681 S. 2, 677 zur Herausgabe des zur Ausführung des Auftrags erlangten Geldes verpflichtet. Ob der Treuhänder mit Fremdgeschäftsführungswillen gehandelt hat, wurde vom *BGH* nicht geprüft. Zum subjektiven Tatbestand wird lediglich festgestellt, eine bestehende oder irrtümlich angenommene vertragliche Verpflichtung stehe der Anwendung der §§ 677 ff. nicht entgegen.[60]

Bemerkenswert ist der Umstand, daß die Berufungsbegründung sich gegen die Anwendbarkeit der §§ 677 ff. insgesamt wendet, weil die Vorschriften über die Herausgabe einer ungerechtfertigten Bereicherung vorrangige spezielle Regelungen enthielten.[61] Mit diesem Argument setzt der *BGH* sich jedoch nicht auseinander. Indem er auf seine ständige Rechtsprechung verweist, erklärt er die §§ 677 ff. bei nichtigen Rechtsgeschäften für anwendbar.[62]

b) Stellungnahme

Das Urteil vom 10.10.1996 bestätigt die ständige Rechtsprechung des *BGH* zur Anwendung der GoA bei nichtigen Verträgen mit Geschäftbesorgungscharakter.[63] Obwohl zu diesem Problembereich keine neuen Aussagen getroffen werden, offenbart die Entscheidung doch weitere Probleme des Verhältnisses von GoA und Bereicherungsrecht.

---

59 *BGH* NJW 1997, 47, 48.

60 *BGH* NJW 1997, 47, 48.

61 *BGH* NJW 1997, 47, 49.

62 *BGH* NJW 1997, 47, 48; mit Verweis auf *BGHZ* 37, 258, 262 f.; *BGHZ* 39, 87, 90; *BGHZ* 101, 393, 399; *BGH* NJW-RR 1993, 200.

63 *BGHZ* 37, 258; 39, 87; *BGH* WM 1972, 616; *BGH* NJW 1984, 1461; *BGHZ* 101, 393; *BGH* NJW-RR 1993, 200; *BGH* NJW 1993, 3196.

aa) Anwendung des § 817 S. 2 BGB

Macht man im vorliegenden Fall nicht von der GoA Gebrauch, sondern zieht das Bereicherungsrecht als Anspruchsgrundlage heran, kommt ein Anspruch nach § 812 Abs. 1 S. 1 Alt. 1 sowie § 817 S. 1 in Betracht. Fallentscheidend ist bei dieser Alternativlösung die Frage der Anwendung des § 817 S. 2.

Die Literatur und Rechtsprechung zu § 817 S. 2 ist ebenso uneinheitlich wie die zur GoA. So ist insbesondere umstritten, ob Leistungen, die sich nur vorübergehend im Vermögen des Empfängers befinden, vom Kondiktionsausschluß ausgenommen werden sollen.[64] Obwohl es sich auch im vorliegenden Fall um „Treuhandgeld" handelt, kann gleichwohl von einer Anwendbarkeit des § 817 S. 2 ausgegangen werden. Zwar stellten die vom Auftraggeber überwiesenen Beträge nur einen Durchlaufposten dar. Letztendlich sind sie jedoch endgültig einem Dritten zugeflossen, der mit der Annahme ebenfalls gegen § 138 Abs. 1 verstieß.[65] Dem stimmt auch der *BGH* zu, welcher hilfsweise die Ansprüche aus ungerechtfertigter Bereicherung prüft.[66] Ohne die Anwendung der Vorschriften der GoA wäre die Klage des Auftraggebers auf Rückzahlung damit in vollem Umfang abgewiesen worden.

bb) Rückabwicklung der Geschäftsbesorgung gemäß nichtiger Treuhandvereinbarungen

Bei dem hier vom *BGH* angenommenen Herausgabeanspruch nach §§ 667 Alt. 1, 681 S. 2, 677 ergibt sich ein weiteres Problem, welches sich mit der Nichtigkeitsanordnung des § 138 Abs. 1 nur schwer vereinbaren läßt. Die Frage, ob der Treuhänder im Sinne des § 667 das überlassene Geld zurückzahlen muß, hängt in der Regel davon ab, ob er dieses zu dem vereinbarten Zweck verwendet hat. Ist das der Fall, scheidet ein Rückzahlungsanspruch

---

64 Vgl. dazu *MüKo/Lieb*, § 817 Rn. 25, 29 ff.; *BGHZ* 28, 255, 257 f.; 50, 90, 91; *BGH* NJW 1994, 187 mit weiteren Nachweisen.

65 Ebenso zu dieser Problematik bei der Vermittlung einer ausländischen Promotion *OLG Köln*, NJW-RR 1994, 1540, 1541.

66 *BGH* NJW 1997, 47, 49: „Es kommt daher (allenfalls) ein Bereicherungsanspruch nach § 812 Abs. 1 S. 1 und § 817 S. 1 in Betracht, dem jedoch § 817 S. 2 entgegenstehen dürfte ..."; anders noch *BGHZ* 28, 255, 257.

aus.[67] Weil dies auch für die GoA gilt, ist demzufolge hier entscheidungserheblich, unter welchen Voraussetzungen der Treuhänder zur Weiterleitung der Beträge befugt war.

Maßgebend können nach Ansicht des *BGH* nur die gem. § 138 Abs. 1 nichtigen Abreden zwischen den Parteien sein. Der *BGH* führt dazu aus:

> „Dies bedeutet nicht, daß die Rechtsordnung von ihr mißbilligten Verträgen doch wieder Geltung verschafft ..., sondern führt nur zu einer angemessenen Risikoverteilung unter den Parteien des nichtigen Auftrags- bzw. Geschäftsbesorgungsvertrages bei der internen Abwicklung des Geschäfts, die zu verhindern auch bei gesetzes- oder sittenwidrigen Geschäften kein Bedürfnis besteht."[68]

In dieser Argumentation des *BGH* tritt damit eines der Motive für die Anwendung des Rechts der GoA zutage, die Erzielung eines Ergebnisses, welches der „angemessenen Risikoverteilung unter den Parteien"[69] entspricht.

Demnach stellt sich diese Risikoverteilung wie folgt dar: Stimmte das Vorgehen des Treuhänders mit der nichtigen Abrede überein, entfällt jeglicher Herausgabeanspruch gegen ihn. Hat er dagegen das Sicherungsinteresse des Auftraggebers nicht ausreichend berücksichtigt und das Geld damit abredewidrig vorschnell weitergeleitet, haftet er auf Herausgabe des verwalteten Geldes nach §§ 667 Alt. 1, 681 S. 2, 677. Eine mögliche Entreicherung wegen der Weiterleitung des Geldes bleibt natürlich unbeachtlich, da eine dem § 818 Abs. 3 entsprechende Regelung in den §§ 677 ff. fehlt. Weil die unter diesen Gesichtspunkten vom Berufungsgericht vorgenommene Auslegung des Vertrages nach Ansicht des *BGH* rechtsfehlerhaft war, hebt er das Berufungsurteil auf und verweist die Sache zurück.

Möglicherweise spricht die dargestellte Sichtweise des *BGH* gegen die Wertungen der §§ 138 Abs. 1, 817 S. 2. Auf diese Frage muß im Rahmen der teleologischen Auslegung der §§ 677 ff. zurückzukommen sein.

---

67 *BGH* NJW 1997, 47, 48; *BGH* NJW-RR 1991, 575; *BGH* NJW 1983, 626, 627.

68 *BGH* NJW 1997, 47, 48; vgl. auch die fast wörtliche Wiederholung in *BGH* WM 2004, 2441, 2443.

69 *BGH* NJW 1997, 47, 49.

2. Schadensersatzanspruch eines Handelsmaklers – BGHR BGB § 677 Schadensersatz 1

Mit der Entscheidung des *IV. BGH-Zivilsenats* vom 21.02.1996 soll schließlich ein Fall vorgestellt werden, in dem ein Schadensersatzanspruch aufgrund der Haftung aus GoA zuerkannt wurde.[70]

a) Sachverhalt und Gründe

Der Revision liegt dabei folgender Sachverhalt einer Handelsmaklertätigkeit ohne Auftrag zugrunde:[71]

> Der beklagte *Handelsmakler* vermittelte Geschäfte mit landwirtschaftlichen Erzeugnissen. Er fragte für einen Kunden telefonisch bei einem *Verkäufer* Preis und Lieferzeit für 250 t Palmkernöl an. Nachdem dieser Kunde das Angebot des Verkäufers ablehnte, unterbreitete der Handelsmakler dieses erste Lieferangebot noch am gleichen Tag einem zweiten Kunden *K* und sandte diesem eine Lieferbestätigung. Ob der Makler den Verkäufer über dieses Vorgehen unterrichtete, ist streitig. Nach einer Mahnung des K lieferte der Verkäufer trotz der Streitigkeiten um den Vertragsabschluß zu dem von dem Handelsmakler zugesagten Preis, da er den wichtigen Kunden K nicht verlieren wollte. Zur Beschaffung der Ware mußte der Verkäufer allerdings ein verlustbringendes Deckungsgeschäft vornehmen, weshalb er jetzt von dem Handelsmakler Schadensersatz beansprucht.

Nach Ansicht des *BGH* übersah das Berufungsgericht eine mögliche Haftung des Handelsmaklers aus GoA. Der *BGH* nimmt an, der beklagte Makler habe durch die Auftragsvermittlung ein Geschäft ohne Auftrag für den klagenden Verkäufer geführt. Zum Fremdgeschäftsführungswillen führt er aus:

> „Wenn die Beklagte dabei zugleich eigene Belange wahrgenommen hat, um eine Vergütung für die Vermittlung zu verdienen, steht dies einer Geschäftsbesorgung für die Klägerin nicht entgegen."[72]

Da nach dem Vortrag des Verkäufers kein wirksamer Vermittlungsauftrag vorliege, hafte der Makler infolgedessen aus GoA. Dieser habe seine Pflicht, den Verkäufer über Art und Inhalt des Geschäfts unverzüglich zu unterrichten, schuldhaft verletzt. Die vom Verkäufer getätigten Aufwendungen zur

---

[70] *BGH*, Urteil v. 21.02.1996 – IV ZR 261/94, *BGHR* BGB § 677 Schadensersatz 1 = *BGHR* BGB § 677 Maklertätigkeit 1.

[71] Der Sachverhalt wird vereinfacht dargestellt.

[72] *BGHR* BGB § 677 Schadensersatz 1, mit Verweis auf *BGHR* BGB § 683 Fremdgeschäft 3 = *BGH* MDR 1993, 515.

Schadensvermeidung seien nach Ansicht des *BGH* unter den gegebenen Umständen auch ersatzfähig.

Der Handelsmakler behauptet unter Beweisantritt, seine Unterrichtungspflichten erfüllt zu haben. Die Revision führt deshalb zur Aufhebung und Zurückverweisung.

b) Stellungnahme

Kann der Handelsmakler den angebotenen Beweis der wirksamen Unterrichtung des Verkäufers nicht liefern, kann sich ein Anspruch nur aus der vom *BGH* für passend erklärten GoA ergeben.

aa) Das Fehlen alternativer Anspruchsgrundlagen

So ist insbesondere die Haftung nach § 98 HGB ausgeschlossen. Als Handelsmakler haftet der Beklagte zwar für jede schuldhaft verursachte Pflichtverletzung im Rahmen der Geschäftsbeziehungen. Erforderlich ist allerdings eine rechtliche Beziehung, auf die sich auch die geschädigte Partei eingelassen hat.[73] Der Verkäufer hat selbst vorgetragen, mit dem Makler in der betroffenen Angelegenheit keinen Kontakt aufgenommen zu haben. Eine Berufung auf das entgegengesetzte Vorbringen des Maklers würde ein widersprüchliches Verhalten im Sinne des § 242 darstellen.[74]

Ebenso scheidet ein Schadensersatzanspruch des Verkäufers unter dem Gesichtspunkt eines Vertreterhandelns ohne Vertretungsmacht aus. Zwar kommt eine Haftung des Handelsmaklers wegen des Handelns als Bote ohne Botenmacht gem. § 179 analog grundsätzlich in Betracht.[75] Anspruchsberechtigter aus § 179 bzw. § 179 analog kann indes nur *der andere Teil*, nicht

---

[73] *Staub/Brüggemann*, § 98 HGB Rn. 1; ebenso *BGHR* BGB § 677 Schadensersatz 1.

[74] Vgl. *Palandt/Heinrichs*, § 242 Rn. 55 ff.

[75] Es ist zwischen den Parteien unstreitig, daß der Makler an *K* eine Schlußnote sandte, welche den Verkäufer als Vertragspartei bezeichnete; vgl. zum sogenannten „Pseudoboten" *MüKo/Schramm*, § 177 Rn. 8.

jedoch der *Vertretene*, sein.[76] Damit stünde ein solcher Anspruch nur *K*, nicht jedoch dem klagenden Verkäufer als Vertretenem zu.[77]

bb) Die GoA als Anspruchsgrundlage bei sonstigen Vermögensschäden

Insofern wird der Grund für die Anwendung der GoA durch den *BGH* erkennbar. Obwohl dem Verkäufer durch Verschulden des Handelsmaklers eindeutig ein Schaden entstanden ist, bleibt diese Vermögenslage nach Vertrags-, Delikts- und Bereicherungsrecht unausgeglichen. Lediglich die GoA bietet als Auffangtatbestand die Möglichkeit eines Schadensersatzanspruches.

Daß der *BGH* einen solchen Anspruch für erforderlich ansieht, erkennt man an den Ausführungen zur Ersatzfähigkeit der Aufwendungen des Verkäufers. So wurde diesem bei der Beurteilung der Notwendigkeit des Deckungsgeschäfts zur Schadensverhütung ein beachtlicher Einschätzungsspielraum eingeräumt.[78]

§ 3 Abweichende Entscheidungen in der Rechtsprechung

Die bisher dargestellten Entscheidungen haben die Probleme und Widersprüche gezeigt, welche bei der Anwendung der GoA auf gescheiterte Verträge auftreten.

Die nächste Entscheidung soll die These verfestigen, daß die GoA gezielt als Instrument einer ergebnisorientierten Rechtsprechung eingesetzt wird. In diesem Urteil wird deutlich, daß der *BGH* weder ausnahmslos noch konsequent auf die GoA zurückgreift. Besteht der „gewünschte" Anspruch aus anderen Schuldverhältnissen, bleibt die GoA wie selbstverständlich völlig außer Betrachtung.

---

[76] Vgl. § 179 Abs. 1: „Wer als Vertreter einen Vertrag geschlossen hat, ist, sofern er nicht seine Vertretungsmacht nachweist, *dem anderen Teile* nach dessen Wahl zur Erfüllung oder zum Schadensersatze verpflichtet, wenn *der Vertretene* die Genehmigung des Vertrages verweigert." (Hervorhebungen nicht im Original).

[77] Insofern erscheint die Prüfung des Berufungsgerichts falsch. Dieses prüft einen Anspruch des Verkäufers aus Vertreterhandeln des Maklers ohne Vertretungsmacht, lehnt diesen dann aber ab, weil der Verkäufer ein Handeln in fremden Namen nicht vorgetragen hat; siehe *BGHR* BGB § 677 Schadensersatz 1.

[78] *BGHR* BGB § 677 Schadensersatz 1.

I. Die Erfüllung eines irrtümlich angenommenen Werkvertrages – BGH NJW-RR 2002, 1176

Das Urteil des *VII. Senats des BGH* vom 04.04.2002 betrifft die Ansprüche eines Werkunternehmers für die Errichtung eines Kanals.[79]

1. Sachverhalt und Gründe

Ein *Werkunternehmer* hatte einen Schmutzwasserkanal errichtet. Unter anderem ist streitig, ob und mit wem diesbezüglich ein Vertrag geschlossen wurde. Auftraggeber für diese Werkleistung könnte einerseits der Landkreis sein, welcher den Auftrag ausschreiben ließ. Der Werkunternehmer fordert die Zahlung des Werklohns jedoch im Klageweg von einem *Abwasserzweckverband.* Denn dieser war in die Vertragsverhandlungen ebenfalls involviert, worauf der Werkunternehmer in dem Glauben handelte, einen wirksamen Vertrag mit dem Abwasserzweckverband zu erfüllen.

Würde zwischen dem klagenden Werkunternehmer und dem Landkreis ein wirksamer Vertrag vorliegen, schließe das nach Ansicht des *BGH* einen Anspruch gegen den beklagten Abwasserzweckverband aus.[80] Schon weil das Berufungsgericht nicht geprüft hat, ob ein solcher Vertrag vorliegt, hebt der *BGH* dessen Urteil auf.

Sollte kein diesbezüglicher Vertrag bestehen, sei nach Ansicht des *BGH* ein Anspruch des Werkunternehmers auf Vergütung der Bauleistungen gegen den beklagten Abwasserzweckverband möglich. Aufgrund der Nichtbeachtung kommunalrechtlicher Vorschriften könne zwischen den Prozeßparteien zwar kein wirksamer Vertrag geschlossen worden sein, es käme jedoch ein Anspruch aus ungerechtfertigter Bereicherung in Betracht.[81] Da der Abwasserzweckverband durch den Kanalbau Aufwendungen erspart habe, liege seinerseits auch eine Bereicherung vor. Der *BGH* sieht die Errichtung des Kanals ferner als Leistung im Rechtssinne an den Abwasserzweckverband und nicht an den Landkreis an, womit die Kondiktion nicht wegen eines vorrangigen Leistungsverhältnisses zwischen Landkreis und Abwasserzweckverband ausgeschlossen sei.

---

[79] *BGH*, Urteil v. 04.04.2002 - VII ZR 26/01, NJW-RR 2002, 1176; der Sachverhalt wird vereinfacht dargestellt.

[80] *BGH* NJW-RR 2002, 1176, 1177.

[81] *BGH* NJW-RR 2002, 1176, 1177.

Nach den bisher getroffenen Feststellungen sei der Abwasserzweckverband deshalb zum Wertersatz der ersparten Aufwendungen aus ungerechtfertigter Bereicherung verpflichtet.[82] Weil das Berufungsgericht nicht erkannt habe, daß der Abwasserzweckverband Aufwendungen ersparte, verweist der *BGH* die Sache auch unter diesem Gesichtspunkt zur erneuten Entscheidung zurück.

2. Stellungnahme

In Anbetracht der oben dargelegten Entscheidungen verwundern die Ausführungen des *BGH* zum Anspruch gegen den Abwasserzweckverband. Denn hätte der *BGH* seine Rechtsprechung zur GoA bei gescheiterten Verträgen geradlinig fortgeführt, käme er nicht zu einem Anspruch aus ungerechtfertigter Bereicherung, sondern aus GoA.

Die Errichtung und der Betrieb des Kanals fallen in den Aufgabenbereich des Abwasserzweckverbandes,[83] damit führte der Werkunternehmer ein zumindest auch-fremdes Geschäft. Besteht kein wirksamer Vertrag zwischen den Parteien, fehlt es zudem an einem Auftrag im Sinne von § 677. Der Fremdgeschäftsführungswille liegt ebenfalls vor, da dieser nach den Maßstäben des *BGH* beim auch-fremden Geschäft regelmäßig zu vermuten ist.[84] Er soll auch gerade nicht dadurch ausgeschlossen sein, daß sich – wie hier vorliegend – der Geschäftsführer für verpflichtet gehalten hat.[85] Nach den Feststellungen des Berufungsgerichts entsprach die Leistung des Werkunternehmers auch dem wirklichen Willen des Abwasserzweckverbandes, so daß man im Ergebnis hier zu einem Aufwendungsersatzanspruch des Werkunternehmers gem. §§ 677, 683 S. 1, 670 kommt. Die GoA wird vom *BGH* jedoch in der Urteilsbegründung mit keinem Wort erwähnt.

Da sich der Anspruchshöhe nach in diesem Fall kein Unterschied zum Bereicherungsrecht ergibt, könnte der *BGH* die GoA bewußt ausgeklammert und nur den vom Berufungsgericht geprüften Bereicherungsanspruch weiterverfolgt haben. Möglicherweise wurde die Anwendbarkeit der GoA vom *BGH* hier auch nur übersehen. Auch wenn die wahren Gründe für den eingeschlagenen Lösungsweg nicht zu ermitteln sind, zeigt die Entscheidung

---

[82] *BGH* NJW-RR 2002, 1176, 1177.

[83] *BGH* NJW-RR 2002, 1176, 1176 f.

[84] Ständige Rechtsprechung, erstmals in *BGH* NJW 1963, 1825, 1826; Näheres dazu unter Gliederungspunkt B. § 3. II. 2. d), S. 49.

[85] *BGHZ* 143, 9, 16.

doch die Beliebigkeit und Inkonsequenz des *BGH* bei Anwendung des Rechts der GoA auf gescheiterte Verträge.

Das Urteil vom 04.04.2002 steht dabei beispielhaft für eine Reihe von Entscheidungen, in denen der *BGH* die GoA unberücksichtigt ließ, obwohl deren Voraussetzungen nach den Anforderungen der Rechtsprechung vorlagen.[86]

II. Kein Anspruch des Erbensuchers aus GoA - BGH NJW 2000, 72

Am 23.09.1999 entschied der *III. BGH-Zivilsenat* indes einen Fall, dessen Urteilsgründe die Kritiker der höchstrichterlichen Rechtsprechung zuversichtlich stimmten.[87]

1. Sachverhalt und Gründe

In der Entscheidung geht es um Rechtsfragen bei der gewerblichen Erbenermittlung:

> Der Kläger befaßt sich als sogenannter *Erbensucher* mit gewerbsmäßiger Erbenermittlung. Auf Erbfallanzeigen der Nachlaßgerichte ermittelt er die Erben und legt diesen gegen Provision die Nachlaßangelegenheit vollständig offen. Auch dem beklagten *Erben* wurde von dem Erbensucher ein solches Angebot unterbreitet. Der Erbe lehnte einen Vertragsschluß jedoch ab und forschte selbst nach, wodurch er einen Nachlaß im Wert von ca. 100.000 DM erlangte. Der Erbensucher begehrt von dem Erben ein Honorar in Höhe von 20% des Nachlaßwerts aus dem Gesichtspunkt der GoA oder ungerechtfertigten Bereicherung.

Der *BGH* verneint ebenso wie die Vorinstanzen einen vertraglichen Vergütungsanspruch des Erbensuchers. Ebenfalls geht der *BGH* mit dem in der Berufung zuständigen *OLG Hamburg* dahingehend konform, daß sich der Honoraranspruch auch nicht auf eine GoA stützen lasse.

Der bisherigen Beurteilung der Problematik des Erbensuchers durch den *BGH* folgend,[88] prüft das Berufungsgericht die GoA, verneint jedoch den

---

[86] Vgl. beispielsweise *BGHZ* 70, 12; *BGH* NJW 1982, 879; *BGHZ* 101, 393 (hinsichtlich der Treuhandgebühr); *BGH* NJW 1995, 727; *BGH*, Urteil vom 30. 11. 1999 - X ZR 84/97 = www.lexetius.com/1999,356 (nicht anderweitig veröffentlicht).

[87] *BGH*, Urteil v. 23.09.1999 - III ZR 322/98, NJW 2000, 72 = MDR 2000, 77 = WM 1999, 2411; dazu *Emmerich*, JuS 2000, 603, 604; *Schulze*, JZ 2000, 523, 524; *Falk*, JuS 2003, 833, 839.

Fremdgeschäftsführungswillen des Erbensuchers. Auch der *BGH* kommt nach einer lehrbuchmäßigen Darstellung der GoA sowie der Problematik des auch-fremden Geschäfts zu dem Zwischenergebnis, daß nach der bisherigen eigenen Rechtsprechung ein Anspruch des Erbensuchers grundsätzlich in Betracht käme, da hier ein auch-fremdes Geschäft vorliegen könnte. Auf dessen Vorliegen komme es nach jetziger Ansicht des *BGH* allerdings nicht mehr an, da schon aus grundsätzlichen Erwägungen ein Anspruch abzulehnen sei.[89]

Die darauffolgenden Ausführungen stellen eine „kleine dogmatische Sensation“[90] dar. Die für die GoA entscheidende Frage, ob im vorliegenden Streitfall die Vermutung des Fremdgeschäftsführungswillens widerlegt werden kann, dürfe nach Ansicht des *BGH* gar nicht gestellt werden:

> „Eine solche Fragestellung verkennt indes im Ansatz die aus den Grundsätzen des bürgerlichen Rechts folgende Risikoverteilung. Sie ließe zudem bei erkennbarer Bejahung des Fremdgeschäftsführungswillens Ergebnisse zu, die weder sach- noch interessengerecht wären.“[91]

Als maßgebend in diesem Sinne sieht das Gericht den Grundsatz an, daß vergebliche Aufwendungen im Vorfeld eines gescheiterten Vertragsschlusses unvergütet bleiben. Eine Zulassung eines Aufwendungsersatzanspruches aus GoA würde diese „im Gefüge der Vertragsrechtsordnung angelegte Risikoverteilung“ unterlaufen.[92]

Darüber hinaus führt der *BGH* ein zweites Argument gegen die Anwendung der GoA an:

> „Die Annahme einer (berechtigten) Geschäftsführung ohne Auftrag in derartigen Fällen wäre schließlich auch deswegen nicht interessengerecht, weil sich der Erbe bei Bemühungen mehrerer Erbensucher unabhängig voneinander Ansprüchen aller dieser Erbenermittler auf Aufwendungsersatz ausgesetzt sähe...“[93]

Die vorstehenden Ausführungen sollen nach Maßgabe des Gerichts darüber hinaus für alle sonstigen gesetzlichen Ansprüche aus unerlaubter Eigen-

---

88 *BGHR* BGB § 677 Erbensucher 1, vgl. dazu auch die über die GoA hinausgehende Darstellung bei *Gutbrod*, ZEV 1994, 377.

89 *BGH* NJW 2000, 72 mit ausdrücklichem Hinweis auf die Änderung der diesbezüglichen Rechtsprechung.

90 So *Falk*, JuS 2003, 833, 837.

91 *BGH* NJW 2000, 72, 73.

92 *BGH* NJW 2000, 72, 73.

93 *BGH* NJW 2000, 72, 73.

geschäftsführung sowie ungerechtfertigter Bereicherung gelten. Folglich weist der *BGH* die Revision des Erbensuchers als unbegründet zurück.

2. Stellungnahme

Die Entscheidung vom 23.09.1999 ist in der Literatur hinsichtlich des Ergebnisses überwiegend zustimmend aufgenommen worden. So findet die Ansicht des Gerichts, wonach ein gescheiterter Vertragsschluß nicht über das gesetzliche Schuldverhältnis GoA gleichsam geheilt werden darf, die Anerkennung der Kommentatoren.[94]

Die Begründung und dogmatische Argumentation haben jedoch Kritik hervorgerufen, insbesondere weil die vorgenommene Einschränkung die sonstige Ausdehnung der Haftung nach GoA unangetastet läßt. *Schulze* spricht in diesem Zusammenhang von einer „Ergebniskorrektur", welche den eingeschlagenen Irrweg des *BGH* offenbare.[95] Denn obwohl im konkreten Fall die GoA für nicht anwendbar erklärt wird, vermeidet das Gericht einen offenen Bruch mit der bisherigen Rechtsprechung zur GoA bei unwirksamen Verträgen:

> „Insofern liegt es anders als bei der Erfüllung unerkannt nichtiger Verträge, auf die die Revision hinweist und bei der in der Tat eine Geschäftsführung ohne Auftrag regelmäßig zu bejahen ist (...). Hier entspricht der Leistungsaustausch regelmäßig dem geäußerten tatsächlichen Willen der Vertragschließenden."[96]

Bezeichnend ist dabei die ausschließliche Bezugnahme auf *unerkannt* nichtige Verträge. Auf seine übereinstimmende Rechtsprechung zu *erkannt* gesetzeswidrigen Verträgen verweist der *BGH* nicht, wäre in diesen Fällen doch eine Argumentation mit dem „tatsächlichen Willen der Vertragschließenden" fragwürdig.

Darüber hinaus bewertet der *BGH* die Interessen der Beteiligten nach den Grundsätzen des Bereicherungsrechts. Der Schutz des Bereicherungsschuldners ist allerdings ein Hauptargument der einhelligen Literatur, welche die

---

94 *Ehmann*, LM Nr. 40 zu § 677 BGB; *Schulze*, JZ 2000, 523, 524; *Emmerich*, JuS 2000, 603, 604; vgl. auch *MüKo/H. H. Seiler* § 677 Rn. 12.

95 *Schulze*, JZ 2000, 523, 524.

96 *BGH* NJW 2000, 72, 73.

ungerechtfertigte Bereicherung bei nichtigen Verträgen als spezielle Rückabwicklungsvorschrift ansieht.[97]

Die Problematik des Erbensuchers bot dem *BGH* einen adäquaten Anlaß, diesen Widerspruch aufzulösen, insbesondere da im Vorfeld mehrere Oberlandesgerichte der höchstrichterlichen Rechtsprechung entgegengetreten sind.[98] Insofern hat der *BGH* jedoch die Chance verpaßt, seine Interpretation der Vorschriften der GoA grundlegend zu überdenken.[99]

§ 4 Resümee

Die Übersicht über die Rechtsprechung hat gezeigt, in welcher Umfänglichkeit der *BGH* die Möglichkeiten des Rechtsverhältnisses GoA ausschöpft.

I. Der Aufwendungsersatzanspruch als Ersatz für die vertragliche Vergütung

Die Anwendung der GoA bei gescheiterten Verträgen macht es möglich, einen unwirksamen bzw. nicht zustande gekommenen Vertrag durch ein gesetzliches Schuldverhältnis weitgehend zu ersetzen. Zuvorderst ist hier der Aufwendungsersatzanspruch des Geschäftsführers gem. §§ 670, 683 S. 1, 677 zu nennen, welcher unabhängig von einer Be- oder Entreicherung besteht. Die Anerkennung eines Aufwendungsersatzes über die GoA führt zu einem Vergütungsanspruch, welcher sich faktisch nicht von dem Anspruch unterscheidet, der sich bei vollständiger Wirksamkeit des Vertrages ergeben würden.

Nur bei gesetzeswidrigen Verträgen ist ein solcher Anspruch nach Ansicht des *BGH* ausgeschlossen, weil der Geschäftsführer in diesem Zusammenhang erbrachte Aufwendungen nicht „den Umständen nach für erforderlich halten" durfte.[100]

---

[97] Vgl. nur *Canaris*, NJW 1985, 2404, 2405; *MüKo/H. H. Seiler* § 677 Rn. 48 mit weiteren Nachweisen.

[98] Vgl. beispielsweise *OLG Hamm*, NJW-RR 1991, 1303; *OLG Köln*, NJW-RR 1994, 1540; *OLG Koblenz*, NJW 1996, 665; *OLG Köln*, VersR 1997, 623; *OLG Koblenz*, NJW 1999, 2904.

[99] Vgl. *Hau*, NJW 2001, 2863, 2864.

[100] *BGHZ* 37, 258, 263 f.

II. Die vertragsähnliche Haftung im Wege der GoA

Über den Aufwendungsersatzanspruch hinaus nutzt der *BGH* die weiteren Anspruchsgrundlagen der GoA, um bei gescheiterten Verträgen eine vertragsähnliche Haftung zu erreichen.

Der Schadensersatzanspruch des Geschäftsherrn gem. §§ 280 I, 677 ermöglicht eine Haftung für schuldhafte Pflichtverletzungen während der Geschäftsbesorgung. Maßgeblich für die Pflichten des Geschäftsführers sind dabei die mit dem Geschäftsherrn getroffenen - jedoch unwirksamen - Abreden.[101]

Der Herausgabeanspruch des Geschäftsherrn gem. §§ 667 Alt. 1, 681 S. 2, 677 ermöglicht eine Rückgewähr von Vermögenswerten, ohne die Ausschlußgründe der §§ 817 S. 2 und 818 Abs. 3 berücksichtigen zu müssen.

III. Die Beeinflussung der Ergebnisse

Die Kritik der Literatur gegenüber der höchstrichterlichen Rechtsprechung, die GoA als Auffangtatbestand in Fällen zu benutzen, in denen auf anderem Weg kein „angemessenes" Resultat erzielt werden kann, findet in den dargelegten Fällen zur Abwicklung von gescheiterten Verträgen ihre Bestätigung.

Die Ausdehnung der Figur des auch-fremden Geschäfts auf Fälle gescheiterter Verträge bietet dem *BGH* die Gelegenheit zur Erzielung der gewünschten Ergebnisse. Liefern Delikts- und Bereicherungsrecht keine Anspruchsgrundlage oder widersprechen deren Rechtsfolgen dem Judiz des Gerichts, bleibt als „Rettungsanker" ein Anspruch aus den §§ 677 ff. Ob die Auslegung dieser Vorschriften ein solches Ergebnis zuläßt, muß die weitere Untersuchung zeigen.

Keinesfalls zu rechtfertigen ist allerdings der instrumentelle Nicht-Gebrauch der GoA. Denn wenn der Tatbestand der §§ 677 ff. erfüllt ist, muß das Rechtsverhältnis nach den Regeln der GoA rückabgewickelt werden. Die Anwendung der §§ 812 ff. ist wegen Vorliegen des Schuldverhältnisses der GoA als Rechtsgrund im Sinne des Bereicherungsrechts ausgeschlossen. Dagegen ist das Vorgehen des *BGH*, das zuständige Schuldverhältnis erst in Ansehung der Rechtsfolgen zu bestimmen, methodisch fehlerhaft.

---

[101] Vgl. die Ausführungen unter Gliederungspunkt C. § 2 II. 1. b) bb), S. 91 f.

D. Gescheiterte Verträge im Tatbestand der GoA

Nach dem Überblick über die Rechtsprechung soll die Frage beantwortet werden, ob der Rückgriff auf die §§ 677 ff. bei gescheiterten Verträgen mit Geschäftsbesorgungscharakter zulässig ist.[1]

§ 1 *Aufgabenstellung*

Dafür bedürfen die §§ 677 ff. zunächst einer genaueren Auslegung. Dabei soll die Frage beantwortet werden, ob beim Tätigwerden aufgrund eines gescheiterten Vertrages der Tatbestand der GoA erfüllt ist. Wird diese Frage bejaht, bleibt zu prüfen, ob die §§ 677 ff. im Wege der teleologischen Reduktion auszuschließen sind, wenn es um die Rückabwicklung von Verträgen geht. Entsprechend dem in der Einleitung geschilderten Frageninteresse[2] wird im weiteren die Untersuchung darauf ausgerichtet,

ob die Tatbestandsvoraussetzungen der GoA bei *nichtigen* Verträgen erfüllt sind,

ob die Tatbestandsvoraussetzungen der GoA trotz eines *Irrtums des Geschäftsführers bezüglich seiner Verpflichtung* erfüllt sind,

ob die Tatbestandsvoraussetzungen der GoA trotz eines überwiegenden *Eigeninteresses des Geschäftsführers an der Durchführung des Geschäfts* erfüllt sind,

ob trotz des Vorliegens der Tatbestandsvoraussetzungen der GoA diese wegen *verdrängender Konkurrenz* bzw. *teleologischer Reduktion* keine Anwendung findet.

§ 2 *Methodische Grundlagen*

Vor einer Analyse des Rechtsinstituts GoA muß zunächst die Methode der Auslegung von gesetzlichen Normen kurz dargestellt werden. Über die Methodik der Auslegung herrscht in den Grundzügen Einigkeit, im Detail sind jedoch wesentliche Fragen umstritten.

---

[1] Vgl. zur Eingrenzung des Untersuchungsbereichs Gliederungspunkt A. § 1 II. 2., S. 29 ff.

[2] Siehe Gliederungspunkt A. § 1 I., S. 26 f.

I. Die klassische Methodik als Grundlage der Auslegung

Die Auslegung von Gesetzen ist anhand der vier Kriterien *Wortlaut, historische Interpretation, Systematik* sowie *Teleologie des Gesetzes* vorzunehmen. Die Interpretation von Normen anhand dieser Auslegungsarten, erweitert um andere Rechtsgewinnungsmethoden wie Analogie, teleologische Reduktion und Extension sowie sonstige Rechtsfortbildung, ist Inhalt der sogenannten „klassischen Methodenlehre".[3] Dieser folgen die überwiegende Rechtsprechung und Literatur.[4]

II. Das Verhältnis der Auslegungselemente zueinander

Nach Anwendung aller vier Auslegungselemente können unterschiedliche Ergebnisse vorliegen und damit mehrere Deutungsmöglichkeiten der Norm bestehen. Größte Schwäche der klassischen Methodenlehre ist deshalb das Fehlen einer festen Rangordnung zwischen den einzelnen Auslegungselementen.[5] So kann nicht begründet werden, wann ein Auslegungskriterium hinter ein anderes zurückzutreten hat. Folglich wird das Ergebnis der Auslegung nur systematisiert,[6] aber nicht determiniert.[7]

---

[3] Ihren Ursprung findet die klassische Methodenlehre in den „canones" *Friedrich Carl von Savignys.* Dieser hat grammatisches, logisches, historisches und systematisches Element unterschieden. Die Auslegung nach dem Grund des Gesetzes, was in etwa der heutigen teleologischen Auslegung entspricht, hielt *Savigny* für bedenklich und „nur mit größter Vorsicht zulässig". Dazu *Savigny*, System des heutigen Römischen Rechts, Band I (1840), S. 216 ff.

[4] Vgl. beispielsweise *Larenz/Canaris*, Methodenlehre der Rechtswissenschaft (1995), S. 141 ff.; *Zippelius*, Juristische Methodenlehre (2005), S. 42 ff.; *Koch/Rüßmann*, Juristische Begründungslehre (1982), S. 166; *Ch. Seiler*, Auslegung als Normkonkretisierung (2000), S. 26 ff.; aus der Rechtsprechung beispielsweise *BVerfGE* 11, 126, 130; *BGH* NJW 1967, 343, 346; *BGHZ* 46, 74, 76 mit weiteren Nachweisen.

[5] H. M., vgl. *Larenz/Canaris*, Methodenlehre der Rechtswissenschaft (1995), S. 166; *Zippelius*, Juristische Methodenlehre (2005), S. 61 ff.

[6] Vgl. beispielsweise die sechs Schritte der methodischen Vorgehensweise von *Larenz/Canaris*, Methodenlehre der Rechtswissenschaft (1995), S. 163 ff.

[7] Dazu *Schmalz*, Methodenlehre (1998), Rn. 221 ff.; *Ch. Seiler*, Auslegung als Normkonkretisierung (2000), S. 40 f.; *Larenz/Canaris*, Methodenlehre der Rechtswissenschaft (1995), S. 140; *Koch/Rüßmann*, Juristische Begründungslehre (1982), S. 172.

III. Ergänzungen und Alternativen

Aus diesem Grund ist die klassische Methodenlehre seit langem der Kritik ausgesetzt. Durch das Fehlen einer Rangordnung verbleibt dem Ausleger der Norm ein Beurteilungsspielraum, welchem Kriterium er den Vorrang einräumt. Auch wenn man, wie von Teilen der Literatur vertreten, der teleologischen Auslegung eine Präferenz einräumt,[8] zeigt sich dieser Spielraum nur an anderer Stelle. Weil eine Norm meist nicht nur einen Zweck verfolgt, hat der Rechtsanwender in diesen Fällen eine wertende Entscheidung zu treffen, welcher Normzweck als vorzugswürdig anzusehen ist.

Diese Feststellung verwundert, beruht doch die klassische Methodenlehre auf der Vorstellung von der Auslegung als Akt der Erkenntnis. Weil ein Gesetz nur *einen* Inhalt haben kann, ist es die Aufgabe des Anwenders, die vorgegebene Entscheidung zu finden und – im Falle des Richters – sie auszusprechen.[9]

Dementsprechend vertritt die herrschende Ansicht in der Methodenlehre den Standpunkt, daß diese Idee vom vollständig vorhandenen Norminhalt nur eine notwendige Fiktion darstellt. Insbesondere bei Generalklauseln und Rechtsbegriffen mit geringem normativen Gehalt konkretisiert der Rechtsanwender durch die eigenverantwortliche Auslegung das Gesetz selbst.[10] Damit wird jedoch deutlich, daß die Auslegung nicht nur eine erkennende, sondern gleichzeitig auch eine schöpferische Tätigkeit darstellt.[11]

Weil die so zur Normkonkretisierung aufgewertete Auslegung nicht dem Gutdünken des Auslegers überlassen werden darf, ist eine systematische Anwendung von Konkretisierungskriterien zwingend. Bislang ist jedoch kein überzeugenderes Konzept als der eben kritisierte klassische Auslegungskanon für die Herausarbeitung der gesetzlichen Wertungen vorgelegt

[8] Vgl. beispielsweise *Larenz/Canaris*, Methodenlehre der Rechtswissenschaft (1995), S. 163 ff.

[9] Vgl. *Zippelius*, Juristische Methodenlehre (2005), S. 8 ff.

[10] Der Wert dieser Konkretisierung bzw. Interpretation wird dabei in der Literatur unterschiedlich gewichtet. Während die überwiegende Lehre trotz Anerkennung der Konkretisierung durch den Normanwender vom „normativen Sinn des Gesetzes" überzeugt ist, verstehen andere den Begriff weitergehend im Sinne einer Normerzeugung, vgl. beispielsweise *Müller/Christensen*, Juristische Methodik, Bd.1, (2004), S. 250 ff.

[11] Vgl. dazu *Koch/Rüßmann*, Juristische Begründungslehre (1982), S. 172 f.

worden.[12] Nicht zuletzt bietet dieser auch einen „Gewinn an Rechtsstaatlichkeit"[13]. Durch die Formalisierung der Arbeitsweise wird, soweit sie im Urteil offengelegt wird, die Argumentation des Richters nachvollziehbar, womit ein Beitrag zur Rechtssicherheit und Vorhersehbarkeit geleistet wird.[14]

Die üblichen Auslegungskriterien sind damit grundsätzlich beizubehalten und bilden daher Basis und Schwerpunkt der nachfolgenden Gesetzesauslegung. Allerdings bleibt das Hauptproblem der klassischen Methodenlehre, der mögliche Entscheidungsspielraum, bestehen. Soweit nach Anwendung der klassischen Methodenlehre solche Spielräume verbleiben, wird an der betreffenden Stelle auf Ergänzungen zu den vier Auslegungselementen einzugehen sein.[15]

§ 3 Auslegung des Wortlauts

Die Auslegung der Vorschriften der GoA soll dementsprechend nach den Kriterien der klassischen Methodenlehre erfolgen, wobei mit dem Wortlaut des Gesetzes begonnen wird.[16] Dessen Sinn ist grundsätzlich dem allgemeinen Sprachgebrauch zu entnehmen. Von Bedeutung ist darüber hinaus der Gebrauch des jeweiligen Wortes im Gesetz. Insbesondere Legaldefinitionen schließen den Rückgriff auf den allgemeinen Sprachgebrauch aus. Aber auch bei dogmatisch vorgeprägten Begriffen ist dem speziellen Sprachgebrauch des Juristen Vorrang einzuräumen.[17]

In den meisten Fällen ist der Wortsinn nicht eindeutig, so daß die Grenzfunktion der Wortlautauslegung die größte Bedeutung hat. Dabei stellt

---

[12] Vgl. den Überblick über den Stand der Diskussion bei *Hensche*, Teleologische Begründungen in der juristischen Dogmatik (1998), S. 31 ff.

[13] *Ch. Seiler*, Auslegung als Normkonkretisierung (2000), S. 41.

[14] Näheres dazu bei *Raisch*, Juristische Methoden (1995), S. 133 ff., 136.

[15] Vgl. zu den möglichen Ergänzungen zur klassischen Methodenlehre den Überblick bei *Raisch*, Juristische Methoden (1995), S. 181 ff.

[16] Auch „grammatische Auslegung" oder „Wortsinn".

[17] Zum Verhältnis von Umgangs- und Rechtssprache bei der Auslegung des Wortsinns vgl. *Larenz/Canaris*, Methodenlehre der Rechtswissenschaft (1995), S. 141 ff.; *Koch/Rüßmann*, Juristische Begründungslehre (1982), S. 166.

der mögliche Wortsinn die äußerste Grenze der Auslegung dar. Diese Grenze kann dann nur durch Analogie überschritten werden.[18]

Daneben weist die Auslegung des Wortlauts aber auch schon in eine bestimmte Richtung und liefert damit eine Auslegungshypothese, die durch die weitere Prüfung bestätigt oder widerlegt wird.[19]

I. *Die Vertragserfüllung als Besorgung eines Geschäfts*

Fraglich ist damit zunächst, ob jemand, der aufgrund eines gescheiterten Vertrages tätig wird, „ein Geschäft für einen anderen besorgt". Anknüpfungspunkt kann hier nur die Ausführung der vermeintlich vertraglich geschuldeten Tätigkeit sein, nicht jedoch der Vertragsschluß.[20]

Der Begriff des Geschäfts wird im BGB im Sinne eines Rechtsgeschäfts gebraucht, wie beispielsweise in §§ 30, 105a, 312 Abs. 1, 1357. Bei Auftrag und GoA fallen jedoch nach allgemeiner Auffassung alle Tätigkeiten von rechtlicher oder tatsächlicher Natur unter den Begriff der Geschäftsbesorgung.[21] Dies bestätigt auch der Blick auf die Vorschrift des § 680, welche nur bei der Einbeziehung von tatsächlichen Handlungen sinnvoll erscheint.

Die tatsächliche Erfüllungshandlung in Hinblick auf den vermeintlich bestehenden Vertrag unterfällt damit als tatsächliche Wahrnehmung fremder Interessen dem Wortsinn der Geschäftsbesorgung.

II. *Die Vertragserfüllung „für einen anderen"*

Bei der Frage, ob eine Geschäftsbesorgung „für einen anderen" vorliegt, kann der Wortlaut des § 677 eng oder weit verstanden werden.

---

[18] So die ganz h. M., vgl. *Larenz/Canaris*, Methodenlehre der Rechtswissenschaft (1995), S. 143.

[19] *Schmalz*, Methodenlehre (1998), Rn. 236 f.

[20] Vgl. *Mellulis*, Das Verhältnis von Geschäftsführung ohne Auftrag und ungerechtfertigter Bereicherung (1971), S. 168 f.

[21] Vgl. Mot. II, 855; *BGHZ* 37, 258, 263, *Staudinger/Wittmann*, § 677 Rn. 15 f.; *Helm*, Gutachten und Vorschläge (1983), S. 335, 366.

1. Das enge Verständnis der Formulierung „für einen anderen"

Die Präposition „für" kennzeichnet einen Zweck. Bei der Handlung einer Person ist darin eine Zweckbestimmung als subjektives Element enthalten. Die Formulierung „für einen anderen" deutet folglich auf ein bewußtes und gewolltes Handeln im Interesse eines anderen hin. Näheres über die Anforderungen an das kognitive und voluntative Element des Fremdgeschäftsführungswillens sagt der Wortlaut allein nicht aus. Allerdings spricht der allgemeine Sprachgebrauch dafür, daß eine Geschäftsbesorgung „für einen anderen" *ausschließlich* in dessen fremden Interesse vorgenommen wird.

Bei einer irrtümlichen Vorstellung, einen Vertrag zu erfüllen, ist dies allerdings nicht der Fall. Motivation des Handelns des Geschäftsführers ist dann primär, wenn nicht ausschließlich,[22] die Absicht, seine Vertragspflichten zu erfüllen um im Gegenzug eine Vergütung zu erzielen. Nicht anders ist die subjektive Einstellung eines Geschäftsführers, der die Unwirksamkeit des Vertrages kennt. Auch dieser handelt in bezug auf die ihm schuldrechtlich nicht zustehende Gegenleistung und wird folglich im Eigeninteresse tätig.

Für dieses enge Verständnis von der Geschäftsbesorgung „für einen anderen" spricht ferner der Wortlaut des § 687 Abs. 1. Danach sind die Vorschriften der GoA nicht anzuwenden, wenn der Geschäftsführer davon ausgeht, das geführte Geschäft sei „sein eigenes".[23] Zumindest nach dem allgemeinen Sprachgebrauch liegt nahe, die Erfüllung eines Vertrages als eigenes Geschäft anzusehen.[24]

2. Das weite Verständnis der Formulierung „für einen anderen"

Bei der Untersuchung der Sachverhalte, welche eine auftraglose Geschäftsführung darstellen könnten, kommt man zu der Erkenntnis, daß nahezu in allen in Frage kommenden Fällen ein mehr oder weniger ausgeprägtes Eigeninteresse des Geschäftsführers vorliegt.[25] Sogar beim Modellfall der

---

[22] Für die eigennützige Vertragserfüllung als alleinige Motivation des Handelns *Gold*, JA 1994, 205, 210.

[23] Ebenso *Gold*, JA 1994, 205, 210.

[24] Jedoch wird § 687 Abs. 1 in den Fällen unerkannt nichtiger Verträge überwiegend nicht als Argument gegen die Anwendung der GoA herangezogen. Näheres zu § 687 Abs. 1 in diesem Zusammenhang unter Gliederungspunkt D. § 4 IV. 5., S. 129.

[25] Dazu *Wollschläger*, Die Geschäftsführung ohne Auftrag (1976), S. 28 f.

GoA, der Hilfeleistung in der Not,[26] ist ein Eigeninteresse des Geschäftsführers möglich, wenn nicht wahrscheinlich. Denn dieser handelt oftmals als professioneller Nothelfer und damit in Erfüllung einer eigenen Pflicht,[27] gegebenenfalls kommt bei einem Nichteingreifen auch eine Haftung wegen unterlassener Hilfeleistung gem. § 323c StGB in Betracht.[28]

Folglich besteht bei einer lebensnahen Betrachtung auch eine andere Möglichkeit der Interpretation der Formulierung „für einen anderen". Nach einer dementsprechend weiten Auslegung schließt ein Eigeninteresse des Geschäftsführers die Anwendbarkeit der GoA nicht grundsätzlich aus, solange daneben fremdnütziges Handeln vorliegt. Auch der vermeintliche Schuldner eines gescheiterten Vertrages würde damit übereinstimmend ein Geschäft „für einen anderen" besorgen, wird er doch trotz Eigeninteresses auch im Rechtskreis und Interesse eines anderen tätig.

III. Ohne Auftrag oder sonstige Berechtigung

Wird jemand aufgrund eines *nichtigen* Vertrages tätig, greift er mit Wissen und Wollen in den Rechts- und Interessenkreis des anderen ein. Nach dem allgemeinen nichtjuristischen Sprachgebrauch könnte man deshalb in diesen Fällen das Einverständnis einem „Auftrag" oder einer „sonstigen Berechtigung" gleichstellen.

Entscheidend ist allerdings der Wortsinn des vom Gesetz verwendeten Ausdrucks in seiner spezifischen Bedeutung und damit der juristische Sprachgebrauch.[29] „Ohne" Auftrag oder sonstige Berechtigung bedeutet aber nach präzisem juristischem Verständnis das Nichtvorhandensein einer *rechtlich wirksamen* Beauftragung bzw. Berechtigung. In der hier untersuchten Fallkonstellation handelt der Geschäftsführer infolgedessen zweifelsfrei ohne beauftragt oder sonst zur Geschäftsführung berechtigt zu sein.

---

[26] Vgl. schon RGZ 167, 85; aus der neueren Rechtsprechung ähnlich *BGH* NJW-RR 1998, 273, 276.

[27] So beispielsweise in *BGHZ* 40, 28; 110, 313.

[28] Vgl. den Sachverhalt, welcher der Entscheidung *BGHZ* 33, 251 zugrundeliegt. Auch die Fälle der spontanen Selbstaufopferung im Straßenverkehr, die nach allgemeiner Ansicht von Rechtsprechung und Literatur der GoA unterfallen, sind durch ein – teilweise sogar überwiegendes – Eigeninteresse gekennzeichnet, vgl. nur *BGHZ* 38, 270.

[29] *Larenz/Canaris*, Methodenlehre der Rechtswissenschaft (1995), S. 142.

IV. *Zusammenfassung der Auslegung des Wortlauts*

Die Analyse des Wortlauts des § 677 läßt zu, daß bei einem gescheiterten Vertrag mit Geschäftsbesorgungscharakter der Tatbestand der GoA erfüllt ist. Die weiteren Auslegungskriterien müssen insbesondere darüber Aufschluß geben, ob eine Geschäftsführung „für einen anderen" vorliegt.

§ 4 *Historische Interpretation*

Die historische Interpretation[30] einer Norm ist unter zwei Gesichtspunkten relevant, der historischen Auslegung im engeren Sinn sowie der genetischen Auslegung.[31]

Die *historische Auslegung im engeren Sinn* meint die Betrachtung der Vorgängernormen. Deren Grundgedanken und Wertungen könnten durch die neue Norm fortgeführt oder gerade verworfen worden sein.

Daneben bildet der subjektive Wille des Gesetzgebers bildet für den Rechtsanwender eine verbindliche Richtschnur.[32] Welchen Standpunkt der Gesetzgeber dabei vertreten hat, muß mit der *genetischen Auslegung* ermittelt werden. Bei dieser werden Gesetzesentwürfe, Ausschußprotokolle sowie Gesetzesbegründungen im Hinblick auf den subjektiven gesetzgeberischen Willen untersucht.[33]

I. *Die rechtsgeschichtliche Entwicklung der GoA*

Schon im klassischen römischen Recht wurden Ansprüche im Falle nichtautorisierter Wahrnehmung fremder Geschäfte und fremden Interesses durch die *negotiorum gestio* anerkannt. Ausgangspunkt waren zwei *actiones* der Vorklassik, die des Geschäftsherrn auf Herausgabe des durch die Geschäfts-

---

[30] Für die Auslegung, welche nach der Regelungsabsicht des Gesetzgebers fragt, wird kein einheitlicher Begriff verwandt. So ist von „historischer", „genetischer" und „subjektiv-teleologischer" Auslegung sowie „Auslegung aus der Entstehungsgeschichte" die Rede.

[31] Vgl. dazu *Müller/Christensen*, Juristische Methodik, Bd. 1 (2004), S. 336.

[32] Vgl. *Larenz/Canaris*, Methodenlehre der Rechtswissenschaft (1995), S. 149; *Schmalz*, Methodenlehre (1998), Rn. 247 ff.

[33] Zum Begriff des „Gesetzgebers" die nachfolgenden Ausführungen unter D. § 4 II. 2., S. 115.

führung Erlangten und die des Geschäftsführers auf Ersatz seiner Aufwendungen.[34] Übereinstimmend wird das Schuldverhältnis der GoA deshalb als Nachfolger der *negotiorum gestio* des römischen Rechts angesehen.[35]

1. Der Tatbestand der historischen negotiorum gestio

Gleichwohl kann die Betrachtung der historischen *negotiorum gestio* nur begrenzt zur Auslegung der §§ 677 ff. BGB beitragen.

Hauptgrund dafür ist der Streit in der Literatur des 19. Jahrhunderts um die rechtstheoretische Konzeption der römisch-rechtlichen *negotiorum gestio.*[36] Insbesondere bezüglich des Begriffs des „fremden Geschäfts"[37] sowie der Notwendigkeit des heute sogenannten „Fremdgeschäftsführungswillens"[38] herrschte Uneinigkeit.

Nach heutigen Erkenntnissen hatte die *negotiorum gestio* in klassischer Zeit einen rein objektiven Tatbestand und auch im justinianischen Recht hatte das subjektive Element in Form des Willens zur Führung eines fremden Geschäfts nur untergeordnete Bedeutung.[39] Die Vertreter der Pandektistik des 19. Jahrhunderts waren jedoch überwiegend der Ansicht, bereits die klassisch-römische *negotiorum gestio* habe die Geschäftsführungsabsicht des Gestors gefordert, so daß in der Folge der Fremdgeschäfts-

[34] Die Ausprägung der negotiorum gestio als Rechtsinstitut fand erst später statt. Zusammenfassend dazu *Wittmann*, Begriff und Funktionen der Geschäftsführung ohne Auftrag (1981), S. 39 ff.

[35] Vgl. *Ermann/Ehmann*, vor § 677 Rn. 3 mit weiteren Nachweisen.

[36] Dazu umfassend *H. Müller*, Der Fremdgeschäftsführungswille (1980), S. 112 ff.

[37] Römisch-rechtlich *negotium alienum*, vgl. beispielsweise die Definition *v. Jherings* in: Abhandlungen aus dem römischen Recht, Band I (1844), S. 44, 77 und die ablehnende Haltung *v. Monroys*, Die vollmachtlose Ausübung fremder Vermögensrechte (1878), S. 50 ff.

[38] Römisch-rechtlich *animus aliena negotia gerendi*, bejahend beispielsweise *Sturm*, Das negotium utiliter gestum (1878), S. 57 f.; *v. Monroy*, Die vollmachtlose Ausübung fremder Vermögensrechte (1878), S. 36; ablehnend *Wlassak*, Zur Geschichte der negotiorum gestio (1879), S. 76 f.

[39] *H. Müller*, Der Fremdgeschäftsführungswille (1980), S. 105 ff., 110 ff.; *H. H. Seiler*, Der Tatbestand der negotiorum gestio im römischen Recht (1968), S. 325 f.

führungswille zum selbständigen Teil des Tatbestandes der *negotiorum gestio* des gemeinen Rechts erhoben wurde.[40]

Die Spuren dieser pandektistischen Schule zeigen sich im Wortlaut des BGB. Der Fremdgeschäftsführungswille weist darin eigenständigen Charakter auf, mehr noch, die Formulierung „für einen anderen" läßt sogar auf einen rein subjektiven Tatbestand des § 677 schließen.[41] Durch die nicht eindeutige Wortwahl des Gesetzgebers war auf diese Weise die Grundlage für Unsicherheiten bei der Auslegung der §§ 677 ff. gelegt.

Auch im neueren Schrifttum wird der Streit um die rechtstheoretische Konzeption der *negotiorum gestio* fortgeführt. Die rechtshistorischen Untersuchungen weisen zum Teil erhebliche Unterschiede in der Bewertung der Tatbestandsvoraussetzungen der *negotiorum gestio* auf.[42] Eine diesbezügliche Untersuchung der römisch-rechtlichen *negotiorum gestio* und ihrer Fortentwicklung im gemeinen Recht ist deshalb als Basis für die Auslegung der §§ 677 ff. ungeeignet.

2. Die Funktionen der historischen negotiorum gestio

Bedeutung kann indes die Prüfung des Anwendungsbereichs der historischen *negotiorum gestio* erlangen. Auch wenn der aktuelle Anwendungsbereich der §§ 677 ff. mit dem Anwendungsbereich der *negotiorum gestio*

---

[40] Dazu umfassend *H. Müller*, Der Fremdgeschäftsführungswille (1980), S. 113 ff., 116 ff.; vgl. auch *v. Monroy*, Die vollmachtlose Ausübung fremder Vermögensrechte (1878), S. 3 ff.

[41] Die Formulierung „Geschäft für einen anderen" wurde von der *Ersten Kommission* nur als vorläufiger Kompromiß in den Entwurf aufgenommen, bis zur Endfassung gab es jedoch keine Änderung. Vgl. dazu Prot. I. Komm., S. 1643 ff., in: *Jakobs/Schubert*, Die Beratung des Bürgerlichen Gesetzbuchs, Schuldverhältnisse III, S. 122 ff.

[42] *Wollschläger*, *Seiler* und *Müller* gehen dabei von einem im wesentlichen durch objektive Merkmale bestimmten Tatbestand aus, während *Wittmann* die fremdnützige Absicht im römischen Recht als bestimmend ansieht: *Wollschläger*, Die Geschäftsführung ohne Auftrag (1976), S. 41 ff.; *H. Müller*, Der Fremdgeschäftsführungswille (1980), S. 104 ff.; *H. H. Seiler*, Der Tatbestand der negotiorum gestio im römischen Recht (1968); *Wittmann*, Begriff und Funktionen der Geschäftsführung ohne Auftrag (1981), S. 39 ff.

des römischen und gemeinen Rechts nicht deckungsgleich ist,[43] besitzt das Fallmaterial der *negotiorum gestio* erhebliche Aussagekraft.

Seiler kommt in seiner diesbezüglichen Untersuchung[44] des römischen Rechts zu dem Ergebnis, daß schon in der Frühgeschichte der *negotiorum gestio* eine Vielzahl von Sachverhalten vom Tatbestand erfaßt wurde. Für die unterschiedlichsten Bereiche und Geschäftsführungstypen, jedoch eben nicht lediglich für die „freiwillige Freundeshilfe", war die Klage aus *negotiorum gestio* zuständig.[45] Geradezu kennzeichnend für die *negotiorum gestio* bezeichnet *Seiler* deren „Hilfsfunktion im Falle der Unzuständigkeit anderer Klagen".[46]

Die Pandektistik des 19. Jahrhunderts bemühte sicht darum, auf der Basis der überwiegend kasuistischen Quellen des römischen Rechts einen allgemeinen Begriff der Fremdgeschäftsführung zu entwickeln.[47] Nicht zuletzt wegen des Streits[48] um die Grundkonzeption der *negotiorum gestio* ist dies nur unzureichend gelungen. Insbesondere wurden auch Ausnahmetatbestände des römischen Rechts verallgemeinert und in den Anwendungsbereich aufgenommen.[49]

Besonders im Hinblick auf die ausstehende teleologische Auslegung ist jedoch festzuhalten, daß sich die GoA schon in der Rechtsprechung bis zum Jahre 1900, in Form der *negotiorum gestio* des römischen und gemeinen Rechts, als *Sammeltatbestand* für das soziale Phänomen des Eingreifens in einen fremden Rechtskreis dargestellt hat.[50]

---

[43] Vgl. nur die Anwendung der GoA im öffentlichen Recht und insbesondere die sogenannten „Abschleppfälle", dazu umfassend *Nedden*, Die Geschäftsführung ohne Auftrag im öffentlichen Recht (1994), sowie den Ersatz von Abmahnkosten im Wettbewerbsrecht über die GoA, dazu *Oppermann*, AcP 193 (1993), S. 497, 516 ff.

[44] *H. H. Seiler*, Der Tatbestand der negotiorum gestio im römischen Recht (1968).

[45] Vgl. *H. H. Seiler*, Der Tatbestand der negotiorum gestio im römischen Recht (1968), insb. S. 47 ff., 94 ff., 104 ff., 116 ff., zusammenfassend S. 314 ff.

[46] *H. H. Seiler*, Der Tatbestand der negotiorum gestio im römischen Recht (1968), S. 315.

[47] Siehe dazu die Übersicht bei *Wollschläger*, Die Geschäftsführung ohne Auftrag (1976), S. 41 ff.

[48] Vgl. zur Entwicklung der negotiorum gestio von der Glosse bis zum Inkrafttreten des BGB *Wittmann*, Begriff und Funktionen der Geschäftsführung ohne Auftrag (1981), S. 48 ff.

[49] Vgl. dazu *Schubert*, AcP 178 (1978), S. 425, 427 f.

[50] Vgl. nur die Übersicht über die Rechtsprechung bis zum Jahre 1900 bei *Wollschläger*, Die Geschäftsführung ohne Auftrag (1976), S. 334 ff.

II. Die gescheiterten Verträge mit Geschäftsbesorgungscharakter in der Entstehungsgeschichte des BGB

Zweiter Teil der historischen Interpretation einer Norm ist die genetische Auslegung. Bei dieser kann die Betrachtung der niedergelegten Entstehungsgeschichte Aufschluß auf den Willen des Gesetzgebers geben.

1. Der BGB-Entwurf im Reichstag und Bundesrat

Nach der Einbringung des Entwurfs des BGB und der ersten Lesung vom 03.02. bis 06.02.1896 im *Reichstag* setzte dieser eine Kommission von 21 Mitgliedern ein, die über den Entwurf beraten sollte.[51] In dieser wurde der Entwurf in zwei Lesungen behandelt, wobei die Vorschriften der GoA „ohne Diskussion angenommen" wurden.[52] Auf Grundlage der Kommissionsarbeit fanden anschließend die zweite und dritte Lesung des BGB im *Reichstag* statt, in deren Verlauf die GoA ebenfalls nicht thematisiert wurde.[53] Am 01.07.1896 stimmte die Mehrheit der anwesenden Reichstagsmitglieder für das BGB, der *Bundesrat* genehmigte die vom *Reichstag* vorgenommenen Änderungen am 14.07.1896.[54]

Damit kann im Fall der GoA nicht direkt auf den *Willen des Gesetzgebers* geschlossen werden. Als Wille des Gesetzgebers sind nur diejenigen Wertungen anzusehen, welche in den Beratungen der gesetzgebenden Körperschaft und in deren zuständigen Ausschüssen zum Ausdruck gebracht wurden. Der in den *Reichstag* eingebrachte Entwurf wurde bezüglich der Vorschriften der GoA im Vertrauen auf die vorgeschalteten Kommissionen indes lediglich gebilligt.[55]

---

[51] *XII. Kommission des Reichstags*, vom 7.2.1896 bis 12.6.1896 wurden 53 Sitzungen abgehalten.

[52] Vgl. *Enneccerus/Buchka/Bachem/Schroeder*, Bericht der Reichstags-Kommission über den Entwurf eines Bürgerlichen Gesetzbuchs und Einführungsgesetzes nebst einer Zusammenfassung der Kommissionsbeschlüsse (1896), S. 90.

[53] Zweite Lesung des BGB vom 19.6.-27.6.1896, dritte Lesung am 30.6. und 1.7.1896.

[54] Ausführlicher zum BGB im Reichstag *Schulte-Nölke*, Das Reichsjustizamt und die Entstehung des Bürgerlichen Gesetzbuchs (1995), S. 221 ff.

[55] Die Billigung bezieht sich zwar auf den Normtext als solchen, jedoch nicht auf die bestimmte Auslegung einzelner Textstellen, vgl. *Larenz/Canaris*, Methodenlehre der Rechtswissenschaft (1995), S. 150.

2. Die Entwicklungsschritte in der Entstehungsgeschichte des BGB

Hilfe für das Verständnis der §§ 677 ff. können nur die Normvorstellungen der *Gesetzesverfasser* bieten. Obwohl diese Vorstellungen für den Rechtsanwender nicht verbindlich sind, stellen sie eine wertvolle Hilfe für das Verständnis des Norminhalts dar. Denn die Verfasser des Gesetzestextes haben sich in aller Regel über die Wahl der Ausdrücke sowie über deren Tragweite Gedanken gemacht, um der Regelungsabsicht der gesetzgebenden Körperschaft möglichst nahe zu kommen. Ist der Wille des Gesetzgebers nicht feststellbar, kann damit bei entsprechend kritischer Betrachtung auf die Vorstellungen der Gesetzesverfasser von Voraussetzungen und Rechtsfolgen sowie Sinn und Zweck der Norm zurückgegriffen werden.[56]

Einblick bekommt man in diese Vorstellungen durch eine Untersuchung der Materialien zur Entstehungsgeschichte des BGB. Dabei ist festzustellen, daß die GoA vom ersten Vorentwurf bis zur endgültigen Gesetzesfassung einer starken Veränderung und Entwicklung unterlag. Gerade die Diskussion der einzelnen Entwürfe sowie die vorgenommen Änderungen und deren Begründungen lassen jedoch die Normvorstellungen zutage treten. Demnach verdienen die Entwicklungsschritte der GoA im Verlauf der Entstehungsgeschichte besondere Beachtung.

Im Anschluß werden die Materialien zur Entstehungsgeschichte des BGB mit dem Ziel der Ermittlung der historischen ratio legis untersucht. Die Analyse kann sich dabei wegen bestehender Arbeiten auf das Kernproblem - die gescheiterten Verträge mit Geschäftsbesorgungscharakter - beschränken. Geklärt werden soll, ob die Verfasser des BGB die GoA bei nichtigen Verträgen mit Geschäftsbesorgungscharakter bzw. bei einem Irrtum des Geschäftsführers bezüglich eines bestehenden Vertrages für anwendbar hielten.

---

[56] Weiterführend zu diesem Problem *Larenz/Canaris*, Methodenlehre der Rechtswissenschaft (1995), S. 149 ff.

III. Der Vorentwurf der Redaktoren

Die eigentlichen Arbeiten am BGB begannen mit der vom Bundesrat eingesetzten *Ersten Kommission*[57], welche im September 1874 ihre Arbeit aufnahm.[58] Für jedes der geplanten fünf Bücher des BGB wurde ein Redaktor eingeteilt, welcher einen Vorentwurf in die Kommission einbringen sollte. Redaktor für das Schuldrecht war *Franz von Kübel*[59], welcher schon maßgebend am sogenannten „Dresdner Entwurf" von 1866 beteiligt war und schon der *Vorkommission*[60] angehörte.

Aufgrund des Todes *v. Kübels* am 04.01.1884 und seiner vorausgehenden langen Krankheit blieb der „Theilentwurf des Obligationenrechts" unvollendet. Die *Erste Kommission* griff deshalb teilweise auf den Dresdner Entwurf zurück. Die Vorschriften zur GoA waren jedoch fertiggestellt und in den §§ 233-245 des TE-OR (Nr. 4)[61] geregelt. Obwohl die Vorschriften der GoA im Entwurf der *Ersten Kommission* teilweise völlig neu gefaßt wurden, geben die Begründungen *v. Kübels* zu seinem Vorentwurf wichtige Hinweise auf den geplanten Anwendungsbereich der GoA sowie die angedachte Auslegung.

Zu beachten ist dabei insbesondere die Intention des Kodifikationsprojekts BGB. Das Hauptziel war nicht die Schaffung einer neuen

---

57 Die Unterscheidung zwischen *Erster Kommission* und *Zweiter Kommission* wird in der heute üblichen Form zur besseren Unterscheidung gebraucht. Die Zählung ist jedoch erst ex post entstanden, da zunächst nur eine Kommission angedacht war.

58 Auf Einzelheiten der Vorgeschichte des Kodifikationsprojekts BGB wird hier verzichtet, dazu zusammenfassend *Schubert*, Materialien zur Entstehungsgeschichte des BGB (1978), S. 27 ff.

59 Kurzbiographie bei *Schubert*, Materialien zur Entstehungsgeschichte des BGB (1978), S. 75 ff.

60 Die Vorkommission wurde am 8.2.1874 durch den Justizausschuß des Bundesrates eingesetzt. Ziel der Kommission war die Sammlung und Auswertung des vorhandenen Rechtsstoffes sowie die Ausarbeitung von Plan, Methode und Grenzen des BGB. Einzelheiten zur Vorkommission bei *Benöhr*, JuS 1977, 79.

61 TE-OR (Nr. 4) = Teilentwurf zum Obligationenrecht, 4. Titel, abgedruckt in: Schubert, Die Vorlagen der Redaktoren für die erste Kommission, Schuldrecht II, S. 929 ff.

Rechtsordnung, sondern die Vereinheitlichung des bestehenden Rechts.[62] Mithin wurde zum Großteil auf das gemeine Recht sowie die bestehenden Kodifikationen oder Entwürfe deutscher Rechtsordnungen zurückgegriffen. Vorbild für die GoA waren demnach insbesondere die ***negotiorum gestio*** des römischen und gemeinen Rechts sowie das sächsische Bürgerliche Gesetzbuch von 1863 und der Dresdner Entwurf eines Obligationenrechts. Daneben zog *v. Kübel* aber auch die Regelungen des französischen, schweizerischen und österreichischen Rechts vergleichend heran, wie die Begründungen zum Entwurf an vielen Stellen zeigen.[63]

1. Text und Begründung des Vorentwurfs zu gescheiterten Verträgen

Der Grundtatbestand der Ansprüche des Geschäftsherrn war § 233 TE-OR (Nr. 4):

> § 233 TE-OR (Nr. 4)
>
> Unternimmt Jemand die Besorgung des Geschäfts eines Anderen, ohne von diesem damit beauftragt ... zu sein, so haftet er dem Geschäftsherrn selbst für geringe Fahrlässigkeit ...

Neben diesem Schadensersatzanspruch sah § 234 TE-OR (Nr. 4) eine Rechenschafts- und Herausgabepflicht vor sowie die Verpflichtung des Geschäftsführers, das begonnene Geschäft zu Ende zu führen.

---

[62] Vgl. das Gutachten der Vorkommission vom 15.4.1874, in: *Schubert*, Materialien zur Entstehungsgeschichte des BGB (1978), S. 170 ff.: „es werde das künftige Gesetzbuch den Wünschen der deutschen Nation, der Interessen aller Einzelstaaten, den Anforderungen der Wissenschaft und der Rechtsübung nur unter der Voraussetzung entsprechen, daß an den bewährten gemeinschaftlichen Instituten und Sätzen der innerhalb des Deutschen Reichs bestehenden Civilrechts-Systeme festgehalten, bei Divergenzen Entscheidung in erster Linie nach Rücksicht des Bedürfnisses und der Zweckmäßigkeit, in zweiter Linie nach juristisch-logischer Folgerichtigkeit getroffen ... wird. ... Es ist sorgsam zu prüfen, wieweit die von der gemeinsamen Grundlage des sogenannten gemeinen Rechts ... abweichende Bestimmungen der neueren großen Civilgesetzgebungen, der Landesgesetze und der etwaigen Reichsgesetze beizubehalten seien, oder ob und welche Angleichung zu versuchen sei." Der Bundesrat billigte diese Anschauung, vgl. das Protokoll der Sitzung vom 22.6.1984, in: *Schubert*, Materialien zur Entstehungsgeschichte des BGB (1978), S. 199.

[63] Vgl. beispielsweise *V. Kübel*, in: Schubert, Die Vorlagen der Redaktoren für die erste Kommission, Schuldrecht II, S. 951, 966 zu §§ 234, 238 TE-OR (Nr. 4).

Zur Anwendung der ***negotiorum gestio*** bei nichtigen „Aufträgen" äußerte sich ***v. Kübel*** in der Erläuterung zu § 233 TE-OR (Nr. 4) seines Entwurfs:

> „Dem Fehlen eines Auftrags steht es gleich, wenn der Auftrag ungiltig ist, was das sächsische B. G. B. a. a. O. ausdrücklich hervorhebt, eines besonderen Ausdrucks im Gesetze jedoch nicht bedarf, da ein ungiltiger Auftrag kein Auftrag ist."[64]

Zu Irrtum und Eigeninteresse des Geschäftsführers fand sich im Entwurf die ausdrückliche Bestimmung des § 235:

§ 235 TE-OR (Nr. 4)

> Die irrige Meinung dessen, der die Besorgung eines fremden Geschäfts unternimmt, von dem Geschäftsherrn dazu beauftragt oder sonst dazu verpflichtet zu sein, ist ohne Einfluß auf seine Haftpflicht als Geschäftsführer ohne Auftrag.[65]
>
> Befaßt sich Jemand wissentlich mit der Besorgung eines an sich fremden Geschäfts ohne Auftrag und Amtspflicht, so haftet er demjenigen, dessen Geschäft es ist, nach Maßgabe der §§ 233 und 234 als Geschäftsführer ohne Auftrag, auch wenn er in eigenem Interesse, oder im Auftrag oder im Interesse eines anderen als des Geschäftsherrn oder im Irrthum über die Person desselben, oder während das Geschäft an sich Mehrere anging, nur für einen oder einige derselben gehandelt, oder das fremde Geschäft in rechtwidriger Absicht als eigenes behandelt hat.[66]

Dem ersten Anschein nach lagen damit alle hier untersuchten Konstellationen im Anwendungsbereich der GoA des Vorentwurfs. Die nähere Betrachtung der Systematik des Vorentwurfs zeigt dagegen, daß der Vorentwurf und die zugehörigen Begründungen keine direkten Rückschlüsse auf die Auslegung der § 677 ff. zulassen.

2. Die Systematik der GoA im Vorentwurf

V. Kübels Vorentwurf fußte auf der römisch-rechtlichen negotiorum gestio. Das römische Recht gewährte dem Geschäftsherrn zur Durchsetzung seiner Rechte die actio directa, dem Geschäftsführer die actio contraria. In Überein-

---

[64] *V. Kübel*, in: Schubert, Die Vorlagen der Redaktoren für die erste Kommission, Schuldrecht II, S. 936.

[65] *V. Kübel*, in: Schubert, Die Vorlagen der Redaktoren für die erste Kommission, Schuldrecht II, S. 929.

[66] *V. Kübel*, in: Schubert, Die Vorlagen der Redaktoren für die erste Kommission, Schuldrecht II, S. 929.

stimmung mit dem römischen und gemeinen Recht[67] hielt *v. Kübel* an dieser Trennung fest:

> „Der Entwurf hält jedoch daran fest, daß jede der beiden Klagen einen selbständigen Rechtssatz repräsentire, und zwischen beiden Klagen keine nothwendige Wechselbeziehung stattfinde ...“[68]

Die Ansprüche von Geschäftsherr und Geschäftsführer sollten demnach nicht nur unterschiedliche Voraussetzungen haben, sondern voneinander vollkommen unabhängig sein.

In dieser Hinsicht unterscheidet sich der Vorentwurf *v. Kübels* stark von der GoA des BGB. Zwar regelt auch § 677 zunächst die Pflichten des Geschäftsführers, wegen des einheitlichen Schuldverhältnisses GoA sind dessen Voraussetzungen allerdings gleichzeitig Basis für den Aufwendungsersatzanspruch gem. § 683 S. 1.

Anders war dies noch im Vorentwurf, in dem die Ansprüche von Geschäftsherr und Geschäftsführer getrennt behandelt wurden. Insbesondere hinsichtlich der subjektiven Komponente des Tatbestandes ergeben sich wesentliche Unterschiede. Während bei der *actio directa* nur geringe Anforderungen an den Fremdgeschäftsführungswillen[69] des Geschäftsführers gestellt wurden, vgl. § 235 TE-OR (Nr. 4), forderte *v. Kübel* bei der *actio contraria* hinsichtlich des Fremdgeschäftsführungswillens die Freiwilligkeit des Handelns. Diese sei bei absichtlicher oder irrtümlicher Erfüllung einer Rechtspflicht nicht vorhanden:

---

[67] Vgl. die Nachweise bei *v. Kübel*, in: Schubert, Die Vorlagen der Redaktoren für die erste Kommission, Schuldrecht II, S. 936.

[68] *V. Kübel*, in: Schubert, Die Vorlagen der Redaktoren für die erste Kommission, Schuldrecht II, S. 939.

[69] Insoweit fußte die GoA des Vorentwurfs nicht auf einer „rein objektiven“ Theorie, wie dies von *Wollschläger*, Die Geschäftsführung ohne Auftrag (1976), S. 43, festgestellt wird. *V. Kübel* distanzierte sich sowohl von der objektiven Theorie, die er als „höchst bedenklich“ (S. 944) bezeichnete, als auch der Voraussetzung eines Verpflichtungswillens im Sinne der Quasikontraktionstheorie der Pandektistik. Der Fremdgeschäftsführungswille war für ihn bei der *actio directa*, insbesondere jedoch bei der *actio contraria* unverzichtbar: „Eine Voraussetzung der von vornherein giltigen actio contraria auf volle Ausgleichung ist nur der animus al. neg. gerendi, dieser darf aber allerdings nicht fehlen, nur die vom Gestor gewollte neg. gestio giebt demselben jenen Anspruch.“, *v. Kübel*, in: Schubert, Die Vorlagen der Redaktoren für die erste Kommission, Schuldrecht II, S. 965 f.

„Was aber die mit der Absicht der Erfüllung einer Rechts- oder Liebespflicht gemachten Verwendungen[70] betrifft, so liegt auch hier das Schwergewicht auf der Absicht, eine Pflicht zu erfüllen, weil auch damit der animus al. neg. gerendi[71] unvereinbar ist. Ob eine Pflicht wirklich bestand, oder ob sie nur irrthümlich unterstellt wurde, ist hier unerheblich; das Entscheidende ist, daß die Aufwendungen in der Absicht gemacht wurden, eine Pflicht, die der Aufwendende als die seinige betrachtete, zu erfüllen, also sein eigenes Geschäft zu besorgen, und damit ist die actio contraria ausgeschlossen ... Es kann daher im letzteren Falle nur eine condictio indebiti in Frage kommen ...“[72]

Dementsprechend versagte § 244 TE-OR (Nr. 4) in diesen Fällen den Anspruch des Geschäftsführers:

§ 244 Abs. 1 TE-OR (Nr. 4)

Hat Derjenige, welcher für einen Anderen Verwendungen und Auslagen gemacht hat, hierbei in der Absicht gehandelt, damit dem Letzteren ein Geschenk zu machen oder eine Rechts- oder Liebespflicht zu erfüllen, so findet ein Anspruch des Ersteren auf Ersatz jener Verwendungen und Auslagen nicht statt.

Bei Handlungen des Geschäftsführers mit der Absicht, seine Rechtspflicht zu erfüllen, fehlte es nach der Ansicht *v. Kübels* am Fremdgeschäftsführungswillen und infolgedessen am fremden Geschäft, wodurch der Geschäftsführer bezüglich seiner Ansprüche auf das Bereicherungsrecht verwiesen wurde.[73] Daß wegen Fehlens des Fremdgeschäftsführungswillens das Vorliegen eines fremden Geschäfts verneint wurde, wirkt dabei aus Sicht der heutigen Dogmatik befremdend:

„Eine Aufwendung, welche behufs einer Rechts- oder Liebespflicht ... erfolgt, ist das eigene Geschäft dessen, der den Aufwand macht, ... Also nicht weil es an dem Willen des Gestors fehlt, dem Geschäftsherrn sich zu verpflichten, sondern weil kein negotium alienum vorliegt, findet die actio contraria nicht statt ...“[74]

Diese Auffassung hatte somit die Unterscheidung zwischen dem Hauptgeschäft und den dafür gemachten Aufwendungen zur Folge. Während das

---

[70] In § 238 TE-OR (Nr. 4) war noch von „Verwendungen und Auslagen“ die Rede.

[71] „Animus aliena negotia gerendi“, synonym für Fremdgeschäftsführungswille.

[72] *V. Kübel*, in: Schubert, Die Vorlagen der Redaktoren für die erste Kommission, Schuldrecht II, S. 967.

[73] Zum generellen Konkurrenzverhältnis von GoA und Bereicherungsrecht wird keine Stellung bezogen, vgl. die Begründungen zum Bereicherungsrecht, *v. Kübel*, in: Schubert, Die Vorlagen der Redaktoren für die erste Kommission, Schuldrecht III, S. 661 ff.

[74] *V. Kübel*, in: Schubert, Die Vorlagen der Redaktoren für die erste Kommission, Schuldrecht II, S. 965.

Hauptgeschäft für den Geschäftsführer durchaus ein fremdes Geschäft darstellen konnte, blieben die dafür gemachten Aufwendungen daneben als sein eigenes Geschäft bestehen.[75]

Unklar bleibt jedoch nach den Begründungen *v. Kübels*, ob mit Rechtspflichten im Sinne des § 244 TE-OR (Nr. 4) auch vertragliche Pflichten gemeint waren. Die angeführten Beispiele thematisierten nur gesetzliche Unterhaltspflichten sowie Geschäftsführung mit Schenkungsabsicht.[76] Eine dem § 235 TE-OR (Nr. 4) entsprechende, sich auf die irrtümliche Annahme einer vertraglichen Verpflichtung beziehende Vorschrift fehlte bei der *actio contraria*.

Nach der Untersuchung des Vorentwurfs läßt sich folglich kein eindeutiges Ergebnis für die untersuchten Fallkonstellationen feststellen. Aus § 235 TE-OR (Nr. 4) sowie aus den Erläuterungen zu § 233 TE-OR (Nr. 4) ist erkennbar, daß sich bei nichtigen und anderweitig gescheiterten Verträgen mit Geschäftsbesorgungscharakter die Ansprüche des Geschäftsherrn (*actio directa*) uneingeschränkt nach dem Recht der GoA bestimmen sollten.

Beim Aufwendungsersatzanspruch des Geschäftsführers fehlte demgegenüber eine ausdrückliche Bestimmung zur irrtümlichen Vertragserfüllung. Ob diese Fälle als absichtliche oder irrtümliche Erfüllung einer Rechtspflicht von § 244 TE-OR (Nr. 4) erfaßt werden sollten, bleibt zweifelhaft. Gegen einen Anspruch des Geschäftsführers in den untersuchten Konstellationen spricht insbesondere die Forderung der Freiwilligkeit bei der *actio contraria*[77].

3. Die ratio legis der GoA

Unabhängig von der Untersuchung der Tatbestandsvoraussetzungen müssen deshalb die Wertentscheidungen herausgearbeitet werden, welche durch das Rechtsinstitut der GoA festgeschrieben wurden. So könnte dann aus dem

---

[75] Vgl. das Beispiel zur Vornahme eines fremden Geschäfts mit Schenkungsabsicht, *v. Kübel*, in: Schubert, Die Vorlagen der Redaktoren für die erste Kommission, Schuldrecht II, S. 965.

[76] Siehe *v. Kübel*, in: Schubert, Die Vorlagen der Redaktoren für die erste Kommission, Schuldrecht II, S. 963 ff.

[77] *V. Kübel*, in: Schubert, Die Vorlagen der Redaktoren für die erste Kommission, Schuldrecht III, S. 966 f.

intendierten Normzweck geschlossen werden, welche Fälle zum Anwendungsbereich gehören sollten.

Nach der Vorstellung *v. Kübels* ist eine der Aufgaben der Rechtsordnung die Begünstigung der freiwilligen Hilfe zugunsten eines anderen.[78] Dem Rechtsinstitut der *negotiorum gestio* wurde im Rahmen des BGB die Erfüllung dieser Aufgabe zugewiesen. Im Verhältnis zwischen Geschäftsherrn und Geschäftsführer gewichtete *v. Kübel* die Interessen jedoch eindeutig, indem er der Begünstigung des Geschäftsherrn den Vorrang einräumte. Neben dem Anspruch auf Schadensersatz sollte auch die *actio contraria* des Geschäftsführers überwiegend dem Schutz des Geschäftsherrn dienen:

> „... *(die actio contraria)* dient, wie das ganze Institut der neg. gestio, dem Interesse der Geschäftsherren, sie ist gegeben, um Diesen freiwillige fremde Hilfe bei Besorgung ihrer Angelegenheiten zu sichern, soweit sie solcher bedürfen, damit ihre Geschäfte nicht unbesorgt bleiben."[79]

Zwar findet sich entgegen der Behauptung *Wollschlägers*[80] in den Ausführungen des Redaktors durchaus die Feststellung, daß die GoA als freiwillige fremde Hilfe auch im öffentlichen Interesse anzuerkennen ist:

> „... während ... das hilfreiche Eingreifen solcher freiwilligen Thätigkeit eines Anderen im allgemeinen Interesse gelegen ist."[81]

Gleichwohl ergibt sich aus den Begründungen zum Vorentwurf ein anderer Sinn und Zweck der *negotiorum gestio.* Zuvorderst sollte der Geschäftsherr vor dem Engriff in seine Rechtssphäre geschützt werden. Das wird vor allem durch die Androhung eines Schadensersatzanspruches, welcher schon bei leichter Fahrlässigkeit zugesprochen wurde, sowie durch die weiteren Pflichten des Geschäftsführers gewährleistet. Daneben stellte sich der Anspruch des Geschäftsführers lediglich als ein Zugeständnis an den Umstand dar, daß ohne angemessenen Vermögensausgleich kein Geschäftsführer hilfeleistend fremde Angelegenheiten erledigt.

---

78 *V. Kübel*, in: Schubert, Die Vorlagen der Redaktoren für die erste Kommission, Schuldrecht III, S. 933.

79 *V. Kübel*, in: Schubert, Die Vorlagen der Redaktoren für die erste Kommission, Schuldrecht III, S. 966 (Anmerkung in Klammern nicht im Original).

80 *Wollschläger*, Die Geschäftsführung ohne Auftrag (1976), S. 34.

81 *V. Kübel*, in: Schubert, Die Vorlagen der Redaktoren für die erste Kommission, Schuldrecht III, S. 935; vgl. auch § 239 TE-OR (Nr. 4) zu erleichterten Voraussetzungen der actio contraria bei einer Geschäftsbesorgung im öffentlichen Interesse.

Unter welchen Voraussetzungen eine fremde Rechtssphäre bzw. Angelegenheit betroffen sei, ließ *v. Kübel* allerdings offen. Er sah sich außerstande, den Begriff des fremden Geschäfts zu definieren:

„... so würde es in diesem Falle doppelt bedenklich sein, den Begriff im Gesetz fixiren zu wollen, nachdem es auch der Wissenschaft trotz vielfacher Versuche bis jetzt nicht gelungen ist, eine allseits befriedigende und praktisch verwendbare Lösung zu finden..."[82]

In welchen Fällen die Schutzfunktion zum Tragen kommen und wie weit damit der Anwendungsbereich der GoA reichen sollte, wurde infolgedessen nicht in den Begründungen ausgeführt.

4. Ergebnis

Der Vorentwurf besitzt für die Auslegung der §§ 677 ff. nur beschränkte Aussagekraft. Zwar wurden bei den Ansprüchen des Geschäftsherrn die untersuchten Fallkonstellationen ausdrücklich normiert, wonach die *actio directa* des Geschäftsherrn auch bei nichtigen Verträgen oder bei einem Irrtum des Geschäftsführers über eine Verpflichtung gegeben war. Hinsichtlich der Ansprüche des Geschäftsführers kann jedoch keine eindeutige Aussage getroffen werden, weil die *actio contraria* des Geschäftsführers in der GoA des Vorentwurfs – abweichend von der Systematik der §§ 677 ff. – ein Rechtsverhältnis mit eigenständigen Voraussetzungen darstellte.

Im Hinblick auf den angedachten Sinn und Zweck hat die Untersuchung gezeigt, daß die GoA des Vorentwurfs vorrangig eine Schutzvorschrift zugunsten des Geschäftsherrn war. Die Schaffung eines weitreichenden Ausgleichsschuldverhältnisses beabsichtigte der Redaktor *v. Kübel* vermutlich nicht.

IV. Die Beratungen der Ersten Kommission

Der Entwurf *v. Kübels* war die Grundlage für die Arbeit der *Ersten Kommission*[83], welche mit den Hauptberatungen zur GoA am 19.1.1883 begann. Es ist demnach zu prüfen, ob die grundsätzlichen Wertungen des Vorentwurfs

---

[82] *V. Kübel*, in: Schubert, Die Vorlagen der Redaktoren für die erste Kommission, Schuldrecht III, S. 938.

[83] Vgl. den Überblick zur Arbeit der *Ersten Kommission* bei *Schubert*, Materialien zur Entstehungsgeschichte des BGB (1978), S. 44 ff., zu deren Mitgliedern S. 72 ff.

beibehalten oder bewußt verworfen wurden, insbesondere da die Systematik der GoA unter dem Einfluß *Windscheids* neu ausgearbeitet wurde. So folgten die Beratung und spätere Normierung der GoA der Aufteilung in *Windscheids* Pandekten, wonach zunächst der unproblematische Fall unterstellt wurde:

> „Jemand besorgt ein Geschäft für einen Anderen in der Absicht, dessen Interesse zu wahren und mit dem Willen, sich und den anderen dadurch zu verpflichten",[84]

Erst im Anschluß kam man zur Behandlung der atypischen und problematischen Fälle.[85]

Nachvollziehen lassen sich die Beratungen anhand der amtlichen Motive sowie der Protokolle der Kommission. Die Motive allein stellen dabei keine ausreichende Quellengrundlage dar. Sie wurden unter Benutzung der Sitzungsprotokolle sowie der Begründungen der Teilentwürfe von den Hilfsarbeitern der Redaktoren zusammengestellt. Die *Erste Kommission* hat die Motive niemals genehmigt.[86]

Aber auch die Protokolle der Kommission informieren nicht umfassend über den Verlauf der Sitzungen. Sie dienten nur der Rechtfertigung der Beschlüsse, wodurch grundsätzlich nur die Anträge für die Änderung des Entwurfs, das Beratungsergebnis sowie die für den angenommen Antrag angeführten Gründe festgehalten wurden. Eine Gegenmeinung wurde nicht in die Protokolle aufgenommen.[87]

1. Die Systematik der GoA im Ersten Entwurf

V. Kübel hatte sich zu den hier untersuchten Fallkonstellationen der gescheiterten Verträge ausdrücklich geäußert. Aufgrund der Systematik der

---

[84] Prot. I. Komm., S. 1601, in: *Jakobs/Schubert*, Die Beratung des Bürgerlichen Gesetzbuchs, Schuldverhältnisse III, S. 114.

[85] Vgl. *Windscheid*, Lehrbuch des Pandektenrechts, Band 2, 5. Auflage (1879), §§ 430, 431.

[86] Zu den Motiven der *Ersten Kommission* als Quellenwerk *Schubert*, Die Entstehung der Vorschriften des BGB über Besitz und Eigentumsübertragung (1966), S. 34; *derselbe*, Materialien zur Entstehungsgeschichte des BGB (1978), S. 49 f.

[87] Vgl. dazu *Schubert*, Materialien zur Entstehungsgeschichte des BGB (1978), S. 46, welcher davon ausgeht, daß stets eine längere Sachdiskussion stattgefunden hat, wenn in den Protokollen von einer Mehrheitsentscheidung die Rede ist.

GoA des Vorentwurfs kann daraus jedoch keine eindeutige Schlußfolgerung getroffen werden. Auch im Ersten Entwurf zum BGB von 1887,[88] welcher das Ergebnis der Beratungen der *Ersten Kommission* darstellt, wurde die GoA von einem Schadensersatzanspruch eingeleitet:

§ 749 E I

> Wer für einen Anderen ohne dessen Auftrag ... ein Geschäft besorgt, haftet dem Geschäftsherrn für den Ersatz des durch Vorsatz oder Fahrlässigkeit verursachten Schadens. ...

Die *Erste Kommission* nahm zu der systematischen Trennung der Ansprüche von Geschäftsführer und Geschäftsherr im Vorentwurf nicht explizit Stellung. Gleichwohl ist aus dem Zusammenhang zu entnehmen, daß die *negotiorum gestio* im Gegensatz zum Vorentwurf jetzt als *einheitliches Rechtsverhältnis* zwischen Geschäftsführer und Geschäftsherrn angesehen wurde. Neben einigen in diesem Sinne zu interpretierenden Formulierungen in den Beratungsprotokollen[89] kann vor allem auf die Vorbemerkung in den Motiven verwiesen werden:

> „Der § 749 Abs. 1 stellt, indem er die Haftung des Geschäftsführers für den Ersatz des durch Vorsatz oder Fahrlässigkeit verursachten Schadens ausspricht zugleich diejenigen Voraussetzungen fest, von deren Vorhandensein die Anwendung der Vorschriften dieses Titels im Allgemeinen abhängt."[90]

Dieser Systemwechsel muß bei der Deutung der Protokolle beachtet werden. Anschauungen der Kommission bezüglich einer nur die *actio directa* betreffenden Norm wie beispielsweise § 235 TE-OR (Nr. 4) besitzen folgerichtig für das gesamte Rechtsverhältnis der *negotiorum gestio* Geltung.

---

[88] Entwurf eines bürgerlichen Gesetzbuchs für das Deutsche Reich, Erste Lesung, Ausgearbeitet durch die von dem Bundesrathe berufende Kommission (1888), abgedruckt in: *Schubert*, Die Vorlagen der Redaktoren für die erste Kommission zur Ausarbeitung des Entwurfs eines Bürgerlichen Gesetzbuches, Anlagen (Band 7). Der Entwurf wurde am 27.12.1887 vom Kommissionsvorsitzenden *Pape* dem Reichskanzler überreicht, welcher ihn am 5.1.1888 dem Bundesrat zuleitete.

[89] Beispielsweise Prot. I. Komm., S. 1643 ff, in: *Jakobs/Schubert*, Die Beratung des Bürgerlichen Gesetzbuchs, Schuldverhältnisse III, S. 122 ff.

[90] Mot. II, 854.

2. Die Anwendbarkeit der GoA auf nichtige Verträge

Bei der Untersuchung der Protokolle der *Ersten Kommission* findet sich kein Hinweis darauf, daß die Anwendbarkeit der GoA bei nichtigen Verträgen thematisiert wurde. Auf das allgemeine Verständnis der Verfasser des ersten Entwurfs vom Verhältnis von GoA und vertraglicher Bindung des Geschäftsführers läßt lediglich § 760 E I Rückschlüsse zu:

§ 760 E I

> Wenn Jemand ein fremdes Geschäft im Auftrage eines Dritten besorgt, so wird ihm der Geschäftsherr und er dem letzteren aus der Geschäftsbesorgung nicht verpflichtet, es sei denn, daß er zugleich in der Absicht gehandelt hat, als Geschäftsführer des Geschäftsherrn das Geschäft zu besorgen.

So war die Kommission der Meinung, wenn der Geschäftsführer von einem Dritten zur Geschäftsführung beauftragt wurde, erfülle er grundsätzlich nur dessen Mandat. Jedoch sei es durchaus möglich, daß der Geschäftsführer in der Absicht gehandelt habe, zugleich für den Geschäftsherrn tätig zu werden. Zwar bedürfe diese Absicht eines besonderen Nachweises, aber bei ihrer Feststellung

> „unterliege es keinen Bedenken, zwischen dem Geschäftsherrn und dem Geschäftsführer eine nach den allgemeinen Regeln zu beurteilende negotiorum gestio anzunehmen."[91]

Direkt kann die in § 760 E I zum Ausdruck kommende Wertung auf nichtige Verträge nicht übertragen werden, da sich die subjektive Einstellung des Geschäftsführers bei diesen Konstellationen unterscheiden kann. Handelt dieser beim nichtigen Vertrag lediglich zur Erfüllung seiner eigenen Verpflichtung, bleibt im Falle der Beauftragung durch einen Dritten dagegen noch Raum für eine altruistische Willensrichtung zugunsten des Geschäftsherrn.[92]

Die Regelung des § 760 E I ist gleichwohl von Bedeutung. Es werden die geringen Anforderungen deutlich, welche die Verfasser des ersten Entwurfs

---

[91] Prot. I. Komm., S. 1664, in: *Jakobs/Schubert*, Die Beratung des Bürgerlichen Gesetzbuchs, Schuldverhältnisse III, S. 161 f. Die Regelung des § 760 E I entspricht inhaltlich § 431 Nr. 2 bei *Windscheid*, Lehrbuch des Pandektenrechts, Band 2, 5. Auflage (1879).

[92] Näher dazu *Rabel*, welcher die beiden Fälle sogar als „himmelweit verschieden" bezeichnet, RheinZ 10 (1919), S. 89 ff., in: Gesammelte Aufsätze, Band I - Arbeiten zum Privatrecht 1907-1930, S. 309, 314,

an den Fremdgeschäftsführungswillen stellten. So wurde das Vorliegen des Fremdgeschäftsführungswillens trotz des Willens zur Erfüllung eines Vertrages für grundsätzlich möglich angesehen. Betrachtet man die Anforderungen des § 760 E I beim Dreipersonenverhältnis, muß man feststellen, daß diese bei einem Zweipersonenverhältnis stets vorliegen. Denn in diesen Fällen handelt der Geschäftsführer bei der vermeintlichen Erfüllung des Vertrages stets in der Absicht, „als Geschäftsführer des Geschäftsherrn diesen sich und sich demselben aus der Geschäftsbesorgung zu verpflichten."[93]

3. Der Irrtum des Geschäftsführers bezüglich seiner Verpflichtung

Weitergehende Schlußfolgerungen in bezug auf die Anwendbarkeit der GoA können nur aus der Stellungnahme der *Ersten Kommission* zum Irrtum des Geschäftsführers bezüglich einer vertraglichen Verpflichtung sowie zu dessen Eigeninteresse an der Durchführung des Geschäfts gezogen werden. In der 168. Sitzung am 26.1.1883 befaßte sich die *Kommission* mit dem Fall des § 235 Abs. 1 TE-OR (Nr. 4), welcher die Konstellation des Irrtums des Geschäftsführers bezüglich seiner Beauftragung oder Verpflichtung zum Inhalt hatte.[94]

Umstritten war dabei der unwahrscheinliche Fall, in welchem der Geschäftsführer glaubt, aufgrund eines Vertrages zu handeln, nach dem er nur für grobe Fahrlässigkeit oder *diligentia quam in suis* haftet, wie beispielsweise beim unentgeltlichen Verwahrungsvertrag. Bei Nichtigkeit dieses Vertrages und folgender Anwendung der GoA würde er indes für jede Fahrlässigkeit haften. Offensichtlich hielt man die Rechtsfolge, bei einem entschuldbaren Irrtum des Geschäftsführers über die Wirksamkeit des Vertrages den Geschäftsführer stärker zu belasten als bei einem gültigen Vertrag, für zweifelhaft.[95]

---

[93] Prot. I. Komm., S. 1664, in: *Jakobs/Schubert*, Die Beratung des Bürgerlichen Gesetzbuchs, Schuldverhältnisse III, S. 162. Teilweise ist in den Protokollen noch vom Verpflichtungswillen des Geschäftsführers (*animus obligandi, animus recipendi*) die Rede, welcher ein Überbleibsel der pandektistischen Lehre vom Quasikontrakt darstellt. Im Entwurf selbst ist dieser keine Voraussetzung der GoA mehr, vgl. auch Mot. II, 863.

[94] Zum Wortlaut des § 235 Abs. 1 TE-OR (Nr. 4) siehe S. 118.

[95] Vgl. dazu die sich darauf beziehende Argumentation bei *Windscheid/Kipp*, Lehrbuch des Pandektenrechts, 9. Auflage (1906), § 431 Nr. 1.

Infolgedessen beschloß die Mehrheit der *Kommission*, über diesen Fall keine besondere Bestimmung aufzunehmen, wodurch sich im Entwurf der *Ersten Kommission* keine Vorschrift mehr fand, welche den Irrtum des Geschäftsführers hinsichtlich seiner Verpflichtung zum Inhalt hat. Allerdings hatte die *Kommission* nur Zweifel im Hinblick auf den Haftungsmaßstab des Geschäftsführers ohne Auftrag. Im übrigen ging sie eindeutig von dessen Haftung in diesen Fällen aus. Das ergibt sich indes nicht eindeutig aus der Zusammenfassung in den Motiven:

> „Wenn sich auch kaum in Zweifel ziehen lassen mag, daß solchenfalls eine negotiorum gestio vorliegt, so bleibt die Beurtheilung doch besser der Rechtswissenschaft überlassen ...",[96]

sondern erst in Ansehung der Protokolle der *Ersten Kommission*:

> „Sie *(die Mehrheit der Kommission)* war übrigens der Meinung, es lasse sich nicht bezweifeln, daß in jenem Falle eine negotiorum gestio vorliege, wohl aber in Zweifel zu ziehen, ob der Geschäftsführer stets und immer ... auch für geringe Fahrlässigkeit aufkommen müsse."[97]

Ob die *Kommission* sich bei den Überlegungen zu § 235 TE-OR (Nr. 4) lediglich hinsichtlich der Haftung des Geschäftsführers Gedanken machte oder generell beim Irrtum des Geschäftsführers die GoA für anwendbar hielt,[98] kann nicht eindeutig geklärt werden.

Nochmals tauchte die Problematik des Irrtums des Geschäftsführers hinsichtlich seiner Beauftragung bei der Diskussion der irrtümlichen Eigengeschäftsführung auf. Ein Vorschlag *Windscheids* zur Änderung der §§ 235, 240 TE-OR (Nr. 4) sah unter anderem die Unbeachtlichkeit eines diesbezüglichen Irrtums des Geschäftsführers vor.[99] Leider ist den Protokollen kein Hinweis auf eine Auseinandersetzung mit diesem Vorschlag zu entnehmen.

---

[96] Mot. II, 866.

[97] Prot. I. Komm., S. 1649, in: *Jakobs/Schubert*, Die Beratung des Bürgerlichen Gesetzbuchs, Schuldverhältnisse III, S. 126 (Anmerkung in Klammern nicht im Original).

[98] So auch die mögliche Folgerung aus der Formulierung „eine negotiorum gestio vorliege", vgl. Prot. I. Komm., S. 1649, in: *Jakobs/Schubert*, Die Beratung des Bürgerlichen Gesetzbuchs, Schuldverhältnisse III, S. 126.

[99] Auf die Verpflichtung des Geschäftsführers sowie des Geschäftsherr sollte es ohne Einfluß sein, wenn der Geschäftsführer geglaubt hat, dem Geschäftsherr „kraft Auftrages oder aus einem anderen Grunde zur Geschäftsbesorgung verpflichtet zu sein." Prot. I. Komm., S. 1653, in: *Jakobs/Schubert*, Die Beratung des Bürgerlichen Gesetzbuchs, Schuldverhältnisse III, S. 156.

4. Das Eigeninteresse des Geschäftsführers

Zu einem Eigeninteresse des Geschäftsführers an der Besorgung des Geschäfts äußerte sich die *Erste Kommission* in ihrem Entwurf ausdrücklich:

§ 759 E I

> Die Anwendung der Vorschriften der §§ 749 bis 758 wird dadurch nicht ausgeschlossen, daß der Geschäftsführer zu der Geschäftsbesorgung durch ein eigenes Interesse oder durch das Interesse eines Dritten bestimmt worden ist.

Grundlage dieser Regelung war der Blick der Kommission auf die Lebenswirklichkeit, in der sich ein ausschließlich fremdes Geschäft schwer vorstellen lasse:

> „Meist werde nämlich der Fall von der Beschaffenheit sein, daß der Geschäftsführer sowohl sein eigenes, als auch das Interesse des Geschäftsherrn im Auge gehabt habe; ja es könne bezweifelt werden, ob das Gegentheil, wenn alle Voraussetzungen der wahren negotiorum gestio vorliegen, im praktischen Leben auch nur vorkommen werde.“[100]

Die Anwendung der GoA hielt die *Kommission* darüber hinaus auch für sachgemäß. Insbesondere der Anspruch des Geschäftsführers „unterliege keinem Bedenken“, weil die Orientierung am Willen des Geschäftsherrn „jede unbillige Benachtheiligung ... verhüte.“[101]

5. Die Erfüllung eines Vertrages als eigenes Geschäft

In der 169. Sitzung am 29.1.1883 wurde der Fall beraten, in dem der Geschäftsführer ein fremdes Geschäft in der Meinung besorgt, es sei sein eigenes.[102] Die Prüfung des Falles durch die *Kommission* führte zu § 761 E I, welcher die Anwendung der GoA versagte:

§ 761 E I

> Die Vorschriften der §§ 749 bis 758 finden keine Anwendung: 1. wenn Jemand ein fremdes Geschäft in der Meinung besorgt, daß dasselbe sein eigenes sei; ...

---

[100] Prot. I. Komm., S. 1662, in: *Jakobs/Schubert*, Die Beratung des Bürgerlichen Gesetzbuchs, Schuldverhältnisse III, S. 160 f.

[101] Prot. I. Komm., S. 1662, in: *Jakobs/Schubert*, Die Beratung des Bürgerlichen Gesetzbuchs, Schuldverhältnisse III, S. 160 f.

[102] Prot. I. Komm., S. 1646, in: *Jakobs/Schubert*, Die Beratung des Bürgerlichen Gesetzbuchs, Schuldverhältnisse III, S. 124.

Teilweise wird in der Literatur die Ansicht vertreten, daß der insofern inhaltsgleiche § 687 Abs. 1 die Lösung für die hier untersuchten Fallkonstellationen biete.[103] Die Vorbedingung dieser Überlegung stellt dabei jedoch die Annahme dar, die *Erfüllung eines Vertrages* sei ein *eigenes Geschäft* des Geschäftsführers. Diese Betrachtung wird durch die Untersuchung der Protokolle der *Ersten Kommission* allerdings widerlegt:

Zwar wurde der Begriff des eigenen oder fremden Geschäfts nicht ausdrücklich festgehalten. Der Anwendungsbereich des § 761 E I ist gleichwohl aus dem Kontext eindeutig zu entnehmen. Es sollten diejenigen Fälle erfaßt werden, in denen ein ausschließlich fremdes Geschäft als ausschließlich eigenes geführt wird. Modellfall war insbesondere die Inbesitznahme und Verwaltung von fremden Gütern und Sachen sowie die Verfügung darüber.[104] Weiterhin kommt deutlich zum Ausdruck, daß ein Geschäft nicht schon dann ein eigenes darstellen sollte, wenn der Geschäftsführer ein Eigeninteresse an der Geschäftsführung besitzt.[105]

6. Die ratio legis der GoA

Auch die Protokolle der *Ersten Kommission* zur GoA wurden unabhängig von den relevanten Tatbestandsmerkmalen nach der zugrundegelegten ratio legis untersucht. In dieser Hinsicht finden sich indes kaum Bemerkungen, welche auf den Standpunkt der Kommissionsmitglieder schließen lassen. In den Motiven finden sich ebenfalls keine Anhaltpunkte, welche den beabsichtigten Anwendungsbereich der GoA im System der gesetzlichen Schuldverhältnisse über die Beschreibung der Tatbestandsmerkmale hinaus erkennen lassen.

Gleichwohl wird deutlich, daß der Aspekt der Förderung von Hilfeleistung zugunsten des Geschäftsherrn *nicht* zum tragenden Prinzip erklärt wurde. Vielmehr erkannte die Kommission die geringe Bedeutung der Fälle rein altruistischen Verhaltens in der Praxis. Indem ein Irrtum des Geschäftsführers, sein Eigeninteresse und sogar die Verpflichtung einem Dritten

---

[103] *Gold*, JA 1994, 205, 209; ähnlich *Helm*, Gutachten und Vorschläge (1983), S. 335, 360.

[104] Prot. I. Komm., S. 1656 ff., in: *Jakobs/Schubert*, Die Beratung des Bürgerlichen Gesetzbuchs, Schuldverhältnisse III, S. 157 f.

[105] Prot. I. Komm., S. 1662, in: *Jakobs/Schubert*, Die Beratung des Bürgerlichen Gesetzbuchs, Schuldverhältnisse III, S. 160 f.

gegenüber für unbeachtlich erklärt wurden, gewann damit zwangsläufig die Funktion der GoA als Ausgleichsschuldverhältnis an Bedeutung.

Maßgebend blieb jedoch auch im Ersten Entwurf die Schutzfunktion der GoA. Einerseits wurde diese durch den Schadensersatzanspruch des Geschäftsherrn verwirklicht. So wurde der Ausschluß der GoA bei Eigeninteresse des Geschäftsführers mit der Begründung abgelehnt,

> „... diese Auffassung würde ... zur Folge haben, daß wenn der Geschäftsführer bei der Geschäftsbesorgung in den Vermögenskreis des Geschäftsherrn eingreife, hierin meist ein Delikt gefunden werden müßte, ein sichtbar wenig befriedigendes Ergebniß."[106]

Daneben realisierte die *Erste Kommission* den Schutz vor aufgedrängter Bereicherung durch die Anwendung des „subjektiven Prinzips" beim Aufwendungsersatzanspruch, wonach es für einen Anspruch auf die mutmaßliche Billigung der Aufwendungen durch den Geschäftsherrn ankam, § 753 E I.[107]

Der von den Verfassern des Ersten Entwurfs angedachte Sinn und Zweck der GoA ließ somit die Einbeziehung von gescheiterten Verträgen in den Anwendungsbereich des Schuldverhältnisses grundsätzlich zu.

7. Ergebnis

Die Analyse der Beratungen der *Ersten Kommission* zeigt infolgedessen einen scheinbar eindeutigen Befund. Zwar war von nichtigen Verträgen im Rahmen der GoA nicht die Rede. Irrtum und Eigeninteresse des Geschäftsführers wurden allerdings ausdrücklich für unbeachtlich erklärt. Somit umfaßte der Anwendungsbereich der GoA des Ersten Entwurfs alle hier untersuchten Konstellationen. Daneben hat sich gezeigt, daß § 687 Abs. 1 als Nachfolger des § 761 Abs. 1 Nr. 1 E I für die vorliegende Problematik keine Lösung bietet.

---

106 Prot. I. Komm., S. 1661 f., in: *Jakobs/Schubert*, Die Beratung des Bürgerlichen Gesetzbuchs, Schuldverhältnisse III, S. 160 f.

107 Vgl. dazu auch *Wollschläger*, Die Geschäftsführung ohne Auftrag (1976), S. 36.

V. *Die Beratungen der Zweiten Kommission*

Der Entwurf der *Ersten Kommission* wurde als Grundlage für das zu schaffende einheitliche bürgerliche Gesetzbuch anerkannt. Angesichts vieler kritischer Äußerungen[108] übernahm jedoch die *Zweite Kommission* die weitere Bearbeitung und revidierte von 1891 bis 1896 den Ersten Entwurf.[109] Die Hauptkommission befaßte sich dabei mit der Lösung dogmatischer und rechtspolitischer Probleme. Einzelne Fragen des Systems sowie die endgültige sprachliche Fassung wurden dagegen einer Redaktionskommission überlassen. *Schubert* sieht die Ursache dieser Aufteilung in der Zusammensetzung der Kommission. So sollten die Nichtjuristen vor den diffizilen juristischen Problemen bei der sprachlichen Fassung verschont werden.[110]

Ausführlicher und übersichtlicher als die *Erste Kommission* ließ die *Zweite Kommission* ihre Beratungsprotokolle abfassen, die als Quelle zur Verfügung stehen. Die Protokolle wurden wiederum nicht offiziell genehmigt, sondern nur durch einen Protokollausschuß überprüft, welcher mit der Redaktionskommission identisch war.[111]

1. Die Anwendbarkeit der GoA auf nichtige Verträge

Im Hinblick auf die untersuchten Fallkonstellationen lassen die Beratungsprotokolle der *Zweiten Kommission* nur wenige Rückschlüsse auf deren Meinung zu. Die Anwendbarkeit der GoA bei nichtigen Verträgen wurde nicht thematisiert. Mittelbar Auskunft geben lediglich die Bemerkungen zur Streichung des § 760 E I, nach welchem trotz Auftrag eines Dritten eine

---

[108] Zu den Schwierigkeiten bei der Fortsetzung des Gesetzgebungswerks *Schulte-Nölke*, NJW 1996, 1705 ff.

[109] Näheres zur *Zweiten Kommission* bei *Schubert*, Materialien zur Entstehungsgeschichte des BGB (1978), S. 50 ff., zu deren Mitgliedern S. 91 ff. Bis 1893 wurde die Arbeit von der Vorkommission des Reichsjustizamtes unterstützt, welche die Beratungen vorbereitete und Anträge stellte, welche nicht selten die Zustimmung der Hauptkommission fanden. Zu der „fast geheimen Tätigkeit“ der Vorkommission Einzelheiten bei *Schulte-Nölke*, Das Reichsjustizamt und die Entstehung des Bürgerlichen Gesetzbuchs (1995), S. 170 ff., 185 ff.

[110] Vgl. dazu *Schubert*, Materialien zur Entstehungsgeschichte des BGB (1978), S. 59.

[111] *Schubert*, Materialien zur Entstehungsgeschichte des BGB (1978), S. 59.

GoA vorliegen konnte. Die Kommission war der Ansicht, dieses Verhältnis könne

> „zu Zweifeln Anlaß geben ..., daß aber die Klarstellung dieses Verhältnisses bei der geringen praktischen Bedeutung des Falles zweckmäßig der Wissenschaft überlassen werde."[112]

Aus dieser Begründung lassen sich zwei Schlüsse ziehen: Ging die Kommission von einer geringen praktischen Bedeutung der auftraglosen Geschäftsführung bei gleichzeitiger *Vertragserfüllung* in der Praxis aus, so schätzte sie den Fall der nur *vermeintlichen Vertragserfüllung* höchstwahrscheinlich gleichsam bedeutungslos ein. Parallel dazu war sich die Kommission hinsichtlich der Lösung des Dreiecksverhältnisses unsicher. Wenn dies der Fall war, läßt sich aber gleichwohl bezweifeln, ob diese *Unsicherheit* nicht *auch im Zweipersonenverhältnis* bei Nichtigkeit eines Vertrages vorlag. Nicht unwahrscheinlich ist, daß die Zweite Kommission die Konkurrenzproblematik in diesen Fällen überhaupt nicht erkannt hat.

2. Der Irrtum des Geschäftsführers bezüglich seiner Verpflichtung

Die *Erste Kommission* verzichtete auf Normierung des Falles, in dem der Geschäftsführer sich irrtümlich für verpflichtet hielt, wegen Unsicherheiten hinsichtlich des Haftungsmaßstabs des Geschäftsführers.[113] In der *Zweiten Kommission* wurde diese Konstellation nicht verhandelt.

3. Das Eigeninteresse des Geschäftsführers

§ 759 E I bestimmte ausdrücklich die Unbeachtlichkeit eines Eigeninteresses des Geschäftsführers.[114] Die *Zweite Kommission* strich die Vorschrift, aber nur, weil sie diese für entbehrlich hielt,

> „indem sie annahm, daß das Interesse welches der Geschäftsführer an der Ausführung des Geschäfts habe, nur einen Beweggrund zu seinem Handeln darstelle und deswegen schon aus allgemeinen Erwägungen keine Beachtung finde."[115]

---

[112] Prot. II. Komm., S. 741.

[113] Vgl. dazu die Ausführungen unter D. § 4 IV. 3., S. 127.

[114] E I § 759 „Die Anwendung der Vorschriften der §§ 749-758 wird nicht dadurch ausgeschlossen, daß der Geschäftsführer zu der Geschäftsbesorgung durch ein eigenes Interesse oder durch das Interesse eines Dritten bestimmt worden ist."

[115] Prot. II. Komm., S. 741.

Somit bleibt die Erkenntnis, daß auch die *Zweite Kommission* die Wahrnehmung von eigenen Belangen durch den Geschäftsführer mit dem Willen zur Fremdgeschäftsführung für vereinbar hielt.

4. Die ratio legis der GoA

Ebenso wie die *Erste Kommission* äußerte sich die *Zweite Kommission* nicht explizit zu Sinn und Zweck der GoA. Der angedachte Regelungszweck erschließt sich wiederum nur aus dem Kontext, insbesondere aus dem Streit zur Regelung des Aufwendungsersatzanspruchs des Geschäftsführers.[116] Ein zwischenzeitlich veröffentlichter Aufsatz *Kohlers*, welcher die GoA als Ausdruck der Menschenhilfe und Anerkennung sittlicher Werte durch das Recht begriff,[117] fand zwar die Beachtung der Kommission, wurde allerdings nicht als maßgeblich angesehen. Vielmehr wurde der GoA zuvorderst die Aufgabe zugesprochen, die widerstreitenden Interessen von Geschäftsherrn und Geschäftsführer zu regeln sowie einen Mittelweg zwischen Förderung fremdnütziger Hilfe und aufgedrängter Bereicherung zu finden.[118]

5. Ergebnis

Die abschließenden Beratungen der *Zweiten Kommission* lassen hinsichtlich der untersuchten Fallkonstellationen keine Abweichungen vom Entwurf der *Ersten Kommission* erkennen.

VI. Die Bewertung der Gesetzgebungsmaterialien

Zwar wurden die Fälle der gescheiterten Verträge von den Gesetzesverfassern nicht ausdrücklich zum Anwendungsbereich der GoA gezählt. Die Überprüfung der Materialien hinsichtlich der typischen Merkmale dieser Fälle hat jedoch ergeben, daß der Tatbestand der GoA erfüllt ist. Insbesondere stellten das Eigeninteresse des Geschäftsführers an der Geschäfts-

---

[116] Vgl. Prot. II. Komm., S. 729 ff. zu § 753 E I.

[117] *Kohler*, Die Menschenhülfe im Privatrecht, in: Jherings Jahrbücher für die Dogmatik des römischen und deutschen Privatrechts, Bd. 25 (1887), S. 1, 42 ff.

[118] Vgl. Prot. II. Komm., S. 732 ff. zu den Anträgen 3 und 4 hinsichtlich § 753 E I; dazu auch *Wollschläger*, Die Geschäftsführung ohne Auftrag (1976), S. 36 ff.

besorgung und die irrtümliche Annahme einer Verpflichtung keine Ausschlußgründe dar.

Die Untersuchung der Gesetzgebungsmaterialien hinsichtlich der von den Gesetzesverfassern angedachten ratio legis der GoA konnte dagegen nicht eindeutig klären, ob auch gescheiterte Verträge mit Geschäftsbesorgungscharakter in den Anwendungsbereich fallen sollten. Zuvorderst war durch die Vorschriften der GoA der Schutz des Geschäftsherrn vor Eingriffen in seine Rechtssphäre beabsichtigt, was allerdings die Einbeziehung der Fälle der gescheiterten Verträge in den Anwendungsbereich nicht grundsätzlich ausschließt.

Nach Durchsicht der Gesetzgebungsmaterialien zum BGB ergibt sich folglich ein scheinbar eindeutiges Bild, wonach alle untersuchten Konstellationen im Anwendungsbereich der GoA liegen. Ob die faktische Ersetzung unwirksamer und nicht zustande gekommener Verträge durch die GoA tatsächlich von den Verfassern des BGB intendiert war, muß gleichwohl bezweifelt werden.

1. Unstimmigkeiten bei den Tatbestandsvoraussetzungen der GoA

Zum einen sprechen mehrere Indizien dafür, daß die Problematik des sowohl objektive als auch subjektive Elemente voraussetzenden *Tatbestandes der GoA* von den Verfassern nicht vollständig erfaßt wurde. Deutlich wird dies vor allem bei näherer Betrachtung der Darlegungen der *Ersten Kommission* zum Fremdgeschäftsführungswillen des Geschäftsführers.[119]

Nach Vorstellung der *Ersten Kommission* war weder das Bewußtsein, ein fremdes Geschäft zu besorgen, noch der sich daraus notwendig ergebende innere Wille zur Fremdgeschäftsführung ausreichend für eine GoA:[120]

> „Hinzutreten müsse der ernste Wille, ein fremdes Geschäft als fremdes zu besorgen, und eine Offenbarung dieses Willens, ...“[121]

---

119 Die Beratungsprotokolle der *Zweiten Kommission* geben keinen Aufschluß über die Bewertung des Fremdgeschäftsführungswillens durch die Kommissionsmitglieder.

120 Prot. I. Komm., S. 1661, in: *Jakobs/Schubert*, Die Beratung des Bürgerlichen Gesetzbuchs, Schuldverhältnisse III, S. 160.

121 Prot. I. Komm., S. 1661, in: *Jakobs/Schubert*, Die Beratung des Bürgerlichen Gesetzbuchs, Schuldverhältnisse III, S. 160.

Der bloße innere Wille des Geschäftsführers im Sinne eines Motivs wurde dementsprechend von der *Ersten Kommission* für unbeachtlich erklärt. Am deutlichsten wird diese Ansicht bei der Frage der Anwendbarkeit der GoA bei einem Eigeninteresse des Geschäftsführers an der Geschäftsbesorgung:

> „Sie *(die Auffassung gegen eine Anwendung der GoA bei Eigeninteresse)* erscheine schon deshalb nicht haltbar, weil sie dem, in der Regel der Ermittlung und Feststellung sich entziehenden inneren Motive des Handelns eine Bedeutung beilege, welche demselben im Rechtsverkehr nicht zukomme."[122]

Leider wurde im folgenden jedoch offengelassen, welche Anforderungen an den „ernsten Willen" zur Fremdgeschäftsführung zu stellen sind. Auch die weiteren Ausführungen zur Kundgabe des Fremdgeschäftsführungswillens sind widersprüchlich. Denn die *Erste Kommission* negierte die gestellte Anforderung der Willensoffenbarung sogleich wieder, da

> „... eine aus den Umständen sich ergebende Kundbarmachung ausreiche, wozu in der Regel genügen werde, daß die Umstände nicht auf das Gegentheil schließen ließen; denn das bewußte Eingreifen in fremde Angelegenheiten verrathe meist ... auch genügend *nach Außen* den Willen, ein fremdes Geschäft als solches zu besorgen."[123]

Diese Verlagerung des Schwerpunkts des Tatbestandes zurück auf die objektive Ebene verwundert, wurde doch in der Beratung drei Tage zuvor festgestellt,

> „... eine solche Bestimmung *(des Begriffs des objektiv fremden Geschäfts)* werde, auf große und kaum zu besiegende Schwierigkeiten stoßen."[124]

Das Tatbestandsmerkmal Fremdgeschäftsführungswillen blieb demnach ersichtlich ohne klare Konturen. Einerseits sollte der ernste und offenbarte Wille des Geschäftsführers zur Führung des Geschäfts als fremdes erforderlich sein, während die bloße Kenntnis der Fremdheit nicht ausreichen sollte. Anderseits könne ein diesbezüglicher Wille bei fremden Geschäften gleich-

---

[122] Prot. I. Komm., S. 1662, in: *Jakobs/Schubert*, Die Beratung des Bürgerlichen Gesetzbuchs, Schuldverhältnisse III, S. 160 (Anmerkung in Klammern nicht im Original). Wie sich aus der Begründung zur Streichung des § 759 E I mittelbar ergibt, maß auch die *Zweite Kommission* dem inneren Beweggrund des Handelns beim Geschäftsführer keine Bedeutung zu, vgl. oben D. § 4 V. 3., S. 133.

[123] Prot. I. Komm., S. 1661, in: *Jakobs/Schubert*, Die Beratung des Bürgerlichen Gesetzbuchs, Schuldverhältnisse III, S. 160.

[124] Prot. I. Komm., S. 1646, in: *Jakobs/Schubert*, Die Beratung des Bürgerlichen Gesetzbuchs, Schuldverhältnisse III, S. 124 (Anmerkung in Klammern nicht im Original).

wohl vermutet werden, auch wenn die objektive Zuordnung wegen „kaum zu besiegender Schwierigkeiten“ nicht definiert wird. Damit zeigen die Gesetzgebungsmaterialien mit einiger Sicherheit, daß die Verfasser des BGB kein klares Bild vom Tatbestand der GoA besaßen.

2. Unstimmigkeiten bei den Rechtsfolgen der GoA

Daneben drängt sich der Eindruck auf, daß von den Verfassern des BGB auch hinsichtlich der *Rechtsfolgen der GoA* nicht alle Probleme erkannt wurden. Indiz dafür ist insbesondere die (Nicht-)Regelung des Vergütungsersatzanspruches des Geschäftsführers.

Bewußt abweichend vom gemeinen Recht und mit Bezug auf zwei Gesetzgebungen (preuß. ALR I 13 §§ 231, 232; Bayrischer Entwurf Art. 745) nahm *v. Kübel* den Vergütungsersatz in seinen Vorentwurf auf.[125] Demnach sollte der Geschäftsherr Vergütung an den Geschäftsführer für Handlungen leisten, für die dieser „sonst bezahlt zu werden pflegt“, § 238 TE-OR (Nr. 4).

Weniger eindeutig war der Standpunkt der *Ersten Kommission* zum Vergütungsersatzanspruch des Geschäftsführers. Bei der Diskussion des § 238 TE-OR (Nr. 4) ging es im wesentlichen um die Voraussetzungen des Anspruchs des Geschäftsführers, nicht jedoch um die genauen Rechtsfolgen. Wegen der *Gleichartigkeit der Rechtsfolgen von GoA und Auftrag* sowie zur Vermeidung von Wiederholungen verzichtete man auf eine eigenständige Regelung:[126]

> „Es fehle an einem zureichenden Grunde, die desfallsigen Verpflichtungen des Geschäftsführers anderen Regeln zu unterwerfen, als die des Beauftragten, und da zu erwarten oder mindestens möglich sei, daß in dem Abschnitte über das Mandat die in Frage stehenden Verpflichtungen des Beauftragten eine nähere Normirung erfahren würden, so empfehle es sich, zur Vermeidung von Wiederholungen die einschlagenden Vorschriften über die Verpflichtungen des Beauftragten auf den negotiorum gestor für anwendbar zu erklären.“[127]

---

[125] *V. Kübel*, in: Schubert, Die Vorlagen der Redaktoren für die erste Kommission, Schuldrecht II, S. 978.

[126] Zur Normierung der Ansprüche des Geschäftsführers wurde auf die folgenden Gründe zur Normierung der Ansprüche des Geschäftsherrn verwiesen: Prot. I. Komm., S. 1631 f. mit Verweis auf Prot. I. Komm., S. 1616 f., in: *Jakobs/Schubert*, Die Beratung des Bürgerlichen Gesetzbuchs, Schuldverhältnisse III, S. 145 f.

[127] Prot. I. Komm., S. 1617, in: *Jakobs/Schubert*, Die Beratung des Bürgerlichen Gesetzbuchs, Schuldverhältnisse III, S. 121.

Besondere Beachtung verdient hier die zeitliche Abfolge der Beratungen. Die GoA wurde in der *Ersten Kommission* vor dem Auftrag beraten. Für diesen gab es aber keinen Vorentwurf mit Begründungen, statt dessen wurden die Art. 687 ff. des Dresdner Entwurfs als Vorlage herangezogen.[128] Dessenungeachtet regelte die Kommission die Rechtsfolgen der GoA durch Verweisungen auf das noch nicht beratene Auftragsrecht. Die in der Folge abgefaßte Verweisung bezog nur den Anspruch des Geschäftsführers auf Aufwendungsersatz ein, nicht jedoch den Anspruch auf Vergütung der Geschäftsbesorgung:

> „Der Geschäftsherr sei dem Geschäftsführer zum Ersatz der Aufwendungen und zur Befreiung von Verbindlichkeiten wie einem Beauftragten verpflichtet, ..."[129]

Seiler ist der Ansicht, daß die *Erste Kommission* trotz dieser ausdrücklichen Beschränkung des Anspruchs des Geschäftsführers auf Ersatz der Aufwendungen inhaltlich nicht von der Regelung des Vorentwurfs abweichen wollte. Vielmehr stelle der fehlende Verweis auf den Vergütungsersatz ein Redaktionsversehen dar.[130] *Seiler* stützt sich dabei im wesentlichen auf eine Protokollnotiz im Rahmen der redaktionellen Bearbeitung sowie eine diesbezügliche Äußerung in den Motiven.[131]

Viel wahrscheinlicher ist dagegen, daß die Gesetzesverfasser gerade keine genaue Vorstellung von den Rechtsfolgen der GoA hatten. Die Aussagen der Protokolle der *Ersten Kommission* sind in sich widersprüchlich. Einerseits sollten die Rechtsfolgen der GoA inhaltsgleich mit denen des Auftrags sein, andererseits ist die Verweisung lediglich auf den Aufwendungsersatz unmißverständlich.

---

[128] Dazu *H. H. Seiler*, Über die Vergütung von Dienstleistungen des Geschäftsführers ohne Auftrag, in: Festschrift für Heinz Hübner (1984), S. 239, 242.

[129] Prot. I. Komm., S. 1631, in: *Jakobs/Schubert*, Die Beratung des Bürgerlichen Gesetzbuchs, Schuldverhältnisse III, S. 145. Die Regelung findet sich sprachlich leicht geändert in § 753 E I: „... so hat der Geschäftsführer wie ein Beauftragter gegen diesen einen Anspruch auf Ersatz seiner Aufwendungen und auf Befreiung von eingegangenen Verbindlichkeiten, ..."

[130] *H. H. Seiler*, Über die Vergütung von Dienstleistungen des Geschäftsführers ohne Auftrag, in: Festschrift für Heinz Hübner (1984), S. 239, 246 ff.

[131] *H. H. Seiler*, Über die Vergütung von Dienstleistungen des Geschäftsführers ohne Auftrag, in: Festschrift für Heinz Hübner (1984), S. 239, 246 mit Verweis auf Motive II, S. 863: „Unter Ersatz der Aufwendungen sei geeignetenfalls auch Vergütung von Dienstleistungen, welche in und bei der negotiorum gestio erfolgten, zu verstehen."

Ein schlichtes Vergessen der Verweisung auf den Vergütungsersatz, wie dies *Seiler* annimmt,[132] ist bei näherer Betrachtung ebenfalls nicht naheliegend. Der Auftrag war nach romanistischer Tradition stets unentgeltlich. Daß später von diesem Grundsatz abgewichen und der Auftrag als auchentgeltliches Rechtsverhältnis geregelt wurde,[133] war zum Zeitpunkt der Beratung nicht abzusehen. Wollte die *Erste Kommission* den Vergütungsersatz tatsächlich als Rechtsfolge der GoA ansehen, muß sie sich bewußt gewesen sein, daß eine ausdrückliche Normierung erforderlich ist.

Auch wenn sich die Intention der *Ersten Kommission* hinsichtlich des Vergütungsersatzes heute nicht mehr eindeutig feststellen läßt, liefert die diesbezügliche Untersuchung der Materialien zur Entstehungsgeschichte der GoA einen wichtigen Befund. Eindeutig ist die geringe Aufmerksamkeit zu erkennen, welche die Kommission der genauen Regelung des Anspruches des Geschäftsführers zukommen ließ, indem sie eine „Verweisung ins fast Ungewisse“[134] vornahm.

In den Beratungen der *Zweiten Kommission* war der Inhalt der Ansprüche des Geschäftsführers nicht Gegenstand der Beratungen. Man übernahm die Verweisung auf das Recht des Auftrags inhaltlich unbearbeitet in die folgenden Entwürfe. Allerdings sah man jetzt Bedenken hinsichtlich der Abgrenzung des entgeltlichen Auftrags von anderen entgeltlichen Dienst- oder Werkverträgen. Abweichend vom Ersten Entwurf, jedoch wieder übereinstimmend mit der römisch-rechtlichen Tradition, wurde die Unentgeltlichkeit als kennzeichnendes Merkmal des Auftrags bestimmt.[135]

3. Folgen für die Bewertung der Protokolle

Schon die kurze Schilderung der Problematik des Fremdgeschäftsführungswillens hat die Schwierigkeiten der Verfasser des BGB bei der Präzisierung und anschließenden Normierung der *Tatbestandsvoraussetzungen* gezeigt. Darüber hinaus läßt die Analyse der Beratungsprotokolle erkennen, welche wesentlichen Unklarheiten hinsichtlich der *Rechtsfolgen* der GoA bestanden.

---

[132] *H. H. Seiler*, Über die Vergütung von Dienstleistungen des Geschäftsführers ohne Auftrag, in: Festschrift für Heinz Hübner (1984), S. 239, 246 f.

[133] Vgl. §§ 586, 596 E I.

[134] So die Formulierung von *H. H. Seiler*, Über die Vergütung von Dienstleistungen des Geschäftsführers ohne Auftrag, in: Festschrift für Heinz Hübner (1984), S. 239, 252.

[135] Vgl. Prot. II. Komm., S. 662 f.

Haben die Gesetzesverfasser somit nicht erkannt, wie weit der Anwendungsbereich der GoA tatsächlich reichen kann und in welchem Umfang gescheiterte Verträge durch eine Aufwendungsersatzregelung im Rahmen der GoA ersetzt werden können, müssen die Protokolle vor diesem Hintergrund bewertet werden.

Insofern bestehen erhebliche Zweifel, ob die Relevanz der Fälle der gescheiterten Verträge sowie die Problematik der Konkurrenz zum Bereicherungsrecht von den Gesetzesverfassern voll erfaßt wurden. Die Zuordnung dieser Fälle zum Anwendungsbereich der GoA ist demnach höchstwahrscheinlich lediglich dem Umstand geschuldet, daß man sich der weitgehenden Möglichkeit der Ersetzung gescheiterter Verträge durch die GoA nicht bewußt war.

Die Bewertung der Gesetzesverfasser, der GoA bei jeder auch-fremdnützigen Geschäftsbesorgung generell den Vorrang einzuräumen,[136] besitzt deshalb nur eingeschränkte Bedeutung für die Auslegung der §§ 677 ff.

VII. Zusammenfassung der historischen Interpretation

Nach Auffassung der Verfasser des BGB sind folglich bei allen untersuchten Konstellationen die Tatbestandsvoraussetzungen der GoA erfüllt. Bei nichtigen Verträgen, bei einer irrtümlich angenommenen Verpflichtung sowie bei Eigeninteresse des Geschäftsführers liegt eine Geschäftsführung „für einen anderen“ vor.

Indes hat die Untersuchung der Gesetzgebungsmaterialien die Schwierigkeiten und Unsicherheiten bei der Fassung der gesetzlichen Regelung der GoA aufgezeigt. Vor diesem Hintergrund kann trotz der scheinbar eindeutigen Stellungnahmen der Gesetzesverfasser nicht angenommen werden, diese hätten die Konkurrenzproblematik im Verhältnis von GoA und Bereicherungsrecht bei gescheiterten Verträgen ausnahmslos zugunsten der GoA aufgelöst. Es ist vielmehr davon auszugehen, daß auf eine genauere Abgrenzung von GoA und Bereicherungsrecht nur deshalb verzichtet wurde, weil man die Probleme bei der Abgrenzung der beiden Schuldverhältnisse nicht vorhersah.

---

136 Vgl. beispielsweise *v. Kübel*, in: Schubert, Die Vorlagen der Redaktoren für die erste Kommission, Schuldrecht II, S. 967.

Die historische Betrachtung kann damit die Anwendung der GoA in den untersuchten Fällen nicht eindeutig bestätigen. Weiteren Aufschluß können nur die systematische und teleologische Auslegung geben.

§ 5 Systematische Auslegung

Die systematische Auslegung[137] wird in der Methodenliteratur unterschiedlich abgegrenzt, Terminologie und Reichweite unterscheiden sich teilweise erheblich.[138] Mehrheitlich findet sich die Trennung in ein logisches und ein systematisches Element.

I. Die GoA im „äußeren System" des BGB

Beim *logischen Element* der systematischen Auslegung wird der Normtext hinsichtlich seiner Stellung im Gesetz und damit das „äußere System" der Rechtsordnung betrachtet. Insoweit setzt die systematische Auslegung die des Wortlauts fort, kann darüber hinaus aber auch Aufschluß über die sachliche Beziehung der Vorschriften geben.[139]

1. Die Stellung der GoA im Gesetz

Auffällig ist zunächst die Anordnung der GoA im Verhältnis zu den anderen gesetzlichen Schuldverhältnissen.

So finden sich die Regeln der GoA gerade nicht im Zusammenhang mit diesen, sondern im Anschluß an die Vorschriften des Auftragsrechts. Folgerung aus diesem Umstand könnte die Annahme sein, bei der GoA handele es sich nicht um ein typisches gesetzliches Schuldverhältnis, sondern um einen „Quasivertrag" oder „hypothetischen Vertrag".

---

[137] Auch „Bedeutungszusammenhang des Gesetzes".

[138] Vgl. beispielsweise die Gegensätze bei *Larenz/Canaris*, Methodenlehre der Rechtswissenschaft (1995), S. 145 ff. und *Koch/Rüßmann*, Juristische Begründungslehre (1982), S. 167.

[139] *Larenz/Canaris*, Methodenlehre der Rechtswissenschaft (1995), S. 143; *Ch. Seiler*, Auslegung als Normkonkretisierung (2000), S. 28.

Theoretische Deutungsversuche der Literatur,[140] nach denen die Entstehung des Schuldverhältnisses GoA auf der Parallelität zweier Willen beruhen soll, gelten heute indes allesamt als widerlegt.[141]

2. Der Vergleich der GoA mit dem Auftrag nach § 662 BGB

Eine weite Auslegung des Tatbestandes des § 677 könnte allerdings der Vergleich mit dem Auftragsrecht nahelegen, denn die Regelungen der GoA weichen nur geringfügig von den Vorschriften des Auftrags gem. §§ 662 ff. ab.

Beim Auftrag „verpflichtet sich der Beauftragte", ein Geschäft für den Auftraggeber „unentgeltlich zu besorgen", § 662. Er handelt demnach stets mit der Vorstellung und dem Willen, in Erfüllung einer Verpflichtung tätig zu werden. Die Besorgung des Auftrags „für" den Auftraggeber entspricht vom Wortlaut her somit genau der Geschäftsbesorgung „für einen anderen" gem. § 677 ff. Unabhängig davon, ob man den Fremdgeschäftsführungswillen im Rahmen der GoA als maßgeblich ansieht, liefert diese Begriffsidentität ein logisches Argument für die Annahme, daß die Verpflichtung zur Leistung die Fremdgeschäftsführung nicht ausschließt.[142]

Erinnert man sich jedoch an die historische Auslegung, verliert diese Schlußfolgerung erheblich an Überzeugungskraft. Denn es wurde festgestellt, daß die endgültige Fassung des § 677 von der *Ersten Kommission* vor Beratung des Auftragsrechts formuliert wurde.[143]

---

[140] Wegweisend *Ruhstrat*, AcP 32 (1849), 173, 184 ff.; ausführlich zur pandektistischen Quasikontraktionstheorie und deren Hinterlassenschaften *Wollschläger*, Die Geschäftsführung ohne Auftrag (1976), S. 44 ff.

[141] Ausführlich dazu *Klatt*, Auftraglose Fremdgeschäftsführung durch Minderjährige (2001), S. 117 ff., zuletzt versuchte *Köndgen* eine „Ehrenrettung" der GoA aufgrund einer „Quasivertragstheorie", in: Die Geschäftsführung ohne Auftrag im Wandel der Zeiten – Versuch einer Ehrenrettung, in: Rechtsgeschichte und Privatrechtsdogmatik, Festschrift für Hans Hermann Seiler (1999), S. 371, 382 ff.

[142] Ebenso *Wolf*, Festschrift Mühl (1981), S. 703, 706.

[143] Vgl. oben, D. § 4 VI. 2., S. 137.

II. Die GoA im „inneren System" des BGB

Über das logische Element hinaus setzt die systematische Auslegung die Norm in Beziehung zu Bestimmungen innerhalb des Gesetzes, zu anderen im Wertungszusammenhang stehenden Gesetzen sowie zu Rechtsprinzipien.

Streng genommen ermittelt die systematische Auslegung nicht den Gehalt des Gesetzes, sondern setzt die Widerspruchsfreiheit der Rechtsordnung als Ideal voraus. Nach Betrachtung der Norm im Gesamtzusammenhang der Rechtsordnung ist dann diejenige Auslegung vorzuziehen, welche Wertungswidersprüche vermeidet.[144]

1. Die mögliche Überschneidung von Bereicherungsrecht und GoA im Bereich der gescheiterten Verträge

Befindet sich aufgrund der Tätigkeit im Rahmen eines gescheiterten Vertrages ein Vermögenswert bei demjenigen, dem dieser Wert nach dem Recht der Güterbewegung oder -zuordnung nicht gebührt, stellt das Bereicherungsrecht dafür eine Ausgleichsordnung zur Verfügung.[145]

Parallel dazu könnten bei einem gescheiterten Vertrag mit Geschäftsbesorgungscharakter jedoch auch die Voraussetzungen der GoA gegeben sein. So kann zumindest nach den bisherigen Ergebnissen nicht ausgeschlossen werden, daß in diesen Fällen jemand im Sinne des § 677 „ein Geschäft für einen anderen besorgt, ohne von ihm beauftragt ... zu sein".

2. Die Teleologie des Gesetzes als zugrundeliegendes System

Die Auflösung dieses möglichen Konkurrenzproblems ist hier allerdings noch nicht möglich. Die gesetzlichen Schuldverhältnisse des BGB stehen nicht unabhängig nebeneinander, sondern stellen ein geschlossenes System dar. In diesem besteht im Idealfall eine festgelegte und widerspruchsfreie Konkurrenz der Ansprüche bzw. Schuldverhältnisse.[146] Der Bedeutungs-

---

[144] Vgl. dazu *Larenz/Canaris*, Methodenlehre der Rechtswissenschaft (1995), S. 145 ff.; *Koch/Rüßmann*, Juristische Begründungslehre (1982), S. 167; *Ch. Seiler*, Auslegung als Normkonkretisierung (2000), S. 28.

[145] Allgemeine Meinung, vgl. *MüKo/Lieb*, § 812, Rn. 181 f. mit weiteren Nachweisen.

[146] Anders sieht jedoch insbesondere bei der GoA die Praxis der Gerichte aus, vgl. dazu *Helm*, Gutachten und Vorschläge (1983), S. 335, 377 ff.

zusammenhang dieser Normen und daraus folgend die Konkurrenzverhältnisse können jedoch nur erschlossen werden, wenn man die dahinterstehenden Wertentscheidungen und Prinzipien betrachtet. Dies geschieht aber im Wege der subjektiv- und objektiv-teleologischen Auslegung. Gerade die Frage, ob durch eine bestimmte Auslegung Wertungswidersprüche entstehen, ist schon begrifflich ohne Vorstellung vom Sinn und Zweck der Normen nicht zu beantworten. Eine von der Teleologie des Gesetzes abstrakte systematische Betrachtung ist infolgedessen undurchführbar.[147] Teilweise wird die objektiv-teleologische Auslegung sogar als Unterfall der systematischen Auslegung angesehen.[148]

Hält man die Zuerkennung eines Anspruchs aus GoA in der untersuchten Konstellation für einen Widerspruch innerhalb der Ordnung der gesetzlichen Schuldverhältnisse, hat man dementsprechend die systematische Auslegung schon verlassen. Der Bedeutungszusammenhang der GoA und die daraus folgenden Ergebnisse für die untersuchte Konstellation müssen im Rahmen der teleologischen Auslegung ermittelt werden.

III. Zusammenfassung der systematischen Auslegung

Das Ergebnis der systematischen Analyse der relevanten Vorschriften bleibt begrenzt. So konnte die Untersuchung der „äußeren Systematik" des BGB keine schlüssigen Anhaltspunkte für die Entscheidung der untersuchten Problematik bieten. Infolge der noch ungeklärten Funktionen der betroffenen Rechtsgebiete konnten aus der alleinstehenden Betrachtung der „inneren Systematik" des Gesetzes keine Schlußfolgerungen gezogen werden.

---

147 *Larenz/Canaris*, Methodenlehre der Rechtswissenschaft (1995), S. 148 f.; *Ch. Seiler*, Auslegung als Normkonkretisierung (2000), S. 28; *Zippelius*, Juristische Methodenlehre (2005), S. 52 ff.

148 *Raisch*, Juristische Methoden (1995), S. 149.

§ 6 Teleologische Auslegung

Die teleologische Auslegung fragt nach den Zwecken und Grundgedanken einer Norm.[149] Ausgangspunkt sind dabei die vom Gesetzgeber getroffenen Wertentscheidungen. Diese sind nach der heute vorherrschenden Wertungsjurisprudenz[150] aber nicht allein entscheidend für den Anwendungsbereich einer Norm, sondern vielmehr ist für die Interpretation eines Gesetzes der in ihm zum Ausdruck kommende *objektivierte* Wille des Gesetzgebers ausschlaggebend.[151] In Anbetracht der unvermeidlichen Lückenhaftigkeit des Gesetzes wird diesem eine eigene ratio zugesprochen. Dadurch kann festgestellt werden, ob eine Norm auch auf Fälle anzuwenden ist, an die der historische Gesetzgeber nicht gedacht hat.[152]

Gerade bei der GoA und den Fällen der gescheiterten Verträge hat die historische Interpretation die Notwendigkeit der *objektiv-teleologischen* Auslegung aufgezeigt. Es wurde deutlich, daß die Gesetzesverfasser die Probleme, welche die unbestimmte Fassung des § 677 hervorruft, nicht vorhergesehen haben. Im folgenden wird deshalb der Frage nachgegangen, welche Auslegung der §§ 677 ff. dem *normativen Gesetzessinn* entspricht.[153] Nach diesem Schritt zeigt sich, ob die Voraussetzungen des Tatbestandes der GoA bei gescheiterten Verträgen mit Geschäftsbesorgungscharakter erfüllt sind.

---

149 Anerkannt sind ebenfalls die Begriffe „Auslegung nach Sinn und Zweck" sowie – in Abgrenzung zur genetischen Auslegung – „objektiv-teleologische Auslegung". Der Begriff der teleologischen Auslegung wird jedoch mit unterschiedlichem Inhalt gebraucht.

150 Dazu *Petersen*, Von der Interessen- zur Wertungsjurisprudenz, S. 7 ff. mit weiteren Nachweisen.

151 *BVerfGE* 79, 106, 121; 20, 283, 293 mit weiteren Nachweisen; *Larenz/Canaris*, Methodenlehre der Rechtswissenschaft (1995), S. 153 ff.; *Zippelius*, Juristische Methodenlehre (2005), S. 49 ff.

152 *Ch. Seiler*, Auslegung als Normkonkretisierung (2000), S. 29 f.

153 Die sogenannte „subjektive Auslegungstheorie" stellt auf den hypothetischen Willen des Gesetzgebers als Ziel der Auslegung ab, was im bei der Beantwortung einer Streitfrage jedoch zu gleichen Ergebnissen führt; dazu umfassend *Larenz/Canaris*, Methodenlehre der Rechtswissenschaft (1995), S. 137 ff.

I. Die maßgeblichen Kriterien der objektiv-teleologischen Auslegung

Fraglich ist allerdings, nach welchen Kriterien sich der normative Sinn eines Gesetzes bestimmt, denn in der Methodenliteratur ist das Verständnis vom Begriff der *ratio* eines Gesetzes gänzlich verschieden. Weder über die Herleitung objektiv-teleologischer Kriterien noch über deren Bedeutung besteht Einigkeit.[154] So verwundert es nicht, wenn die teleologische Auslegung auch als „Einbruchstelle für rationale Argumente jeder Art" bezeichnet wird.[155]

Eine ausführliche Auseinandersetzung mit diesem Streit um die objektiv-teleologische Auslegung kann die vorliegende Untersuchung nicht leisten. Deshalb wird sich auf die Berücksichtigung derjenigen objektiv-teleologischen Kriterien beschränkt, die sowohl allgemein anerkannt sind als auch bei der auftraglosen Fremdgeschäftsführung Bedeutung erlangen können.

Neben der Zielvorstellung des Gesetzgebers geht es bei der objektiv-teleologischen Auslegung vorrangig um *abstrakte Regelungszwecke* des Gesetzes, das heißt um solche Normzwecke, die allen Gesetzen gemeinsam sind. So ist zunächst davon auszugehen, daß die Norm eine *sachgerechte Entscheidung* treffen will. Darüber hinaus wird unterstellt, daß die Verwirklichung von *allgemeinen Rechtsprinzipien* dem Sinn und Zweck des Gesetzes entspricht.[156]

Vorrangiges Ziel der objektiv-teleologischen Auslegung ist deshalb eine *gerechte Fallentscheidung,*[157] was insbesondere durch Berücksichtigung der schutzwürdigen Interessen der Beteiligten verwirklicht werden kann. Darüber hinaus sind *Praktikabilität* und *Effektivität* der gewählten Auslegungsvariante zu beachten. Das heißt unter mehreren möglichen Auslegungsvarianten ist diejenige zu wählen, bei der die Norm zum einen

---

154 Vgl. dazu die umfassende Darstellung von *Hensche*, Teleologische Begründungen in der juristischen Dogmatik (1998), S. 31 ff.

155 *Koch/Rüßmann*, Juristische Begründungslehre (1982), S. 172 f.; kritisch auch *Deckert*, Folgenorientierung in der Rechtsanwendung (1995), S. 45 ff.

156 Dazu *Larenz/Canaris*, Methodenlehre der Rechtswissenschaft (1995), S. 153 ff.; *Wank*, Die Auslegung von Gesetzen (2005), S. 97 ff. Die nachfolgend genannten Kriterien der objektiv-teleologischen Auslegung werden teilweise als eigenständige Ergänzungen der klassischen Methodenlehre angesehen. Von einer solchen Unterscheidung hängt das Ergebnis der Auslegung jedoch nicht ab.

157 *Larenz/Canaris*, Methodenlehre der Rechtswissenschaft (1995), S. 168 f.

praktikabel ist und bei der zum anderen ein nennenswerter Anwendungsbereich verbleibt.[158] Schon angesprochen[159] wurde das wesentliche Ziel der Auslegung, im Sinne der Einheit der Rechtsordnung *Normwidersprüche aufzulösen* und die *Kollision von Gesetzeszwecken zu vermeiden.*[160] Hinter diesem Ziel stehen die Idee der Gerechtigkeit und der Grundsatz der Gleichbehandlung als allgemeine Prinzipien des Rechts.

II. Die Orientierung an Rechtsprechung und Literatur zur GoA

An dieser Stelle der Auslegung kann der Blick auf die Rechtsprechung und Literatur hilfreiche Erkenntnisse liefern. Anstatt daß losgelöst von der Rechtswirklichkeit der Versuch unternommen wird, die GoA im Hinblick auf die abstrakten Normzwecke zu untersuchen, empfiehlt sich die Orientierung an der inzwischen über einhundert Jahre währenden Auseinandersetzung der Rechtsprechung und Literatur mit der GoA.

Ausgangspunkt ist dabei die These, daß die Rechtsprechung bei ihrer Rechtsanwendung die abstrakten Normzwecke und allgemeinen Rechtsprinzipien berücksichtigt und deshalb die Tatbestandsmerkmale von Normen im Laufe der Zeit insbesondere mit dem Ziel konkretisiert, innerhalb eines Normenkomplexes sowie im Zusammenhang der Gesamtrechtsordnung Lösungen zu erzielen, welche dem objektiven Normzweck entsprechen.

Die von der Literatur entwickelten Regeln und Interpretationsvorschläge sowie die Erkenntnisse zur Systematik von Rechtsgebieten können für die objektiv-teleologische Auslegung ebenfalls nützlich sein. Denn auch die Wissenschaft bemüht sich bei der Aufarbeitung von Rechtsproblemen und bei der Auseinandersetzung mit der Rechtsprechung gerade um die Verwirklichung der genannten Normzwecke.[161]

In diesem Sinne verstanden bietet der Blick auf die Rechtsprechung und Literatur eine *Hilfestellung* bei der teleologischen Argumentation. Im fol-

---

158 Vgl. dazu *Müller/Christensen*, Juristische Methodik, Bd. 1 (2004), S. 367; *Larenz/Canaris*, Methodenlehre der Rechtswissenschaft (1995), S. 153 ff.; vgl. zur Effektivität *Wank*, Die Auslegung von Gesetzen (2005), S. 99; die Effektivität darf nicht verwechselt werden mit der Effizienz, vgl. dazu *Deckert*, Folgenorientierung in der Rechtsanwendung (1995), S. 96 ff.

159 Vgl. die Ausführungen unter Gliederungspunkt D. § 5 II. 2., S. 143.

160 Vgl. auch *Raisch*, Juristische Methoden (1995), S. 147 ff.

161 Ebenso *Schmalz*, Methodenlehre (1998), Rn. 287 ff.

genden wird sich die teleologische Auslegung der GoA deshalb vornehmlich an der Rechtsprechung und Literatur zur GoA orientieren. Dabei werden das zugrundegelegte Funktionsverständnis und die unter teleologischen Gesichtspunkten vorgeschlagenen Möglichkeiten der Tatbestandskonkretisierung kritisch hinterfragt.

III. Das Funktionsverständnis der GoA in der Rechtsprechung

In den Gerichtsentscheidungen zur GoA finden sich keine Ausführungen zum Sinn und Zweck des Rechtsinstituts. Der von der Rechtsprechung zugrundegelegte Sinn und Zweck ist deshalb zum einen aus der *Auslegung der Tatbestandsmerkmale* und zum anderen aus dem daraus folgenden *tatsächlichen Anwendungsbereich* zu erschließen.

Im Teil *B.* der Arbeit wurde schon die Unzulänglichkeit der Konkretisierung des Tatbestandes der GoA durch die Rechtsprechung dargestellt.[162] So begrenzt die Rechtsprechung den Tatbestand im wesentlichen durch die „Fremdheit" des Geschäfts. Steht fest, daß der Geschäftsführer ein fremdes oder zumindest auch-fremdes Geschäft geführt hat, ist wegen der anschließenden Vermutung des Fremdgeschäftsführungswillens der Tatbestand des § 677 erfüllt.[163] Hinsichtlich des Begriffs der Fremdheit wird im wesentlichen auf die Kriterien des Rechtskreises und des Interesses des Geschäftsherrn verwiesen.[164] Weil auch diese Begriffe ausfüllungsbedürftig sind, wird das Problem der Zuordnung lediglich verlagert, jedoch nicht gelöst.

Diese Beliebigkeit und Austauschbarkeit der Zuordnungskriterien in der Rechtsprechung ist insbesondere im Hinblick auf die Rechtssicherheit zu kritisieren. Jedoch resultiert die mangelnde Bestimmung der Voraussetzungen des § 677 *nicht allein* aus dem weiten Wortlaut. Vielmehr spiegelt sich der Auslegung des Tatbestandes das Verständnis der Rechtsprechung von der Funktion der GoA wider.

So ist offensichtlich, daß die Rechtsprechung eine generelle Eingrenzung des Tatbestandes der GoA vermeidet, um auch in Zukunft auf die GoA in Fällen zurückgreifen zu können, in denen ein als angemessen angesehenes

---

[162] Vgl. die Ausführungen unter Gliederungspunkt B. § 3 II. 2. c), S. 47; zusammenfassend B. § 4, S. 70.

[163] Vgl. die Ausführungen unter Gliederungspunkt B. § 3 II. 2. d), S. 49.

[164] Vgl. die Ausführungen unter Gliederungspunkt B. § 3 II. 2. c), S. 47.

Ergebnis nicht auf anderem Wege erreicht werden kann. Bestätigt wird diese Folgerung beispielsweise durch die Entscheidungen des *BGH*, in denen der Geschäftsführer ohne Auftrag gegen ein Verbotsgesetz verstoßen hat. Zwar ist der *BGH* augenscheinlich der Ansicht, daß ein Anspruch des Geschäftsführers in diesen Fällen ausgeschlossen sein muß. Anstatt jedoch die Tatbestandsvoraussetzungen der GoA zu konkretisieren oder eine teleologische Reduktion vorzunehmen, schließt er lediglich den Aufwendungsersatzanspruch gem. § 670 mit einer zweifelhaften Begründung aus.[165] Durch diese Rechtsfolgenlösung hält sich der *BGH* die „Hintertür" der GoA bei Unwirksamkeit eines Vertrages offen. Schon aus der Auslegung der Tatbestandsvoraussetzungen ist folglich zu erkennen, daß die Rechtsprechung die GoA als *Ausgleichs- und Auffangtatbestand* betrachtet.

Neben der Auslegung der Tatbestandsvoraussetzungen ist es im wesentlichen der *tatsächliche Anwendungsbereich* in der Praxis, der Auskunft über die Vorstellung die Rechtsprechung von der Funktion der GoA gibt. Im folgenden wird deshalb untersucht, welche Funktionen die GoA in der Rechtswirklichkeit erfüllt. Unterschieden wird dabei nach der Anreizfunktion und der Ausgleichsfunktion, welche als die grundlegenden Funktionen der GoA schon in der Einführung beschrieben wurden:[166] Die Ansprüche und Haftungsvorschriften sollen zur Hilfeleistung zugunsten eines anderen ermutigen, gleichzeitig liefern sie die entsprechenden Grundlagen für einen Vermögensausgleich.

1. Der Anspruch aus GoA als Anreiz für uneigennützige Hilfeleistung

Die Anreizfunktion der GoA kann lediglich in den Fällen freiwilliger Hilfeleistung Bedeutung erlangen, in denen der Geschäftsführer ohne erzwingbare Rechtspflicht zur Verhinderung oder Minderung eines Schadens oder einer Gefahr tätig geworden ist.[167] Dabei stellt sich die Frage nach dem

---

[165] Vgl. dazu die Ausführungen unter Gliederungspunkt C. § 1 II. 1., S. 77 ff. mit umfangreichen Rechtsprechungsnachweisen.

[166] Siehe Gliederungspunkt B. § 2, S. 35. Die in der Einführung erwähnte „Schutzfunktion" der GoA bleibt im folgenden außer Betracht, da es sich lediglich um ein Korrelativ innerhalb der Ausgleichsfunktion handelt, vgl. Gliederungspunkt B. § 2 III., S. 36.

[167] Die Pflicht aus § 323c StGB sowie Berufspflichten sind hier nicht zu berücksichtigen.

Ersatz von freiwilligen Vermögensopfern, von Schäden der Selbstgefährdung sowie von Kosten professioneller Nothelfer.[168]

Die Anzahl der Gerichtsentscheidungen, in denen eine wirklich uneigennützige Hilfe vorlag und gleichzeitig ein Anspruch aus GoA zuerkannt wurde, ist verschwindend gering.[169] Ursache dafür ist jedoch nicht allein die Tatsache, daß die Fälle der Hilfeleistung im allgemeinen selten sind. Vielmehr ist die GoA als Anspruchsgrundlage in diesen Fällen teilweise ausgeschlossen.

Besondere Bedeutung besitzt in diesem Zusammenhang der gesetzliche Sozialversicherungsschutz nach § 2 Abs. 1 Nr. 13 a und c SGB VII. So besteht im Falle der privaten Hilfeleistung bei Unglücksfällen oder gemeiner Gefahr ein Schadens- und Aufwendungsersatzanspruch gem. § 13 SGB VII.[170] Nach herrschender Meinung ist der gesetzliche Sozialversicherungsschutz eine Sonderregelung, welche der GoA vorgeht.[171]

Auch die Fälle der sogenannten *Selbstaufopferung im Straßenverkehr* gehören nur noch eingeschränkt zum Anwendungsbereich der GoA. Nach bisheriger (strittiger) Rechtsprechung wird Kraftfahrern für Schäden, die aufgrund eines Ausweichmanövers entstehen, ein Anspruch nach §§ 670, 683 S. 1, 677 gegen den Geretteten gewährt.[172] Dieser Anspruch setzt nach Ansicht der Rechtsprechung allerdings voraus, daß sich der Kraftfahrer bei

---

[168] Dazu die sogleich folgenden Ausführungen.

[169] So auch das Ergebnis der Untersuchung von über 1100 Entscheidungen durch *Wollschläger*, Die Geschäftsführung ohne Auftrag (1976), S. 28 ff.; vgl. aus der Rechtsprechung nur *BGH* MDR 1972, 487; *BGHZ* 67, 368; *OLG Karlsruhe*, VersR 1981, 774; *OLG Stuttgart*, VersR 2003, 341.

[170] § 13 SGB VII: „Den nach § 2 Abs. 1 Nr. 11 Buchstabe a und Nr. 13 Buchstabe a und c Versicherten sind auf Antrag Schäden, die infolge einer der dort genannten Tätigkeiten an in ihrem Besitz befindlichen Sachen entstanden sind, sowie die Aufwendungen zu ersetzen, die sie den Umständen nach für erforderlich halten durften. § 116 des Zehnten Buches gilt entsprechend."

[171] Dazu *MüKo/H. H. Seiler*, vor § 677 Rn. 27; vgl. *BSG* ZfS 2003, 23; *Hessisches LSG*, HVGB-INFO 2002, 880; *LSG Saarland*, Urteil v. 5.11.2003 - L 2 U 65/02 (zu finden über juris, nicht anderweitig veröffentlicht); *Bayerisches LSG*, Urteil v. 29.9.2004 - L 2 U 256/02 (zu finden über juris, nicht anderweitig veröffentlicht).

[172] Vgl. *BGHZ* 38, 270; ist der Gerettete minderjährig, kommen die aufsichtspflichtigen Eltern als Geschäftsherren in Betracht, vgl. *OLG Jena*, OLG-NL 1998, 101; *OLG Hamm*, DAR 2001, 127, *LG Berlin*, NJW 1999, 2906. Ob und unter welchen Gesichtspunkten der Schaden des Kraftfahrers zu kürzen ist, ist umstritten; dazu ausführlich *Erman/Ehmann*, § 677 Rn. 14.

einem hypothetischen Unfall nach § 7 Abs. 2 StVG entlasten *könnte*.[173] Denn wenn die Entlastung nicht möglich *wäre*, wird ein bloßes Eigengeschäft des Kraftfahrers angenommen, weil dieser mit dem Ausweichen nur seine eigene Haftung aus StVG gegenüber dem Geretteten abgewendet hat.[174] Nach der Einschränkung der Entlastungsmöglichkeit des § 7 Abs. 2 StVG auf „höhere Gewalt" im Jahre 2002 entfällt der Schadensersatzanspruch des Kraftfahrers gem. § 7 StVG jedoch nur noch in absoluten Ausnahmefällen. Damit ist auch der Anspruch aus GoA regelmäßig ausgeschlossen.[175]

Damit bleibt nur beim Kostenersatz für beruflich tätige Helfer Raum für die Anreizfunktion der GoA. Immerhin gehört die Kostenübernahme des Retters bei Rettung oder Gefahrenabwehr traditionell zum Kernbereich der GoA.[176] Dementsprechend hat die Rechtsprechung immer wieder über Fälle zu entscheiden, in denen von professionellen Nothelfern bzw. öffentlich-rechtlich Verpflichteten Hilfe gewährt wurde.[177] Doch auch wenn man diesen Geschäftsführern, die primär aufgrund einer anderweitigen Verpflichtung tätig werden, den Altruismus als mitbestimmendes Motiv zuerkennt, ist fraglich, welche Rolle die GoA in diesen Fällen spielt. Denn bei den Fallen der professionellen Nothilfe werden die öffentlich-rechtlichen Vorschriften des Rettungsdienstes, des Sozialversicherungs- und Pflichtversicherungsrechts überwiegend ebenfalls als vorrangig angesehen.[178]

Zusammenfassend kann man folglich sagen, daß der Anreiz für freiwillige Hilfe eine Funktion der GoA ist, die, obgleich rechtspolitisch wünschenswert,[179] in der Praxis nur in Ausnahmefällen vorkommt. Haupt-

---

173 Wenn neben der Haftung gem. § 7 StVG auch ein Schadensersatzanspruch gegen den Kraftfahrer gem. § 17 StVG im Betracht kommt, müßte demnach auch eine Entlastung nach § 17 Abs. 3 StVG möglich sein.

174 *BGHZ* 38, 270, 273 ff.; *OLG Oldenburg*, VersR 1972, 1178, 1179; *OLG Jena*, OLG-NL 1998, 101, 102; vgl. zu dieser umstrittenen Betrachtungsweise die kritischen Ausführungen bei *Erman/Ehmann*, § 677 Rn. 14.

175 Umfassend zu diesem Problemkreis *Friedrich*, NZV 2004, 227 ff.

176 Dazu *Helm*, Gutachten und Vorschläge (1983), S. 335, 345 ff.

177 Als solche kommen beispielsweise Ärzte, Bergungs- und Abschleppunternehmen sowie Behörden der Gefahrenabwehr in Betracht.

178 *BSGE* 85, 110; *OLG Nürnberg*, BayVBl 2000, 93; mit restriktiver Auslegung der Tatbestandsvoraussetzungen der GoA *OLG München*, NJW-RR 1988, 1013; *OLG Koblenz*, NJW-RR 1986, 703.

179 Dazu *Helm*, Gutachten und Vorschläge (1983), S. 335, 385 f.

grund dafür ist die Vorrangigkeit von anderweitigen Vorschriften der Kostentragung.

2. Die GoA als Instrument der Kosten- und Risikoverteilung

Wenn altruistisches Handeln nur ein Randgebiet der GoA darstellt, fragt sich, ob für die §§ 677 ff. überhaupt ein *gemeinsamer Grundgedanke* zu nennen ist.

Auffällig ist zunächst, daß schon das Finden von Gemeinsamkeiten und die Einteilung der Rechtsprechung in Fallgruppen Schwierigkeiten bereitet.[180] So ist eine Einordnung nach der Art des Eingriffes,[181] der Verknüpfung mit anderen Rechtsbereichen[182] sowie nach Anspruchsgrundlagen[183] möglich. Bei der Frage nach dem Grundgedanken der GoA bietet sich demgegenüber die Einordnung der Fälle danach an, welche Ausgleichsproblematik im Gefüge der Rechtsordnung dargestellt wird.[184]

Betrachtet man die Rechtswirklichkeit unter diesem Gesichtspunkt, zeigt sich der umfangreiche Anwendungsbereich der GoA. Die wichtigsten Ausgleichsprobleme, welche in der Rechtsprechung (auch) über die GoA gelöst werden, sind die Erfüllung fremder Pflichten, die Verwendungen auf fremde Sachen, die Selbsthilfeaufwendungen und die Selbsterfüllung, der Eingriffserwerb, die Erfüllung von Verwaltungsaufgaben im öffentlichen Recht sowie der Rückgriff im Schuldrecht, Haftpflichtrecht, Unterhaltsrecht, Sozialversicherungsrecht und im Recht der Gefahrenabwehr.[185]

---

[180] Vgl. beispielsweise die unterschiedliche Einordnung bei *Wollschläger*, Die Geschäftsführung ohne Auftrag (1976), S. 9 ff.; *Helm*, Gutachten und Vorschläge (1983), S. 335, 337 ff.

[181] *Wollschläger* gliedert beispielsweise die Rechtsprechung nach „Erfüllung fremder Pflichten", „Förderung fremden Nutzens", „treuhänderischem Eingriff in fremde Rechte" sowie Ansprüchen aus dem „Tätigkeitsverhältnis"; vgl.: Die Geschäftsführung ohne Auftrag (1976), S. 9 ff.

[182] Beispielsweise „GoA im Öffentlichen Recht", „Unterhaltspflichten"; „Der pflichtgebundene Geschäftsführer", „GoA und Gesamtschuld", „GoA als Regreßinstrument"; *Schubert*, AcP 178 (1978), S. 425 ff.

[183] Vgl. beispielsweise *Helm*, Gutachten und Vorschläge (1983), S. 335, 344 ff.

[184] Vgl. *MüKo/H. H. Seiler*, § 677 Rn. 25 ff.; ebenso (jedoch untergliedert nach Anspruchsgrundlagen) *Helm*, Gutachten und Vorschläge (1983), S. 335, 344 ff.

[185] Vgl. *MüKo/H. H. Seiler*, § 677 Rn. 25 ff.; *Helm*, Gutachten und Vorschläge (1983), S. 335, 344 ff., jeweils mit umfangreichen Rechtsprechungsnachweisen.

Schon bei dieser Aufzählung der häufigsten Anwendungsfälle der GoA zeigt sich eindeutig, daß die GoA in der Rechtswirklichkeit den *Charakter eines Sammeltatbestandes* besitzt. Ein einheitliches Leitbild der GoA läßt sich der Gerichtspraxis nicht entnehmen. Man kann die GoA infolgedessen lediglich als *Instrument des Regresses und der Risiko- und Lastenverteilung* sehen, um Nutzen und Kosten demjenigen zuzuteilen, dem sie nach der rechtlichen Zuständigkeitsordnung zufallen sollen.[186] Einen bestimmten Lebenssachverhalt, den die GoA in überwiegenden oder zumindest in Teilbereichen regelt, gibt es nicht.[187]

Darüber hinaus fällt bei Untersuchung der Judikatur zur GoA auf, daß der Geschäftsführer *regelmäßig nicht lediglich fremdnützig* tätig wurde. Abgesehen von wenigen Ausnahmen findet man nur Fälle, in denen der Geschäftsführer handelte, weil er zumindest teilweise egoistische Interessen verfolgte, sei es wegen einer gesetzlichen oder vertraglichen Verpflichtung oder zur Mehrung und Erhaltung eigener Güter oder Rechte.[188] Mit anderen Worten gesagt, stellt das *auch-fremde Geschäft* den *Kernbereich der GoA* in der Rechtswirklichkeit dar.

3. Die Veränderung des Anwendungsbereichs der GoA in der Praxis

Im Hinblick auf eine mögliche Funktionsveränderung der GoA ist anzumerken, daß die Mehrzahl der problematischen Anwendungsbereiche der GoA nicht erst allmählich vom *Reichsgericht* oder *BGH* erschlossen wurde. Vielmehr fanden die meisten Fallgruppen der GoA schon in der Rechtsprechung zur gemeinrechtlichen *negotiorum gestio* des 19. Jahrhunderts ihre Entsprechung. Schon diese Judikatur verallgemeinerte die Ausnahmetatbestände des römischen Rechts und initiierte damit die Ausuferung des Anwendungsbereichs.[189] An dieser Stelle kann auf die diesbezügliche

---

186 *MüKo/H. H. Seiler*, vor § 677 Rn. 1.

187 Ebenso das Ergebnis von *Wollschläger*, Die Geschäftsführung ohne Auftrag (1976), S. 32 f.

188 Siehe die Analyse von *Wollschläger*, deren Ergebnis auch 30 Jahre später höchstwahrscheinlich nicht anders ausgefallen wäre. Danach stellen die Fälle, bei denen der Geschäftsführer - zumindest auch - aufgrund eines eigenen Interesses oder einer eigenen Pflicht handelte, von der gemeinrechtlichen negotiorum gestio bis zum Jahre 1976 mit 90% den Mittelpunkt der GoA dar: Die Geschäftsführung ohne Auftrag (1976), S. 28 ff.

189 Vgl. die Nachweise bei *Schubert*, AcP 178 (1978), S. 425, 428 Fn. 19.

Untersuchung von *Wollschläger* verwiesen werden, welcher nachgewiesen hat, daß die Fälle der auch-fremden Geschäfte sowohl vor als auch nach Inkrafttreten des BGB den Schwerpunkt der Gerichtspraxis darstellten.[190]

Es gibt demnach keinen „ureigenen" Anwendungsbereich der GoA, den die Rechtsprechung im Verlauf der Rechtsanwendung durch ihre Auslegung verlassen hätte. Vielmehr stellte schon die historische ***negotiorum gestio*** eine Institution dar, die verschiedenste Rechtsprobleme auffangen sollte, welche durch andere Normgruppen nicht zufriedenstellend gelöst werden konnten.[191] Nach Inkrafttreten des BGB wurde diese Rechtsprechung zur GoA lediglich konsequent fortgeführt.[192]

a) Die Erweiterung des Anwendungsbereichs

Eine wesentliche Erweiterung des Anwendungsbereichs der GoA fand allerdings durch das sogenannte „Funkenflug-Urteil" im Jahre 1963 statt.[193] In diesem führte der *BGH* erstmals die Vermutungsregel für den Fremdgeschäftsführungswillen bei auch-fremden Geschäften ein.[194] Durch die bedeutende Beweiserleichterung nahm in der Folge die Anzahl der Entscheidungen, in denen einen Anspruch aus GoA gewährt wurde, weiter zu.[195]

Eine Änderung der Auslegung des Tatbestandes war damit allerdings nicht verbunden. Denn die vom *BGH* postulierte Vermutung des Fremdgeschäftsführungswillens war lediglich eine Fortführung der eigenen Rechtsprechung sowie der des *Reichsgerichts*. Vor dem Jahre 1963 wurde zwar noch nicht ausdrücklich ausgesprochen, daß bei auch-fremden Ge-

---

[190] Vgl. die Ausführungen und die Entscheidungsnachweise zu den Fallgruppen „Zahlung fremder Schulden", „Rückgriff gegen den Schadensersatzpflichtigen", „Unterhaltsrückgriff", „Rückgriff wegen öffentlich-rechtlicher Pflichten", „Vergütung von Dienstleistungen" bei *Wollschläger*, Die Geschäftsführung ohne Auftrag (1976), S. 76 ff., 113 ff., 128 ff.; 150 ff., 311 ff, Zusammenfassung S. 28 ff.

[191] Vgl. *H. H. Seiler*, Der Tatbestand der negotiorum gestio im Römischen Recht (1968), S. 314 ff.; *Wollschläger*, Die Geschäftsführung ohne Auftrag (1976), S. 28 ff.; vgl. auch die Ausführungen unter Gliederungspunkt D. § 4 I., S. 110.

[192] Siehe auch schon die Analyse *Wieackers* aus dem Jahre 1967 zur Rechtsprechung des *BGH*, in: *Wieacker*, Privatrechtsgeschichte der Neuzeit (1967), S. 525 ff.

[193] *BGHZ* 40, 28, vgl. auch die Ausführungen zur Vermutung des Fremdgeschäftsführungswillens unter Gliederungspunkt B. § 3 II. 2. d), S. 49.

[194] *BGHZ* 40, 28, 30 f.

[195] Vgl. dazu *Falk*, JuS 2003, 833, 835 f.

schäften der Fremdgeschäftsführungswille zu vermuten sei. Man kam jedoch durch die untergeordnete Prüfung des Fremdgeschäftsführungswillens zu ähnlichen Ergebnissen.[196]

Eine wirkliche Erweiterung des Anwendungsbereichs der GoA durch Präzisierung oder Änderung der Auslegung der Tatbestandsmerkmale hat die Rechtsprechung nach Einführung des BGB nur in einzelnen Bereichen vorgenommen. Von Bedeutung sind dabei im wesentlichen zwei Problemfelder: Zum einen wurden Nothilfeschäden erst seit dem Jahre 1920 über §§ 670, 683 S. 1, 677 ersetzt. Zugrunde lag die Gleichsetzung von Aufwendungen und gefahrtypischen Schäden im Wege der Rechtsfortbildung.[197] Der zweite Bereich, auf den die GoA erst durch die höchstrichterliche Rechtsprechung zum BGB ausgedehnt wurde, ist eben die hier untersuchte Konstellation. Seit der Leitentscheidung des *BGH* aus dem Jahre 1962[198] wurden die §§ 677 ff. vermehrt dazu genutzt, bei einem nicht zustande gekommenen oder unwirksamen Vertrag durch die §§ 677 ff. vertragsähnliche Rechtsfolgen zu erzielen.[199]

b) Die Verschiebung des Anwendungsbereichs

In anderen Fällen wurde dagegen von der Rechtsprechung zunehmend auf die Anwendung der GoA verzichtet. Als Beispiele sind hier die Fälle des Regresses sowie die Fälle zur Schadensersatzpflicht des Geschäftsführers ohne Auftrag zu nennen.

In beiden Bereichen wurden sachnäherer Risikoverteilungsprinzipien und Umverteilungswege entwickelt, auf die vermehrt zurückgegriffen wird. So werden die Fälle des Regresses in der neueren Rechtsprechung überwiegend nach § 426 bzw. über Legalzessionen gelöst.[200] Der Rückgang der Fälle des Schadensersatzes dürfte mit der Entwicklung der Haftungstatbestände der p.F.V., der c.i.c. und des Vertrages mit Schutzwirkung zugunsten Dritter im Zusammenhang stehen, welche die Haftung aus GoA in vielen Fällen

---

196 Vgl. beispielsweise *RGZ* 75, 276, 283; 82, 206, 215; 126, 287, 293; *BGHZ*, 16, 12, 16 f.

197 *RGZ* 98, 195, siehe dazu *Wittmann*, Begriff und Funktionen der Geschäftsführung ohne Auftrag (1981), S. 82.

198 *BGHZ* 37, 258.

199 Vgl. auch die Ausführungen unter Gliederungspunkt C., S. 73 ff.

200 Vgl. *Helm*, Gutachten und Vorschläge (1983), S. 335, 351 ff.

entbehrlich machte.[201] Dem Verzicht auf die Anwendung der GoA liegt in diesen Fällen deshalb keine veränderte Beurteilung der Tatbestandsvoraussetzungen der GoA durch die Rechtsprechung zugrunde.

4. Die Versuche der Einschränkung der GoA

Doch besonders in den letzten Jahren ist in der Rechtsprechung auch das Bemühen zu erkennen, den Anwendungsbereich der GoA in negativer Fassung zu konkretisieren.

a) Entgegenstehende Meinungen in der Rechtsprechung

Vorreiter in dieser Beziehung waren insbesondere einige OLG-Senate, die sich in ihren Urteilen gegen die weite Auslegung des § 677 ausgesprochen haben. So wurden die §§ 677 ff. in mehreren Entscheidungen übergangen, in denen eine Lösung über die GoA im Sinne der Rechtsprechung des *BGH* möglich bzw. erforderlich gewesen wäre.[202] In anderen Fällen wurden die Tatbestandsmerkmale, das heißt in der Regel der Fremdgeschäftsführungswille, verneint.[203]

Diese Einschränkung der Tatbestandsvoraussetzungen der GoA sowie der Vermutung des Fremdgeschäftsführungswillens ist beim *BGH* bisher jedoch nicht auf volle Zustimmung gestoßen. Mehrmals wurde die dahingehende Rechtsprechung der Instanzgerichte in der Revision als rechtsfehlerhaft gerügt.[204]

---

[201] Vgl. dazu die Auswertung der Fälle zum Schadensersatzanspruch des Geschäftsherrn bei *Wollschläger*, Die Geschäftsführung ohne Auftrag (1976), S. 262 f. Die Haftung des Geschäftsführers auf Schadensersatz wurde schon vor Entwicklung der p.F.V. direkt auf § 677 gestützt.

[202] Vgl. nur zur Fallgruppe der unwirksamen Verträge *OLG Oldenburg*, NJW 1991, 2216; *OLG Köln*, NJW-RR 1994, 1540; *OLG Koblenz*, NJW 1996, 665.

[203] *OLG Koblenz*, NJW 1992, 2367; *OLG Köln*, VersR 1997, 623; *OLG Hamburg*, OLGR Hamburg 1999, 111; *OLG Koblenz*, NJW 1999, 2904; *OLG Oldenburg*, MDR 2000, 1373.

[204] Vgl. *BGHZ* 65, 354, 357 zur Vorinstanz *OLG Koblenz*; *BGH* NJW-RR 1993, 200 zur Vorinstanz *OLG Stuttgart*; *BGH* NJW 1993, 3196 zur Vorinstanz *OLG Hamm*; *BGH* WM 1996, 2159 zur Vorinstanz *OLG Brandenburg*.

b) Das Kriterium der Unmittelbarkeit

Obgleich der *BGH* damit seine Rechtsprechung zum auch-fremden Geschäft nicht grundsätzlich aufgeben will, setzt sich anscheinend die Erkenntnis durch, daß der Rückgriff auf die GoA in bestimmten Fällen zu unerwünschten und systemwidrigen Ergebnissen führen kann. Mit zunehmender Tendenz versucht deshalb auch der *BGH* die GoA in Richtung einer Beschränkung zu präzisieren.

Einerseits wurde bisweilen die Geschäftsherreneigenschaft eines Beteiligten abgelehnt, wenn dieser nur mittelbar an der Geschäftsführung interessiert war.[205] *Leading case* in diesem Zusammenhang ist die Entscheidung *BGHZ* 54, 157. In dieser wurde die Zugehörigkeit zum Rechtskreis des vermeintlichen Geschäftsherrn trotz dessen eindeutigen Interesses an der Geschäftsführung verneint.[206] Nach einer Prüfung, welche der ständigen Rechtsprechung folgt, käme man über die Annahme eines auch-fremden Geschäfts und der anschließenden Vermutung des Fremdgeschäftsführungswillens problemlos zur Anwendung der §§ 677 ff. Über das *Kriterium der Unmittelbarkeit* will die Rechtsprechung allerdings einer „unangemessenen Ausweitung"[207] der GoA entgegenwirken.

Das Bemühen um eine Konkretisierung der GoA wird jedoch dadurch konterkariert, daß in der Rechtsprechung offengelassen wird, in welchen Fällen eine nur „mittelbare Beziehung" zu dem geführten Geschäft besteht. Solange abstrakten Kriterien für eine Unterscheidung zwischen unmittelba-

---

[205] *BGHZ* 54, 157, 160 f.; 61, 359, 363; 72, 151, 153; 82, 323; *BGH* WM 2002, 97, 98 f.; *BGH* NVwZ 2004, 764, 765; *OLG Hamm*, NJW-RR 1992, 1105, 1106.

[206] Vgl. *BGHZ* 54, 157. Dort wurde die Tätigkeit zur Eindämmung eines durch einen Kraftfahrzeugunfall verursachten Schadens (ausgelaufenes Heizöl) nicht als Geschäft der Haftpflichtversicherung angesehen. Ist das Ergebnis durchaus überzeugend, die Herleitung ist es nicht. Diese setzt sich in Widerspruch zur eigenen Rechtsprechung (beispielsweise *BGHZ* 40, 28, 31), vgl. S. 160 f.: „Wenn der Haftpflichtversicherer ... an der raschen Durchführung solcher Maßnahmen naturgemäß interessiert ist, so reicht diese m i t t e l b a r e Beziehung nicht aus, um in der durchgeführten Maßnahme die Besorgung eines zu seinem Rechtskreis gehörenden Geschäfts zu sehen. Die Regeln der Geschäftsführung ohne Auftrag würden unangemessen ausgeweitet werden, wenn sie auch bei Interessenverflechtungen ähnlicher Art ... zur Begründung von Ansprüchen auf Aufwendungsersatz herangezogen werden könnten. ... Schließlich würde die Haftung des Geschäftsherrn über das Ausmaß der Bereicherungshaftung hinausgehen, da er auch zur Erstattung von im Ergebnis nutzlosen Aufwendungen verpflichtet sein könnte."

[207] *BGHZ* 54, 157, 160 f.

rem und mittelbarem Interesse eines Beteiligten fehlen, ist das Kriterium der Unmittelbarkeit für eine Eingrenzung des Anwendungsbereichs der GoA jedoch untauglich. Vielmehr wird durch einen unbestimmten Begriff der Unmittelbarkeit die Rechtsunsicherheit im Bereich der GoA gefördert.

c) Die negative Fallgruppenbildung des BGH

Als weitere Einschränkung nimmt der *BGH* eine negative Fallgruppenbildung beim sogenannten „pflichtgebundenen" Geschäftsführer vor. In diesen Fällen ist die GoA nach neuerer Rechtsprechung des *BGH* ausgeschlossen, jedoch nicht wegen Fehlens der Tatbestandsvoraussetzungen, sondern aus systematischen Gesichtspunkten.[208]

Für diejenigen Konstellationen, bei denen Vorschriften des öffentlichen Rechts eine erschöpfende Regelung vorsehen, ist dies in der Rechtsprechung schon seit längerem anerkannt.[209] Hat demnach ein Träger öffentlicher Verwaltung die Geschäftsführungsmaßnahmen auf eigene Kosten vorzunehmen, bleibt für die (analoge) Anwendung der §§ 677 ff. im öffentlichen Recht kein Raum.[210]

Das gleiche gilt, soweit der Geschäftsführer dem Geschäftsherrn zur unentgeltlichen Tätigkeit verpflichtet war[211] bzw. wenn Spezialvorschriften des bürgerlichen Rechts der Anwendung der GoA entgegenstehen.[212] Detailliert wurde schon das Urteil des *BGH* vom 23.09.1999 besprochen, in dem der Aufwendungsersatzanspruch eines Erbensuchers abgelehnt wurde, da eine dahingehende Entscheidung der „den Grundsätzen des bürgerlichen Rechts folgenden Risikoverteilung" nicht entsprechen würde.[213]

---

[208] Dazu *Wendlandt*, NJW 2004, 985 ff.

[209] Vgl. *BGHZ* 30, 162, 169 f.; 140, 102, 110, *BGH* NJW 2004, 513, 514 f.; auch *BSGE* 85, 110, 113 f.

[210] Dazu *MüKo/H. H. Seiler*, vor § 677 Rn. 23 f. Problematisch bleiben allerdings die Fälle, in denen keine spezielle öffentlich-rechtliche Anspruchsgrundlage besteht. Bisher werden diese nach den §§ 677 ff. gelöst (vgl. *BGHZ* 40, 28, 30; 63, 167, 170; 65, 354, 357 ff.), wobei auch hier die Gerichte in letzter Zeit zurückhaltender werden, siehe beispielsweise *BGHZ* 109, 354, 358.

[211] *BGHZ* 40, 28, 32.

[212] *BGHZ* 98, 235, 240 ff.

[213] *BGH* NJW 2000, 72, 73, vgl. die Ausführungen unter Gliederungspunkt C. § 3 II., S. 98.

d) Die GoA des vertraglich pflichtgebundenen Geschäftsführers

Erst im Jahre 2003 hat die Fallgruppe des pflichtgebundenen Geschäftsführers eine weitere Einschränkung mit maßgeblicher Bedeutung erfahren. Bis dahin hielt es der *BGH* für möglich, daß ein Schuldner eines Vertrages zugleich - im Verhältnis zu einem Dritten - Geschäftsführer ohne Auftrag sein kann.[214]

Der *X. BGH-Zivilsenat* hat nunmehr mit der Entscheidung vom 21.10.2003 eine Wende dieser Rechtsprechung eingeleitet.[215] Ansprüche aus GoA sollen demnach ausgeschlossen sein, wenn der Geschäftsführer einem Dritten gegenüber aufgrund eines wirksamen Vertrages verpflichtet ist, welcher die Entgeltfrage umfassend regelt.[216] Die Wirkung vertraglicher Beziehungen auf die GoA läßt sich jedoch nach Ansicht des *Senats* nicht auf die Fälle übertragen, bei denen kein wirksamer Vertrag zustande gekommen ist. Ohne in diesem Zusammenhang eine klärende Abgrenzung vorzunehmen, bestätigt der *BGH* seine Rechtsprechung die gescheiterten Verträge betreffend. Sollte demnach kein Vertrag zustande gekommen sein, kämen auch weiterhin „Aufwendungsersatzansprüche aus dem Institut der Geschäftsführung ohne Auftrag dem Grunde nach in Betracht."[217]

IV. Das Funktionsverständnis der GoA in der Literatur

Im Anschluß an die Rechtsprechung soll die Auseinandersetzung der Wissenschaft mit der GoA näher beleuchtet werden.

In der Literatur zur GoA wird vorwiegend deren Anreiz- und Ausgleichsfunktion betont.[218] Teilweise werden die Anteile sowie die Berechtigung dieser Funktionen gänzlich unterschiedlich gewichtet, was die GoA seit

---

[214] *BGHZ* 39, 261, 265; 61, 359, 363; *BGH* NJW 1991, 2638, 2639; offengelassen in *BGHZ* 140, 102, 109 f.

[215] *BGH*, Urteil v. 21.10.2003 - X ZR 66/01, NJW-RR 2004, 81, bestätigt durch das Urteil v. 15.4.2004 - VII ZR 212/03, NJW-RR 2004, 956.

[216] *BGH* NJW-RR 2004, 81, 83.

[217] *BGH* NJW-RR 2004, 81, 82, mit Hinweis auf *BGH* NJW-RR 1989, 970; vgl. jedoch die Ausführungen unter Gliederungspunkt E. § 3 III. 2., S. 261.

[218] *MüKo/H. H. Seiler*, vor § 677 Rn. 1 ff.; *Staudinger/Wittmann*, Vorbem. zu §§ 677 ff., Rn. 6; *Larenz/Canaris*, Schuldrecht Besonderer Teil II/1, 13. Auflage (1986), S. 436 f., *Helm*, Gutachten und Vorschläge (1983), S. 335, 361 ff.; *Schubert*, AcP 178 (1978), S. 425, 427 ff.

Inkrafttreten des BGB zu einem Austragungsort rechtsdogmatischer Debatten für die Wissenschaft macht.[219]

Die Fremdgeschäftsführung ist in dieser Hinsicht ein Bereich, in dem mehrere Streitpunkte zusammentreffen. Zum einen ist die Konzeption der GoA mit der Lehre vom gemischt objektiv-subjektiven Tatbestand in der Rechtsprechung zwar gefestigt, in der Literatur dagegen noch immer umstritten. Der Versuch der Rückführung der GoA auf lediglich subjektive Elemente wird auch im aktuellen Schrifttum noch nicht als gescheitert angesehen.[220]

Daneben bestehen höchst unterschiedliche Auffassungen über die *legitimen Aufgaben* der GoA. Während ein Teil der Literatur die GoA auf die Fälle der uneigennützigen Menschenhilfe beschränken will, sieht ein anderer Teil in der GoA ein allgemeines Instrument der Kostenumverteilung.[221] Die Suche der Wissenschaft nach einer Konkretisierung des Tatbestandes ist deshalb stets begleitet vom Streit über die Grundkonzeption der GoA.

1. Die Theorie der Menschenhilfe

Insbesondere in der älteren Literatur trifft man auf die Ansicht, welche den Aspekt der Menschenhilfe zum Grundgedanken der GoA erklärt.[222] Im Sinne eines Ausgangspunktes verstanden, ist diese Vorstellung als solche keineswegs kritikwürdig.[223] Indes geht damit regelmäßig die Annahme

---

[219] Vgl. nur die Quellennachweise bei *Oppermann*, AcP 193 (1993), S. 497, 498 Fn. 2.

[220] Siehe beispielsweise die Befürwortung der subjektiven Theorie durch *Schmidt*, JuS 2004, 862, 866 f.; ähnlich *Köndgen*, Die Geschäftsführung ohne Auftrag im Wandel der Zeiten - Versuch einer Ehrenrettung, in: Rechtsgeschichte und Privatrechtsdogmatik, Festschrift für Hans Hermann Seiler (1999), S. 371 ff.

[221] Vgl. dazu die sogleich folgenden Ausführungen.

[222] Grundlegend *Kohler*, Die Menschenhülfe im Privatrecht, in: Jherings Jahrbücher für die Dogmatik des römischen und deutschen Privatrechts, Bd. 25 (1887), S. 1, 42 ff.; *Lent*, Wille und Interesse bei der Geschäftsbesorgung (1938), S. 12; *Mellulis*, Das Verhältnis von Geschäftsführung ohne Auftrag und ungerechtfertigter Bereicherung (1971), S. 4 ff.; *Wittmann*, Begriff und Funktionen der Geschäftsführung ohne Auftrag (1981), S. 1, 161; aus dem neueren Schrifttum: *Köndgen*, Die Geschäftsführung ohne Auftrag im Wandel der Zeiten - Versuch einer Ehrenrettung, in: Rechtsgeschichte und Privatrechtsdogmatik, Festschrift für Hans Hermann Seiler (1999), S. 371 ff.; *Fikentscher*, Schuldrecht (1997), S. 583.

[223] Vgl. *Wolf*, Festschrift Mühl (1981), S. 703.

einher, die Menschenhilfe sei der einzig legitime Anwendungsbereich der GoA. Der sachliche Geltungsbereich der GoA sei dementsprechend auf diejenigen Fälle begrenzt, in denen das Handeln des Geschäftsführers auf einer altruistischen Motivation beruht. Geschäfte, die für den Geschäftsherrn zwar nützlich, jedoch teilweise oder überwiegend durch Eigeninteresse des Geschäftsführers begründet sind, seien nach Möglichkeit aus dem Anwendungsbereich der §§ 677 ff. auszunehmen.[224]

Die rechtstechnische Durchsetzung der Einschränkung der GoA soll nach dieser Ansicht über das Tatbestandsmerkmal des Fremdgeschäftsführungswillens erfolgen. Weil Eigeninteressen und Pflichtgebundenheit des Geschäftsführers nicht mit dem Ideal der Menschenhilfe vereinbar seien, werden beim Fremdgeschäftsführungswillen folgerichtig „Freiwilligkeit"[225] oder „altruistische Motive"[226] gefordert. Damit die Einschränkung des Tatbestandsmerkmals des Fremdgeschäftsführungswillens überhaupt entscheidungserheblich ist, muß darüber hinaus die Vermutung des Fremdgeschäftsführungswillens beim auch-fremden Geschäft aufgegeben werden.[227]

Eindeutig gegen die Theorie der Menschenhilfe spricht jedoch die historische Interpretation der GoA. Die implizierte rechtshistorische Behauptung vom Geschäftsführer ohne Auftrag als Menschenfreund hat sich nach Untersuchung der Gesetzgebungsmaterialien zum BGB als unzutreffend erwiesen. Bestimmt von der Erkenntnis, daß in den meisten Fällen „der Geschäftsführer sowohl sein eigenes als das Interesse des Geschäftsherrn im Auge habe",[228] hielten schon die Verfasser des BGB die Wahrnehmung von eigenen Belangen durch den Geschäftsführer mit dem Willen zur Fremdgeschäftsführung grundsätzlich für vereinbar.

Zwar liegt auch der Lehre von der Menschenhilfe ein berechtigtes Anliegen zugrunde. So wird der altruistische Einsatz als Leitbild in den Vordergrund gestellt, um anhand dieses Leitbildes eine Abgrenzung zu

---

224 *Mellulis*, Das Verhältnis von Geschäftsführung ohne Auftrag und ungerechtfertigter Bereicherung (1971), S. 4 ff., 191.

225 *Martinek/Theobald*, JuS 1997, 992.

226 *Melullis*, Das Verhältnis von Geschäftsführung ohne Auftrag und ungerechtfertigter Bereicherung (1971), S. 174.

227 Vgl. beispielsweise *Schwark*, JuS 1984, 321, 328; *Stamm*, Jura 2002, 730, 731.

228 Prot. I. Komm., S. 1661 f., in *Jakobs/Schubert*, Die Beratung des Bürgerlichen Gesetzbuchs, Schuldverhältnisse III, S. 160 f.

erreichen. Doch schon die Lücke, welche zwischen den Lehrbuchfällen[229] der Befürworter und dem wirklichen Schwerpunkt der GoA in der Rechtswirklichkeit klafft, kennzeichnet die Lehre von der Menschenhilfe als ungeeignet für die nähere Konkretisierung des Tatbestandes der GoA.[230]

2. Die GoA als subsidiärer Sammeltatbestand

Aus diesen Gründen begreift die wohl herrschende Meinung in der Literatur die GoA als *allgemeinen Auffang- und Sammeltatbestand*, welcher nicht auf die Fälle der altruistischen Hilfe beschränkt sein sollte. Damit wird die bestehende Rechtsprechungspraxis zum auch-fremden Geschäft zumindest *im Grundsatz* gebilligt. Grund dafür ist einerseits die Anerkennung der Tatsache, daß die auch-fremden Geschäfte den Kernbereich der GoA in der Lebenswirklichkeit darstellen. Andererseits ist auch die überwiegende Literatur der Ansicht, daß auf die GoA als subsidiärer Ausgleichstatbestand nicht vollkommen verzichtet werden kann.[231]

Abgesehen von diesem Grundverständnis differieren die Ansichten über den legitimen Anwendungsbereich. Während Einzelstimmen in der Literatur den *umfassenden Rückgriff* auf die Vorschriften der GoA befürworten,[232] wird mehrheitlich die extensive Anwendung der GoA durch die Rechtsprechung weder als rechtstechnisch richtig noch als sach- und interessen-

---

229 Vgl. die - nach seiner Ansicht - „grotesken" Beispiele des Menschenfreunds im Lehrbuch, *Wollschläger*, Die Geschäftsführung ohne Auftrag (1976), S. 24 f.

230 Ebenso *Wolf*, Festschrift Mühl (1981), S. 703; *MüKo/H. H. Seiler*, vor § 677 Rn. 1; *Erman/Ehmann*, vor § 677 Rn. 3; *Schubert*, AcP 178 (1978), S. 425, 429; *Wollschläger*, Die Geschäftsführung ohne Auftrag (1976), S. 319.

231 *MüKo/H. H. Seiler*, § 677 Rn. 24; *Erman/Ehmann*, vor § 677 Rn. 10; *Helm*, Gutachten und Vorschläge (1983), S. 335, 397 f.; *Schreiber*, DB 1979, S. 1397; *Medicus*, Bürgerliches Recht (2004), Rn. 410 ff.; *Wollschläger*, Die Geschäftsführung ohne Auftrag (1976), S. 320; *Wittmann*, Begriff und Funktionen der Geschäftsführung ohne Auftrag (1981), S. 31; *Gursky*, AcP 185 (1985), S. 13, 38.

232 *Dorn*, NJW 1964, 799; *Lützenkirchen*, MDR 2001, 9; *Gursky*, AcP 185 (1985), S. 13, 40 ff.; mit Einschränkungen *Griebe*, Der Aufwendungsersatzanspruch des Geschäftsführers ohne Auftrag (1996), S. 108, 115, 193; *MüKo/H. H. Seiler*; § 677 Rn. 13 ff., 24. *Wollschläger* will der GoA sogar noch zusätzliche Aufgaben wie beispielsweise die Rettungshandlung als GoA zugunsten eines Versicherers übertragen, vgl. Die Geschäftsführung ohne Auftrag (1976), S. 186.

gerecht angesehen.[233] Welche Fälle nicht zum legitimen Anwendungsbereich der GoA gehören, wird allerdings höchst unterschiedlich beurteilt. Es finden sich zu jeder Fallgruppe des auch-fremden Geschäfts mehr oder weniger zahlreichen Stimmen in der Literatur, welche die Anwendbarkeit der Regeln der GoA anzweifeln.[234] So ist der Rückgriff auf die §§ 677 ff. beispielsweise bei vertraglicher[235] oder öffentlich-rechtlicher Verpflichtung[236] des Geschäftsführers, bei Selbsthilfeaufwendungen[237], in den Fällen der unechten Gesamtschuld[238] oder bei wettbewerbsrechtlichen Abmahnungen[239] in gleichem Maße umstritten wie bei gescheiterten Verträgen.

3. Die Versuche der Einschränkung der GoA

Ungeachtet der Differenzen in bezug auf die einzelnen Fallgruppen der GoA ist bei der überwiegenden Anzahl der Stimmen in der Literatur das Bemühen zu erkennen, den Anwendungsbereich der GoA zu begrenzen oder zumin-

---

[233] Vgl. schon *Rabel*, RheinZ 10 (1919), S. 89, in: Gesammelte Aufsätze, Band I - Arbeiten zum Privatrecht 1907-1930, S. 309, 312; *Erman/Ehmann*, vor § 677 Rn. 10, § 677 Rn. 9 ff.; *Staudinger/Wittmann*, Vorbem. zu §§ 677 ff., Rn. 35 ff.; *Schubert*, AcP 178 (1978), S. 425, 428; *derselbe*, NJW 1978, 687, 688; *Hauß*, Ein strapaziertes Rechtsinstitut - Zur Eingrenzung der Geschäftsführung ohne Auftrag, in: Festgabe für Hermann Weitnauer (1980), S. 333; *Gursky*, JurA 1969, 103, 113; *derselbe*, AcP 185 (1985), S. 26 f.; *Helm*, Gutachten und Vorschläge (1983), S. 368 f.; *Schulze*, JZ 2000, 523, 524; *Emmerich*, JuS 2000, 603 f.; *Schmidt*, JuS 2004, 862; 865 f.

[234] Vgl. nur die Übersicht über die Fallgruppen bei *MüKo/H. H. Seiler*, § 677 Rn. 25 ff.

[235] Dazu *Wolf*, Festschrift Mühl (1981), S. 703; *Weishaupt*, NJW 2000, 1002; *Wendlandt*, NJW 2004, 985.

[236] Zu dieser Problematik bereits *Brennhausen*, Geschäftsführung ohne Auftrag im öffentlichen Recht (1934); aus der neueren Literatur vgl. beispielsweise *Wollschläger*, Die Geschäftsführung ohne Auftrag im Öffentlichen Recht und Erstattungsanspruch (1977); *Blas*, Die Geschäftsführung ohne Auftrag im öffentlichen Recht (1991); *Nedden*, Die Geschäftsführung ohne Auftrag im Öffentlichen Recht (1994).

[237] Dazu *Saenger*, Einstweiliger Rechtsschutz und materiellrechtliche Selbsterfüllung (1998), S. 97 ff.; *Dehnen*, Zu den Voraussetzungen eines allgemeinen zivilrechtlichen Anspruchs auf Kostenersatz bei Selbstvornahme (1997); *Hau*, NJW 2001, 2863.

[238] Dazu *Stamm*, Jura 2002, 730; *Laufs*, NJW 1967, 2294; *Frotz*, JZ 1964, 665.

[239] Dazu *Schmid*, GRUR 1999, 312; *Erman/Ehmann*, § 677 Rn. 13; *MüKo/H. H. Seiler*, § 677 Rn. 35.

dest eindeutig zu präzisieren.[240] Nachfolgend sollen die bemerkenswertesten Versuche der Eingrenzung des Anwendungsbereichs der GoA *durch Konkretisierung des Tatbestandes* des § 677 aufgezeigt werden. [241]

a) Die Verengung des Tatbestandsmerkmals des Geschäftsführungswillens

Häufig findet sich dabei der Vorschlag, den Begriff des Fremdgeschäftsführungswillens einengend auszulegen bzw. die Vermutung einzuschränken. Auch die Vertreter in der Literatur, welche die Theorie der Menschenhilfe ablehnen, sind teilweise der Ansicht, daß nicht ohne weiteres vom Vorliegen des Fremdgeschäftsführungswillens ausgegangen werden könne, wenn der Geschäftsführer aufgrund eigener Verpflichtung oder eigenen Interesses handelt.[242]

Wenn in diesem Zusammenhang der Rechtsprechung vorgeworfen wird, den Fremdgeschäftsführungswillen mit der Vermutung nur zu fingieren,[243] zeigt sich darin jedoch das Mißverständnis zwischen Rechtsprechung und Literatur, welches in den unterschiedlichen Vorstellungen vom Begriff des Fremdgeschäftsführungswillens begründet liegt. Denn die Anforderungen, welche die Rechtsprechung an den Fremdgeschäftsführungswillen stellt, bedingen auch die Maßstäbe für dessen Vermutung. Sieht man im Einklang mit der Rechtsprechung die GoA losgelöst vom Leitbild der Menschenhilfe als allgemeines Ausgleichsinstrument bei nichtvertraglichen sowie nicht anderweitig geregelten Geschäftsbesorgungen, kann man ohne Wertungswidersprüche nur geringe Anforderungen an den Fremdgeschäftsführungswillen stellen. Dann wäre auch ein Eigeninteresse an der Geschäftsführung für den Fremdgeschäftsführungswillen grundsätzlich unbeachtlich und man

---

240 Vgl. beispielsweise *Schubert*, AcP 178 (1978), S. 425, 427; *Helm*, Gutachten und Vorschläge (1983), S. 335, 386.

241 Als wichtigste Arbeiten sind zu nennen *Wollschläger*, Die Geschäftsführung ohne Auftrag (1976); *Wittmann*, Begriff und Funktionen der Geschäftsführung ohne Auftrag (1981); *Schubert*, AcP 178 (1978), S. 425; *Helm*, Gutachten und Vorschläge (1983), S. 335; *H. Müller*, Der Fremdgeschäftsführungswille (1980); *Gursky*, AcP 185 (1985), S. 13.

242 *Larenz/Canaris*, Schuldrecht Besonderer Teil II/1, 13. Auflage (1986), S. 443; *Schwark*, JuS 1984, 321, 325 f.; *Medicus*, Bürgerliches Recht (2004), Rn. 412; einschränkend *Soergel/Beuthien*, vor § 677 Rn. 10.

243 Vgl. z. B. *Staudinger/Wittmann*, Vorbem. zu §§ 677 ff. Rn. 36; *Fikentscher*, Schuldrecht (1997), S. 587.

kann folgerichtig auch in diesen Fällen vermuten, der Geschäftsführer habe *zumindest auch* für den Geschäftsherrn handeln wollen.

Verlangt man für das Vorliegen des Fremdgeschäftsführungswillens *zusätzliche Anhaltspunkte*, scheint dies auf den ersten Blick eine adäquate Begrenzung der GoA zu ermöglichen. Bei näherer Betrachtung ergeben sich jedoch mehrere Probleme.

So wird durch die hohen Anforderungen an den Fremdgeschäftsführungswillen die Erfüllung des Tatbestandes auf den subjektiven Tatbestand zurückverlagert. Neben den schon angesprochenen Beweisproblemen ist insbesondere die Grenzziehung problematisch. Auch nach der Meinung des Schrifttums gibt es Konstellationen, bei denen trotz Doppelinteresses bzw. Verpflichtung des Geschäftsführers ein Anspruch aus GoA nicht ausgeschlossen sein sollte, wie beispielsweise die Kostenerstattung bei Hilfeleistung in Unglücksfällen.[244] Läßt man hier die GoA am Fremdgeschäftsführungswillen scheitern, weil sich der Geschäftsführer beispielsweise *gar keine* Gedanken gemacht hat, schränkt man auch traditionelle Bereiche der willens- und interessengerechten GoA mit ein.[245]

Auch der Vorschlag, die *Vermutungsregel* beim Handeln im Doppelinteresse grundsätzlich aufzugeben,[246] begegnet Bedenken. Der rechtskundige Geschäftsführer, welcher die grundsätzliche Möglichkeit der Fremdgeschäftsführung kennt, wäre begünstigt. Dieser wird dafür sorgen, daß er seine Absicht, trotz eigener Verpflichtung auch für den Geschäftsherrn zu handeln, beweisen kann, während dem Rechtsunkundigen ein Anspruch aus GoA versagt bleibt.[247]

Im übrigen berücksichtigt die Ansicht, welche die Eingrenzung der GoA über den Fremdgeschäftsführungswillen erreichen will, die Ansprüche des Geschäftsherrn nicht in ausreichendem Maße. Wird verlangt, daß dem Geschäftsführer der volle Beweis seines Fremdgeschäftsführungswillens obliegt,[248] beschränkt sich die zugrundeliegende Argumentation regelmäßig

---

[244] Vgl. *MüKo/H. H. Seiler*, § 677 Rn. 24; *Erman/Ehmann*, vor § 677 Rn. 10; *Helm*, Gutachten und Vorschläge (1983), S. 335, 397 f.

[245] Vgl. *Helm*, Gutachten und Vorschläge (1983), S. 335, 346, 397 f.; ebenso *Gold*, JA 1994, 205, 210.

[246] *Schmidt*, JuS 2002, 862, 867.

[247] Dazu *Soergel/Beuthien*, vor § 677 Rn. 10; ähnlich *Esser/Weyers*, Schuldrecht, Band 2, Teilband 2 (2000), S. 11 ff.

[248] *Schmidt*, JuS 2002, 862, 867.

nur auf den Aufwendungsersatzanspruch gem. § 683 S. 1.[249] Offen bleibt dabei allerdings, wie diejenigen Fälle zu lösen sind, in denen der Geschäftsherr selbst Schadensersatz, Herausgabe oder Rechnungslegung fordert. Konsequenterweise wäre der Geschäftsherr als Anspruchsteller dazu verpflichtet, das Vorliegen der strengen Voraussetzungen des Fremdgeschäftsführungswillens beim Geschäftsführer zu beweisen. Daß eine solche Beweislastverteilung nur mit Berücksichtigung von Anscheinsbeweis oder Vermutungen praktisch durchgesetzt werden kann, ist offensichtlich. Damit würde man schließlich mittelbar doch wieder zur Objektivierung des Tatbestandes gelangen.

b) Die Zuordnung nach der Zuständigkeitstheorie des fremden Geschäfts

Nach einer anderen Meinung sind für die Bestimmung des Bereichs der Fremdgeschäftsführung ***objektive Zuordnungskriterien*** erforderlich.

Die konsequenteste Untersuchung in diese Richtung hat *Wollschläger* im Jahre 1976 mit seiner Habilitationsschrift unternommen, in der die sogenannte „Zuständigkeitstheorie des fremden Geschäfts" begründet wurde.[250] Nach dieser bemißt sich die Fremdheit stets objektiv nach der „höherrangigen Zuständigkeit am Gegenstand der Tätigkeit". Die Zuständigkeit kann danach auf verschiedenen Grundlagen beruhen, von denen subjektive Rechte, haftungsbegründende Interessen und Pflichtenstellungen die wichtigsten sind.[251] Notfalls soll im Wege einer offenen Wertung festgestellt werden, wer „näher dran ist", die „Kosten und Nutzen zu übernehmen" und damit als Geschäftsherr anzusehen ist.[252] Demnach kann auch bei eigener Pflicht ein fremdes Geschäft geführt werden, wenn ein anderer Verpflichteter „nach dem Rang- oder Stufenverhältnis beider Verbindlichkeiten die Last endgültig tragen muß".[253] Der Zuständigkeitstheorie liegt dabei die Prämisse zugrunde, daß die GoA eine umfassende Ausgleichsregelung darstellt.[254]

---

249 Siehe die gewählten Beispiele bei *Schmidt*, JuS 2002, 862, 882 f.

250 *Wollschläger*, Die Geschäftsführung ohne Auftrag (1976).

251 *Wollschläger*, Die Geschäftsführung ohne Auftrag (1976), S. 57 ff., 320.

252 *Wollschläger*, Die Geschäftsführung ohne Auftrag (1976), S. 319.

253 *Wollschläger*, Die Geschäftsführung ohne Auftrag (1976), S. 320.

254 Vgl. *Wollschläger*, Die Geschäftsführung ohne Auftrag (1976), S. 319: „Die §§ 677 ff. bilden kein Sonderrecht der Förderung und Anerkennung von Hilfeleistung. Sie sind vielmehr derjenige Teil der gesetzlichen Ausgleichsordnung, welcher unrechtmäßige Vermögenslagen, die aus auftraglosem Handeln für andere entstehen, korrigiert."

Die Leistung der Zuständigkeitstheorie besteht darin, Wertungen zu liefern, welche in vielen Fällen zu einer eindeutigen Bejahung oder Verneinung des Tatbestandes der GoA führen.[255] Hinsichtlich der Zuständigkeitstheorie sind jedoch auch Bedenken angebracht.

Einerseits werden die Tatbestandsvoraussetzungen und der Funktionsbereich der GoA anhand der Judikatur definiert. Insofern am angloamerikanischen *case law* orientiert, erklärt er die Rechtsfortbildung durch die Rechtsprechung zum Mittelpunkt der Gesetzesauslegung.[256] Teilweise wird sogar der aktuelle Anwendungsbereich in der Praxis unmittelbar mit der Funktion gleichgesetzt, was in dieser Konsequenz die Ziele des Gesetzgebers gänzlich unberücksichtigt läßt.[257]

Darüber hinaus stehen auch bei der Zuständigkeitstheorie am Ende eines problematischen Falles „offene Wertungen", so daß der Begriff der „höherrangigen Zuständigkeit" im Ergebnis unscharf bleibt. Nicht in allen Fällen ist damit eine sichere Bestimmung des Fremdgeschäfts möglich. Auch kommt die dogmatische Begründung nicht ohne Verwendung von Ausnahmen aus.[258]

c) Die Zuordnung mit Hilfe der ökonomischen Analyse des Rechts

Der Ansatz der objektiven Zuständigkeit weist den Weg in Richtung der ökonomischen Analyse des Rechts. Nach einer Ansicht in der Literatur können die entwickelten Denkfiguren der ökonomischen Analyse zum Schadensrecht auch auf die Geschäftsführung ohne Auftrag übertragen werden.[259]

---

[255] *MüKo/H. H. Seiler*, § 677 Rn. 19.

[256] Kritisch zur Analyse Wollschlägers *H. Müller*, Der Fremdgeschäftsführungswille (1980), S. 95 ff.

[257] *Wollschläger*, Die Geschäftsführung ohne Auftrag (1976), S. 28 ff., 319; ähnlich zur Funktion der Internalisierung externer Kosten auch *Griebe*, Der Aufwendungsersatzanspruch des Geschäftsführers ohne Auftrag (1996), S. 53 ff.

[258] Vgl. *Wollschläger*, Die Geschäftsführung ohne Auftrag (1976), S. 65 ff.; 201 ff.; 207 ff.

[259] *Griebe*, Der Aufwendungsersatzanspruch des Geschäftsführers ohne Auftrag (1996), S. 1 ff., 85 ff., 91.

Ziel ist dabei die Einfügung der Funktion der „Vermeidung der Verschwendung von Ressourcen" im Bereich der GoA.[260] Die ökonomische Analyse soll Wege aufzeigen, die Zuordnung von Kosten unter dem Gesichtspunkt der Effizienz vorzunehmen. Demgemäß soll der sogenannte *cheapest cost avoider*, also derjenige, der einen Schaden oder eine Störung kostengünstigst hätte vermeiden können,[261] als Verantwortlicher und damit als Geschäftsherr angesehen werden.[262]

Zwar ist zunehmend anerkannt, daß die Aussagen und Kriterien der ökonomischen Analyse bei Rechtsanwendungs- und Wertungsproblemen Lösungen bieten können.[263] Demzufolge kann die zum Haftungsrecht entwickelte Figur des *cheapest cost avoider* durchaus auf Teilbereiche der GoA, wie Fälle der Hilfeleistung, Schadensbeseitigung oder Selbstaufopferung im Straßenverkehr, anwendbar sein.[264]

Es ist jedoch fraglich, ob sich auch die übrigen Fallgruppen der GoA mit den Entscheidungen zum Schadensrecht vergleichen lassen.[265] Diese Vergleichbarkeit ist jedoch für eine Anwendung der Kriterien der ökonomischen

---

260 *Griebe*, Der Aufwendungsersatzanspruch des Geschäftsführers ohne Auftrag (1996), S. 49 f.

261 Bei Unvermeidbarkeit des Schadens soll die Figur des „cheapest insurers" herangezogen werden, womit derjenige haften soll, der das Schadensrisiko mit dem geringsten Aufwand hätte versichern können, *Griebe*, Der Aufwendungsersatzanspruch des Geschäftsführers ohne Auftrag (1996), S. 87 ff.

262 Mittels lebensnaher Schätzungen und Annahmen will *Griebe* die Auslegungs- und Abgrenzungsprobleme bei der GoA weitgehend gelöst sehen, vgl. *Griebe*, Der Aufwendungsersatzanspruch des Geschäftsführers ohne Auftrag (1996), S. 85 ff.; ähnlich *Kötz*, Geschäftsführung ohne Auftrag aus rechtsökonomischer Sicht, in: Festschrift für Bernhard Großfeld zum 65. Geburtstag (1999), S. 583, 593 ff.

263 *Ott/Schäfer*, JZ 1988, 213, 214; ablehnend *Fezer*, JZ 1986, 817 ff.; vlg. auch den Überblick von *Ott*, Die Relevanz der Rechtsökonomie für die Anwendung und Fortbildung des Zivilrechts, in: Wirtschafts- und Medienrecht in der offenen Demokratie, Freundesgabe für Friedrich Kübler zum 65. Geburtstag (1997), S. 21.

264 Grundlegend *Calabresi*, The Costs of Accidents (1970), S. 136 ff.; vgl. dazu auch *Schäfer/Ott*, Lehrbuch der ökonomischen Analyse des Zivilrechts (2000), S. 211 ff.; kritisch zur Gesetzeskonkretisierung durch Effizienzkriterien *Eidenmüller*, Effizienz als Rechtsprinzip (1998), S. 454 ff.

265 *Griebe* sieht dieses Problem nicht, sondern erklärt die Fälle zur Verteilung der Kosten aus gefahrenabwendender und schadensbeseitigender Tätigkeit „zu den modernen Leitfällen" der GoA, eine Einschränkung der Anwendbarkeit seiner These bzgl. des Anwendungsbereichs nimmt *Griebe* im Anschluß nicht vor, vgl. S. 85.

Analyse erforderlich. Jedenfalls bei der Konstellation der unwirksamen Verträge können die aus dem Schadensrecht übernommenen Modelle schwerlich Anwendung finden, denn bei einer irrtümlichen Leistung des Geschäftsführers kann die Frage nach der effizientesten Verteilung gefahrenabwendender und schadensbeseitigender Kosten von vornherein nicht gestellt werden.[266]

Darüber hinaus sind der nachträglichen Risikozuordnung durch Effizienzkriterien Grenzen gesetzt. Die Erkenntnisse der ökonomischen Analyse können nur Anwendung finden, wenn keine spezifischen Vorstellungen oder Normierungen des Gesetzgebers feststellbar sind.[267] Aber gerade beim anderweitig verpflichteten Geschäftsführer wird die Risikoverteilung durch Vertrag bzw. Gesetz geregelt, womit nachträgliche Kosten-Nutzen-Erwägungen unzulässig sind.[268] Erweist sich andererseits ein geschlossener Vertrag als nichtig, so hat der Gesetzgeber bezüglich der Rückabwicklung eine bindende Risikozuordnung vorgenommen. Diese kann jedoch nicht durch Effizienzkriterien wieder aufgehoben werden.[269]

Die ökonomische Analyse der GoA bietet damit keine Lösung für die umfassende Bestimmung der Fremdgeschäftsführung im Sinne der §§ 677 ff.

---

[266] Dazu *Griebe*, Der Aufwendungsersatzanspruch des Geschäftsführers ohne Auftrag (1996), S. 85, welcher die Fälle zu Verteilung der Kosten aus gefahrenabwendender und schadensbeseitigender Tätigkeit „zu den modernen Leitfällen" der Geschäftsführung ohne Auftrag erklärt. Eine Einschränkung der Anwendbarkeit seiner These bzgl. des Anwendungsbereichs nimmt Griebe im Anschluß nicht vor.

[267] *Raisch*, Juristische Methoden (1995), S. 187 ff.; *Eidenmüller*, Effizienz als Rechtsprinzip (1998), S. 454 ff.; anders die Befürworter der ökonomischen Analyse des Rechts, welche die Zielvorstellungen des Gesetzgebers eher als den Ausnahmefall vom Effizienzprinzip ansehen, vgl. beispielsweise *Ott*, Die Relevanz der Rechtsökonomie für die Anwendung und Fortbildung des Zivilrechts, in: Wirtschafts- und Medienrecht in der offenen Demokratie, Freundesgabe für Friedrich Kübler zum 65. Geburtstag (1997), S. 21, 38 ff. mit weiteren Nachweisen.

[268] Vgl. *Schäfer/Ott*, Lehrbuch der ökonomischen Analyse des Zivilrechts (2000), S. 398; *Wollschläger*, Die Geschäftsführung ohne Auftrag (1976), S. 320, 405.

[269] *Schäfer*, Allokationseffizienz als Grundprinzip des Zivilrechts, in: Allokationseffizienz in der Rechtsordnung (1989), S. 1, 43 f.

V. *Zwischenergebnis*

Folglich bleibt das Bild der GoA auch nach Retrospektive der Rechtsprechung und Literatur unter teleologischen Gesichtspunkten verschwommen.

Ursache dafür ist zum einen der Tatbestand des § 677, welcher durch seinen weiten Wortlaut einen äußerst breiten Anwendungsbereich ermöglicht. Daß die Lösung des Problems der Fremdgeschäftsführung noch keine wesentlichen Fortschritte gemacht hat, liegt im fortwährenden Streit um die dogmatische Grundkonzeption und das rechtstheoretische Fundament der GoA begründet.

Denn auch wenn man anerkennt, daß die GoA vorrangig die Funktion eines *allgemeinen Auffang- und Sammeltatbestandes* erfüllt, und die Theorie der Menschenhilfe als überwunden ansieht, steht man gleichwohl vor weiteren Problemen. Zwar sind sich Rechtsprechung und Wissenschaft grundsätzlich über die Notwendigkeit einer Beschränkung der GoA einig. Allerdings ist es weder gelungen, exakte Leitlinien für eine einheitliche objektive Zuordnung von Geschäften im Sinne der §§ 677 ff. aufzustellen, noch besteht ein Konsens über die Bedeutung und die Voraussetzungen des subjektiven Tatbestandes. In dieser Hinsicht wurden wiederholt Versuche des Schrifttums unternommen, welche teilweise mit einem nach der Ansicht der Verfasser auch durchschlagenden Ergebnis abgeschlossen wurden. Keiner dieser Arbeiten ist es jedoch gelungen, abgesehen von einzelnen Befürwortern, auch nur Teilbereiche der Wissenschaft oder der Rechtsprechung zu überzeugen.

§ 7 Die Konkretisierung des Tatbestandes der GoA

Im Ergebnis muß man den Versuch, den Begriff der GoA für alle Handlungszusammenhänge rechtstechnisch zu bestimmen, als gescheitert ansehen. Generell zwingende Kriterien, anhand derer man den Tatbestand der GoA präzisieren und von anderen Schuldverhältnissen abgrenzen könnte, sind bisher nicht gefunden. Der Begriff der Geschäftsführung „für einen anderen" ist folglich überstrapaziert und kann keine genaue Abgrenzung bieten.

I. Möglichkeiten zur Eingrenzung der GoA

Gleichwohl kann die geforderte Präzisierung des Anwendungsbereichs der GoA zumindest in Teilbereichen erreicht werden. Entsprechend den Präzisierungen in anderen Gebieten des Zivilrechts, etwa im Bereicherungsrecht und bei den Generalklauseln des BGB, ist eine Begrenzung nur mit einer *Kombination von Abgrenzungskriterien* möglich. Aus den genannten Regeln der Abgrenzung und Konkretisierung ist daher ein Instrumentarium zusammenzustellen, welches in seiner Gesamtheit den Anwendungsbereich der GoA einzuschränken vermag.[270]

1. Die Zuordnung des Geschäfts als Ausgangspunkt

Ausgangspunkt der Bestimmung des Anwendungsbereichs der GoA bleibt die objektive Einordnung der geführten Geschäfte. Im Grundsatz ist dabei der Zuständigkeitstheorie *Wollschlägers* zuzustimmen, wonach sich die objektive Fremdheit nach der höherrangigen Zuständigkeit am Geschäft und der dazugehörigen Kostenlast bestimmt.[271] Weil die objektive Zuordnung bei gescheiterten Verträgen in der Regel unproblematisch ist, muß dieser Streitpunkt nicht weiter erörtert werden.

2. Der Fremdgeschäftsführungswille

Es wurde schon ausgeführt, welche Probleme die grundsätzliche Verengung des Tatbestandsmerkmals des Fremdgeschäftsführungswillens aufwirft.[272] Aber auch das Anheben der Anforderungen an den subjektiven Tatbestand lediglich für einzelne Fallgruppen[273] ist abzulehnen. Dieses Vorgehen wäre methodisch fragwürdig, da keine Konkretisierung des Tatbestandes im eigentlichen Sinne mehr vorgenommen würde. In Wirklichkeit liegt eine teleologische Reduktion vor, wenn man den Fremdgeschäftsführungswillen

---

[270] Vgl. *MüKo/H. H. Seiler*, § 677 Rn. 24.
[271] Vgl. Gliederungspunkt D. § 6 IV. 3. b), S. 166.
[272] Vgl. Gliederungspunkt D. § 6 IV. 3. a), S. 164.
[273] Z. B. für die gleichzeitige Erfüllung eines Vertrages *Schubert*, AcP 178 (1978), S. 425, 451 f.; *Mellulis*, Das Verhältnis von Geschäftsführung ohne Auftrag und ungerechtfertigter Bereicherung (1971), S. 167; *Wichert*, ZMR 2000, 220, 221.

aus Gründen einer wertenden Gesamtbetrachtung mit der übrigen Rechtsordnung lediglich in Einzelfällen ablehnt.[274]

Insgesamt empfiehlt es sich daher nicht, dem Tatbestandsmerkmal Fremdgeschäftsführungswillen eine umfangreiche Abgrenzungsfunktion zuzuweisen. Damit ermöglicht der Fremdgeschäftsführungswille im wesentlichen lediglich eine Zuordnung von neutralen Geschäften.[275]

3. Der Ausschluß durch Wertungsgesichtspunkte außerhalb der GoA

Beim überwiegenden Anteil der Fälle, bei denen im Schrifttum eine Anwendung der Regeln der GoA kritisiert wird, ist dies nicht grundsätzlich wegen der Anwendung der GoA der Fall. Vielmehr wird jeweils eingewandt, durch die GoA werden Wertungen anderer Gesetze und Normen umgangen.[276]

Auch die Rechtsprechung erkennt den Ausschluß einzelner Fallgruppen auf Wertungsebene an. Wie schon dargestellt wurde,[277] ist demnach die GoA ausgeschlossen, wenn besondere Bestimmungen des bürgerlichen Rechts das Verhältnis zwischen Geschäftsführer und Geschäftsherrn abweichend regeln,[278] womit allerdings nicht alle Bereiche der Problematik erfaßt sind.[279]

Entscheidende Bedeutung erhält damit die Betrachtung der Gesamtrechtsordnung und des Verhältnisses der GoA zu anderen Normen und gesetzgeberischen Wertungen. Ziel sollte der konsequente Ausschluß aller Konstellationen aus dem Anwendungsbereich sein, bei denen sich aus Wertungsgesichtspunkten außerhalb der §§ 677 ff. ergibt, daß die Vermögenslage durch andere Normen ausgeglichen werden sollte bzw. daß eben keine ausgleichspflichtige Vermögenslage vorliegt.

---

274 Vgl. *Weishaupt*, NJW 2000, 1002 f.

275 Ebenso *Helm*, Gutachten und Vorschläge (1983), S. 335, 397; *Wollschläger*, Die Geschäftsführung ohne Auftrag (1976), S. 320, 405

276 Vgl. beispielsweise *Erman/Ehmann*, § 677 Rn. 9; *Soergel/Beuthien*, § 677 Rn. 10.

277 Siehe Gliederungspunkt D. § 6 III. 4. c) und d), S. 158 ff.

278 *BGHZ* 98, 235, 242 f.

279 Vgl. die lehrbuchartige Darstellung der Rechtsprechung in *BGH* NJW-RR 2004, 81, 82.

II. Der verbleibende Anwendungsbereich der GoA

Fraglich ist, welcher Anwendungsbereich der GoA bei Durchsetzung dieser Regeln verbleibt.

1. Die GoA als Auffangtatbestand

Schöpft man die genannten Möglichkeiten der Eingrenzung aus, zeigt sich ein verändertes Bild der GoA. Insbesondere durch die konsequente Abstimmung auf die Wertungen außerhalb der §§ 677 ff. kann sich ein begrenzter Anwendungsbereich ergeben. Eine solche Eingrenzung durch die Einbeziehung von außenstehenden Wertungen wurde mit der allgemeinen Anerkennung des Vorrangs von öffentlich-rechtlichen Vorschriften und vertraglichen Beziehungen zu Dritten schon teilweise erreicht.

Für diejenigen Konstellationen, bei denen keine Normen und Wertungen außerhalb des Rechts der GoA gegen deren Anwendung sprechen, behält die GoA ihre Funktion als Auffangtatbestand für unlegitimierte Geschäftsbesorgungen. Allerdings wird diese Funktion nicht mehr von dem Vorwurf der ergebnisorientierten Billigkeitsrechtsprechung berührt. Die GoA stellt dann kein Schuldverhältnis mehr dar, welches bei als „unbillig" angesehenen Ergebnissen anderer Anspruchsgrundlagen einspringt, sondern bietet angemessene Rechtsfolgen für das Handeln in fremdem Rechtskreis.[280]

2. Die GoA als Spezialtatbestand

Im Ergebnis wird deshalb folgendes Funktionsverständnis der GoA befürwortet:

Die GoA ist ein „Spezialtatbestand" für die Abwicklung des bewußten Eingreifens in fremde Rechte und Interessen. Insbesondere für die Wahrnehmung fremder Vermögensinteressen bietet die GoA ein abgestimmtes Regelwerk an Rechten und Pflichten.

Aufgrund des weiten Tatbestandes berührt die GoA nach ihrem Wortlaut und dessen großzügiger Auslegung durch die Rechtsprechung unterschiedlichste Rechtsbereiche. Da eine generelle Konkretisierung des Tatbestandes

---

280 Ebenso *Helm*, Gutachten und Vorschläge (1983), S. 335, 386; ähnlich *MüKo/H. H. Seiler*, § 677 Rn. 21.

nicht möglich erscheint, sind für die Eingrenzung der GoA vornehmlich Wertungsmaßstäbe außerhalb der GoA, das heißt insbesondere Wertungen der jeweilig tangierten Rechtsbereiche, heranzuziehen.

III. Die Erfüllung eines gescheiterten Vertrages im Tatbestand der GoA

Nachdem durch die Analyse der GoA eine Basis geschaffen wurde, soll sich die Untersuchung wieder der Konstellation der gescheiterten Verträge zuwenden. Nach der Konkretisierung des Tatbestandes der GoA kann festgestellt werden, ob dessen Voraussetzungen im Falle eines gescheiterten Vertrages mit Geschäftsbesorgungscharakter erfüllt sind.

1. Die Führung eines fremden Geschäfts

Tätigkeiten, die der Geschäftsführer vornimmt, um einen vermeintlich vorliegenden Vertrag zu erfüllen, stellen stets fremde Geschäfte dar.

a) Die Erfüllung eines nichtigen Vertrages

Bei der Besorgung von Geschäften aufgrund eines nichtigen Vertrages handelt es sich in der Regel um die Wahrnehmung objektiv fremder Interessen. Gegenstand einer Geschäftsführung sind regelmäßig die Vermittlung eines Titels oder einer Promotion, die Rechts- und Wirtschaftsberatung, Maßnahmen der Vermögensverwaltung, die Erbringung einer Dienst- oder Werkleistung sowie sonstige Geschäftsbesorgungen. Entweder besteht in diesen Fällen eine eindeutige rechtliche Zuordnung des geführten Geschäfts oder die Zuordnung ergibt sich aus dem Empfang der Dienste bzw. des Leistungserfolgs.[281] Sämtliche Angelegenheiten gehören jeweils zum Rechtskreis des Scheingläubigers und sind diesem als rechtlich zuständig zuzuordnen.

Ein nichtiger Vertrag kann die rechtliche Zuordnung nicht beeinflussen und auch ein Eigeninteresse des Geschäftsführers an dem Geschäft ändert nichts an der objektiven Fremdheit.

---

281 *Wollschläger*, Die Geschäftsführung ohne Auftrag (1976), S. 317.

Ob man dabei die Erfüllung des vermeintlich vorliegenden Vertrages als ausschließlich objektiv fremdes ansieht[282] oder wegen eines Interesses des Geschäftsführers an der Gegenleistung ein auch-fremdes Geschäft annimmt,[283] ist für das Ergebnis ohne Bedeutung.

b) Die Erfüllung eines nicht zustande gekommenen Vertrages

Die objektive Zuordnung der geführten Geschäfte ist auch in denjenigen Fällen nicht anders zu beurteilen, bei denen der Geschäftsführer irrtümlich an das Vorliegen eines Vertrages glaubt, sich die Unwirksamkeit jedoch nicht aus einer Nichtigkeitsnorm ergibt.

2. Der Fremdgeschäftsführungswille

Unter Berücksichtigung des bisherigen Auslegungsergebnisses sind die an den Fremdgeschäftsführungswillen zu stellenden Anforderungen gering. Der Fremdgeschäftsführungswille stellt lediglich das subjektive Spiegelbild der Umstände dar, welche eine Tätigkeit zum fremden Geschäft machen. Es ist demnach ausreichend, daß der Geschäftsführer Kenntnis von der objektiven Fremdheit des Geschäfts besaß und ihm bewußt war, daß seine Geschäftsführung zumindest auch dem Geschäftsherrn zugute kommt.

a) Der Fremdgeschäftsführungswille bei der Erfüllung eines Vertrages

Diese Voraussetzungen sind bei der Erfüllung eines gescheiterten Vertrages gegeben, da in allen Fällen bewußt fremde Geschäfte geführt werden. Bei der irrtümlichen Erfüllung eines gescheiterten Vertrages ist der Wille des Geschäftsführers primär darauf gerichtet, die vermeintliche Verbindlichkeit zu tilgen. Das Streben nach Schuldfreiheit und der vereinbarten Vergütung erweist sich nach der historischen und teleologischen Auslegung allerdings als unbeachtlich, soweit der Geschäftsführer die (Auch-)Fremdnützigkeit

[282] Vgl. beispielsweise *Berg*, JuS 1975, 681, 683; *Mellulis*, Das Verhältnis von Geschäftsführung ohne Auftrag und ungerechtfertigter Bereicherung (1971), S. 145 f.; *Weiler*, NJW 1997, 1053, 1054; *Schubert*, AcP 178 (1978), S. 425, 451.

[283] So der *BGH* wegen der vorgenommenen Verknüpfung von objektiver Zuordnung und Interesse, vgl. nur *BGHZ* 40, 28, 30; 63, 167, 169 f.; 110, 313, 314 ff.; ebenso *Gold*, JA 1994, 205, 206.

kennt. Der Fremdgeschäftsführungswille kann demnach trotz Eigeninteresses gegeben sein sowie neben dem Willen zur Erfüllung einer eigenen Vertragspflicht bestehen.[284]

b) Der Fremdgeschäftsführungswille bei Kenntnis der Unwirksamkeit

Ist dem Geschäftsführer bewußt, daß keine *wirksame* Verpflichtung vorliegt, ist sein Handlungsentschluß nicht von seiner Vorstellung bestimmt, er sei zur Leistung verpflichtet. Gleichwohl führt er das Geschäft in erster Linie in Erwartung einer Gegenleistung. Wie dieser Beweggrund genau zu bewerten ist, kann dahingestellt bleiben, weil das Motiv der Fremdnützigkeit doch ***mindestens in dem gleichen Maße*** gegeben ist wie bei dem Glauben an eine wirksame Verpflichtung.[285] Der Fremdgeschäftsführungswille liegt dementsprechend auch dann vor, wenn der Geschäftsführer von der Unwirksamkeit des Vertrages Kenntnis hatte.

c) Die Unterscheidung nach dem Kenntnisstand

Die am Anfang der Arbeit aufgeworfene Frage, ob das Auslegungsergebnis von der Kenntnis des Geschäftsführers von der Unwirksamkeit des Vertrages abhängt, ist damit beantwortet.[286] Daß die Unbeachtlichkeit der Kenntnis sowohl praxis- als auch sachgerecht ist, bestätigt ein Blick auf die Ergebnisse, welche sich bei einer Unterscheidung nach dem Kenntnisstand des Geschäftsführers ergeben würden.

Folgt man – entgegen der hier gefundenen Lösung – der Ansicht in der Literatur, welche den Fremdgeschäftsführungswillen mit einer vermeintlichen Vertragserfüllung für unvereinbar erklärt,[287] ergibt sich ein erstaunliches Ergebnis: Hat der Geschäftsführer keine Kenntnis von der

---

[284] Vgl. die Ausführungen unter Gliederungspunkt D. § 4 IV. 4. und 5., S. 129; *MüKo/H. H. Seiler*, § 677 Rn. 9, 48; *Erman/Ehmann*, vor § 677 Rn. 10; *Wolf*, Festschrift Mühl (1981), S. 703, 707, andere Ansicht *Schubert*, AcP 178 (1978), S. 425, 452; *Wittmann*, Begriff und Funktionen der Geschäftsführung ohne Auftrag (1981), S. 119.

[285] Vgl. *Mellulis*, Das Verhältnis von Geschäftsführung ohne Auftrag und ungerechtfertigter Bereicherung (1971), S. 172 f., welcher allerdings bei Kenntnis des Geschäftsführers von der Nichtigkeit sogleich von einem altruistischen Motiv ausgeht.

[286] Siehe Gliederungspunkt A. § 1 II. 2., S. 29.

[287] *Schubert*, AcP 178 (1978), S. 425, 452; *Wittmann*, Begriff und Funktionen der Geschäftsführung ohne Auftrag (1981), S. 119.

Unwirksamkeit des Vertrages und erfüllt diesen vermeintlich vorliegenden Vertrag gutgläubig, soll wegen des fehlenden Willens zur Führung eines fremden Geschäfts keine GoA vorliegen. Kennt der Geschäftsführer dagegen die Unwirksamkeit des Vertrages, läge eine GoA vor, da der Fremdgeschäftsführungswillen nicht mehr mit der Begründung verneint werden kann, es sei nur die Erfüllung einer Vertragspflicht beabsichtigt.

Insbesondere würde eine Differenzierung nach Kenntnisstand des Geschäftsführers *Probleme des Nachweises der Kenntnis* als subjektives Tatbestandsmerkmal schaffen. Vergegenwärtigt man sich die Situation in der Praxis, erkennt man die Untauglichkeit dieser Abgrenzung. Als Beispiel kann dafür die schon besprochene Entscheidung *BGH* NJW 1993, 3196 dienen, in der es um den Aufwendungsersatzanspruch eines Bauunternehmers wegen Leistungen ging, die aufgrund eines formnichtigen Bauvertrages erbracht wurden:[288]

Erklärt man die Kenntnis des Geschäftsführers von der Nichtigkeit des Vertrages für beachtlich, ist diese Kenntnis als Teilbeitrag zum Fremdgeschäftsführungswillen faktisch Tatbestandsvoraussetzung des Aufwendungsersatzanspruches aus GoA. Bei Vermutung des Fremdgeschäftsführungswillens würde der rechtskundige (oder gut beratene) Bauunternehmer im Streitfalle schlicht behaupten, er habe von der Nichtigkeit des Geschäftes gewußt. Dann wäre der Empfänger der Bauleistungen gefordert, die Bösgläubigkeit des Geschäftsführers zu widerlegen.[289]

Verzichtet man dagegen auf die Vermutung des Fremdgeschäftsführungswillens, ist das Ergebnis ebenso befremdend. In diesem Fall kommt es für einen Anspruch auf Aufwendungsersatz darauf an, ob der Bauunternehmer als Anspruchsteller seine eigene Bösgläubigkeit beweisen kann.

Schon diese kurzen Überlegungen bestätigen deshalb die gewählte Auslegung. Aus einer Anwendung der GoA lediglich beim gutgläubigen Geschäftsführer kann eine Bevorzugung des bösgläubigen Geschäftsführers folgen, welche nicht gerechtfertigt ist.[290]

---

[288] Siehe Gliederungspunkt C. § 2 I. 1., S. 84.

[289] Voraussetzung ist jedoch, daß es sich um Nichtigkeitsgründe handelt, bei dem die Rechtsprechung Aufwendungen auch den Umständen nach für erforderlich hält, § 670. Andernfalls wäre nach Ansicht des *BGH* ein Aufwendungsersatzanspruch ausgeschlossen.

[290] Vgl. auch *Schubert*, AcP 178 (1978), S. 425, 452 f.

3. Die fehlende Beauftragung

Bei der Erfüllung eines gescheiterten Vertrages handelt der Geschäftsführer gegenüber dem vermeintlichen Vertragspartner „ohne von ihm beauftragt oder ihm gegenüber sonst dazu berechtigt zu sein", § 677. Hinsichtlich dieses Merkmals des Tatbestandes besteht Einigkeit in Rechtsprechung und Wissenschaft.

IV. Resümee

Als Zwischenergebnis bleibt somit festzuhalten, daß bei gescheiterten Verträgen mit Geschäftsbesorgungscharakter der Tatbestand des § 677 erfüllt ist. Das gilt unabhängig davon, ob sich ein geschlossener Vertrag als nichtig erweist oder ob der Geschäftsführer nur irrtümlich an einen wirksamen Vertragsschluß glaubte. Bei nichtigen Verträgen ist dabei unbeachtlich, ob der Geschäftsführer von der Unwirksamkeit des Vertrages Kenntnis besaß.

Die Auseinandersetzung um die Anwendbarkeit der GoA ist mit diesem Resultat indes nicht beendet. Die bisherigen Überlegungen haben ergeben, daß Wertungsgesichtspunkten außerhalb der §§ 677 ff. bei der Abgrenzung und Konkretisierung der GoA die entscheidende Bedeutung zukommt.

E. Einbeziehung von Wertungen außerhalb der GoA

Deshalb ist nunmehr der Frage nachzugehen, ob die §§ 677 ff. in den Fällen der gescheiterten Verträge keine Anwendung finden sollen, obwohl formal der Tatbestand der §§ 677 ff. erfüllt ist.

Sind Wertungen und Normzwecke außerhalb der GoA durch eine Anwendung der GoA tangiert, muß geprüft werden, welche Bedeutung diesen Wertungen und Zwecken beizumessen ist. Ergibt sich deren Vorrangigkeit oder wohnt dem BGB ein zwingendes immanentes Prinzip inne, welches die Anwendung der GoA bei gescheiterten Verträgen ausschließt, müssen die §§ 677 ff. im Wege der *teleologischen Reduktion*[1] zurücktreten.[2]

Bei dieser Vorgehensweise sind die Fallkonstellationen zu unterteilen. Nach der Untersuchung der *nichtigen Verträge* sollen in einem zweiten Abschnitt diejenigen Konstellationen betrachtet werden, in denen allein der Geschäftsführer irrtümlich von einer vertraglichen Verpflichtung ausging, jedoch *kein Vertrag zustande gekommen* ist.

Die Fälle des *versteckten Dissenses* und der *Vertretung ohne Vertretungsmacht* lassen sich als Grenzfälle nicht ohne weitere Überlegungen in diese Zweiteilung einordnen. Sie werden deshalb alleinstehend betrachtet. Abschließend stellt sich die Frage, ob für diejenigen Fälle der gescheiterten Verträge, in denen im Rahmen der Fremdgeschäftsführung ein *Dreiecksverhältnis im Sinne des Bereicherungsrechts* besteht, Wertungszusammenhänge des Bereicherungsausgleichs im Dreiecksverhältnis zu beachten sind.

§ 1 Der unwirksame Vertrag

Zunächst werden diejenigen Konstellationen untersucht, bei denen ein Vertrag zustande gekommen ist, dessen Wirksamkeit aber durch Gesetz verhindert wird. Hinderungsgrund ist in der Regel ein Verstoß gegen Formvorschriften oder Verbotsgesetze. Daneben sind Verträge, denen die

---

[1] Auch „Restriktion" oder „restriktive Auslegung", vgl. *Larenz/Canaris,* Methodenlehre der Rechtswissenschaft (1995), S. 210 f.

[2] Bei der Frage der teleologischen Reduktion entscheiden Aspekte der Systematik und Teleologie des Gesetzes, womit die teleologische Reduktion als Unterfall dieser Auslegungsarten bezeichnet werden kann. Nur zur besseren Übersicht wird die Einbeziehung von Wertungen außerhalb der GoA zur besseren Übersicht in einem neuen Kapitel untersucht.

Wirksamkeit durch die Vorschriften der Anfechtung und Geschäftsfähigkeit versagt wird, nichtige Verträge in diesem Sinne.[3]

I. Die Rückabwicklung unwirksamer Verträge im Anspruchssystem des BGB

Ist ein Vertrag nichtig, resultieren aus ihm grundsätzlich keine *rechtsgeschäftlichen* Rechtsfolgen. Damit ist ein nichtiger Vertrag allerdings nicht vollkommen inexistent und wird zu etwas „rechtlich überhaupt nicht Vorhandenem".[4] Dem Vertrag wird zunächst lediglich die gewollte Rechtsfolge versagt, gleichwohl können aus ihm *gesetzliche* Rechtsfolgen hergeleitet werden. Einerseits geht es dabei um die Rückabwicklung der Leistungsbeziehungen, andererseits um eine mögliche Gewährung von Sekundäransprüchen wie Herausgabe des nicht durch eine Leistung Erlangten oder um Schadensersatzansprüche.

Die Übersicht über die Rechtsprechung des *BGH* hat gezeigt, welche Konkurrenzen zwischen der GoA und anderen gesetzlichen Schuldverhältnissen grundsätzlich auftreten können. Nachdem sich bestätigt hat, daß der Tatbestand des § 677 auch bei nichtigen Verträgen mit Geschäftsbesorgungscharakter erfüllt ist, konkretisiert sich diese Problematik. Der Schwerpunkt der Untersuchung wird im folgenden auf die Rückabwicklung der ausgetauschten Leistungen gelegt. Damit kommt es im wesentlichen auf die Wertungsgesichtspunkte im Konkurrenzverhältnis von GoA und dem Recht der ungerechtfertigten Bereicherung an.

Zu klären ist demnach, welches Schuldverhältnis für die hier untersuchten Fälle nach dem Sinn und Zweck *beider Rechtsinstitute* Anwendung finden sollte.

---

[3] Vgl. die Terminologie der fehlerhaften Verträge unter Gliederungspunkt A. § 1 II. 1., S. 28. Problematisch ist in dieser Hinsicht lediglich § 105, nach dem schon die *Willenserklärung* nichtig ist. Weil grundsätzlich unerheblich ist, ob aus § 105 das *Nicht-Zustandekommen* oder die *Unwirksamkeit des Vertrages* folgt, bleibt diese Unterscheidung in Rechtsprechung und Schrifttum jedoch im wesentlichen unbeachtet. Vgl. nur *BGHZ* 126, 105; *BGH* NJW 2003, 3271; *MüKo/Schramm*, § 105 Rn. 52, 58.

[4] Dazu *Flume*, Allgemeiner Teil II (1992), S. 547 ff.; *Staudinger/Schmidt*, 13. Bearbeitung 1995, Einl. zu §§ 241 ff. Rn. 246.

1. Die grundsätzliche Aufgabenzuweisung bei nichtigen Verträgen

Zunächst ist zu klären, welcher Normengruppe die Rückabwicklung nichtiger Verträge *primär* zugeordnet ist. Nur wenn das Verhältnis von *Regel und Ausnahme* feststeht, kann beurteilt werden, welche Bedeutung einem systematischen Wertungskriterium beizumessen ist.

a) Die Rückabwicklung von nichtigen Verträgen im Normbereich der GoA

Die bisherige Untersuchung hat gezeigt, welche Aufgaben der GoA zugewiesen sind. Demnach ist die GoA einerseits Spezialtatbestand für die auftraglose Geschäftsbesorgung, gleichzeitig erfüllt sie eine Auffangfunktion für die Wahrnehmung fremder Interessen. Die Erfüllung eines nichtigen Vertrages kann unter Berücksichtigung der bisherigen Ergebnisse nur der letzteren Funktion zugeordnet werden. Auch wenn der GoA *kein einheitliches Leitbild* zugrundeliegt, ist die Einbeziehung von nichtigen Verträgen in den Tatbestand der GoA lediglich der Tatsache geschuldet, daß mit der Unwirksamkeit eines Vertrages der Ausschlußgrund der Beauftragung im Sinne des § 677 ff. wegfällt. Die vermeintliche Erfüllung eines unwirksamen Vertrages kann somit als *atypischer Fall der GoA* angesehen werden.

b) Die Rückabwicklung von nichtigen Verträgen im Normbereich des Bereicherungsrechts

Das allgemeine Korrekturinstrument für ungerechtfertigten Vermögenserwerb ist das Recht der ungerechtfertigten Bereicherung.[5] Dieses ist insbesondere dann einschlägig, wenn ein Vertrag zwar vereinbart wurde, dieser jedoch gesetzlich nicht anerkannt ist, insbesondere wegen Formmangels, Gesetzes- oder Sittenwidrigkeit oder Geschäftsunfähigkeit einer Vertragspartei.[6]

Fraglich ist allerdings, ob die Regelungen der §§ 812 ff. durch diese generelle Aufgabenzuweisung eine *Vorrangigkeit* für den Bereich der nichti-

---

[5] Zur Aufgabe des Bereicherungsrechts im System des BGB *MüKo/Lieb*, § 812 Rn. 21 f. mit weiteren Nachweisen.

[6] So die unbestrittene Meinung in Rechtsprechung und Literatur, vgl. beispielsweise *Staudinger/W. Lorenz*, Vorbem. zu §§ 812 ff. Rn. 1; *MüKo/Lieb*, § 812, Rn. 179 ff. mit weiteren Nachweisen.

gen Verträge begründen. Denn grundsätzlich ist die Frage, ob eine Rückabwicklung nach den §§ 812 ff. stattfinden soll und ob eine ungerechtfertigte Vermögensverschiebung vorliegt, nach Maßgabe außenstehender Normen, mithin dem Recht der jeweils betroffenen Güterzuordnung und Güterbewegung, zu entscheiden. Der Regelungsgehalt des Bereicherungsrechts beschränkt sich damit nach herrschender Meinung im wesentlichen auf das *Wie* und nicht auf das *Ob* eines Anspruchs.[7]

c) Die Leistungskondiktion als spezielles Rückabwicklungsverhältnis

Im Ersten Entwurf zum BGB wurde in § 737 E I, dem Ursprung des heutigen § 812, noch ausdrücklich auf eine Leistung „zum Zwecke der Erfüllung einer Verbindlichkeit" Bezug genommen.[8] Dies ist im Laufe des Gesetzgebungsverfahrens zwar aufgegeben worden, die letztliche Kodifikation der ungerechtfertigten Bereicherung als Generalklausel beabsichtigte jedoch keinen Paradigmenwechsel.[9] Nach Inkrafttreten des BGB wurde die Abgrenzung zwischen den einzelnen Kondiktionen deshalb von der herrschenden Meinung in Wissenschaft und Rechtsprechung auf den in § 812 Abs. 1 S. 1 Alt. 1 genannten Begriff der *Leistung* verlagert.[10] Eine Leistung, als bewußte und zweckgerichtete Mehrung fremden Vermögens verstanden, beinhaltet auch die Erfüllung einer nicht bestehenden schuldrechtlichen Leistungsverpflichtung.[11] Die Rückabwicklung von unwirksamen Verträgen ist damit der Leistungskondiktion in der Ausprägung der *condictio indebiti* nach § 812 Abs. 1 S. 1 Alt. 1 zugewiesen.[12]

---

[7] Dazu *Reuter/Martinek*, Ungerechtfertigte Bereicherung (1983), S. 52.

[8] § 737 E I lautete: „Wer zum Zwecke der Erfüllung einer Verbindlichkeit eine Leistung bewirkt hat, kann, wenn die Verbindlichkeit nicht bestanden hat, von dem Empfänger das Geleistete zurückfordern. Es macht keinen Unterschied, ob die Verbindlichkeit überhaupt nicht bestanden hat oder wieder erloschen war oder ob dem Anspruche auf die Leistung eine Einrede entgegenstand, durch welche die Geltendmachung des Anspruches dauerhaft ausgeschlossen wurde ...", abgedruckt in: Schubert, Die Vorlagen der Redaktoren für die erste Kommission, Anlagen, S. 206.

[9] Dazu *Reuter/Martinek*, Ungerechtfertigte Bereicherung (1983), S. 15 ff.

[10] Eingehende Darstellung bei *Wolff*, Zuwendungsrisiko und Restitutionsinteresse (1998), S. 228 ff.

[11] Vgl. auch den Überblick bei *Staudinger/W. Lorenz*, Vorbem. zu §§ 812 ff. Rn. 1 ff.

[12] Vgl. zum Streit um die rechtsdogmatische Konstruktion des Bereicherungstatbestandes (Einheits- oder Trennungslehre) *MüKo/Lieb*, § 812 Rn. 26 ff.

Insbesondere die Konsequenzen aus dieser von der herrschenden Meinung vorgenommenen Trennung von Bereicherung durch *Leistung* oder *in sonstiger Weise* führen aber dazu, daß das Bereicherungsrecht selbst normativ wirkt. Denn mit der Verbreitung dieser Trennungslehre folgte ein Betrachtungswandel im Hinblick auf die Funktion des Bereicherungsrechts. Gerade bei Leistungsbeziehungen stellt das Bereicherungsrecht nach neuerem Verständnis keine allgemeine Billigkeitshaftung, sondern ein Instrument zur *Korrektur irregulärer Vermögenszuordnungen* dar.[13]

Wesentlicher Anwendungsbereich und zugleich zugrundeliegende ratio ist folglich die *Korrektur des Abstraktionsprinzips*, durch welches rechtsgrundlos erfolgte Verfügungsgeschäfte grundsätzlich wirksam bleiben.[14] Im Anschluß an *v. Caemmerer* wird deshalb die Leistungskondiktion als *Fortsetzung des Vertragsrechts* angesehen, welche auf derselben Ebene wie die schuldrechtlichen Abwicklungsansprüche stehe.[15] Vor diesem Hintergrund und bedingt durch die generalklauselartige Ausgestaltung der §§ 812 ff. sind außenstehende Wertentscheidungen in die Auslegung und Konkretisierung der Leistungskondiktion eingeflossen, welche insbesondere die Rückabwicklung unwirksamer Verträge entscheidend prägen:[16]

Zunächst finden die Regelungszwecke, welche den einzelnen *Nichtigkeitsgründen* zugrundeliegen, Beachtung bei der Zuerkennung von Bereicherungsansprüchen. Demgemäß beanspruchen die Wertungen der §§ 104 ff., 123, 138 und des § 242 im System der Leistungskondiktion Geltung, insbesondere im Rahmen der Auslegung der §§ 817 S. 2, 818, 819 Abs. 1.[17]

Darüber hinaus ist zu beachten, daß bei den vermeintlichen Vertragsparteien der übereinstimmende Wille vorliegt, ihre Rechtsbeziehungen nach vertraglichen Gesichtspunkten zu regeln. Dieser Wille ist jedoch nach allgemeiner Ansicht auch im Bereich der Rückabwicklung zu beachten.

---

[13] Vgl. nur *MüKo/Lieb*, § 812 Rn. 21 f. mit weiteren Nachweisen.

[14] Dazu *Gödicke*, Bereicherungsrecht und Dogmatik (2002), S. 186 ff.

[15] *V. Caemmerer*, Festschrift für Rabel, S. 333, 341 f.; vgl. auch *Gödicke*, Bereicherungsrecht und Dogmatik (2002), S. 188 ff.; *Larenz/Canaris*, Schuldrecht Besonderer Teil II/2, 13. Auflage (1994), S. 130; *Kaiser*, Die Rückabwicklung gegenseitiger Verträge wegen Nicht- und Schlechterfüllung nach BGB (2000), S. 28 f.

[16] Vgl. MüKo/Lieb, § 818 Rn. 64 ff.

[17] Bezüglich der Zurechenbarkeit der Entreicherung betrifft dies insbesondere die Beachtung des Schutzes von Geschäftsunfähigen und Minderjährigen sowie die Fälle der arglistigen Täuschung, vgl. *MüKo/Lieb*, § 818 Rn. 106, 143.

Dementsprechend wird bei der *Rückabwicklung gegenseitiger Verträge* das gestörte Synallagma im Rahmen des Bereicherungsanspruchs berücksichtigt, indem übereinstimmend die Rückforderung einer Leistung für unvereinbar mit der synallagmatischen Struktur des gegenseitigen Vertrages gehalten wird, soweit der Bereicherungsgläubiger selbst entreichert ist.[18]

Ebenfalls versucht man, den Bereicherungsausgleich mit der vertraglich gewollten Risikoverteilung[19] und dem gesetzlichen Rücktritt[20] zu harmonisieren.

Keinen geringen Einfluß besitzt das Vertragsrecht schließlich im Bereich der Rückabwicklung von sogenannten *Dreiecks- oder Mehrpersonenverhältnissen.* Auch wenn dabei Einzelprobleme umstritten sind, besteht dahingehend Einigkeit, daß die Zuerkennung eines bereicherungsrechtlichen Anspruchs primär nach Wertungen zu entscheiden ist, welche aus dem bestehenden bzw. unwirksamen Kausalverhältnis der Beteiligten zu entnehmen sind.[21]

Nach der hier zugrundegelegten Funktion der Leistungskondiktion[22] ist das Bereicherungsrecht infolgedessen nicht nur das allgemeine Schuldverhältnis für die Rückabwicklung rechtsgrundloser Leistungen, sondern darüber hinaus das *spezielle Schuldverhältnis* für die Rückabwicklung

---

[18] Zur Lehre vom „faktischen“ bzw. „fortwirkenden Synallagma“ *Staudinger/W. Lorenz*, § 818 Rn. 2; *Reuter/Martinek*, Ungerechtfertigte Bereicherung (1983), S. 583 ff. mit weiteren Nachweisen.

[19] Vgl. beispielsweise *BGH* NJW 1992, 1037, 1038: „Deshalb ist im Einzelfall zu prüfen, inwieweit das (jeweilige) Entreicherungsrisiko gem. § 818 III BGB nach den Vorschriften zu dem fehlgeschlagenen Geschäft oder nach dem Willen der Vertragsschließenden jeweils der einen oder anderen Partei zugewiesen sein sollte“; ebenso *BGH* NJW 1990, 314, 315; *BGH* NJW 1999, 1636, 1637.

[20] Vgl. zum Einfluß der §§ 346 ff. auf das Bereicherungsrecht nach der Schuldrechtsmodernisierung *MüKo/Lieb*, § 818 Rn. 134 ff.

[21] Vgl. dazu nur MüKo/Lieb, § 818 Rn. 33 ff., 39; für die *zusätzliche* Orientierung an sachenrechtlichen Wertungen *Larenz/Canaris*, Schuldrecht Besonderer Teil II/2, 13. Auflage (1994), S. 247.

[22] Im Sinne der *condictio indebiti.*

unwirksamer Verträge.[23] Mit anderen Worten sind unwirksame Verträge *regelmäßig* dem Recht der ungerechtfertigten Bereicherung zugewiesen. Der allgemeine Grundsatz, nach welchem die GoA als gesetzliches Schuldverhältnis und damit als Rechtsgrund einen Bereicherungsanspruch ausschließt,[24] ist in diesem Bereich durchbrochen.

2. Die Ansprüche außerhalb der Hauptleistungspflichten bei unwirksamen Schuldverträgen

Soweit es um Ansprüche innerhalb der Hauptleistungspflichten geht, liegt folglich eine gesetzgeberische Wertung durch die §§ 812 ff. vor. Hinsichtlich der Ansprüche außerhalb der Hauptleistungspflichten beruht die Argumentation weitgehend auf systematischen Aspekten:

Da sämtliche vereinbarten bzw. gesetzlich vorgeschriebenen Vertragspflichten bei Unwirksamkeit des Vertrages entfallen, rückt die Haftung nach den sonstigen allgemeinen Vorschriften wieder in den Vordergrund.[25] Sieht man von der hier gerade in Frage stehenden Konstellation der GoA ab, können nach übereinstimmender Ansicht der Rechtsprechung und Wissenschaft über die §§ 812 ff. hinausgehende Ansprüche nur gemäß den allgemeinen Vorschriften zuerkannt werden. Dies sind insbesondere die §§ 823 ff.; für vorvertragliche Pflichtverletzungen im weitesten Sinne treten noch die §§ 122, 179 sowie § 280 Abs. 1 i. V. m. §§ 241 Abs. 2, 311 Abs. 2 hinzu. Eine Haftung für Verletzung von *Leistungspflichten* ist damit nach der Systematik des BGB bei unwirksamen Verträgen nicht vorgesehen.[26]

Folglich existiert ebensowenig eine Haftung für Verletzung von *Nebenleistungspflichten* oder *Schlechterfüllung,* weil diese Pflichten ebenso wie der Vertrag nicht wirksam sind. Eine Haftung für Schlechtleistung kann sich

---

[23] Ebenso beispielsweise *MüKo/H. H. Seiler,* § 677 Rn. 48; *Reuter/Martinek,* Ungerechtfertigte Bereicherung (1983), S. 707; *Helm,* Gutachten und Vorschläge (1983), S. 335, 393; *Larenz/Canaris,* Schuldrecht Besonderer Teil II/2, 13. Auflage (1994), S. 348; *St. Lorenz,* NJW 1996, 883, 884; *St. Lorenz,* Der Schutz vor dem unerwünschten Vertrag (1997), S. 48; *Gold,* JA 1994, 205, 208; *Kaiser,* Die Rückabwicklung gegenseitiger Verträge wegen Nicht- und Schlechterfüllung nach BGB (2000), S. 28 ff.

[24] Vgl. die Ausführungen unter Gliederungspunkt B. § 3 V, S. 68.

[25] Anders ist dies lediglich im Anwendungsbereich des § 993 Abs. 1 a. E.

[26] Vgl. *Wollschläger,* Die Geschäftsführung ohne Auftrag (1976), S. 250 f.; *Kötz,* RabelsZ 58 (1994), S. 209, 224.

lediglich mittelbar in der Bemessung der Bereicherung gem. § 818 Abs. 2, Abs. 3 niederschlagen.

Umstritten ist bei nichtigen Verträgen allerdings die Frage des Bestehens von *Schutzpflichten*, welche sich nicht auf die Haupt- oder Nebenleistungspflichten beziehen, sondern auf den allgemeinen Schutz der Rechtsgüter des Vertragspartners.[27] Auf diese Problematik ist in einem gesonderten Abschnitt später zurückzukommen.

3. Die Ausnahmen von der Anwendung des Bereicherungsrechts

Die Aufgabe der Rückabwicklung von nichtigen Verträgen obliegt damit im wesentlichen dem Bereicherungsrecht und insbesondere der *condictio indebiti*. Gleichwohl richtet sich die Rückabwicklung von Leistungsbeziehungen *nicht ausnahmslos* nach deren Maßgabe. Auch abgesehen von der Problematik der GoA gibt es Normen und Wertungen außerhalb des Bereicherungsrechts, welche die §§ 812 ff. verdrängen oder zumindest ihre Auslegung und Anwendung erheblich beeinflussen.

a) Das Eigentümer-Besitzer-Verhältnis

Einerseits sind dabei die Regelungen des Eigentümer-Besitzer-Verhältnisses zu nennen, welche nach herrschender Ansicht bei Vorliegen einer Vindikationslage eine abschließende Sonderregelung darstellen.[28] Ungeachtet dieser Einigkeit im Grundsatz ist die Frage der Anerkennung von Ausnahmen eine der umstrittensten Fragen des Bürgerlichen Rechts.[29]

Im Hinblick auf die hier untersuchten Konstellationen ist lediglich festzustellen, daß Rechtsprechung und Teile der Literatur *auch bei Vorliegen einer Leistung* im Sinne des Bereicherungsrechts zumindest die §§ 994 ff.

---

27 Überblick bei *MüKo/Kramer*, Einl. §§ 241 ff., Rn. 82 f.

28 Vgl. dazu die umfassende Darstellung der Problematik bei *Roth*, JuS 2003, 937 ff. mit umfangreichen Nachweisen.

29 *Reuter/Martinek*, Ungerechtfertigte Bereicherung (1983), S. 673.

gegenüber der Leistungskondiktion gem. § 812 Abs. 1 S. 1 Alt. 1 als vorrangig ansehen.[30]

b) Die Ausnahmen im Arbeits- und Gesellschaftsrecht

Ebenso werden im Arbeits- und Gesellschaftsrecht die §§ 812 ff. bei der Rückabwicklung von Leistungsbeziehungen teilweise verdrängt.

Ist ein Arbeitsvertrag unwirksam und wurde das Arbeitsverhältnis bereits in Vollzug gesetzt, so besteht nach ganz herrschender Meinung ein sogenanntes *fehlerhaftes* oder *faktisches Arbeitsverhältnis.* Weil eine Rückabwicklung nach bereicherungsrechtlichen Grundsätzen als besonders schwierig sowie für den Arbeitnehmer als extrem unbillig angesehen wird, kann sich jede Seite nach herrschender Meinung nur *ex nunc* durch eine einseitige Erklärung von einem faktischen Arbeitsverhältnis lösen.[31]

Im Gesellschaftsrecht wird bei fehlerhaft gegründeten Gesellschaften oder einem fehlerhaft vollzogenen Beitritt zu einer Gesellschaft ebenfalls eine Abweichung von den Nichtigkeitsvorschriften anerkannt, wenn die Gesellschaft schon in Vollzug gesetzt war. Man spricht in diesem Zusammenhang von der *fehlerhaften* oder *faktischen Gesellschaft.* Diese ist regelmäßig[32] nicht von Anfang an unwirksam, sondern wegen des Nichtigkeits- oder Anfechtungsgrundes nur mit Wirkung für die Zukunft abzuwickeln.[33]

Streng genommen wird bei faktischen Arbeitsverhältnissen und Gesellschaften die Einschränkung schon auf der Ebene der Unwirksamkeit vorgenommen. Grund dafür ist allerdings die unter den Gesichtspunkten des Verkehrs- und Bestandsschutzes unangemessene Rechtsfolge der Rückabwicklung ex tunc, welche die Leistungskondiktion gebieten würde.

---

[30] *RGZ* 163, 348, 351; *BGHZ* 7, 208, 214; 32, 76, 82; *BGH* NJW 1996, 52; *Reuter/Martinek*, Ungerechtfertigte Bereicherung (1983), S. 669 ff.; *Wolf*, AcP 166 (1966), 188, 193 f., *Thies*, Die Nichtigkeit des Werkvertrages unter besonderer Berücksichtigung des Eigentümer-Besitzer-Verhältnisses (2001), S. 97 f., 111; vgl. zu diesem Problemkreis auch *Beuthien*, JuS 1987, 841, 845 ff.

[31] *BAGE* 5, 58; *BAG* NJW 1962, 555; *BAG* NJW 1984, 446, 447.

[32] Sofern nicht "gewichtige Interessen der Allgemeinheit oder einzelner schutzwürdiger Personen entgegenstehen", *BGH* NJW 1992, 1503, 1504.

[33] *BGHZ* 26, 330, 334 ff.; *BGH* NJW 1992, 1501, 1502 mit weiteren Nachweisen; umfassend dazu *MüKo/Ulmer*, § 795 Rn. 323 ff.

4. Die GoA als Spezialtatbestand für die Geschäftsbesorgung

Diese Beispiele zeigen, daß es Ausnahmen vom Grundsatz der Vorrangigkeit des Bereicherungsrechts für die Rückabwicklung von unwirksamen Verträgen gibt. Daß es sich dabei nur um eine teleologische Reduktion handelt, die im Wege der richterlichen Rechtsfortbildung vorgenommen wird, ist unerheblich. Möglicherweise ist deshalb auch bei der GoA eine Ausnahme vom Grundsatz der Rückabwicklung nichtiger Verträge über das Bereicherungsrecht gerechtfertigt.

Für einen solchen Sonderstatus der GoA im Falle der Rückabwicklung nichtiger Verträge könnten die besonderen Verhältnisse des geregelten Lebensbereichs ausschlaggebend sein. So stellt die Besorgung eines Geschäfts, ob mit oder ohne vertragliche Grundlage, eine besondere Konstellation dar. Anders als bei vielen anderen rechtlichen Beziehungen *kann* die Geschäftsbesorgung Eingriffscharakter annehmen, wenn der Geschäftsführer in fremdem Rechts- und Interessenkreis tätig wird. Daneben ist die Wahrnehmung von verwaltenden und treuhänderischen Tätigkeiten ein Hauptanwendungsfall der Geschäftsführung ohne Auftrag in der Rechtsprechung.[34]

Im Rahmen der teleologischen Auslegung wurde schon erwähnt, daß die GoA gerade für diese Fälle ein ausgewogenes Rechtsfolgenprogramm bietet. Während das Bereicherungsrecht nur die Rückabwicklung der erbrachten Leistungen ermöglicht, sind die Rechtsfolgen der GoA auf den Spezialfall der Geschäftsbesorgung zugeschnitten. Die Einmischung des Geschäftsführers in einen fremden Rechtskreis wird insofern berücksichtigt, als eine Pflicht zur rücksichtsvollen Geschäftsführung besteht, deren Einhaltung durch den Schadensersatzanspruch aus § 280 Abs. 1 bewehrt ist. Auch die Nebenpflichten des Geschäftsführers in Form der Anzeige-, Auskunfts- und Rechenschaftspflichten nach § 681 entsprechen einer sachgerechten Abwicklung von verwaltenden und treuhänderischen Tätigkeiten.

Aus diesen Besonderheiten der Geschäftsbesorgung und den darauf abgestimmten Rechtsfolgen der §§ 677 ff. schließt der *BGH* auf den Vorrang der GoA auch bei unwirksamen Verträgen. Demnach beruhe die Anwendung der GoA in diesen Fällen „vor allem auf dem Gedanken ..., bei Nichtigkeit

---

[34] Dazu *Wollschläger*, Die Geschäftsführung ohne Auftrag (1976), S. 241 ff.; vgl. auch *BGHZ* 37, 258; *BGH* NJW 1997, 47; *BGH* WM 2004, 2441; *OLG Stuttgart*, NJW 1996, 665; *BayObLG*, NJW-RR 2000, 155; *OLG Köln*, VersR 2000, 1152.

eines solchen Verhältnisses eine angemessene Risikoverteilung zwischen den Parteien des nichtigen Vertrages vorzunehmen.“[35]

Die nachfolgende Untersuchung bemüht sich deshalb um die Klärung zweier Fragen: Zunächst ist zu ermitteln, ob der Anwendung der GoA in den Fällen der gescheiterten Verträge *zwingende gesetzgeberische Wertungen* entgegenstehen. Ist das der Fall, kommt es auf die Besonderheiten der GoA nicht an. Stehen der Anwendung der GoA keine zwingenden Wertungen entgegen, ist abzuwägen, ob die genannten Unterschiede eine Ausnahme vom Grundsatz der Rückabwicklung über das Bereicherungsrecht rechtfertigen können.

II. Der Verstoß gegen die Wertungen der Nichtigkeitsgründe

Im folgenden wird deshalb ermittelt, ob außenstehende Wertungen und Normen der Anwendung der GoA entgegenstehen. Zuvorderst sollen dabei die Wertungen begutachtet werden, welche der Gesetzgeber den Vorschriften zur Anordnung der Nichtigkeit eines Vertrages zugrundegelegt hat.

Die Analyse der Rechtsprechung in *Abschnitt C.* der Arbeit hat gezeigt, daß die Anwendung der GoA praktisch eine „Heilung“ von nichtigen Verträgen bewirkt. Der Aufwendungsersatzanspruch des Geschäftsführers gem. §§ 670, 683 S. 1, 677 führt zu einer Vergütung der erbrachten Leistung.[36] Auf der Gegenseite bewirken die Ansprüche des Geschäftsherrn auf Herausgabe des Erlangten gem. §§ 667 Alt. 1, 681 S. 2, 677 und auf Schadensersatz gem. §§ 280 I, 677 eine Haftung mit *vertragsähnlichen Rechtsfolgen.*[37]

Übertragen auf die hier untersuchten Fälle stellt sich deshalb die Frage, ob Sinn und Zweck der jeweiligen Nichtigkeitsvorschriften den Rechtsfolgen der GoA entgegenstehen. Bei dieser Untersuchung wird zwischen den einzelnen Pflichten zu differenzieren sein. Infolgedessen wird es zunächst darauf ankommen, ob die Nichtigkeitsvorschriften eine über die objektive Bereicherung hinausgehende *Vergütung* erlauben. Darüber hinaus ist zu prüfen, ob der Sinn und Zweck der Nichtigkeitsanordnung mit den Leistungspflichten verbundene *Sekundäransprüche* sowie eine Haftung für

---

[35] *BGH* WM 2004, 2441, 2443; ähnlich *BGH* NJW 1997, 47, 48.

[36] Ausgenommen ist dies lediglich bei einem Verstoß gegen ein Verbotsgesetz im Wege der „Rechtsfolgenlösung“ des *BGH* über § 670, vgl. *BGHZ* 37, 258, 263 f.

[37] Vgl. dazu die Einzelheiten unter Gliederungspunkt C.

solche *Schutzpflichtverletzungen* billigt, die sich auf Rechtsgüter jenseits des Leistungsinteresses beziehen.

1. Der Verstoß gegen Verbotsgesetze im Sinne des § 134 BGB

Relativ häufig tritt in der Rechtsprechung der Fall auf, daß sich die Nichtigkeit eines Vertrages mit Geschäftsbesorgungscharakter aus einem Verstoß gegen ein Verbotsgesetz im Sinne des § 134 ergibt.

a) Die praktische Relevanz

Wenn Steuerberater oder Wirtschaftsberater ohne behördliche Erlaubnis Rechtsberatung durchführen, wird dabei Art. 1 § 1 des „Gesetzes zur Verhütung von Mißbräuchen auf dem Gebiete der Rechtsberatung" (RBerG) verletzt.[38] Weil diese Verträge damit gem. § 134 nichtig sind, hat der *BGH* in diesen Fällen wiederholt die Vorschriften der GoA angewandt.[39]

Nachdem der *BGH* seine Rechtsprechung zu Geschäftsbesorgungsverträgen, die im Zusammenhang mit dem Immobilienerwerb im Rahmen eines Steuersparmodells stehen, geändert hat, ergibt sich ein weiterer Anwendungsbereich für die GoA.[40] So bedarf nach inzwischen gefestigter Rechtsprechung derjenige, der als Baubetreuer bzw. Treuhänder die umfassende rechtliche Abwicklung eines Grundstückserwerbs im Rahmen eines Bauträger- oder Bauherrenmodells für den Erwerber besorgt, der Erlaubnis nach Art. 1 § 1 RBerG.[41] Mit dem Urteil des *III. BGH-Zivilsenats* vom 28.07.2005[42] liegt eine erste höchstrichterliche Entscheidung vor, in der bei einem nichtigen Bauträgervertrag auf die §§ 677 ff. zurückgegriffen wurde.

---

[38] Vgl. zur aktuellen Kritik am RBerG und zur neueren Rechtsprechung von *BGH* und *BVerfG Schönberger*, NJW 2003, 249.

[39] Vgl. *BGHZ* 37, 258; 50, 90; 118, 142; *BGH* NJW 2000, 1560; *LG Düsseldorf* NJW 1963, 1500; *LG Wuppertal*, MDR 1969, 572; *OLG Köln*, VersR 2000, 1152.

[40] Umfassend dazu *Meurer/Neunaber*, NZM 2002, 807 ff.; vgl. zu den rechtlichen Konstruktionen der Steuersparmodelle beim Immobilienerwerb *Staudinger/Wufka*, § 313 Rn. 187 ff.

[41] Vgl. *BGHZ* 145, 265; 159, 294; *BGH* NJW 2001, 3774; *BGH* NJW 2002, 2325.

[42] *BGH*, Urteil v. 28.07.2005 - III ZR 290/04, ZIP 2005, 1599 = MDR 2005, 1424 = WM 2005, 1998.

Sonstige Verbotsgesetze waren in Verbindung mit den Vorschriften der §§ 677 ff. nur Grundlage einzelner Entscheidungen.[43]

b) Der Sinn und Zweck des § 134 BGB

§ 134 setzt der Privatautonomie insofern Grenzen, als Verträgen, welche gegen Verbotsgesetze verstoßen, die Wirksamkeit versagt wird. Dabei wird aber nicht nur die rechtsgeschäftliche Gestaltungs- und Verfügungsmacht beschränkt.[44] Vielmehr richtet sich das Verbot gegen die Vornahme bzw. den rechtswidrigen Inhalt des intendierten Vertrages.[45] Wenn der Inhalt und damit der *erstrebte Erfolg des Vertrages mißbilligt* wird, widerspricht es jedoch dem Sinn und Zweck des Verbotsgesetzes und des § 134, die Vertragserfüllung als Rechtsfolge im Wege der GoA zuzulassen.

c) Der Sinn und Zweck des Art. 1 § 1 RBerG

Diese Argumente überzeugen auch bei Verstößen gegen Art. 1 § 1 RBerG uneingeschränkt. Die Besorgung fremder Rechtsangelegenheiten ohne ausreichende Qualifizierung birgt die Gefahr der unsachgemäßen Wahrnehmung dieser Tätigkeit. Diese Gefahr erschöpft sich auch nicht nur in einer fehlerhaften Gestaltung des Geschäftsbesorgungsvertrages,[46] sondern verwirklicht sich gerade in der *tatsächlichen Ausübung* der Rechtsbesorgung. Eine faktische Heilung eines verbotswidrigen Rechtsbesorgungsvertrages würde den Sinn und Zweck des RBerG umgehen.[47]

---

[43] Abgesehen von den Fällen der Schwarzarbeit wurden folgende Fälle zur GoA entschieden: *BGHZ* 118, 142 (§ 319 HGB a. F., fehlerhafte Mitwirkung als Abschlußprüfer); *BGHZ* 157, 168 (Unwirksamkeit aufgrund mangelnder kommunalaufsichtlicher Genehmigung); *OLG Oldenburg*, NJW 1991, 2216 (§ 5 Abs. 1 AdoptVermittlG); *OLG Köln*, NJW 1993, 793 (§ 203 Abs. 1 Nr. 1 StGB).

[44] Wie beispielsweise die Regelungen über die Geschäftsfähigkeit; vgl. dazu die nachfolgenden Ausführungen unter Gliederungspunkt E. § 1 II. 5. a), S. 203.

[45] *MüKo/Mayer-Maly/Armbrüster*, § 134 Rn. 1; *Staudinger/Sack*, § 134 Rn. 33, 61; *BGHZ* 88, 240, 242; 118, 142, 144.

[46] Wie beispielsweise bei Formvorschriften; vgl. *Sauer/Wittemann*, BKR 2003, 656, 661 sowie die nachfolgenden Ausführungen unter Gliederungspunkt E. § 1 II. 3. b), c), S. 198 ff.

[47] Vgl. auch *BGH* NJW 2002, 66, 67.

Ebenso widerspricht eine Gewährung von Schadensersatzansprüchen wegen einer Pflichtverletzung im Zusammenhang mit der Leistungspflicht der Zwecksetzung eines Verbotsgesetzes, denn dies würde bedeuten, daß eine ordnungsgemäße Vornahme der verbotenen Leistungshandlung geschuldet wäre.[48]

Zwar schränkt der *BGH* die Möglichkeiten des *Aufwendungsersatzes* des Geschäftsführers bei einem Verstoß gegen Verbotsgesetze ein. So darf der Geschäftsführer, wie schon erwähnt,[49] seine Aufwendungen im Sinne des § 670 bei einer verbotswidrigen Tätigkeit regelmäßig nicht „den Umständen nach für erforderlich halten".[50] Allerdings ist fraglich, ob diese Einschränkung auch auf die Fälle der Betreuung beim Immobilienerwerb anwendbar wäre. Denn der *BGH* hat ausdrücklich anerkannt, daß bis zur Änderung der Rechtsprechung für die Parteien nicht erkennbar war, daß der Betreuungsvertrag einer Erlaubnis nach dem RBerG bedurfte.[51] Konsequenterweise dürfte deshalb dem insoweit gutgläubigen Betreuer ein Aufwendungsersatzanspruch gem. §§ 670, 683 S. 1, 677 nicht versagt werden.

Daß der Ausschluß der GoA auf der Ebene des § 670 unzulänglich ist, ergibt sich auch aus der Rechtsprechung des *BGH* zum Herausgabeanspruch des Geschäftsführers. Hat der Geschäftsführer das Entgelt durch den Geschäftsherrn schon verabredungsgemäß erlangt, scheidet eine Rückforderung nach §§ 667 Alt. 1, 681 S. 2, 677 aus, mit der Folge, daß der verbotswidrige Vertrag faktisch vergütet wird.[52]

d) Die Nichtigkeitsanordnung des § 134 BGB

Auch wenn sich das Verbotsgesetz – wie beispielsweise Art. 1 § 1 RBerG – nur gegen eine Partei des Vertrages richtet, ist keine andere Beurteilung möglich.

---

[48] Vgl. *BGH* NJW 1985, 2360, 2361; anders jedoch das *OLG Köln*, welches einen Anspruch aus positiver Vertragsverletzung der GoA bei einem gem. § 134, § 203 Abs. 1 Nr. 1 StGB nichtigen Vertrag (Verletzung der ärztlichen Verschwiegenheitspflicht) gewährte, *OLG Köln*, NJW 1993, 793, 794.

[49] Siehe dazu Gliederungspunkt C. § 1 II. 1, S. 77 ff.

[50] *BGHZ* 37, 258, 263 f.

[51] Vgl. *BGHZ* 145, 265, 275 ff.; *BGH* NJW 2002, 2325, 2327; *BGH* NJW 2005, 664, 667 f. mit weiteren Nachweisen.

[52] Vgl. dazu Gliederungspunkt C. § 2 II. 1., S. 89, zu *BGH* NJW 1997, 47.

Es ist anerkannt, daß die andere Partei in diesem Fall nicht durch die Nichtigkeitsfolgen benachteiligt werden soll. Eine Rechtfertigung der Heilung des Vertrages im Wege der GoA zum Schutz des nicht verbotswidrig Handelnden ist gleichwohl ausgeschlossen. Denn zunächst muß festgestellt werden, ob überhaupt ein Verbotsgesetz im Sinne des § 134 vorliegt. Schon bei dieser Frage ist zu beachten, welcher Zweck dem Gesetz zugrundeliegt und ob das Rechtsgeschäft als solches zu mißbilligen ist.[53] Anschließend ist zu entscheiden, ob sich aus der ratio legis des Verbotsgesetzes nicht die Nichtigkeit des Vertrages, sondern gem. § 134 a. E. „etwas anderes ergibt".[54]

Hat man in diesen zwei Schritten festgestellt, daß die ratio des Verbotsgesetzes die vollkommene Unwirksamkeit des Vertrages fordert, kann kein Bedürfnis mehr für einen besonderen Schutz eines Beteiligten bestehen.[55]

e) Die Gewährung von Schutzpflichten

Abschließend ist zu klären, ob der Sinn und Zweck der Verbotsgesetze auch Schutzpflichten erfaßt, die von den Leistungspflichten unabhängig sind.

Da die Pflicht, die Rechtsgüter des anderen zu schützen und nicht zu schädigen, nicht gegen *die Rechtsordnung* verstoßen kann, richtet sich das Unwerturteil des gesetzlichen Verbots lediglich gegen den Inhalt der Leistungsverpflichtung. Für die Richtigkeit dieser Feststellung spricht auch der Vergleich mit dem Deliktsrecht. So ist nicht zu bezweifeln, daß trotz eines nichtigen Vertrages ein deliktischer Anspruch bestehen kann.[56]

---

[53] *Canaris*, NJW 1985, 2004 f.; vgl. zur jüngsten Tendenz der Rechtsprechung hin zu einer restriktiven Auslegung des RBerG *Kleine-Cosack*, NJW 2003, 3009 ff.; *Sauer/ Wittemann*, BKR 2003, 656 ff.

[54] Anders sieht das der *BGH* in der Entscheidung ZIP 2005, 1599. Dort wird zunächst der Vertrag gem. § 134 für nichtig erklärt. Erst anschließend sei „.... bei der Bestimmung des dem Geschäftsführer nach § 677 BGB obliegenden Aufgabenkreis zu beachten, daß der Zweck des gesetzlichen Verbots nicht unterlaufen wird."

[55] Ebenso *St. Lorenz*, NJW 1996, 883, 887 Fn. 43. Vgl. auch *BGHZ* 146, 37 zu den neueren Tendenzen des *BGH* zur Teilnichtigkeit.

[56] Vgl. dazu *Canaris*, JZ 1965, 475, 481 f.

2. Der Verstoß gegen die guten Sitten, § 138 Abs. 1 BGB

Die Argumentation zu Verträgen, die wegen Verstoßes gegen § 134 nichtig sind, ist auf sittenwidrige Verträge entsprechend anwendbar.

a) Die praktische Relevanz

Bei Verträgen mit Geschäftsbesorgungscharakter war § 138 Abs. 1 in der Praxis insbesondere in Verbindung mit dem Handel mit öffentlichen Ämtern[57] und Titeln[58] sowie der Vermittlung einer Adoption zwecks Erlangung eines Adelstitels[59] von Bedeutung. Diese Geschäftsbesorgungen und Verträge betrafen und betreffen einen Bereich, dessen Kommerzialisierung allgemein als ein Verstoß gegen das „Anstandsgefühl aller billig und gerecht Denkenden“[60] angesehen wird.[61]

b) Der Sinn und Zweck des § 138 Abs. 1 BGB

Mit der Nichtigkeitsanordnung des § 138 Abs. 1 sanktioniert der Gesetzgeber die Verträge nicht allein zum Schutz des Verpflichteten, sondern zur Wahrung von Grundprinzipien der Rechts- und Sittenordnung.[62] Maßgeblich ist dabei wie im Rahmen des § 134 die *Mißbilligung des Inhalts* des Rechtsgeschäfts.[63]

---

57 *BGH* NJW 1994, 187 (Ernennung zu „Honorargeneralkonsul von Sierra Leone“).

58 *RGZ* 86, 98; *OLG Koblenz*, NJW 1996, 665; *OLG Stuttgart*, NJW 1996, 665; *OLG Koblenz*, NJW 1999, 2904. Soweit die Vermittlung eines akademischen Titels verboten ist (z. B. § 141 Abs. 4 Universitätsgesetz NW), geht § 134 vor, woraus sich aber keine Unterschiede ergeben, vgl. *OLG Köln*, NJW-RR 1994, 1540 mit Anwendung des § 138 Abs. 1.

59 *BGH* NJW 1997, 47; vgl. auch zur „Besorgung eines philippinischen Adoptionskindes“ als sittenwidriger Vertragsgegenstand, *OLG Oldenburg*, NJW 1991, 2216.

60 So der eingebürgerte Maßstab für die Sittenwidrigkeit, welcher trotz seines leerformelartigen Charakters noch immer Ausgangspunkt der Auslegung des § 138 Abs. 1 ist, vgl. *BGH* NJW 1991, 913, 914; umfassend dazu *Sack*, NJW 1985, 761 ff.

61 *Staudinger/Sack*, § 138 Rn. 478.

62 Vgl. *Erman/Ehmann*, § 138 Rn. 1; *St. Lorenz*, Der Schutz vor dem unerwünschten Vertrag (1997), S. 47.

63 *MüKo/Mayer-Maly/Armbrüster*, § 138 Rn. 1 ff.

Zwar kann sich die Sittenwidrigkeit auch aus einem Verhalten eines Vertragspartners[64] oder aus der Mißachtung schutzwürdiger Belange eines Dritten oder der Allgemeinheit[65] ergeben. Inwieweit eine solche *Sittenwidrigkeit der Umstände* beim Zustandekommen des Vertrages dessen Sittenwidrigkeit begründet,[66] kann allerdings dahingestellt bleiben, denn die hier untersuchten Fälle verstoßen mit der Kommerzialisierung eines diesbezüglich schutzwürdigen Lebensbereichs nach *Inhalt, Zweck und Beweggrund*[67] gegen die guten Sitten und bewegen sich damit unstreitig im Rahmen der Inhaltssittenwidrigkeit des § 138 Abs. 1.

Neben der „Elimination" des mißbilligten Vertrages als Zweckrichtung[68] soll § 138 Abs. 1 auch eine Abschreckung bewirken.[69] Insbesondere ist die Rückabwicklung sittenwidriger Verträge durch § 817 S. 2 erheblich eingeschränkt.[70] Insgesamt ist das Ziel des § 138 Abs. 1 damit nicht lediglich die Verhinderung des Vertragsabschlusses, sondern gerade die *Sanktion des Vollzuges.* Einzig in Betracht kommende Rechtsfolge kann folglich nur die vollständige Nichtigkeit des Vertrages ohne Heilungsmöglichkeit sein.[71] Nach Ansicht des *BGH* und der Literatur verbietet sich bei sittenwidrigen Verträgen auch jegliche Umdeutung gem. § 140 oder geltungserhaltende Reduktion.[72]

Dieser Nichtigkeitsanordnung des § 138 Abs. 1 würde es widersprechen, wenn dem sittenwidrigen Vertrag durch Anerkennung von Vergütungs- und Gewährleistungsansprüchen faktische Geltung verschafft wird. Zwar ist eine Rückabwicklung im Wege der ungerechtfertigten Bereicherung gem. § 812

---

64 *BGHZ* 50, 63, 70.

65 *BGHZ* 34, 169, 177; 59, 82, 85.

66 Umfassend zu diesem Problemkreis *Staudinger/Sack*, § 138 Rn. 6 ff., 70 ff.

67 Vgl. zur Gesamtwürdigung des Rechtsgeschäfts nach diesen Charakteristika *MüKo/Mayer-Maly/Armbrüster*, § 138 Rn. 27 ff.; *BGHZ* 34, 169, 176; *BGH* NJW 1998, 2047.

68 *MüKo/Mayer-Maly/Armbrüster*, § 138 Rn. 1.

69 Die „Abschreckungsfunktion" des § 138 Abs. 1 ist umstritten, vgl. *MüKo/Mayer-Maly/Armbrüster*, § 138 Rn. 2. Nach *Canaris* soll allein der Vorwurf der Sittenwidrigkeit diskriminierend wirken, *Canaris*, AcP 184 (1984), S. 201, 234.

70 Siehe zu § 817 S. 2 die unter Gliederungspunkt III. 1. folgenden Ausführungen, S. 206 ff.

71 *MüKo/Mayer-Maly/Armbrüster*, § 138 Rn. 157 ff.

72 *BGHZ* 44, 158, 162; 68, 204, 207; *MüKo/Mayer-Maly/Armbrüster*, § 138 Rn. 158.

Abs. 1 S. 1 Alt. 1 bzw. § 817 S. 1 nicht grundsätzlich ausgeschlossen.[73] Eine Heilung des sittenwidrigen Vertrages im Wege des Aufwendungsersatzanspruches und vertragsähnlicher Ansprüche widerspricht jedoch den in § 138 Abs. 1 getroffen Wertungen.[74]

Hinsichtlich der Mißbilligung von reinen Schutzpflichten gelten die Ausführungen zu § 134 entsprechend. Weil Schutzpflichten schon per definitionem nicht der Sittenordnung widersprechen können, verstößt eine Anerkennung derselben nicht gegen den Sinn und Zweck des § 138 Abs. 1.[75]

c) Die Nichtigkeitsanordnung des § 138 Abs. 1 BGB

Insbesondere in der Rechtsprechung zur Rückabwicklung sittenwidriger Verträge ist das Bemühen zu erkennen, die strenge Nichtigkeitsanordnung des § 138 Abs. 1 mit der Folge des § 817 S. 2 zu umgehen.[76] Auch in der Literatur finden sich zunehmend Ansichten, welche das Alles-oder-Nichts-Prinzip des § 138 Abs. 1 in Frage stellen. So wird neben der Forderung nach restriktiver Auslegung des § 138 Abs. 1 zunehmend die Übertragung des Normzweckvorbehalts des § 134 auf § 138 befürwortet.[77]

Doch wie bei § 134 ist auch bei sittenwidrigen Verträgen die Frage der Angemessenheit der vollständigen Vertragsnichtigkeit ausschließlich ein Problem der Nichtigkeitsvorschrift selbst,[78] welches nicht mit einem Rückgriff auf die GoA umgangen werden kann.

---

73 *MüKo/Mayer-Maly/Armbrüster*, § 138 Rn. 166; vgl. auch *OLG Hamm*, NJW 1981, 877; *OLG Köln*, NJW-RR 1994, 1540, 1541; *OLG Koblenz*, NJW 1996, 665.

74 Ebenso *Einsele*, JuS 1998, 401, 403 f.

75 *Canaris*, JZ 1965, 475, 481 f.

76 Vgl. beispielsweise *BGH* NJW 1997, 47; *OLG Stuttgart*, NJW 1996, 665.

77 Übertragung des Normzweckvorbehalts bedeutet teleologische Reduktion des § 138 Abs. 1, wonach sich die Nichtigkeit aus dem Normzweck der verletzten Sittennorm ergibt. Dazu umfassend *Staudinger/Sack*, § 138 Rn. 92 ff. mit weiteren Nachweisen.

78 Vgl. zu § 134 die Ausführungen unter Gliederungspunkt E. § 1 II. 1. d), S. 192.

3. Der Verstoß gegen Formvorschriften

Ein weiterer typischer Nichtigkeitsgrund für Verträge mit Geschäftsbesorgungscharakter ist die Verletzung von Formvorschriften im Sinne des § 125 S. 1.

a) Die praktische Relevanz

In der Praxis betrifft dies mehrheitlich Verträge, die wegen Verstoßes gegen § 311b Abs. 1 nichtig sind.[79] Grundlage dafür ist die Rechtsprechung des *BGH*, nach der alle vertraglichen Vereinbarungen der notariellen Form bedürfen, die in untrennbarem Zusammenhang mit einem Grundstücksvertrag stehen.[80] So wurden vom *BGH* Werkverträge über Bauleistungen, welche mit einem Grundstückskaufvertrag eine rechtliche Einheit bildeten,[81] sowie Verträge über die Vermarktung von Immobilien[82] bei fehlender Form des § 311b Abs. 1 für unwirksam erklärt und nach den Vorschriften der GoA rückabgewickelt. Auch bei einem Verwaltungsvertrag, der im Zusammenhang mit einem Immobilienerwerb im Rahmen eines Steuersparmodells geschlossen wurde, wurde dem Verwalter aufgrund der Formnichtigkeit des Vertrages ein Aufwendungsersatzanspruch gem. §§ 670, 683 S. 1, 677 zuerkannt.[83]

Als zweite Formvorschrift soll § 15 Abs. 4 GmbHG in die Betrachtung einbezogen werden. Nach dieser Vorschrift bedarf die Verpflichtung zur Abtretung eines GmbH-Anteils der notariellen Form. Erst kürzlich wurde vom *III. BGH-Zivilsenat* ein Herausgabeanspruch nach §§ 667 Alt. 1, 681

---

[79] § 311b Abs. 1 entspricht dem bis zum 31.12.2001 geltenden § 313.

[80] *BGH* NJW-RR 1990, 340, 340 f. mit weiteren Nachweisen.

[81] Beispielsweise die Entscheidung *BGH* NJW 1993, 3196, welche schon ausführlich unter Gliederungspunkt C. § 2 I. 1., S. 84 ff., ausführlich besprochen wurde.

[82] Vgl. *BGH* NJW-RR 1993, 200 (unwiderrufliche Beauftragung und Vollmachterteilung zur Veräußerung des Grundbesitzes).

[83] *BGH* NJW-RR 1989, 970; zur Reichweite der Formvorschrift des § 311b bei im Zusammenhang stehenden Verträgen umfassend *Staudinger/Wufka*, § 313 Rn. 187 ff.

S. 2, 677 bei einem gem. § 15 Abs. 4 GmbHG, § 125 S. 1 BGB formunwirksamen Treuhandvertrag für möglich gehalten.[84]

b) Der Sinn und Zweck von Formvorschriften

Im Zivilrecht gilt der Grundsatz der Formfreiheit schuldrechtlicher Verträge. Wird demgegenüber bei bestimmten Rechtsgeschäften eine besondere Form vorgeschrieben, sind damit Wirkungen beabsichtigt, welche sich nach Art des Rechtsgeschäfts und der zugrundeliegenden Formvorschrift unterscheiden. Die Formerfordernisse können dementsprechend Warnfunktion, Beratungs- und Belehrungsfunktion, Klarstellungs- und Beweisfunktion, Kontrollfunktion sowie eine Funktion zur Behinderung ungewollter Geschäfte besitzen.[85]

c) Der Sinn und Zweck der §§ 311b Abs. 1 BGB, § 15 Abs. 3, 4 GmbHG

Der Zweck des § 311b Abs. 1 besteht in erster Linie darin, die Vertragsparteien[86] vor übereilten Verträgen zu bewahren. Dies wird insbesondere durch das Erfordernis notarieller Beurkundung und der damit einhergehenden Beratungspflicht des Notars gem. § 17 Abs. 1 BeurkG gewährleistet. Daneben verfolgt die Vorschrift Beweiszwecke und fördert die Sicherheit des Grundbuchverkehrs.[87]

Die Formbedürftigkeit der Abtretung sowie der Verpflichtung zur Abtretung von GmbH-Geschäftsanteilen gem. § 15 Abs. 3, 4 GmbHG dient vorrangig ebenfalls der Beweiserleichterung und dem Schutz vor übereilten

---

[84] *BGH* WM 2004, 2441. Die Revisionserwiderung meinte, die Formvorschrift des § 15 Abs. 4 GmbHG sei auf den Sachverhalt nicht anwendbar. Der *BGH* erklärt diese Frage für nicht entscheidungserheblich, da sich der Anspruch auch bei Formnichtigkeit aus dem Recht der GoA ergäbe.

[85] Vgl. dazu umfassend *Staudinger/Hertel*, § 125 Rn. 34 ff.

[86] Bis 1973 war lediglich die *Veräußerungsverpflichtung* formbedürftig. Im Vordergrund des § 313 a. F. stand der Schutz des Grundstückseigentümers und des Grundbesitzers vor leichtfertigem Zuordnungswechsel, vgl. Mot. II, 189: „Seßhaftigkeit der Bevölkerung".

[87] *Staudinger/Wufka*, § 313 Rn. 3; *St. Lorenz*, Der Schutz vor dem unerwünschten Vertrag (1997), S. 106 f.

Entscheidungen.[88] Ferner soll der spekulative Handel mit Gesellschaftsanteilen erschwert werden.[89]

Ein formunwirksamer Vertrag kann deshalb als *unerwünscht* angesehen werden, da die mit den Formvorschriften beabsichtigten Ziele nicht erreicht werden. Ein bezug zum Vertragsinhalt des einzelnen Vertrages kann damit jedoch nicht hergestellt werden.[90] Auch die Verhinderung der Spekulation mit Gesellschaftsanteilen ist lediglich ein rechtspolitisches Ziel, aus dem keine Mißbilligung der einzelnen formlosen Verpflichtung zur Abtretung eines Anteils folgt.

d) Die Heilung des Formmangels

Diese Folgerung wird durch die umfangreichen Möglichkeiten der Heilung von Formmängeln bestätigt. Bei nahezu jedem individualschützenden Formerfordernis des Schuldrechts ist eine Heilung durch Vollzug bzw. Leistungserbringung vorgesehen, so auch in § 311b Abs. 1 S. 2. Ebenso ermöglicht § 15 Abs. 4 S. 2 GmbHG eine Heilung einer formunwirksamen Verpflichtung zur Abtretung eines Gesellschaftsanteils durch den in notarieller Form geschlossenen Abtretungsvertrag.

Dahinter steht der Leitgedanke des *Vertrauensschutzes*, hinter dem der Schutzzweck der Form zurückzustehen hat. Begründet wird dies mit dem Interesse der Rechtsordnung sowie der Beteiligten an der Aufrechterhaltung abgeschlossener sachenrechtlicher Sachverhalte.[91]

---

[88] *Lutter/Hommelhoff/Lutter/Bayer*, GmbHG, § 15 Rn. 1.

[89] *Rowedder/Schmidt-Leithoff/Rowedder/Bergmann*, GmbHG, § 15 Rn. 2; *Lutter/Hommelhoff/Lutter/Bayer*, GmbHG, § 15 Rn. 1.

[90] Vgl. *St. Lorenz*, Der Schutz vor dem unerwünschten Vertrag (1997), S. 46, 108 ff.; *Meurer/Neunaber*, NZM 2002, 807, 809. Eine Ausnahme könnte § 5 Abs. 4 HOAI (Honorarordnung für Architekten und Ingenieure) darstellen. Dieser schließt Ansprüche aus § 812 oder GoA für „Besondere Leistungen" aus, sofern keine *schriftliche* Vereinbarung getroffen wurde, da „ein Zurückgreifen auf die Grundsätze - selbst wenn deren Voraussetzungen im Einzelfall zu Lasten des Auftraggebers gegeben wären - nicht sachgerecht und angemessen ist, selbst wenn dies im Einzelfall zu Härten für den betroffenen Architekten führen kann", *OLG Düsseldorf*, NJW-RR 1993, 476, 477; ebenso *OLG Hamm*, BauR 1989, 352; NJW-RR 1993, 1175, 1177. Neben der Begründung („nicht sachgerecht und angemessen") ist hier jedoch gerade die Einordnung des § 5 Abs. 4 HOAI als reine Formvorschrift zweifelhaft.

[91] Vgl. *W. Lorenz*, JuS 1966, 429, 434; *Staudinger/Wufka*, § 313 Rn. 262.

Ob die Heilungsvorschriften im einzelnen angemessen und ob Warn- und Schutzfunktion der Formvorschriften in diesen Fällen noch gewährt sind, kann man bezweifeln.[92] Gleichwohl ist dahinter die Wertentscheidung des Gesetzgebers zu erkennen, welche vollzogenen formnichtigen Rechtsgeschäften die Wirksamkeit ermöglicht. Im Hinblick auf die GoA ist daraus zu schlußfolgern, daß Formvorschriften einer Vergütung eines formnichtigen Vertrages nicht entgegenstehen. Ebensowenig werden die Nebenansprüche der GoA für die Rückabwicklung vom Normzweck der Formvorschriften erfaßt.[93]

4. Die Nichtigkeit wegen erfolgter Anfechtung, § 142 Abs. 1 BGB

Verträge mit Geschäftsbesorgungscharakter, die wegen Verstoßes gegen die bislang untersuchten Vorschriften nichtig waren, hat die Rechtsprechung - wenn auch keineswegs konsequent - nach den Regeln der §§ 677 ff. rückabgewickelt.

Dagegen fand in Fällen, in denen sich die Nichtigkeit eines Vertrages aus sonstigen Vorschriften ergab, die GoA bisher keine Beachtung.[94] Es findet sich keine Gerichtsentscheidung, in der ein Anspruch aus GoA zuerkannt wurde, nachdem sich ein geschlossener Vertrag wegen wirksamer Anfechtung oder wegen mangelnder Geschäftsfähigkeit eines Vertragspartners als nichtig erwiesen hat.

a) Die Bedeutung für die Untersuchung

Mißt man die Rechtsprechung an ihren eigenen Maßstäben, ist dieses Vorgehen fehlerhaft. Weil in diesen Fällen nach Auffassung des *BGH* der Tatbestand der GoA erfüllt sowie anwendbar ist, müßte sich die Rückabwicklung nach den §§ 677 ff. und nicht nach dem Recht der ungerecht-

---

[92] Dazu *St. Lorenz*, Der Schutz vor dem unerwünschten Vertrag (1997), S. 113 f.; *MüKo/Einsele*, § 125 Rn. 44.

[93] Ebenso *Thies*, Die Nichtigkeit des Werkvertrages unter besonderer Berücksichtigung des Eigentümer-Besitzer-Verhältnisses (2001), S. 164 f.; für die Schutzpflichten ausdrücklich *Canaris*, JZ 1965, 475, 481.

[94] Als einzige Ausnahme ist lediglich eine Entscheidung des *III. BGH-Zivilsenats* vom 11.07.1996 zu nennen. In dieser ging es um die Rückabwicklung eines Vertrages, welcher mit dem (nach der Wiedervereinigung noch geltenden) Recht der DDR nicht vereinbar war, *BGH*, WM 1996, 2159.

fertigten Bereicherung richten. Ungeachtet der fehlenden Entsprechung in der Gerichtspraxis soll deshalb auf diese Nichtigkeitsgründe ein Augenmerk gelegt werden. Nicht zuletzt werden die §§ 104 ff., 119 ff. hier kurz eingeführt, da sie an späterer Stelle der Untersuchung noch eine maßgebliche Rolle spielen.[95]

b) Der Zweck des Anfechtungsrechts

Objektiv geben die Regeln der Anfechtung demjenigen, der eine Willenserklärung abgegeben hat, unter bestimmten Voraussetzungen die Möglichkeit, sich von den Wirkungen dieser Erklärung zu befreien. Die Zwecke dieser Vorschriften unterscheiden sich dabei in Anbetracht der unterschiedlichen Anfechtungsgründe erheblich.

aa) Die Irrtumsanfechtung

Mit den Regeln der Irrtumsanfechtung ist keine Mißbilligung des Vertragsinhalts verbunden. Vielmehr ist die *Wahrung des Freiheitsinteresses* des Irrenden beabsichtigt, welches vom Gesetzgeber gegenüber dem Bestandsinteresse des anderen Teils als vorrangig angesehen wird.[96] Daß die Aufrechterhaltung des Vertrages eine vom Gesetzgeber sogar erstrebte Rechtsfolge ist, zeigt die gesetzliche Regelung eindeutig. So besteht nur ein Anfechtungsrecht, jedoch keine Anfechtungspflicht. Darüber hinaus kann sich der Erklärende nur bei gleichzeitiger Verpflichtung zum Schadensersatz gem. § 122 von einem nicht gewollten Vertrag lösen.[97]

Auch der Vergleich mit dem Arbeits- und Gesellschaftsrecht spricht für die grundsätzliche Heilungsmöglichkeit eines angefochtenen Vertrages.[98] Bei diesen beiden Bereichen wirkt die Anfechtung wegen der Schwierigkeit der Rückabwicklung und wegen zu schützender Interessen Dritter nur

---

[95] Siehe die unter Gliederungspunkt IV. folgenden Ausführungen, S. 223 ff.

[96] *Staudinger/Singer*, § 119 Rn. 1 ff.

[97] *St. Lorenz*, Der Schutz vor dem unerwünschten Vertrag (1997), S. 260.

[98] Angefochten wird streng genommen die dem Vertrag zugrunde liegende Willenserklärung. Weil dem Vertrag insofern die Voraussetzungen entzogen werden, wird üblicherweise von einer „Anfechtung des Vertrages" gesprochen, vgl. *MüKo/Mayer-Maly/Busche*, § 142 Rn. 9 ff.

ex nunc.[99] Wenn aufgrund einer besonderen Interessenlage allerdings die Möglichkeit der Heilung des Vertrages besteht, bedeutet dies gleichzeitig, daß diese Möglichkeit auch in den verbleibenden Fällen nicht grundsätzlich ausgeschlossen sein kann.[100]

Der Sinn und Zweck der Regeln der Irrtumsanfechtung spricht damit nicht gegen die Rückabwicklung des nichtigen Vertrages im Wege der GoA.

bb) Die Anfechtung wegen arglistiger Täuschung oder widerrechtlicher Drohung

Diese These bestätigt auch die Rechtsprechung und Literatur zur Anfechtung wegen arglistiger Täuschung oder widerrechtlicher Drohung. Obwohl in den Fällen des § 123 eine schwere Beeinträchtigung der materiellen Selbstbestimmung und Entscheidungsfreiheit vorliegt,[101] gilt die Einschränkung der rückwirkenden Anfechtung im Arbeits- und Gesellschaftsrecht nach herrschender Meinung auch bei einer Anfechtung gem. § 123.[102]

Die umfassenden Nebenpflichten der GoA sind alleinstehend betrachtet ebenfalls kein Argument gegen die Anwendung der GoA. Zwar ist es denkbar, daß der Getäuschte bzw. Bedrohte durch die GoA schlechter gestellt ist als bei Anwendung der allgemeinen Vorschriften. So könnte er beispielsweise als Geschäftsführer im Sinne der GoA gem. §§ 280 Abs. 1, 677 zum Schadensersatz verpflichtet sein. Allerdings ist umgekehrt auch eine Besserstellung möglich, wenn der Getäuschte bzw. Bedrohte nicht Geschäftsführer, sondern Geschäftsherr im Sinne der GoA ist und selbst einen Anspruch wegen einer Nebenpflichtverletzung besitzt.

---

99 *MüKo/Mayer-Maly/Busche*, § 142 Rn. 15 ff. mit weiteren Nachweisen.

100 Insofern ist die Lage anders als bei § 134. Dort wird zunächst ermittelt, ob eine Nichtigkeit *ex tunc* oder *ex nunc* dem Sinn und Zweck des Verbotsgesetzes am besten entspricht. Bei § 142 Abs. 1 ist die Rechtsfolge der Nichtigkeit *ex nunc* im allgemeinen anerkannt, sogar trotz des Fehlens einer solchen „Vorprüfung"; vgl. *MüKo/Mayer-Maly/Busche*, § 142 Rn. 15 ff.

101 § 123 wird nach herrschender Meinung auch nicht durch die Regelungen des Leistungsstörungsrechts verdrängt und auch eine Einschränkung der Anfechtbarkeit nach § 242 kommt nur in absoluten Ausnahmefällen in Betracht. Eine Vorrang von Sonderregeln ist allerdings möglich, vgl. *Staudinger/Singer/von Finckenstein*, § 123 Rn. 90.

102 Vgl. *Staudinger/Singer/von Finckenstein*, § 123 Rn. 84 f.; *MüKo/Mayer-Maly/Busche*, § 142 Rn. 16 f.

Auch die Haftung für die Verletzung von Schutzpflichten ist nicht durch den Sinn und Zweck des § 123 ausgeschlossen. Die Vorschrift hat keinen Strafcharakter, der es rechtfertigen würde, dem Täuschenden auch Ansprüche jenseits der Hauptleistungen zu versagen.[103]

Die Wertungen der §§ 123, 142 Abs. 1 stehen damit einer Anwendung der GoA auf nichtige Verträge nicht von vornherein entgegen.

5. Die Nichtigkeit wegen fehlender Geschäftsfähigkeit

Ein ähnliches Ergebnis zeigt die Untersuchung nach Sinn und Zweck der §§ 104 ff.[104] In der Literatur findet sich des öfteren die Behauptung, die Wertungen der Regelungen über die Geschäftsfähigkeit ständen einer Abwicklung nichtiger Verträge nach dem Recht der GoA entgegen.[105] Diese Annahme erweist sich bei genauerer Betrachtung nur teilweise als zutreffend.

a) Der Sinn und Zweck der Regelungen über die Geschäftsfähigkeit

Die gesetzliche Regelung der Geschäftsfähigkeit bezweckt in erster Linie den Schutz des nicht oder nur beschränkt Geschäftsfähigen vor den nachteiligen Folgen seiner Willenserklärungen.[106] Diesem Schutz wird dabei der Vorrang gegenüber der Sicherheit des Rechtsverkehrs sowie den Interessen des Geschäftsgegners eingeräumt.[107]

---

[103] Auch ist der Blick auf das Deliktsrecht hilfreich, welches dem Anfechtungsgegner Schutz gewährt. Vgl. auch *Kuhlmann*, Leistungspflichten und Schutzpflichten (2000), S. 95 f., andere Ansicht *Canaris*, JZ 1965, 475, 481, der dem Täuschenden die Berufung auf ein Vertrauensverhältnis versagt.

[104] Die einzige auffindbare Entscheidung zur Anwendung der GoA bei gem. § 104 ff. unwirksamen Verträgen ist *LG Wiesbaden*, NJW 1967, 1570. In dieser wurde ein Anwaltshonorar bei fehlender Geschäftsfähigkeit aus GoA für möglich gehalten.

[105] So beispielsweise *Schubert*, AcP 178 (1978), S. 425, 451 f.; *Mellulis*, Das Verhältnis von Geschäftsführung ohne Auftrag und ungerechtfertigter Bereicherung (1971), S. 150 ff.; *Helm*, Gutachten und Vorschläge (1983), S. 335, 393; *St. Lorenz*, NJW 1996, 883, 885.

[106] Vgl. *MüKo/Schmitt*, vor § 104 Rn. 1 ff.; *Staudinger/Knothe*, Vorbem. zu §§ 104-115 Rn. 26 ff. mit weiteren Nachweisen.

[107] Deutlich wird dies durch das Fehlen einer des § 122 entsprechenden Regelung sowie in Ansehung des § 179 Abs. 3 S. 2.

Obwohl den §§ 104 ff. insbesondere bei Minderjährigen eine solche Bedeutung beigemessen wird, daß deren Wertungen in analoger Anwendung auf andere Rechtsgebiete - wie beispielsweise das öffentliche Recht - übertragen werden,[108] ist deren Wirkung nicht grenzenlos. So kann nach herrschender Meinung - übereinstimmend mit den Rechtsfolgen bei einem angefochtenen Vertrag - im Arbeitsrecht die Nichtigkeit eines Vertrages trotz fehlender Geschäftsfähigkeit unter Umständen nicht mit Wirkung *ex tunc* geltend gemacht werden.[109] Grund dafür ist einerseits die Irreversibilität der in Vollzug gesetzten Rechtsbeziehungen, andererseits aber gerade auch der Schutz des Geschäftsunfähigen im Einzelfall.[110]

b) Die Vereinbarkeit mit den Rechtsfolgen der GoA

Vergleicht man diese Grundsätze überdies mit den Ergebnissen, welche sich bei der Anwendung der GoA auf nichtige Verträge ergeben, erscheint eine Ablehnung der §§ 677 ff. nicht zwingend.

Scheitert ein Vertrag mit Geschäftsbesorgungscharakter im Hinblick auf die Geschäftsfähigkeit des *Geschäftsherrn*, ergibt sich ein differenziertes Bild. Einerseits ist der Geschäftsherr durch die Schadensersatz- und Nebenansprüche der GoA geschützt. Andererseits ist er schlechter gestellt als bei Rückabwicklung nach den §§ 812 ff., da er möglicherweise Aufwendungsersatz ohne Rücksicht auf seine Bereicherung schuldet. Diese Benachteiligung relativiert sich jedoch, da im Rahmen des § 683 S. 1 stets auf den Willen und das Interesse des gesetzlichen Vertreters abzustellen ist.[111]

Ist dagegen der *Geschäftsführer* nicht oder nicht voll geschäftsfähig, wird er durch Anwendung der §§ 677 ff. deutlich bevorzugt. Ihm entstehen durch Anwendung der GoA keine Nachteile, da er gem. § 682 nur deliktisch sowie nach Bereicherungsrecht haftet. Er selbst hat gegebenenfalls einen Anspruch auf Ersatz seiner Aufwendungen, der nicht dem Risiko der Entreicherung des Geschäftsherrn unterliegt. Das gilt selbst dann, wenn der

---

[108] Dazu *MüKo/Schmitt*, vor § 104 Rn. 10 ff.

[109] Vgl. dazu *Staudinger/Knothe*, Vorbem. zu §§ 104-115 Rn. 32 ff.; anders ist dies bei der fehlerhaften Gesellschaft, vgl. *MüKo/Schmitt*, § 105 Rn. 58 f.

[110] Beispielsweise durch Ausschluß des § 818 Abs. 3 für von einem Geschäftsunfähigen geleistete Arbeit aufgrund eines nichtigen Arbeitsverhältnisses.

[111] So die h. M., *Erman/Ehmann*, § 683 Rn. 2; *MüKo/H. H. Seiler*, § 682 Rn. 7; vgl. auch *BGH* NJW 1971, 609, 612 („Flugreisefall", Ausführungen zur Rückbeförderung nicht abgedruckt in *BGHZ* 55, 128).

Geschäftsführer einen Schaden verursacht, für den er gem. § 682 nicht verantwortlich ist.[112]

Zusammenfassend ist damit festzustellen, daß die GoA auch im Bereich der §§ 104 ff. ein gescheitertes Vertragsverhältnis faktisch ersetzt. Die Behauptung, die Anwendung der GoA unterlaufe die Wertungen der §§ 104 ff.,[113] erweist sich allerdings nach der vergleichenden Betrachtung der Rechtsfolgen als unzutreffend.[114]

6. Resümee

Das Ergebnis der wertungsorientierten Betrachtung im Hinblick auf den Sinn und Zweck der betroffenen Nichtigkeitsvorschriften ist nicht eindeutig.

Richtet sich ein Nichtigkeitsgrund gegen den Inhalt des Vertrages, soll nicht nur die vertragliche Vereinbarung, sondern auch der faktische Vollzug verhindert werden. Deshalb ist bei Verträgen, die aufgrund eines Verstoßes gegen ein Verbotsgesetz oder gegen die guten Sitten nichtig sind, die Rückabwicklung im Wege der GoA nicht mit den Wertungen dieser Verbotsvorschriften zu vereinbaren.

Die §§ 104 ff., 142 Abs. 1, 125 richten sich dagegen nicht gegen den Vertragsinhalt. Weil mit diesen Vorschriften andere Ziele beabsichtigt sind, steht deren Sinn und Zweck einem faktischen Vollzug des nichtigen Vertrages nicht grundsätzlich entgegen. Damit ist gleichzeitig die Anwendbarkeit der GoA bei der Rückabwicklung der Verträge nicht *zwingend* ausgeschlossen.

III. Der Verstoß gegen Wertungen des Bereicherungsrechts

Im Schrifttum findet sich nahezu einstimmig die Behauptung, durch die Anwendung der GoA bei nichtigen Verträgen werden die Wertungen des Bereicherungsrechts, insbesondere die der §§ 817 S. 2, 814 sowie § 818,

[112] Vgl. zur Besserstellung des geschäftsunfähigen bzw. minderjährigen Geschäftsführers *Klatt*, Auftraglose Fremdgeschäftsführung durch Minderjährige (2001), S. 192 ff., 204 ff.

[113] So *Schubert*, AcP 178 (1978), S. 425, 452; *Helm*, Gutachten und Vorschläge (1983), S. 335, 393.

[114] Ebenso *Wolf*, Festschrift Mühl (1981), S. 703, 708.

umgangen.[115] Ob dies der Fall ist, soll die Analyse dieser Wertungen zeigen. Ausgangspunkt ist dabei der Grundsatz der Vorrangigkeit des Bereicherungsrechts für die Rückabwicklung von nichtigen Verträgen.[116] Über diese allgemeine Feststellung hinaus werden die Vorschriften der §§ 812 ff. unter mehreren Gesichtspunkten näher betrachtet:

Zunächst sind die dem Recht der ungerechtfertigten Bereicherung immanenten Wertungen offenzulegen und daraufhin zu untersuchen, ob sie der Anwendung der GoA bei nichtigen Verträgen entgegenstehen. Im weiteren wird die Untersuchung weitestgehend ergebnisbezogen sein. Dafür werden die Rechtsfolgen eines nichtigen Vertrages unter Anwendung der §§ 818 f. mit denen verglichen, welche sich bei der Anwendung der GoA ergeben. Besonderes Augenmerk wird dabei auf die Frage gelegt, ob die Besonderheiten der Verträge mit Geschäftsbesorgungscharakter eine Ausnahme vom Vorrang der bereicherungsrechtlichen Rückabwicklung rechtfertigen können.[117]

1. Die Wertung des § 817 S. 2 BGB

Zuvorderst soll der Kondiktionsausschlußgrund des § 817 S. 2 näher beleuchtet werden. Die Regelung des § 817 S. 2 schließt diejenigen Leistungen von der bereicherungsrechtlichen Rückabwicklung aus, in denen der Leistende gegen ein gesetzliches Verbot oder gegen die guten Sitten verstoßen hat.[118]

[115] *Schubert*, AcP 178 (1978), S. 425, 451 f.; *St. Lorenz*, NJW 1996, 883, 884 f.; *Wollschläger*, Die Geschäftsführung ohne Auftrag (1976), S. 207 ff.; *Voit/Geweke*, JuS 1997, 531, 533; *Einsele*, JuS 1998, 401, 402 ff.; *MüKo/H. H. Seiler*, § 677 Rn. 48 mit weiteren Nachweisen.

[116] Vgl. Gliederungspunkt E. § 1 I. 1. c), S. 182.

[117] Vgl. Gliederungspunkt E. § 1 I. 4., S. 188.

[118] Nach Rechtsprechung und herrschender Lehre gebietet der Sinn und Zweck der § 817 S. 2 BGB auch die Anwendung bei einseitigem Gesetzes- und Sittenverstoß des Leistenden, vgl. dazu *MüKo/Lieb*, § 817 Rn. 16 mit weiteren Nachweisen. Nach *Staudinger/W. Lorenz*, § 817 Rn. 10, soll das Wort „gleichfalls" nur eine satzverbindende Bedeutung besitzen.

a) Die Bedeutung für die Untersuchung

Bedeutung haben die Wertungen des § 817 S. 2 BGB für die Fälle, in denen im Rahmen einer Geschäftsbesorgung eine Vermögensübertragung an den Geschäftsführer stattgefunden hat und mit der Zuwendung ein verbotswidriger oder sittenwidriger Zweck beabsichtigt war.[119]

In diesen Fällen ist eine Rückforderung der Vermögensgegenstände nach dem Recht der ungerechtfertigten Bereicherung durch § 817 S. 2 ausgeschlossen. Es besteht jedoch die Möglichkeit eines Herausgabeanspruchs gem. §§ 667 Alt. 1, 681 S. 2, 677.[120] Damit stellt sich die Frage, ob die Anerkennung eines Herausgabeanspruchs nach den Regeln der GoA gegen die Wertungen des § 817 S. 2 verstößt.

b) Der Sinn und Zweck des § 817 S. 2 BGB

Der Sinn und Zweck des § 817 S. 2 wird in der Literatur zur GoA zumeist als wichtiges oder sogar ausschlaggebendes Argument gegen die Anwendbarkeit der GoA auf nichtige Verträge angeführt.[121] Dies überrascht insofern, als kaum eine Vorschrift des BGB so umstritten ist wie § 817 S. 2. Einerseits gehen die Meinungen zu den Funktionen und dem rechtspolitischen Wert dieser Vorschrift weit auseinander, andererseits wird das Erreichen dieser Funktionen durch die starre Ausgestaltung der Regelung bezweifelt.

aa) Die Entstehungsgeschichte des § 817 S. 2 BGB

Fragt man nach den Gründen für die Probleme der Einordnung des Kondiktionsausschlusses, zeigen sich Parallelen zu den §§ 677 ff. Auch im Falle des

---

[119] Beispielsweise *BGHZ* 37, 87; *BGH* WM 1963, 698; *BGH* NJW 1997, 47; *OLG Oldenburg*, NJW 1991, 2216; *OLG Köln*, NJW-RR 1994, 1540; *OLG Koblenz*, NJW 1996, 665; *OLG Stuttgart*, NJW 1996, 665; *OLG Koblenz*, NJW 1999, 2904.

[120] Vgl. die Ausführungen zu *BGH* NJW 1997, 47 unter Gliederungspunkt C. § 2 II. 1. b) aa), S. 91.

[121] *Wollschläger*, Die Geschäftsführung ohne Auftrag (1976), S. 207 f.; *Schubert*, AcP 178 (1978), S. 425, 452; *Gold*, JA 1994, 205, 207; *St. Lorenz*, NJW 1996, 883, 885; *Wolf*, Festschrift Mühl (1981), S. 703, 708 f.; *Busz*, NZBau 2003, 65, 72; *Einsele*, JuS 1998, 401, 403 f.; *OLG Koblenz*, NJW 1999, 2904, 2905; andere Ansicht *Hospach*, NJW 1996, 643, 644 f.

§ 817 S. 2 basieren die Schwierigkeiten im Umgang mit der Regelung im wesentlichen auf Unklarheiten und Systemwechseln im Laufe der Kodifikation des BGB.

Honsell hat in seiner Habilitationsschrift überzeugend nachgewiesen, daß im Vorentwurf zum BGB die Kondiktion des § 817 S. 1 sowie deren Ausschluß nur eine Ergänzung zur *condictio ob rem* darstellen sollte.[122] Im Laufe des Gesetzgebungsverfahrens wurde dieser Zusammenhang - nach der Ansicht von *Honsell* unbewußt - aufgegeben, wodurch in der Folge der Kondiktionsausschluß des § 817 S. 2 auch auf nichtige Verträge anwendbar war.[123] Durch diese Ausdehnung fiel es schwer, der Regelung nach Inkrafttreten des BGB eine gesetzgeberische Wertung zugrundezulegen.

bb) Die Literatur und Rechtsprechung zu § 817 S. 2 BGB

Nachdem früher der Kondiktionsausschluß als Strafe für eine verwerfliche Gesinnung angesehen wurde, wird heute überwiegend der Aspekt der *Rechtsschutzverweigerung* in den Vordergrund gestellt. Demnach soll der auf einen sitten- oder gesetzeswidrigen Vertrag Leistende keinen Schutz vor staatlichen Gerichten beanspruchen können.[124] Daneben werden unter anderem noch der Gedanke der *Generalprävention*, der Einwand der *unclean hands* sowie die Figur des *Verbots einer Berufung auf eigenes Unrecht* als Begründung angebracht.[125]

In der Rechtsprechung wurde zunächst der Strafcharakter der Vorschrift betont,[126] später hat auch der *BGH* den Gedanken der Rechtsschutzverweigerung zunehmend in den Vordergrund gestellt.[127]

---

[122] Vgl. die umfassende Darstellung der Entstehung des § 817 S. 2 bei *Honsell*, Die Rückabwicklung sittenwidriger oder verbotener Geschäfte (1974), S. 98 ff.

[123] *Honsell*, Die Rückabwicklung sittenwidriger oder verbotener Geschäfte (1974), S. 104 ff.

[124] *Soergel*/Mühl, § 817 Rn. 2; *Koppensteiner/Kramer*, Ungerechtfertigte Bereicherung (1988), S. 63; *Reuter/Martinek*, Ungerechtfertigte Bereicherung (1983), S. 204 ff.; *Flume*, Allgemeiner Teil II (1992), S. 389 f.; umfangreiche Nachweise bei *Honsell*, Die Rückabwicklung sittenwidriger oder verbotener Geschäfte (1974), S. 60 ff.

[125] Vgl. nur die Darstellung zum Meinungsstand bei *Reuter/Martinek*, Ungerechtfertigte Bereicherung (1983), S. 204 ff.

[126] *RGZ* 105, 270, 281; *BGHZ* 39, 87, 91; 63, 365, 368 f.

Doch auch mit der grundsätzlichen Einigkeit der Lehre und Rechtsprechung im Hinblick auf die rechtspolitische Rechtfertigung des § 817 S. 2 bleibt die Vorschrift problematisch. Insbesondere bezwecken viele Verbotsgesetze ausschließlich den Schutz eines der Beteiligten. Die sich aus § 817 S. 2 ergebende Rechtsfolge läuft in einigen Fällen diesem Zweck gerade zuwider.[128] Insofern sind sich Rechtsprechung und Literatur einig, daß bei wortlautgetreuer Anwendung des § 817 S. 2 „unbillige" Ergebnisse erzielt werden, welche auch mit der Theorie der Rechtsschutzverweigerung nicht gerechtfertigt werden können.[129]

c) Die Begrenzung des Anwendungsbereichs

So finden sich zahlreiche Versuche zur Einschränkung des § 817 S. 2 unter normativen Gesichtspunkten. Vorgeschlagen wird unter anderem eine Begrenzung des Kondiktionsausschlusses auf endgültige Vermögenszuwendungen,[130] eine entsprechende Anwendung des § 254, eine Beschränkung auf per se sittenwidrige Handlungen sowie eine teleologische Reduktion nach dem Zweck des Verbotsgesetzes, wobei keine der entwickelten Konzeptionen bisher allgemeine Anerkennung finden konnte.[131]

In der Folge hat sich eine unübersichtliche Einzelfallrechtsprechung gebildet,[132] welche von dem Grundsatz ausgeht, daß § 817 S. 2 eine „dem

---

127 Beispielsweise *BGHZ* 9, 333, 336; 28, 164, 169, 36, 395, 399; *BGH* NJW-RR 1993, 1457, 1459; *BGH* NJW 1994, 187; *BGH* NJW 2005, 1490; ebenso *BAG* BB 2005, 782, 784.

128 Beispiele bei *Reuter/Martinek*, Ungerechtfertigte Bereicherung (1983), S. 209 f.

129 Zunächst hatte sich der *BGH* auf den Standpunkt gestellt, daß der Gesichtspunkt der Gerechtigkeit bewußt unberücksichtigt bleibe, vgl. *BGHZ* 8, 348, 373. Dieser strenge Gesetzespositivismus wurde mit Anerkennung von Ausnahmetatbeständen aufgegeben; aufgegriffen wurde die Begründung allerdings von *OLG Köln*, NJW-RR 1994, 1540, 1542.

130 Das Rückforderungsverbot greift nach Ansicht des *BGH* nicht ein, wenn der Empfänger „wirtschaftlich gar nicht in den Genuß des hingegebenen Vermögenswerts kommen sollte", das heißt bei Sicherheitsleistungen und durchlaufenden Posten, *BGHZ* 28, 255, 257; ebenso *BGHZ* 19, 205, 207 f.; *BGH* NJW-RR 1994, 291, 293; *Larenz/Canaris*, Schuldrecht Besonderer Teil II/2, 13. Auflage (1994), S. 164 f. einschränkend *MüKo/Lieb*, § 817 Rn. 16, 23 ff.; vgl. auch die Ausführungen zu *BGH* NJW 1997, 47 unter Gliederungspunkt C. § 2 II. 1. b) aa), S. 91.

131 Vgl. dazu den Überblick bei *Honsell*, Die Rückabwicklung sittenwidriger oder verbotener Geschäfte (1974), S. 32 ff.

132 Vgl. *MüKo/Lieb*, § 817 Rn. 29 ff.; *Staudinger/W. Lorenz*, § 817 Rn. 10 ff.

Zivilrecht an sich fremde Regelung" darstellt, „die nicht selten zu unbilligen Ergebnissen führen kann" und deshalb „in den von ihrem Zweck her bestimmten engen Grenzen gehalten werden" muß.[133]

d) Die Ausweitung des Anwendungsbereichs

Trotz der umstrittenen rechtspolitischen Rechtfertigung des § 817 S. 2 wird insbesondere in der Wissenschaft nicht nur eine Einschränkung, sondern auch eine Ausweitung seines Grundprinzips auf andere Rechtsgebiete befürwortet.[134] Grund dafür sind die offensichtlichen Wertungswidersprüche, welche sich durch das Fehlen von dem § 817 S. 2 entsprechenden Regelungen in den §§ 985 ff. und 823 ff. ergeben. Als Beispiel ist nur der Fall zu nennen, in dem sich die Sittenwidrigkeit des Geschäfts ausnahmsweise auf die dingliche Verfügung durchschlägt. In diesem Fall kann der sittenwidrig Leistende vindizieren, ohne daß § 817 S. 2 entgegensteht.[135]

Zwar ist den Stimmen in der Literatur zuzustimmen, welche den § 817 S. 2 als spezielle Normierung des allgemeinen Grundsatzes der Rechtsschutzversagung bei Berufung auf eigenes sitten- oder gesetzeswidriges Verhalten ansehen (*nemo auditur turpitudinem suam allegans*).[136] Gleichwohl würde eine allgemeine Ausdehnung des Rückforderungsverbots angesichts der unklaren ratio wohl zu weit greifen.[137] Daher ist der Rechtsprechung zu folgen, welche § 817 S. 2 als Ausnahmetatbestand ansieht.[138]

---

[133] *BGHZ* 75, 299, 305; ähnlich *BGHZ* 111, 308, 310 ff.

[134] Beispielsweise *Staudinger/W. Lorenz*, § 817 Rn. 14; *Medicus*, Bürgerliches Recht (2004), Rn. 697, jeweils mit weiteren Nachweisen.

[135] Dazu sowie zu den Wertungswidersprüchen im Deliktsrecht *Staudinger/W. Lorenz*, § 817 Rn. 14.

[136] *Medicus*, Bürgerliches Recht (2004), Rn. 697; *Staudinger/W. Lorenz*, § 817 Rn. 14; *Esser/Weyers*, Schuldrecht, Band 2, Teilband 2 (2000), S. 70 f.; *Wolf*, Festschrift Mühl (1981), S. 703, 708 f.; andere Ansicht *Becker*, Die Ausdehnung des § 817, Satz 2 auf andere Ansprüche außerhalb des Gebiets der ungerechtfertigten Bereicherung (1951), S. 51 ff.

[137] Vgl. *MüKo/Lieb*, § 817 Rn. 28.

[138] *RGZ* 145, 152; *BGHZ* 39, 87, 91; *BGH* JZ 1964, 558; *BGH* NJW 1992, 310, 311.

e) Die GoA als Instrument zur Korrektur des § 817 S. 2 BGB

Betrachtet man die Schwierigkeiten bei der Einschränkung des § 817 S. 2 sowie die Tendenz zur restriktiven Auslegung dieser Vorschrift, wird der Grund für den Rückgriff der Rechtsprechung auf die GoA augenfällig: Durch die Anwendung der GoA auf nichtige Verträge bietet sich im Bereich der Geschäftsbesorgung die Möglichkeit, ohne Änderung der Rechtsprechung zu § 817 S. 2 dessen Wirkung weiter einzuschränken.

Da es nach Ansicht der Rechtsprechung ausgeschlossen ist, den Rechtsgedanken des § 817 S. 2 auf andere Schuldverhältnisse auszudehnen,[139] kommt es bei einem Herausgabeanspruch gem. §§ 667 Alt. 1, 681 S. 2, 677 nicht auf die Verbotswidrigkeit oder Sittenwidrigkeit der Vermögensverfügung an. Damit kann dem Geschäftsherrn ein Herausgabeanspruch zuerkannt werden, welcher im Ergebnis einer Kondiktion entspricht, ohne daß eine Auseinandersetzung mit der Problematik des § 817 S. 2 erforderlich ist.

aa) Die Erzielung eines angemessenen Ergebnisses

Eine solche Korrektur der Rechtsfolgen des § 817 S. 2 mittels GoA ist allerdings trotz der Probleme beim Umgang mit dieser Vorschrift weder wertungs- noch interessengerecht.

Der *BGH* begründet den Rückgriff auf die GoA bei sittenwidrigen Verträgen mit der Erzielung eines sachgerechten Ergebnisses.[140] Als Beispiel kann hier die schon besprochene Entscheidung *BGH* NJW 1997, 47 dienen. In dieser entschied der *BGH* den Fall einer sittenwidrigen „Adelstiteladoption“ nach dem Recht der GoA, weil dies „zu einer angemessenen Risikoverteilung unter den Parteien“ führe.[141]

Bei näherer Betrachtung erweist sich diese Behauptung allerdings als unrichtig. Zwar trifft es zu, daß der auf einen sitten- oder gesetzeswidrigen Vertrag Vorleistende bei Anwendung der § 812 ff. durch § 817 S. 2 benach-

---

139 *BGHZ* 39, 87, 91; *BGH* NJW 1992, 310, 311; ähnlich die Entscheidung *BGH* NJW 1997, 47, in der mehrmals der Ausschluß einer Kondiktion durch § 817 S. 2 im zu entscheidenden Sachverhalt erwähnt wird, gleichzeitig aber ein Anspruch aus §§ 667 Alt. 1, 681 S. 2, 677 für möglich gehalten wird.

140 *BGH* NJW 1997, 47, 48.

141 *BGH* NJW 1997, 47, 48; vgl. dazu die Ausführungen unter C. § 2 II. 1., S. 89.

teiligt wird, indem er weder Erfüllung verlangen noch kondizieren kann. Nach richtiger Ansicht ist diese Benachteiligung jedoch gerechtfertigt, da der Leistende das Risiko der Vorleistung bewußt auf sich genommen hat. Insofern verteilt § 817 S. 2 das Risiko der Parteien eindeutig, daß jeder Leistende den Verlust seiner sitten- oder gesetzeswidrigen Leistung einzukalkulieren hat. Für eine einseitige Abnahme dieses Risikos aufgrund von Billigkeitserwägungen besteht kein Grund.[142]

Auch wenn man die Rechtfertigung dieser Benachteilung des Vorleistenden durch die Theorie der Rechtsschutzverweigerung bezweifelt,[143] kann man die Anwendung der GoA nicht mit einem sachgerechteren Ergebnis legitimieren. Denn bei Anwendung der GoA wird in Umkehr der Rechtsfolge des Bereicherungsrechts gerade derjenige bevorzugt, welcher als Geschäftsherr im Sinne der GoA anzusehen ist. Dieser besäße trotz des eigenen Sittenverstoßes seinen Herausgabeanspruch nach §§ 667 Alt. 1, 681 S. 2, 677, während der Geschäftsführer keinen Anspruch geltend machen könnte.

bb) Die Vergütung der gesetzes- und sittenwidrigen Tätigkeit

Welche offensichtlichen Widersprüche darüber hinaus durch die Anwendung der GoA auf verbots- und sittenwidrige Verträge entstehen, zeigen die Ausführungen in der Entscheidung *BGH* NJW 1997, 47 zur Vergütung des Treuhänders.

Dieser hatte im Rahmen des sittenwidrigen Treuhandvertrages 36.000 DM als Vergütung für seine Tätigkeit einbehalten, wobei allerdings streitig war, ob dieses Vorgehen der *sittenwidrigen* Abrede entsprach. Sollte diese Umbuchung zu eigenen Entgeltzwecken abredewidrig geschehen sein, bestehe nach Ansicht des *BGH* ein Rückgabeanspruch des Auftraggebers gem. §§ 667 Alt. 1, 681 S. 2, 677. Dem stünde auch kein aufrechenbarer Vergütungsanspruch gem. §§ 670, 683 S. 1, 677 entgegen, denn schließlich

> „... ist der Beklagte (*der Treuhänder*) zur Besorgung eines von der Rechtsordnung mißbilligten Geschäfts tätig geworden, so daß er seine Aufwendungen nicht »den Umständen nach für erforderlich halten« dürfte."[144]

---

[142] Ebenso *OLG Köln*, NJW-RR 1994, 1540, 1542; *MüKo/Lieb*, § 817 Rn. 14.

[143] So beispielsweise *Honsell*, Die Rückabwicklung sittenwidriger oder verbotener Geschäfte (1974), S. 60 f.; *Esser/Weyers*, Schuldrecht, Band 2, Teilband 2 (2000), S. 70 f.

[144] *BGH* NJW 1997, 47, 49 (Anmerkungen in Klammern nicht im Original).

Um dieses Ergebnis abzusichern, prüft der *BGH* nachfolgend einen Anspruch des geschäftsführenden Treuhänders aus ungerechtfertigter Bereicherung. Auf dessen Seite soll nun § 817 S. 2 einem solchen Anspruch entgegenstehen.[145]

Wenn die Vereinnahmung des Geldes dagegen bestimmungs- und abredegemäß war, komme nach Ansicht des *BGH* kein Herausgabeanspruch nach §§ 667 Alt. 1, 681 S. 2, 677 in Betracht, weil das Geld bestimmungsgemäß verbraucht wurde.[146] Die Umbuchung wird folglich in dieser Alternative für zulässig angesehen, was im Ergebnis zu einer Vergütung der sittenwidrigen Geschäftsführung führt.

Zusammengefaßt ist es nach Auffassung des *BGH* möglich, daß der Treuhänder seine Vergütung, die er wegen der Nichtigkeit der Abreden nicht für erforderlich halten durfte, gleichwohl „bestimmungsgemäß" als Entgelt einbehalten darf. Argumente, welche dieses Ergebnis des *BGH* als *nicht* widersprüchlich erscheinen lassen, sind nicht erkennbar.

cc) Der Zusammenhang mit den §§ 134, 138 BGB

Ein wesentlicher Gesichtspunkt bei der Betrachtung des § 817 S. 2 ist darüber hinaus der Zusammenhang mit den §§ 134, 138. Der Kondiktionsausschluß setzt die Rechtsfolgen dieser Vorschriften fort, indem den mißbilligten Geschäften die Rückabwicklung versagt wird. Wie schon im Rahmen der Untersuchung dieser Nichtigkeitsvorschriften besprochen wurde, erzielt die Anordnung der Nichtigkeit nur dann ihre beabsichtigte Wirkung, wenn keine Heilung im Wege der GoA möglich ist.

Eine solche Heilung wird durch die Anwendung der GoA auf sitten- und gesetzeswidrige Verträge jedoch zumindest teilweise erreicht. Die Prüfung der nichtigen Abreden im Rahmen des Herausgabeanspruches fragt schlußendlich nach dem Verschulden des Geschäftsführers, womit Voraussetzungen und Rechtsfolgen sich nur geringfügig von einer vertraglichen Haftung unterscheiden. Mit dem Sinn und Zweck der Verbotsgesetze sowie dem Prinzip der Rechtsschutzverweigerung des § 817 S. 2 hat diese „interne Abwicklung"[147] des Geschäfts nur noch wenig gemein.

---

[145] *BGH* NJW 1997, 47, 49.

[146] *BGH* NJW 1997, 47, 49.

[147] So die Bezeichnung des *BGH* in NJW 1997, 47, 49.

f) Resümee

Zusammenfassend widerspricht es deshalb den Wertungen des § 817 S. 2, gesetzes- und sittenwidrige Verträge mit Geschäftsbesorgungscharakter den Vorschriften der GoA zu unterstellen. Die GoA muß deshalb ausgeschlossen bleiben, da sie der gesetzlichen Risikoverteilung bei verbotswidrigen Verträgen nicht gerecht wird. Ein Grund dafür, den § 817 S. 2 ausschließlich für die Fälle der Geschäftsbesorgung faktisch abzuschaffen, ist nicht ersichtlich.

Zwar ist die rechtspolitische Rechtfertigung dieser Vorschrift umstritten und hinter der Anwendung der GoA steht in den meisten Fällen das berechtigte Anliegen, ein angemessenes Ergebnis zu erzielen. Genau genommen bedingt jedoch nicht die *angemessene* Regelung der §§ 677 ff. die Rechtsprechung des *BGH*, sondern die *Unangemessenheit* der Ergebnisse des § 817 S. 2 im Einzelfall. Der Rückgriff auf die GoA ist dabei nur eine von mehreren Möglichkeiten, mit denen der *BGH* die strenge Rechtsfolge des § 817 S. 2 zu umgehen versucht.[148]

Auch wenn man dem Kondiktionsausschluß des § 817 S. 2 grundsätzlich kritisch gegenübersteht, sollte die Problematik nicht mit einem Ausweichen auf das Recht der GoA umgangen werden. In vielen Fällen wird eine Einschränkung des § 817 S. 2 allerdings weder notwendig noch geboten sein. Bei einseitigen Verstößen gegen Verbotsgesetze oder die guten Sitten ist die Kondiktion desjenigen, der keinen Gesetzes- oder Sittenverstoß begangen hat, von vornherein nicht gem. § 817 S. 2 ausgeschlossen.[149] Darüber hinaus fordert die Rechtsprechung und herrschende Lehre zumindest bei Verbotsgesetzen beim Leistenden ein *Bewußtsein des Verbotenseins* als subjektive Komponente,[150] welches trotz Ausreichens einer *Parallelwertung*

---

[148] Daß die Umgehung des 817 S. 2 ein Problem ist, welches nicht nur die Vorschriften der GoA betrifft, zeigt die Entscheidung *OLG Koblenz*, NJW 1996, 665. In dieser hat das *OLG Koblenz* die Rückforderung von Geldern, die für den „Kauf" eines Doktortitels bestimmt waren, nach § 823 II BGB i. V. m. § 263 StGB sowie § 826 BGB zugelassen.

[149] Vgl. die Ausführungen zu *BGHZ* 37, 258 unter Gliederungspunkt C. § 1 II. 2., S. 79.

[150] *RGZ* 161, 52, 57; *BGHZ* 50, 90, 92; 70, 12, 17 f.; *BGH* NJW 1992, 310, 311; *MüKo/Lieb*, § 817 Rn. 42 ff.; *Staudinger/W. Lorenz*, § 817 Rn. 21 f. mit weiteren Nachweisen; ablehnend *Reuter/Martinek*, Ungerechtfertigte Bereicherung (1983), S. 211 ff.

in der Laiensphäre angesichts der unübersehbaren Zahl gesetzlicher Verbote oft nicht gegeben sein wird.

Sollte gleichwohl *im Einzelfall* der Ausschluß der Rückforderung gerade mit dem Schutzzweck der verletzten Norm nicht vereinbar sein, kann auch der Anwendungsbereich des § 817 S. 2 teleologisch reduziert werden.[151]

2. Die Wertung des § 814 BGB

Gegen die Anwendung der §§ 677 ff. bei nichtigen Verträgen wird weiterhin eingewandt, sie unterliefen die in § 814 enthaltene Wertung. Diese sei für die Rückabwicklung von Leistungsbeziehungen charakteristisch, wodurch auch bei Geschäftsbesorgungen keine Ausnahme in Frage käme.[152] Von Bedeutung ist hier nur die 1. Alternative des § 814, nach welcher bei Kenntnis vom Nichtbestehen einer Leistungsverpflichtung die Rückforderung der Leistung ausgeschlossen ist.[153]

a) Die Bedeutung für die Untersuchung

Ein möglicher Widerspruch zu den Vorschriften der GoA kann sich dabei lediglich in den Fällen ergeben, in denen der Geschäftsführer aufgrund eines unwirksamen Vertrages handelte und dabei von der Unwirksamkeit positive Kenntnis besaß. Am wahrscheinlichsten ist die Kenntnis der Unwirksamkeit bei sittenwidrigen Verträgen, grundsätzlich kommen jedoch alle Unwirksamkeitsgründe in Betracht.

b) Der Sinn und Zweck des § 814 Alt. 1 BGB

Fragt man nach der Wertung, welche dem § 814 Alt. 1 zugrundeliegt, begibt man sich in eine weitere „Grauzone" des Bereicherungsrechts. Im allgemei-

---

[151] Ebenso *MüKo/Lieb*, § 817 Rn. 11 ff.; *Reuter/Martinek*, Ungerechtfertigte Bereicherung (1983), S. 207 ff.

[152] *Schubert*, AcP 178 (1978), S. 425, 452 f.; *Gold*, JA 1994, 205, 207; *St. Lorenz*, NJW 1996, 883, 884; *MüKo/Lieb*, § 677 Rn. 48; *Busz*, NZBau 2003, 65, 72; einschränkend *Wollschläger*, Die Geschäftsführung ohne Auftrag (1976), S. 207 ff.

[153] Die Argumentation wird auch im Schrifttum auf § 814 Alt. 1 begrenzt, jedoch ohne durch eine korrekte Zitierweise die 2. Alternative ausdrücklich auszuschließen, welche gerade die Unkenntnis vom Fehlen der Verpflichtung zur Voraussetzung hat.

nen wird der Kondiktionsausschluß als Ausdruck des *venire contra factum proprium* verstanden. Demnach soll derjenige an seiner Erklärung festgehalten werden, welcher freiwillig den Anschein erweckt, er leiste auf eine bestehende Schuld, so daß der Empfänger auf den Erwerb mit Rechtsgrund vertrauen kann.[154]

In Einzelheiten besteht im Hinblick auf die konkreten Voraussetzungen und gebotenen Einschränkungen des § 814 Alt. 1 allerdings wie bei § 817 S. 2 Unklarheit. Nach einer Ansicht in der Literatur soll es nicht auf ein schutzwürdiges Vertrauen des Empfängers ankommen.[155] Dagegen ist nach Meinung des *BGH* § 814 Alt. 1 „nach dem mit der Bestimmung verfolgten Zweck ... nicht anwendbar", wenn der Empfänger aufgrund eigener Kenntnis der Nichtschuld nicht darauf vertrauen konnte, die Leistung behalten zu dürfen.[156]

Weiterhin soll einerseits der Ausschluß der Rückforderung unabhängig von den Beweggründen des Leistenden sein.[157] Andererseits ist § 814 Alt. 1 nach der herrschenden Meinung in der Rechtsprechung und Literatur *nicht* passend, wenn die Leistung in der Erwartung erfolgte, daß der Vertrag trotz seiner Nichtigkeit durchgeführt werde.[158] In diesen Fällen tritt dann zusätzlich das Problem der Abgrenzung zur *condictio ob rem* auf, für die § 814 Alt. 1 nicht gilt.[159]

---

[154] *Reuter/Martinek*, Ungerechtfertigte Bereicherung (1983), S. 182 f.; *MüKo/Lieb*, § 814 Rn. 2; *Staudinger/W. Lorenz*, § 814 Rn. 2; *Wolf*, Festschrift Mühl (1981), S. 703, 708 f.

[155] Vgl. *Reuter/Martinek*, Ungerechtfertigte Bereicherung (1983), S. 187; *Staudinger/W. Lorenz*, § 814 Rn. 2, welche dem § 814 Alt. 1 zusätzlich die ratio der Rechtsschutzverweigerung zugrunde legen.

[156] *BGHZ* 73, 202, 206; ähnlich auch *Wollschläger*, Die Geschäftsführung ohne Auftrag (1976), S. 208 ff.

[157] *Reuter/Martinek*, Ungerechtfertigte Bereicherung (1983), S. 186; *Staudinger/W. Lorenz*, § 814 Rn. 2.

[158] MüKo/Lieb, § 814 Rn. 4; *BGH* NJW 1976, 237, 238; *BGHZ* 73, 202, 205; *Staudinger/W. Lorenz*, § 814 Rn. 8 insofern widersprüchlich zu Rn. 2.

[159] *Staudinger/W. Lorenz*, § 812 Rn. 110; vgl. zur Abgrenzung zwischen *condictio indebiti* und *condictio ob rem* die Ausführungen bei *Reuter/Martinek*, Ungerechtfertigte Bereicherung (1983), S. 188 f.

c) § 814 Alt. 1 BGB als analogiefähige Ausprägung des Grundsatzes von Treu und Glauben

Richtigerweise ist der Kondiktionsausschluß des § 814 Alt. 1 als besondere Ausprägung des Grundsatzes von Treu und Glauben im Sinne von § 242 anzusehen.[160] Entscheidungserheblich sind folglich die mögliche Schutzunwürdigkeit des Leistenden sowie die Schutzwürdigkeit des Empfängers.

Für die hier untersuchte Problematik ergeben sich deshalb zwei Sichtweisen: Sieht man im Grundgedanken des § 814 Alt. 1 eine allgemeine und prägende Wertung der Leistungskondiktion, ist offensichtlich, daß der Kondiktionsausschluß nicht durch gezielten Rückgriff auf die GoA umgangen werden darf. Bei dieser Betrachtung widerspricht der Rückgriff auf die GoA der Wertung des § 814 Alt. 1.

Führt man den Gedanken der grundsätzlichen Analogiefähigkeit des § 814 Alt. 1 allerdings konsequent zu Ende, ergibt sich eine völlig andere Perspektive. Denn wenn man die Kondiktionssperre als Ausdruck des Verbots des *venire contra factum proprium* versteht, kann diese Grundfigur über § 242 problemlos auch auf die GoA übertragen werden. Weil es dann gerade keines Rückgriffs auf § 814 Alt. 1 bedürfte, würde dessen Wertung durch Anwendung der GoA nicht umgangen.[161]

Eine solche konsequente Gesamtbetrachtung im Hinblick auf § 242 ist der Rechtsprechung auf dem Gebiet der GoA jedoch bisher fremd. In bezug auf die hier aufgeworfene Fragestellung kann deshalb festgestellt werden, daß die Anwendung der GoA auf unwirksame Verträge die dem § 814 Alt. 1 zugrundeliegende Wertung zumindest dann unterlaufen kann, wenn man – wie die Rechtsprechung – eine allgemeine Übertragung dieser Wertung auf die GoA ablehnt.

---

160 Vgl. *BGHZ* 73, 202, 205.

161 Vgl. *Wolf*, Festschrift Mühl (1981), S. 703, 708.

3. Die Wertung des § 818 BGB

Neben einer Umgehung der Kondiktionsausschlußgründe werden die Wertentscheidungen des § 818 gegen die Anwendung der GoA vorgebracht.[162]

a) Die Bedeutung für die Untersuchung

Bedeutung erlangt die Abgrenzung zwischen den Ansprüchen der GoA und § 818 einerseits bei der Vergütung der Geschäftsbesorgung, andererseits bei der Rückgabe von Vermögenswerten.

Welche Ergebnisse durch die Anwendung der GoA im Hinblick auf die Rückabwicklung erbrachter Geschäftsbesorgungsleistungen erreicht werden, hat die besprochene Entscheidung *BGH* NJW 1993, 3196 exemplarisch gezeigt:[163] Der Bauunternehmer kann trotz Formnichtigkeit des Werkvertrages seine Leistungen als berechtigter Geschäftsführer ohne Auftrag gem. §§ 670, 683 S. 1, 677 in Form des Aufwendungsersatzes ersetzt bekommen, welcher nach der *üblichen Vergütung* zu bemessen ist. Ob die Leistungen fehlgeschlagen sind, ist für diesen Anspruch unbeachtlich, da er sich nicht nach der noch vorhandenen Bereicherung bemißt. Im Falle einer unberechtigten GoA verweist § 684 S. 1 zwar auf das Bereicherungsrecht. Eine solche Konstellation ist allerdings die Ausnahme, da bei einem nichtigen Vertrag die *Übernahme* der Geschäftsführung regelmäßig dem wirklichen Willen des Geschäftsherrn entspricht.[164] Insofern liegt bei Anwendung der GoA das Risiko für den Erfolg der Geschäftsführung bzw. für den Untergang der Leistung stets beim Geschäftsherrn.

Das gleiche Resultat zeigt sich hinsichtlich einer möglichen Leistung des *Geschäftsherrn*, was die untersuchte Entscheidung *BGH* NJW 1997, 47

---

[162] *St. Lorenz*, NJW 1996, 883, 884; *Schubert*, AcP 178 (1978), S. 425, 452; *Gold*, JA 1994, 205, 207; Gutachten und Vorschläge (1983), S. 335; *Gursky*, AcP 185 (1985), S. 31 f.; *MüKo/H. H. Seiler*, § 677 Rn. 42; *Voit/Geweke*, JuS 1997, 531, 533; *Schwark*, JuS 1984, 321, 326; *Busz*, NZBau 2003, 65, 72.

[163] Siehe dazu die Ausführungen unter Gliederungspunkt C. § 2 I. 1., S. 84; vgl. auch *BGH* NJW-RR 1989, 970; *BGH* NJW-RR 1993, 200.

[164] Von Bedeutung könnte die unberechtigte GoA lediglich in den Fällen erlangen, in denen trotz Vertragschlusses nicht von einem dahingehenden Willen ausgegangen werden kann. Möglich wäre dies bei fehlender Geschäftsfähigkeit des Geschäftsherrn oder bei Vertretung ohne Vertretungsmacht.

deutlich macht.[165] Wenn der Geschäftsherr zur Ausführung der Geschäftsbesorgung oder zu Entgeltzwecken dem Geschäftsführer Vermögenswerte zuwendet, trägt letzterer das Risiko der Entreicherung. Ein Anspruch aus §§ 667 Alt. 1, 681 S. 2, 677 ist nur ausgeschlossen, soweit der Geschäftsführer das „Erlangte" ordnungsgemäß verwandt hat, wofür er jedoch die Beweislast trägt.

b) Die Bereicherung als Paradigma des Bereicherungsrechts

Für die Fälle der ungerechtfertigten Bereichung und damit auch für die Rückabwicklung von nichtigen Verträgen im besonderen hat der Gesetzgeber in § 818 eine davon abweichende Risikozuordnung vorgenommen.

Maßgeblich für einen Anspruch ist einerseits nur die *Bereicherung* in Form der beim Bereicherungsschuldner eingetretenen Vermögensmehrung. Dagegen kommt es nicht auf den Vermögensverlust des Leistenden und damit auf dessen Entreicherung an. § 818 Abs. 3 regelt die zweite wesentliche Wertentscheidung des Gesetzgebers im Hinblick auf den Bereicherungsanspruch: Dem gutgläubigen und unverklagten Bereicherungsschuldner wird gestattet, sich auf den *Wegfall der Bereicherung* zu berufen.

Übertragen auf Verträge mit Geschäftsbesorgungscharakter bedeutet dies eine grundsätzliche *doppelte Risikozuweisung* an den Leistenden. So werden nutzlose Anstrengungen, welche sich nicht im Vermögen des Empfängers niedergeschlagen haben, nicht vergütet. Daneben mindert eine Entreicherung des Bereicherungsschuldners den Wertersatzanspruch aus § 818 Abs. 2.

An welcher Stelle sich bei nutzlosen Aufwendungen ein Unterschied zur GoA ergibt, hängt davon ab, woran man sich bei der Bestimmung einer Bereicherung orientiert. Stellt man bei der Wertbemessung direkt auf die Vermögensmehrung ab,[166] zeigt sich bereits dabei eine wesentliche Abweichung. Denn die Kosten der Geschäftsbesorgung führen insbesondere bei Werk- oder Dienstleistungen nicht notwendig zu einer Vermögensmehrung auf Seiten des Bereicherungsschuldners. Sieht man als das „Erlangte" im Sinne des § 818 nicht erst die Vermögensmehrung, sondern die nicht

---

[165] Siehe dazu die Ausführungen unter Gliederungspunkt C. § 2 II. 1., S. 89.

[166] So die Rechtsprechung des *BGH* zum Bau auf fremdem Grund, *BGHZ* 10 ,171, 180; *BGH* NJW 1962, 2293 f.; *BGH* WM 1967, 1250, 1251; *Staudinger/W. Lorenz*, § 818 Rn. 26; *Busz*, NZBau 2003, 65, 73; einschränkend *BGH* NJW 2001, 3104, 3106.

verkörperte Geschäftsbesorgung bzw. Dienst- oder Werkleistung an,[167] ist deren Wert nach § 818 Abs. 2 mit der üblichen Vergütung zu ersetzen.[168] Damit verschiebt sich aber das Problem des Ersatzes nutzloser Aufwendungen lediglich auf die nächste Stufe, den möglichen Wegfall der Bereicherung nach § 818 Abs. 3.[169]

c) Die Angemessenheit der Regelung des § 818 Abs. 3 BGB

Insbesondere der Sinn und Zweck der Regelung des § 818 Abs. 3 wird von Teilen der Literatur in Frage gestellt.

Erklärt man wie die Rechtsprechung[170] das *Gebot der Billigkeit* zum tragenden Prinzip des Rechts der ungerechtfertigten Bereicherung, ist die in § 818 Abs. 3 festgelegte Privilegierung des Bereicherungsschuldners konsequent. Nachdem sich insbesondere in der Literatur allerdings die Erkenntnis durchgesetzt hat, daß das Bereicherungsrecht keine allgemeine Billigkeitshaftung, sondern bei Leistungsbeziehungen ein *Korrekturinstrument irregulärer Vermögenszuordnungen* darstellt,[171] folgt aus diesem Betrachtungswandel ein veränderter Blick auf § 818 Abs. 3.[172] Die Regelung

---

[167] Siehe zur *Gegenstands-* bzw. *Vermögensorientierung* der Bereicherungshaftung die Darstellung des Streitstandes bei *Kaiser*, Die Rückabwicklung gegenseitiger Verträge wegen Nicht- und Schlechterfüllung nach BGB (2000), S. 224 ff.

[168] *BGHZ* 36, 321, 323; 55, 128, 135; *BGH* NJW 1982, 879, 880; *Reuter/Martinek*, Ungerechtfertigte Bereicherung (1983), S. 530 f.; *MüKo/Lieb*, § 818 Rn. 46; eingehend zum Streitstand *Thies*, Die Nichtigkeit des Werkvertrages unter besonderer Berücksichtigung des Eigentümer-Besitzer-Verhältnisses (2001), S. 171 ff.

[169] Grundsätzlich ist dieser Orientierung am *Gegenstand* der Bereicherung zuzustimmen. Ersparte Aufwendungen sind danach lediglich im Rahmen des § 818 Abs. 3 von Bedeutung (Vgl. nur *MüKo/Lieb*, § 818 Rn. 95 mit weiteren Nachweisen). Eine Ausnahme liegt allerdings bei mangelhafter Geschäftsbesorgung vor: Ist eine Werkleistung oder Geschäftsbesorgung von vornherein objektiv nutzlos (z. B. falsche anwaltliche Beratung), ist dies schon bei dem Wert des „Erlangten" im Sinne des § 818 Abs. 2 zu berücksichtigen, vgl. *Kaiser*, Die Rückabwicklung gegenseitiger Verträge wegen Nicht- und Schlechterfüllung nach BGB (2000), S. 232.

[170] *BGHZ* 36, 232, 234 f.; 55, 128, 134; 111, 308, 312; 132, 198, 215.

[171] Vgl. nur *MüKo/Lieb*, § 812 Rn. 21 f. mit weiteren Nachweisen.

[172] Dazu *Reuter/Martinek*, Ungerechtfertigte Bereicherung (1983), S. 583 f.

bezüglich der Entreicherung wird wegen der dominierenden Schuldnerinteressen nunmehr als zu „pauschal“[173] oder gar „anstößig“[174] angesehen.

Doch auch im Hinblick auf § 818 Abs. 3 wiederholt sich die zu § 817 S. 2 angeführte Argumentation: An der grundsätzlichen Gerechtigkeit der Vorschrift besteht kein Zweifel. Auch wenn der Entreicherungseinwand im Einzelfall zu „unbilligen“ Ergebnissen führen kann, ist damit schwerlich der Ausschluß aller nichtigen Geschäftsbesorgungsverträge aus dem Regelungssystem der §§ 812 ff. zu rechtfertigen. Die gesetzgeberische Entscheidung der Privilegierung des Bereicherungsschuldners sollte auch für die Fälle der Geschäftsbesorgung maßgeblich sein.

aa) Die verschärfte Haftung nach § 819 BGB

Das gilt um so mehr, als der Wegfall der Bereicherung gem. § 818 Abs. 3 wesentlichen Einschränkungen unterworfen ist. Zuvorderst ist dabei die Haftungsverschärfung des § 819 zu nennen. Aus dieser resultiert ein nach Gut- und Bösgläubigkeit abgestuftes Ergebnis, welches insbesondere den Einbezug des Schutzes von Geschäftsunfähigen und Minderjährigen ermöglicht.[175]

bb) Die Berücksichtigung der synallagmatischen Vertragsstruktur

Darüber hinaus nimmt die herrschende Lehre und Rechtsprechung eine *normative Einschränkung* des § 818 Abs. 3 unter Risikoverteilungs- und Wertungsgesichtspunkten vor.[176]

Schon erwähnt wurde die Restriktion der bereicherungsrechtlichen Rückabwicklung synallagmatischer Verträge. Im einzelnen ist zwar die

---

173 *MüKo/Lieb*, § 812 Rn. 66; *Wolff*, Zuwendungsrisiko und Restitutionsinteresse (1998), S. 205 ff.

174 *Staudinger/W. Lorenz*, § 818 Rn. 2.

175 Vgl. *MüKo/Lieb*, § 819 Rn. 6 f.

176 Dazu *MüKo/Lieb*, § 818 Rn. 101 ff., speziell zur Restriktion durch den *BGH* Rn. 104.

Anwendung einer „Saldotheorie“[177] oder einer (gegebenenfalls modifizierten) „Zweikondiktionentheorie“[178] stark umstritten, doch im Grundsatz besteht an der Notwendigkeit der Verknüpfung der gegenseitigen Leistungspflichten auch für die Rückabwicklung kein Zweifel. Auch wenn deshalb in Einzelproblemen zwischen Rechtsprechung und Wissenschaft Streit über die Verknüpfung der Bereicherungsansprüche besteht, ist auch hier die Überlegenheit des Bereicherungsrechts anzuerkennen. Stets geht es darum, die gesetzliche Rückabwicklung mit außenstehenden Wertungszusammenhängen und Prinzipien in Einklang zu bringen.

Bei der GoA ist ein solches „Weiterdenken“ des Synallagmas mit der Berücksichtigung von weiteren Grundsätzen dagegen nicht vorgesehen. Keiner der Wertungsgesichtspunkte kann bei den Ansprüchen auf Aufwendungsersatz und Herausgabe nach den Vorschriften der GoA berücksichtigt werden.

4. Resümee

Aus den im *Abschnitt* C. dargestellten Entscheidungen des *BGH* wurde deutlich, daß die Anwendung der GoA auf unwirksame Verträge eine bewußte Umgehung der §§ 812 ff. darstellt. Insbesondere § 817 S. 2 sowie § 818 Abs. 3 werden im Einzelfall als nicht „angemessen“ angesehen. Die vorstehende Betrachtung hat jedoch gezeigt, daß eine solche Umgehung für die Fälle der Geschäftsbesorgung nicht gerechtfertigt ist.

---

177 Nach der Grundaussage des *BGH* zur Saldotheorie besteht bei der Rückabwicklung nichtiger gegenseitiger Verträge "von vornherein nur ein einheitlicher Anspruch auf Herausgabe des Überschusses der Aktiv- über die Passivposten, der dem Teil zusteht, zu dessen Gunsten sich ein Saldo errechnet", *BGH* NJW 2000, 3064 ff. Diese ist bis heute (mit Anerkennung von Ausnahmen) in der Rechtsprechung behauptet, vgl. *RGZ* 54, 137, 141, 94, 253, 254; *BGHZ* 1, 75, 81; 53, 144, 146; 116, 251. Näheres dazu bei *Kaiser*, Die Rückabwicklung gegenseitiger Verträge wegen Nicht- und Schlechterfüllung nach BGB (2000), S. 302 ff.

178 Die Tendenz in der Literatur geht wieder zurück zur Zweikondiktionentheorie, nach welcher die gegenseitigen Bereicherungsansprüche grundsätzlich unabhängig sind. Gleichwohl werden vielfältige Einschränkungen des § 818 Abs. 3 aus Wertungsgesichtspunkten anerkannt. Vgl. dazu *Canaris*, Festschrift für Karl Larenz zum 70. Geburtstag (1973), S. 799, 816; *Kaiser*, Die Rückabwicklung gegenseitiger Verträge wegen Nicht- und Schlechterfüllung nach BGB (2000), S. 229 ff.; *Staudinger/W. Lorenz*, § 818 Rn. 41; *MüKo/Lieb*, § 818 Rn. 110 ff. mit weiteren Nachweisen.

Einerseits sind keine Wertungen erkennbar, welche für einen Ausschluß der bereicherungsrechtlichen Rückabwicklung bei unwirksamen Geschäftsbesorgungsverträgen sprechen. Deutlich geworden ist vielmehr das Gegenteil, die Wertungswidrigkeit der Rückabwicklung über die GoA.

Darüber hinaus ist ein interessengerechtes Ergebnis auch mit Anwendung des Bereicherungsrechts zu erreichen. Auch ohne Rückgriff auf den Aspekt der Billigkeit bieten die §§ 812 ff. ein Rechtsfolgenprogramm, welches eine differenzierte und wertungsgeleitete Lösung ermöglicht.

IV. Die Berücksichtigung des potentiellen Anwendungsbereichs der GoA

Wie festgestellt wurde, kann die Anwendbarkeit der GoA auf nichtige Geschäftsbesorgungsverträge nur durch die Besonderheiten der Geschäftsbesorgung begründet sein.[179] Die bisherige Untersuchung hat allerdings gezeigt, daß ein solcher Sonderstatus der Geschäftsbesorgung nur schwer mit den Wertungen der Nichtigkeitsgründe und des Bereicherungsrechts zu vereinbaren ist.

1. Der potentielle Anwendungsbereich der GoA

Bekräftigt wird dieses Zwischenresultat mit den Schlußfolgerungen, welche sich aus der Betrachtung des *potentiellen* Anwendungsbereichs der GoA ergeben.

a) Die eingeschränkte Anwendung der GoA

Der *BGH* neigt in seiner Rechtsprechung dazu, die GoA nur dann als Anspruchsgrundlage heranzuziehen, wenn dies zur Erzielung eines „angemessenen“ Ergebnisses notwendig erscheint. Dies ist dann der Fall, wenn die Rechtsfolgen der §§ 812 ff. umgangen bzw. zusätzliche Ansprüche zugesprochen werden sollen.[180] Der *tatsächliche* Anwendungsbereich der GoA bei unwirksamen Verträgen mit Geschäftsbesorgungscharakter ist in der Rechtsprechungspraxis dagegen begrenzt.

---

[179] Vgl. Gliederungspunkt E. § 1 I. 4., S. 188.

[180] Vgl. die Ausführungen unter Gliederungspunkt C. § 4., S. 101.

b) Die mögliche Ausdehnung der Anwendung

Diese Vorgehensweise des *BGH* ist jedoch inkonsequent, denn bei Vorliegen der Voraussetzungen kann und muß „bei einer Nichtigkeit des Auftrags ... unbeschränkt auf die Grundsätze der §§ 677 ff. zurückgegriffen werden".[181] Betrachtet man demgemäß jegliche Fälle, welche bei geradliniger Anwendung der vom *BGH* angezeigten Auslegung nach den Regeln der GoA rückabzuwickeln wären, zeigt sich die Unstimmigkeit des Ergebnisses.

Weil jeweils der Tatbestand des § 677 erfüllt ist, wären jegliche Verträge mit Geschäftsbesorgungscharakter, also *sämtliche Werk-, Dienst-, Arbeits- und sonstige Geschäftsbesorgungsverträge*, bei Unwirksamkeit des Vertrages dem Recht der GoA zu unterstellen. Gleichfalls ist zu bedenken, daß die bisherige Anwendung der GoA auf bestimmte Nichtigkeitsnormen begrenzt ist. Auch diese Einschränkung findet in der vom *BGH* vertretenen Auslegung der GoA keine Grundlage. Demnach müßten ferner alle gem. § 104 ff. bzw. § 142 Abs. 1 nichtigen Verträge mit Geschäftsbesorgungscharakter der GoA zuzuweisen sein.

c) Die Konsequenzen für die Systematik der vertraglichen Rückabwicklung

Nimmt man den *BGH* beim Wort, entfiele folglich einerseits ein Großteil der „klassischen" Fälle der Leistungskondiktion. Für sämtliche unwirksamen Verträge mit Geschäftsbesorgungscharakter würde durch das Rechtsfolgenprogramm der GoA die Risikoverteilung des Bereicherungsrechts umgekehrt werden.

Darüber hinaus ergäbe sich durch die Nebenansprüche der GoA in diesen Fällen eine vertragliche Haftung. Bei sämtlichen unwirksamen Verträgen mit Geschäftsbesorgungscharakter würde sich gem. §§ 280 Abs. 1, 677 ein Haftung für schuldhafte Verletzungen von Vertragspflichten ergeben.[182] Aus dem *Grundsatz*, daß aus nichtigen Vereinbarungen keine Haftung für vertragliche Leistungspflichten hergeleitet werden kann, würde in weiteren Bereichen des Zivilrechts eine *Ausnahme* gemacht werden. Durch die Weite des Begriffs der Geschäftsbesorgung ergäbe sich folglich eine *Zweiteilung* der Rückabwicklung von nichtigen Verträgen.

---

[181] *BGHZ* 37, 258, 263.

[182] Vgl. dazu *Falk*, JuS 2003, 833, 836.

2. Der begriffliche Unterschied als Rechtfertigung des Sonderstatus

Vergegenwärtigt man sich an dieser Stelle nochmals den einzig möglichen Grund für eine Differenzierung bei der Rückabwicklung unwirksamer Verträge, die Besonderheit der Vertragsbeziehung bei der Geschäftsbesorgung,[183] zeigt sich die mangelnde Tragfähigkeit dieses Aspekts.

Der Überblick über den potentiellen Anwendungsbereich der GoA zeigt, daß die Mehrheit der den Vorschriften der §§ 677 ff. unterstellten (bzw. zu unterstellenden) unwirksamen Verträge *keine Besonderheiten* aufweisen. Denn bei den meisten Dienst-, Werk- und Geschäftsbesorgungsverträgen liegt gerade kein struktureller Unterschied zu ähnlichen synallagmatischen Verträgen vor. Der Grund für eine Differenzierung wiegt damit bei der Geschäftsbesorgung erheblich weniger schwer als beispielsweise bei fehlerhaften Gesellschaftsverträgen.[184]

Am markantesten ist dabei der Vergleich mit Kauf- und Werklieferungsverträgen. Während diese Vertragsbeziehungen bei Unwirksamkeit mit Hilfe der Leistungskondiktion rückabgewickelt werden, gilt für unwirksame Werkverträge nach Ansicht des *BGH* das Recht der GoA. Der Unterschied liegt dabei lediglich im Begriff der „Geschäftsbesorgung" begründet, welcher bei der Übereignung einer Sache nicht erfüllt ist. Weitere Gründe für diese Differenzierung finden sich jedoch weder in einer grundsätzlich unterschiedlichen Interessenlage der Parteien noch in sonstigen Wertungen. Ein solcher ausschließlich *begrifflicher Unterschied* kann allerdings die Zweiteilung der gesetzlichen Rückabwicklung unwirksamer Verträge nicht rechtfertigen.

V. Die Anwendung der GoA außerhalb der leistungsbezogenen Pflichten

Faßt man die Überlegungen zu den Wertungen der Nichtigkeitsgründe und des Bereicherungsrechts zusammen, ergibt sich ein eindeutiges Ergebnis: Die Zuerkennung von Ansprüchen, die sich auf die Hauptleistungspflichten des unwirksamen Vertrages beziehen, durch die GoA widerspricht dem Sinn und Zweck der Nichtigkeitsvorschriften sowie der dem BGB zugrundeliegenden Systematik für die Abwicklung nichtiger Verträge.

---

183 Vgl. die Ausführungen unter Gliederungspunkt E. § 1 I. 4., S. 188.

184 *Gold*, JA 1994, 205, 208.

Die einzige Konstellation, die nicht durch entgegenstehende Wertungen von der Abwicklung über die §§ 677 ff. ausgeschlossen ist, betrifft die Anerkennung von *Schutzpflichten*. Deshalb stellt sich die Frage, ob nicht eine partielle Zuerkennung von Ansprüchen nach dem Recht der GoA „unbillige" Ergebnisse vermeiden kann.

1. Die Bedeutung für die Untersuchung

Dabei geht es insbesondere um nichtige Verträge mit Treuhandcharakter, bei denen der Treuhänder das verwaltete Geld abredewidrig weitergegeben hatte. Zur Veranschaulichung der Problematik soll kurz die Entscheidung des *III. BGH-Zivilsenats* vom 04.12.2003 dargestellt werden:[185]

> Die klagende *Vermögensverwaltungsgesellschaft* errichtete auf dem Gebiet der beklagten *Gemeinde* ein Seniorenheim. In diesem Zusammenhang beauftragte sie eine *Erschließungsgesellschaft* mit Erschließungsarbeiten. Anschließend vereinbarten alle drei Beteiligten, daß die Vermögensverwaltungsgesellschaft die Kosten für die Erschließungsarbeiten mit schuldbefreiender Wirkung an die Gemeinde zahlt. Diese sollte die Gelder treuhänderisch verwalten und nur entsprechend dem Baufortschritt an die Erschließungsgesellschaft weiterleiten. Diese Zusatzvereinbarung erwies sich als nichtig, da auf Seite der Gemeinde die erforderliche kommunalaufsichtliche Genehmigung später versagt wurde.
>
> Nachdem die Vermögensverwaltungsgesellschaft Orderschecks in Höhe von 777.000 DM an die Gemeinde übersandt hatte, leitete diese die Schecks entgegen der Vereinbarungen an die Erschließungsgesellschaft weiter. Weil sich diese mittlerweile in Liquidation befindet, fordert die Klägerin Schadensersatz.

Die Entscheidung spiegelt die typische Konstellation wider, welche die Anwendung der GoA als angemessen erscheinen läßt: Die Rückgabe der Vermögenswerte scheint wegen § 818 Abs. 3 ausgeschlossen und aufgrund der Nichtigkeit des Vertrages bestehen keine vertraglichen Ansprüche. Angesichts der Fahrlässigkeit der beklagten Gemeinde widerstrebt es jedoch dem Rechtsgefühl, die Klägerin schutzlos zu lassen. Insbesondere hinterläßt die Tatsache, daß die kommunalaufsichtliche Genehmigung erst versagt wurde, nachdem der Schaden schon erstanden war, einen faden Beigeschmack. Denn so konnte sich die öffentliche Hand praktisch nachträglich einer vertraglichen Haftung entziehen.

---

[185] *BGH*, Urteil vom 04.12.2003 - III ZR 30/02, *BGHZ* 157, 168, der Sachverhalt wird vereinfacht dargestellt.

Der *BGH* selbst bezeichnet diese Konstellation der Treuhandverträge mit Auftrags- oder Geschäftsbesorgungscharakter als „den klassischen Anwendungsfall" seiner Rechtsprechung zur Anwendung der GoA bei nichtigen Verträgen.[186] Demgemäß wurde in diesem wie in mehreren anderen ähnlich gelagerten Fällen ein Herausgabeanspruch bzw. ein Schadensersatzanspruch gem. § 280 Abs. 1, 667 Alt. 1, 681 S. 2, 677 wegen Nichterfüllung der Herausgabepflicht anerkannt.[187]

Doch schon die Zusammenfassung der bisherigen Überlegungen zeigt, daß sich auch in diesen Fällen in der Regel wertungs- und sachgemäße Ergebnisse erreichen lassen, ohne daß es des Rückgriffs auf die systematisch unpassende GoA bedarf.

2. Der sitten- oder verbotswidrige Vertrag

Wenn in einer solchen Konstellation der Vertrag wegen Verstoßes gegen ein Verbotsgesetz oder gegen die guten Sitten nichtig war, erübrigt sich die Frage nach einer angemessen Risikoverteilung. Bei der Erfüllung dieser Verträge trägt jeder Vertragspartner das volle Risiko des Verlustes seiner Vermögenswerte gem. § 817 S. 2.[188] Im übrigen ist die Möglichkeit einer Teilnichtigkeit des Vertrages in Betracht zu ziehen, wenn bei einseitigen Verstößen gegen Verbotsgesetze der Ausschluß der Rückgabe der ratio legis des Verbotsgesetzes widerspricht.[189]

3. Die Angemessenheit des § 818 Abs. 3 BGB

Des weiteren ist nicht in allen Fällen sicher, daß § 818 Abs. 3 der Rückforderung entgegensteht. Bei näherer Betrachtung der Rechtsprechung erscheint ein Kondiktionsausschluß in vielen Fällen fraglich.

---

[186] *BGH* WM 2004, 2441, 2443.

[187] *BGHZ* 39, 87; *BGH* WM 1963, 698; *BGH* WM 1967, 1217; *BGH* NJW 1997, 47; *BGH* WM 2004; 2441; *OLG Köln*, WM 1985, 983; *OLG Köln*, NJW-RR 1993, 793. Vor der Schuldrechtsmodernisierung ergab sich der Anspruch wegen *Unmöglichkeit* der Herausgabe aus § 280 Abs. 1 a. F. Heute besteht ein Anspruch auf Schadensersatz wegen *Pflichtverletzung* nach § 280 Abs. 1 n. F.

[188] Zur Möglichkeiten der Eingrenzung des § 817 S. 2 vgl. die Ausführungen unter Gliederungspunkt E. § 1 III. 1. c) und e), S. 209, 211.

[189] *Staudinger/Sack*, § 134 Rn. 34; *MüKo/Mayer-Maly/Armbrüster*, § 134 Rn. 103 f.

a) Die Folgen der Weitergabe

So bleibt insbesondere der Verbleib der weitergegebenen Vermögenswerte von der Rechtsprechung unbeachtet. In vielen Fällen ergibt sich auch trotz Weitergabe keine Entreicherung. Soweit der Treuhänder eigene Verbindlichkeiten getilgt hat, besteht die Bereicherung fort.[190] Wenn sich die Unwirksamkeit des Vertrages auch auf die Weitergabe durchgeschlagen hat, besteht seinerseits ein Bereicherungsanspruch.[191]

b) Die verschärfte Haftung nach § 819 Abs. 1 BGB

Auch eine verschärfte Haftung des Bereicherungsschuldners gem. § 819 Abs. 1 ist möglich. Zwar ist für diese die Kenntnis der Unwirksamkeit des Vertrages erforderlich. Gerade in der hier geschilderten Entscheidung des *BGH* käme eine Haftung nach den allgemeinen Vorschriften gem. §§ 818 Abs. 4, 819 Abs. 1 in Betracht, da eine Kenntnis der schwebenden Unwirksamkeit des Vertrages wohl mit einer Kenntnis der Anfechtbarkeit gleichgesetzt werden kann.[192]

4. Die Haftung aus vorvertraglicher Pflichtverletzung

Besitzt der Geschäftsführer keine Kenntnis von der (schwebenden) Unwirksamkeit des Vertrages, könnte sich ein Schadensersatzanspruch gleichwohl wegen Verschuldens bei Vertragsschluß ergeben, §§ 280 Abs. 1, 311 Abs. 2 Nr. 1, 241 Abs. 2. Erweckte der Treuhänder in fahrlässiger Unkenntnis oder positiver Kenntnis der Unwirksamkeit das Vertrauen des Vertragspartners,

---

190 *MüKo/Lieb*, § 818 Rn. 99; zutreffend *BGHZ* 157, 168, 177, allerdings unter dem Gesichtspunkt der Vorteilsanrechnung bei Schadensersatzanspruch.

191 Vgl. zur Kondiktion der Kondiktion *Larenz/Canaris*, Schuldrecht Besonderer Teil II/2, 13. Auflage (1994), S. 301.

192 Insofern paßt beim Fehlen der kommunalaufsichtlichen Genehmigung nicht der Schutzgedanke, welcher bei Geschäftsunfähigen und Minderjährigen ausschlaggebend ist.

kann er unter Umständen[193] auf Ersatz des Vertrauensinteresses in Anspruch genommen werden.[194]

5. Die Haftung aus Deliktsrecht

In Ausnahmefällen kommt gegebenenfalls eine Haftung aus § 826 oder § 823 Abs. 2 i. V. m. § 263 StGB in Betracht. So hat beispielsweise das *OLG Koblenz* den für den „Kauf" eines Doktortitels gezahlten Geldbetrag nach diesen Vorschriften im Wege des Schadensersatzes zurückgewährt.[195]

Dabei ist allerdings kritisch anzumerken, daß auch das Deliktsrecht wie die GoA dazu geeignet ist, die Wertung des § 817 S. 2 auszuschließen, *gerade weil* dieser Kondiktionsausschlußgrund nach allgemeiner Ansicht keine Anwendung im Deliktsrecht findet.[196] Soweit man diese Vorrangigkeit der deliktischen Schädigung vor der sitten- und gesetzeswidrigen Leistung anerkennt, sollte der Sitten- oder Gesetzesverstoß des Leistenden zumindest im Wege eines Mitverschuldens oder durch Ausschluß des Schadensersatzes gem. § 242 berücksichtigt werden.[197]

6. Die Schutzpflichten innerhalb eines unwirksamen Vertrages

Nachdem schon mehrere Möglichkeiten zur Erreichung eines sachgemäßen und den Umständen des Einzelfalles entsprechenden Ergebnisses augenfällig geworden sind, verbleiben lediglich die Fälle, in denen eine fahrlässige Pflichtverletzung *während* der Erfüllung des vermeintlich vorliegenden Vertrages begangen wurde. In diesen Fällen kommt schließlich eine Haftung nach der Lehre von den „Schutzpflichten" in Betracht.

---

[193] Zu beachten ist allerdings, daß der Treuhänder die Beschränkungen in Form von Verbotsgesetzen, Formvorschriften oder Genehmigungsvorbehalten besser kennen mußte als der Geschädigte, *BGH* NJW 1999, 3335, 3338.

[194] Im vorliegenden Fall ausdrücklich *BGHZ* 157, 168, 177. Vgl. auch *BGHZ* 14, 1, 2; *BGH* NJW 1999, 3335, 3338 f.; *BGH* ZIP 2005, 1599; *MüKo/Emmerich*, § 311 Rn. 107 ff.

[195] *OLG Koblenz*, NJW 1996, 665.

[196] *BGH* NJW 1992, 310, 311; *OLG* Stuttgart, ZIP 1994, 200; *OLG Koblenz*, NJW 1996, 665; *MüKo/Lieb*, § 817 Rn. 26 ff. mit weiteren Nachweisen; kritisch dazu *Staudinger/W. Lorenz*, § 817 Rn. 14.

[197] Anders jedoch gerade *OLG Koblenz*, NJW 1996, 665.

a) Die Lehre von den Schutzpflichten

Aufbauend auf dem Gedanken der *culpa in contrahendo* wurde von *Canaris* die Theorie des „einheitlichen gesetzlichen Schuldverhältnisses“ formuliert.[198] Nach dieser sollen die Parteien eines Vertrages nicht nur vor Vertragsschluß, sondern gerade auch nach Vertragsschluß für Verletzungen einer *gesetzlichen* Schutzpflicht haften.[199]

Grundlage für die Haftung sei die Sonderbeziehung zwischen den Vertragsparteien, welche die *Pflicht zur Erhaltung des bereits bestehenden Vermögens* des Geschützten begründet, sowie die positiv-rechtliche Grundlage des § 241 Abs. 2.[200] Ob sich der Vertrag als nichtig erweist, soll für die Schutzpflichten unerheblich sein, da auch bei einem nichtigen Vertrag die Rechtsgüter dem Schutz und der Sorgfalt des anderen anvertraut würden.[201]

Im vorliegenden Fall käme deshalb unter Umständen eine Haftung auf Schadensersatz in Betracht, da die Beklagte gegen die Anweisung der Klägerin deren Vermögenswerte weitergeleitet hat und damit ihrer Schutzpflicht für deren Vermögen nicht gerecht geworden ist.

b) Der Haftungsumfang

Problematisch ist jedoch der Umfang der Haftung für die Verletzung von Schutzpflichten. Fraglich ist in diesem Zusammenhang regelmäßig, wie ein Zusammentreffen von Leistungs- und Schutzpflichten zu behandeln ist. Denn nicht selten decken sich die Schutzpflichten mit den leistungs-

---

[198] *Canaris*, JZ 1965, 475, 478 ff.; *MüKo/Kramer*, Einl. §§ 241 ff., Rn. 82 f.; *Krebs*, Sonderverbindung und außerdeliktische Schutzpflichten (2000), S. 602 ff.; kritisch *Kuhlmann*, Leistungspflichten und Schutzpflichten (2000), S. 83 ff.

[199] Nach abweichender Ansicht sind die Schutzpflichten nach Vertragschluß vertraglicher Natur, welche von den Nichtigkeitsnormen des BGB nicht erfaßt werden; *Larenz*, Schuldrecht Allgemeiner Teil (1987), S. 119 f.; umfassend dazu *Kuhlmann*, Leistungspflichten und Schutzpflichten (2000), S. 89 ff. mit weiteren Nachweisen.

[200] Vor der Schuldrechtsmodernisierung wurden die Schutzpflichten in § 242 verankert, vgl. *MüKo/Kramer*, Einl. §§ 241 ff., Rn. 80 f.

[201] *Larenz*, Schuldrecht Allgemeiner Teil (1987), S. 119; *Canaris*, JZ 1965, 475, 476; *Brors*, ZIP 2001, 317, 318; *Kuhlmann*, Leistungspflichten und Schutzpflichten (2000), S. 93 ff.; *MüKo/Kramer*, Einl. §§ 241 ff., Rn. 82.; *Mellulis*, Das Verhältnis von Geschäftsführung ohne Auftrag und ungerechtfertigter Bereicherung (1971), S. 156 ff.; *Krebs*, Sonderverbindung und außerdeliktische Schutzpflichten (2000), S. 124.

bezogenen Pflichten, wie auch im Fall der Weitergabe der verwalteten Vermögensgegenstände: Neben der Schutzpflicht steht die Pflicht zur ordnungsgemäßen Weiterleitung. Diese Pflicht dient allerdings unmittelbar der Erfüllung des Vertragszwecks, womit eine Haftung für die Verletzung derselben der Nichtigkeit des Vertrages widerspricht. *Canaris* schließt aus einer solchen gleichen Zielrichtung von Leistungs- und Schutzpflichten keinen Ausschluß der gesetzlichen Haftung, da mit Entfallen der Leistungspflicht die Schutzpflicht selbständige Bedeutung erlange.[202]

c) Die Anerkennung der Haftung für Schutzpflichtverletzungen

Allerdings ist zu konstatieren, daß die Lehre von den Schutzpflichten trotz wenig Widerspruchs in der Wissenschaft keine allgemeine Anerkennung finden konnte.[203]

Insbesondere die Rechtsprechung war in dieser Hinsicht zurückhaltend und beschränkte sich bisher auf die vertragliche Haftung oder den Bezug zu vorvertraglichen Pflichtverletzungen im Sinne der c.i.c.[204] Zu einem eigenständigen Anspruch wegen Verletzung von Schutzpflichten bei nichtigen Verträgen hat die Rechtsprechung soweit ersichtlich noch keine Stellung bezogen.[205]

Auch das Schuldrechtsmodernisierungsgesetz von 2001 zeigt eine zwiespältige Aussage im Hinblick auf die Bestätigung gesetzlicher Schutzpflichten. Zwar wurden diese in § 241 Abs. 2 als eigenständige Pflichten gesetzlich geregelt, in § 311 Abs. 2 fand jedoch nur die Haftung für *vorvertragliche* Sonderbeziehungen Einzug ins BGB.

d) Die Gewährung von Schutzpflichten im Rahmen der GoA

Doch auch gerade diese Zweifel an einer Haftung für Schutzpflichtverletzungen im Rahmen des nichtigen Vertrages sprechen gegen die Gewährung eines Schadensersatzanspruches aus GoA.

---

202 *Canaris*, JZ 1965, 475, 477.

203 Zum aktuellen Streitstand *MüKo/Kramer*, Einl. §§ 241 ff., Rn. 80, 82 f.

204 *BGH* BB 1953, 956; *BGHZ* 70, 334, 337; *BGH* NJW 2000, 69; *BGH* ZIP 2005, 1599.

205 Vgl. nur das Ausweichen auf das Rechtsverhältnis der *ständigen Geschäftsverbindung* in *BGH* NJW 2000, 69.

Ob und wie aufgrund der Sonderverbindung „Vertragsschluß" eine Haftung für die Verletzung von Schutzpflichten besteht, ist kein spezifisches Problem der Geschäftsbesorgung. Die Problematik einer zwischen Vertrags- und Deliktsrecht angesiedelten „vertrauensrechtlichen Schadensersatzhaftung" muß durch den Gesetzgeber oder im Wege der Rechtsfortbildung allgemein geklärt werden. Eine Lösung lediglich für die Fälle der Geschäftsbesorgung führt zu einer ungerechtfertigten Differenzierung zwischen den einzelnen Vertragstypen. Insofern gelten die zu den Leistungspflichten angeführten systematischen Argumente entsprechend.

Zeigt sich demzufolge in der weiteren Entwicklung der Rechtsprechung und Wissenschaft, daß bei nichtigen Verträgen *keine* Haftung für die Verletzung von Schutzpflichten besteht bzw. bestehen sollte, muß dies auch für die hier untersuchten Fälle gelten.

Soweit eine Haftung für Schutzpflichtverletzungen allgemein anerkannt würde, liefe diese zur Haftung aus GoA parallel. Bei dieser Anspruchshäufung bestünde dann jedoch kein Grund mehr, die GoA bei nichtigen Verträgen lediglich ausnahmsweise bei Schutzpflichten für anwendbar zu erklären.[206]

VI. Resümee

Das Resümee der Einbeziehung von außenstehenden Wertungen in die Auslegung der GoA ist folglich eindeutig: Im Bereich der Rückabwicklung eines unwirksamen Vertrages ergibt sich die Notwendigkeit einer teleologischen Reduktion der §§ 677 ff.

Die Vorschriften der §§ 677 ff. sind deshalb trotz Erfüllung des Tatbestandes nicht anzuwenden, wenn zwischen Geschäftsführer und Geschäftsherr ein Vertrag geschlossen wurde, diesem aber durch Gesetz die Wirksamkeit versagt bleibt. Für einen Teil der untersuchten Fälle ergibt sich dies unmittelbar aus dem Sinn und Zweck der Nichtigkeitsvorschrift. Soweit die betroffene Nichtigkeitsvorschrift einer über die allgemeinen Vorschriften

---

206 Ebenso *Mellulis*, Das Verhältnis von Geschäftsführung ohne Auftrag und ungerechtfertigter Bereicherung (1971), S. 156 ff.; *Voit/Geweke*, JuS 1997, 531, 533 f. Vgl. auch das aktuelle Urteil des *III. BGH-Zivilsenats* vom 28.07.2005; in dieser Entscheidung wurde ein Schadensersatzanspruch wegen der Verletzung von Aufklärungs- und Hinweispflichten nach c.i.c. *und* GoA für möglich gehalten, *BGH* ZIP 2005, 1599, 1601.

hinausgehenden Rückabwicklung von Verträgen nicht entgegensteht, sprechen hauptsächlich systematische Argumente gegen die Anwendung der GoA.

Der Gesetzgeber hat die Rückabwicklung nichtiger Verträge dem Recht der ungerechtfertigten Bereicherung zugewiesen. Eine Ausnahme von diesem Grundsatz kann trotz der Besonderheiten der Geschäftsbesorgung nicht zugelassen werden. So fehlt es an einem Grund für eine Umkehr der sonst geltenden Risikoverteilung im Bereicherungsrecht, insbesondere ist eine Umgehung der §§ 817 S. 2, 818 Abs. 3 nicht gerechtfertigt. Des weiteren ergibt sich die Wahl der anzuwendenden Rückabwicklungsvorschriften nur nach dem Begriff der „Geschäftsbesorgung", ohne daß dieser Differenzierung strukturelle Unterschiede der Rechtsbeziehungen zugrundeliegen. Die genannten geringen Unterschiede der unwirksamen Verträge mit Geschäftsbesorgungscharakter reichen allein nicht aus, um einen Sonderstatus für die Rückabwicklung anzuerkennen.

Über das Bereicherungsrecht hinaus soll bei nichtigen Verträgen nur aufgrund der allgemeinen Vorschriften gehaftet werden. Der Ausschluß der GoA muß deshalb auch für Ansprüche *jenseits der Leistungsvergütung* gelten, soweit sie sich auf leistungsbezogene Pflichten beziehen.[207] Würde man einen grundsätzlichen Schadensersatz- oder Herausgabeanspruch im Wege der GoA bei unwirksamen Geschäftsbesorgungsverträgen anerkennen, führte dies in weiten Bereichen des Besonderen Schuldrechts zu einer vertraglichen Haftung bei unwirksamen Verträgen.[208] Eine solche Differenzierung zwischen Geschäftsbesorgungen und sonstigen Verträgen ist indes nicht gerechtfertigt.

Hinsichtlich der Anerkennung von *Schutzpflichten* wurde festgestellt, daß eine Haftung für deren Verletzung nicht zwingend durch Wertungsgesichtspunkte ausgeschlossen ist. Doch auch in diesem Bereich ist eine Anwendung der §§ 677 ff. nicht gerechtfertigt, da die Problematik der Haftung für Schutzpflichtverletzungen nicht auf die GoA verschoben werden kann.

---

[207] Andere Ansicht *Köhler*, JZ 1990, 466, 470 f.; *MüKo/H. H. Seiler*, § 677 Rn. 48; *OLG Köln*, VersR 2000, 1152, 1153 f.

[208] Vgl. nur die Ausführungen zu *BGH* NJW 1997,47 und *BGH* NJW 1993, 3196 im Abschnitt C.

§ 2 Der nicht zustande gekommene Vertrag

Nachdem das Ergebnis der Untersuchung für unwirksame Verträge feststeht, sollen diejenigen Konstellationen untersucht werden, in denen *kein Vertrag zustande gekommen* ist, der Geschäftsführer aber *irrtümlich* an eine wirksame Verpflichtung glaubte.

In der Regel kam es in diesen Fällen zwischen den vermeintlichen Vertragsparteien zwar zu Vertragsverhandlungen, jedoch ohne daß daraufhin ein Vertrag geschlossen wurde. Paradigmatisch ist das im *Abschnitt C.* besprochene Urteil des *BGH* vom 17.02.2000, bei dem ein Anwalt irrtümlich von einem geschlossenen Geschäftsbesorgungsvertrag ausging und nach seinem Tätigwerden Aufwendungsersatz beanspruchte.[209]

I. Die irrtümliche Geschäftsbesorgung im Anspruchssystem des BGB

Wie bei den Fällen der unwirksamen Verträge soll zunächst geklärt werden, welchem gesetzlichen Schuldverhältnis die Rückabwicklung dieser Beziehungen primär zugewiesen ist. Es wurde festgestellt, daß der Gesetzgeber für die Rückabwicklung nichtiger Verträge ein spezielles Rechtsfolgenprogramm vorgesehen hat: Durch die Nichtigkeit des Vertrages entfallen jegliche vertragliche Verpflichtungen; die erbrachten Leistungen sind nach dem Recht der ungerechtfertigten Bereicherung zurückzugewähren. Die vorangegangenen Überlegungen haben aufgezeigt, daß dieser Lösungsweg bei unwirksamen Verträgen auch dann anzuwenden ist, wenn formell der Tatbestand der GoA erfüllt ist.

1. Die Reichweite des Bereicherungsrechts als spezielle Rückabwicklungsvorschrift

Ob diese teleologische Reduktion der GoA auch für die irrtümliche Geschäftsbesorgung gilt, ist allerdings fraglich, denn diese befindet sich gewissermaßen in einem Grenzbereich zwischen einem „Idealfall" der GoA und einem unwirksamen Vertrag:

Für die Fälle einer freiwilligen und uneigennützigen Hilfe im Rahmen der GoA steht fest, daß wegen des eindeutigen Fehlens einer „vertraglichen"

209 *BGH* WM 2000, 973, vgl. dazu die Ausführungen unter Gliederungspunkt C. § 2 I. 2., S. 87.

Beziehung kein Vorrang des Bereicherungsrechts besteht.[210] Wenn sich der Fall einer *irrtümlichen* Fremdgeschäftsführung jedoch nahe an diesem Idealfall der GoA im Sinne einer altruistischen Hilfeleistung bewegt,[211] ist fraglich, ob allein der Irrtum des Geschäftsführers eine abweichende Beurteilung rechtfertigt.

Bei einem rechtsgeschäftlichen Kontakt oder bei einem vom Geschäftsherrn veranlaßten Irrtum ist dagegen eine Ähnlichkeit zu einer vertraglichen Rechtsbeziehung nicht zu leugnen. Betrachtet man beispielsweise den eben erwähnten Fall *BGH* WM 2000, 973, bei dem erwiesenermaßen Vertragsverhandlungen geführt wurden, der Geschäftsführer nach Abschluß der Tätigkeit den Vertragsschluß indes nicht beweisen kann, so besteht dem ersten Anschein nach eine Ähnlichkeit zu dem Fall, in dem auf einen Vertrag geleistet wurde, welcher sich später nach § 142 oder § 125 als nichtig erweist. Diese Vergleichbarkeit der nicht zustande gekommenen Verträge mit unwirksamen Verträgen könnte dort ebenfalls einen Ausschluß der GoA erfordern.

2. Der Grenzbereich zwischen vertraglicher Beziehung und Sonderrechtsverhältnis GoA

Geklärt werden muß deshalb zunächst, wie weit der Begriff der „vertraglichen" Beziehung und damit die ausnahmsweise vorliegende Spezialität des Bereicherungsrechts reicht.

a) Der Begriff der Leistung als Abgrenzung

Im Schrifttum wird im Zusammenhang mit der hier untersuchten Konstellation teilweise die „Leistungskondiktion" als das spezielle Instrument der Rückabwicklung von Leistungsverhältnissen angesehen.[212] Unter Berück-

---

[210] Nur soweit die GoA eine Rückabwicklung einer vertraglichen Beziehung darstellt, verstößt nach den bisherigen Überlegungen der bereicherungsunabhängige Ersatz von Aufwendungen gegen die Systematik der gesetzlichen Schuldverhältnisse.

[211] Vgl. beispielsweise *BGH* NJW-RR 2005, 639. In diesem Fall glaubte sich ein Stromnetzbetreiber aufgrund seiner Anschluß- und Versorgungspflicht irrtümlich zur Stromlieferung verpflichtet und belieferte einen Endabnehmer ohne gültigen Vertrag.

[212] *MüKo/H. H. Seiler*, § 677 Rn. 48; *Reuter/Martinek*, Ungerechtfertigte Bereicherung (1983), S. 705 ff.; *Gold*, JA 1994, 205, 208.

sichtigung der bisher gefundenen Ergebnisse ist diese Grenzziehung indes ungeeignet.

Die Ausführungen zur Anwendbarkeit der GoA bei unwirksamen Verträgen haben gezeigt, daß die aufgrund eines unwirksamen Vertrages erbrachten Leistungen stets mit der Leistungskondiktion abzuwickeln sind. Darüber hinaus ist aber deutlich geworden, daß die Rückabwicklung unwirksamer Verträge sich in einem systematischen Zusammenhang befindet, in dem die Rückgewähr von Leistungen nur einen Teilbereich darstellt. Die Folge dieser einheitlichen Betrachtung ist der Ausschluß der GoA auch in den Fällen der unwirksamen gegenseitigen Verträge, in denen es um eine Nichtleistungskondiktion bzw. um einen Schadensersatzanspruch geht. Weil die Rückabwicklung eines als „vertraglich" einzustufenden Rechtsverhältnisses sich daher *über den Bereich der Leistungskondiktion hinaus* erstreckt, ist der Begriff der Leistung als Abgrenzungsmerkmal *zu eng.*

Gleichzeitig ist zu bedenken, daß die auftraglose Führung eines fremden Geschäfts oft eine bereicherungsrechtliche Leistung darstellt, auch wenn zu keinem Zeitpunkt ein Vertragsverhältnis angedacht war. Denn die für eine Leistung erforderliche Zweckbestimmung muß sich nicht auf die Erfüllung eines Vertrages beschränken. Vielmehr kann auch die Begründung eines Schuldverhältnisses (*datio obligandi causa*) oder die Herbeiführung eines in einem bestimmten Verhalten liegenden Erfolges (*datio ob rem*) bezweckt sein.[213] Somit stellt die auftraglose Fremdgeschäftsführung ebenso eine Leistung (*datio obligandi causa*)[214] im Sinne des Bereicherungsrechts dar, wenn die Ausführungshandlungen des Geschäftsführers Vermögenswert für den Geschäftsherrn haben und diesem zugute kommen sollen.[215] Damit ist offensichtlich, daß der Begriff der Leistung *zu weit* ist, um die Fälle der vertraglichen Rückabwicklung einzugrenzen.

b) Der Vertragsabschluß als Abgrenzung

Die bisherigen Überlegungen haben gezeigt, daß sich der ausnahmsweise angenommene Vorrang des Bereicherungsrechts bei unwirksamen Verträgen im wesentlichen durch den Umstand des Vertragsschlusses rechtfertigt. Erst

---

[213] Vgl. *Reuter/Martinek*, Ungerechtfertigte Bereicherung (1983), S. 89 ff.

[214] *Reuter/Martinek*, Ungerechtfertigte Bereicherung (1983), S. 90 f.

[215] Ausführlich dazu *Mellulis*, Das Verhältnis von Geschäftsführung ohne Auftrag und ungerechtfertigter Bereicherung (1971), S. 63 ff. Auf den sogenannten Empfängerhorizont kommt es nur im Mehrpersonenverhältnis an.

mit dem *Abschluß eines Vertrages* stellt sich die Frage nach einer Berücksichtigung der Nichtigkeitsnormen sowie des fehlerhaften Synallagmas.

Für die nachfolgenden Überlegungen wird deshalb der Vertragsschluß als Zäsur angesehen, welche die Fälle der „Rückabwicklung eines Vertrages" eingrenzt. Für die Fälle der lediglich irrtümlich angenommenen Verpflichtung bleibt es deshalb zunächst bei dem grundsätzlichen Verhältnis zwischen GoA und Bereicherungsrecht, nach welchem die GoA einen Rechtsgrund im Sinne der §§ 812 ff. darstellt.[216] Eine Entscheidung über die Anwendung der GoA in diesen Fällen ist damit allerdings noch nicht getroffen. Im folgenden wird es im wesentlichen darauf ankommen, ob gerade *wegen der Ähnlichkeit* zur Rückabwicklung eines unwirksamen Vertrages sowie aus *sonstigen Wertungsgesichtspunkten* gleichfalls ein Ausschluß der GoA angezeigt ist.

II. Die Wertungen der §§ 814, 817 S. 2 BGB

Da bei einer irrtümlichen Geschäftsbesorgung ohne Vertragsschluß der Sinn und Zweck der Nichtigkeitsvorschriften nicht herangezogen werden kann, ist fraglich, welche Wertungsgesichtspunkte über die Anwendbarkeit der GoA entscheiden.

So haben die Wertungen der §§ 814, 817 S. 2 bei der Prüfung der Anwendbarkeit der GoA auf nichtige Verträge eine wichtige Rolle gespielt. Auf die Frage, ob Wertungen des Bereicherungsrechts überhaupt bei lediglich irrtümlicher Geschäftsführung herangezogen werden können, muß jedoch nicht eingegangen werden, da eine Kollision mit den §§ 677 ff. in diesen Fällen nicht möglich ist.

Bei § 814 Alt. 1 ergibt sich dies schon aus dem Fehlen der subjektiven Komponente des Tatbestandes. Wenn der Geschäftsführer irrtümlich an eine vertragliche Verpflichtung glaubt, besitzt er keine *Kenntnis der Nichtschuld.*

Eine weitere Überlegung zeigt, daß auch kein Konflikt mit der Wertung des § 817 S. 2 auftreten kann. Eine sitten- oder verbotswidrige Fremdgeschäftsführung kann nicht dem Interesse und dem mutmaßlichen Willen des Geschäftsherrn entsprechen. Damit handelt es sich stets um eine unberechtigte GoA gem. § 684 S. 1, für die sich die Ansprüche des Geschäftsführers nach dem Recht der ungerechtfertigten Bereicherung bemessen. Ob es sich dabei um eine Rechtsfolgen- oder Rechtsgrundverweisung handelt, ist

---

216 Vgl. die Ausführungen unter Gliederungspunkt B. § 3 V, S. 68.

umstritten.[217] Zumindest die Anwendung des § 817 S. 2 ist dabei auch bei Annahme einer Rechtsfolgenverweisung allgemein anerkannt.[218] Wenn aber § 817 S. 2 auch bei der unberechtigten GoA Anwendung findet, steht dessen Wertung der Anwendung der GoA bei irrtümlicher Geschäftsbesorgung nicht entgegen.[219]

III. Der Schutz vor aufgedrängter Bereicherung

Ein zu berücksichtigender Aspekt bei der irrtümlichen Fremdgeschäftsführung könnte allerdings der in der Rechtsordnung angelegte *Schutz vor aufgedrängter Bereicherung* sein.

Das Recht zur freien Gestaltung der Rechtsverhältnisse und Vermögensangelegenheiten ist ein wichtiger Teil der Privatautonomie.[220] Darin inbegriffen ist die Freiheit, darüber zu entscheiden, ob und in welchem Umfang man sich um der Verschaffung gegenständlicher und nichtgegenständlicher Vorteile willen zur Zahlung eines Geldbetrages verpflichtet.[221] Diese *allgemeine Dispositionsfreiheit* ist beeinträchtigt, wenn bei einer unwillkommenen Einmischung von Fremden in eigene Angelegenheiten eine Wertersatzpflicht besteht. Geht man davon aus, daß in vielen Fällen die

---

[217] Zum Streitstand *Hadding*, Die Verweisungen auf die Vorschriften über die Herausgabe einer ungerechtfertigten Bereicherung im BGB, in: Festschrift für Otto Mühl (1981), S. 225, 240 ff.; *MüKo/H. H. Seiler*, § 684 Rn. 4 mit weiteren Nachweisen.

[218] Vgl. *Helm*, Gutachten und Vorschläge (1983), S. 335; 375 f.; *Hadding*, Die Verweisungen auf die Vorschriften über die Herausgabe einer ungerechtfertigten Bereicherung im BGB, in: Festschrift für Otto Mühl (1981), S. 225, 241 f.; *MüKo/H. H. Seiler*, § 684 Rn. 4; *Staudinger/Wittmann*, § 684 Rn. 3; *Soergel/Beuthien*, § 677 Rn. 2.

[219] Diese Annahme stellt auch keinen Widerspruch zur Prüfung des § 817 S. 2 im Zusammenhang mit nichtigen Verträgen dar. Dort ging es im besonderen um die Fälle des Herausgabeanspruches gem. §§ 667 Alt. 1, 681 S. 2, 677 als Rückabwicklungsanspruch einer vorangegangenen Vermögensübertragung. Eine solche Vermögensübertragung des *Geschäftsherrn* ist jedoch nicht denkbar, wenn lediglich der Geschäftsführer an eine vertragliche Verpflichtung glaubt.

[220] Hier wird der Terminus *Privatautonomie* zunächst in allgemeiner Form gebraucht. Der teilweise als Synonym verwendete Begriff der *Vertragsfreiheit* ist enger gefaßt. Vgl. dazu *Flume*, Allgemeiner Teil II (1992), S. 1, 12; *Knobel*, Wandlungen im Verständnis der Vertragsfreiheit (2000), S. 16 ff.

[221] *Wernecke*, Abwehr und Ausgleich „aufgedrängter Bereicherungen" im Bürgerlichen Recht (2004), S. 79.

Fremdgeschäftsführung nicht den Interessen und dem Willen des Geschäftsherrn entspricht, könnte die Zuerkennung eines Anspruchs aus GoA dieser Freiheit zuwiderlaufen.

1. Der Aufdrängungsschutz im BGB

Diesbezüglich ist jedoch zu bedenken, daß das Recht des ungewollt Bereicherten auf Selbstgestaltung keineswegs schrankenlos gewährt wird.

Betrachtet man die bedeutendsten Schuldverhältnisse für den Ausgleich von rechtsgrundlosen Vermögensvorteilen, das Eigentümer-Besitzer-Verhältnis und das Bereicherungsrecht, zeigt sich vielmehr das Gegenteil: Demjenigen, auf dessen Kosten[222] die Vermögensmehrung erfolgt ist, wird *regelmäßig* ein finanzieller Ausgleichsanspruch gewährt. Sieht man von der Ausnahme des § 996 2. HS ab, enthalten diese Normgruppen gerade keine ausdrückliche Regelung des Schutzes vor einem aufgedrängten Vorteil. Solange eine objektiv meßbare Vermögensmehrung vorliegt, kommt es grundsätzlich nicht darauf an, in welchem Umfang die Vorteilszuwendung erwünscht war.[223] Insofern erklärt der Gesetzgeber den Ausgleich unberechtigt erlangter Vermögensvorteile für vorrangig gegenüber dem Schutz vor aufgedrängter Bereicherung.[224]

2. Der Aufdrängungsschutz bei der GoA

Prüft man unter diesen Gesichtspunkten das Rechtsverhältnis der GoA, wird der Vorrang des Ausgleichs von „unrechtmäßigem Haben"[225] sogar noch stärker deutlich.

Da eine aufgedrängte Bereicherung nur bei willens- und interessenwidriger GoA in Betracht kommt, regelt sich der Anspruch des Geschäftsführers

---

222 Bei der Leistungskondiktion ist das Merkmal „auf Kosten" schon im Begriff der Leistung enthalten.

223 *Wernecke*, Abwehr und Ausgleich „aufgedrängter Bereicherungen" im Bürgerlichen Recht (2004), S. 532 f.; *Larenz/Canaris*, Schuldrecht Besonderer Teil II/2, 13. Auflage (1994), S. 287 f.; *Wollschläger*, Die Geschäftsführung ohne Auftrag (1976), S. 79.

224 Für diese Ansicht spricht auch die grundsätzliche Berechtigung zum Rückgriff bei der Bezahlung fremder Schulden über § 683 S. 1, § 684 S. 1 oder § 812 Abs. 1 S. 1 2. Alt. im deutschen Recht, welche sich aus dem Sinn und Zweck der § 267 ergibt.

225 Vgl. zu den Funktionen des Bereicherungsausgleichs *MüKo/Lieb*, § 812 Rn. 1 ff.

nach § 684 S. 1. In diesem Zusammenhang wird dem Geschäftsführer ohne Auftrag ein Anspruch auf Herausgabe der Bereicherung jedoch auch dann nicht versagt, wenn er *fahrlässig* den Widerspruch seines Handelns zum Interesse und Willen des Geschäftsherrn verkannte.[226] Bei auch-fremden Geschäften gilt dies sogar bei *vorsätzlichem* Handeln, was im Umkehrschluß aus dem Umstand folgt, daß § 687 Abs. 2 nur auf ausschließlich-fremde Geschäfte anwendbar ist.[227]

Um auf die hier untersuchte Konstellation zurückzukommen, wird schon aus diesen Überlegungen ersichtlich, daß der Aspekt des Eingriffs in die allgemeine Dispositionsfreiheit die Anwendung der GoA auf irrtümliche Fremdgeschäftsführungen nicht verhindern kann. Durch die Verweisung des § 684 S. 1 auf das Recht der ungerechtfertigten Bereicherung unterscheiden sich die Rechtsfolgen der §§ 677 ff. und §§ 812 ff. bei der Zuwendung von unerwünschten Vermögensvorteilen nicht.[228] Soweit Aufdrängungsschutz gewährt wird, gelten für beide Anspruchsgrundlagen die gleichen Beschränkungen.[229]

IV. Der Schutz vor dem aufgedrängten Vertrag

Zugleich zeigt sich damit, daß nicht allein der Umstand der Vermögensverschiebung, sondern nur deren Ursache ein Grund für einen möglichen Ausschluß der GoA sein kann. Die weiteren Überlegungen müssen deshalb zeigen, ob durch das Motiv des Geschäftsführers, die vermeintliche Erfüllung eines Vertrages, die GoA ausgeschlossen ist. Dabei stellt sich insbesondere die Frage, ob die Anwendung der GoA der *vertraglichen Risikozuweisung* widerspricht.

---

[226] Dazu *Wernecke*, Abwehr und Ausgleich „aufgedrängter Bereicherungen" im Bürgerlichen Recht (2004), S. 416 ff.

[227] Vgl. *MüKo/Lieb*, § 687 Rn. 18; *BGH* NJW 2000, 72, 73.

[228] Prämisse ist natürlich eine angemessene Auslegung des § 683 S. 1. Vgl. dazu *MüKo/H. H. Seiler*, § 683 Rn. 4; *Wollschläger*, Die Geschäftsführung ohne Auftrag (1976), S. 210 ff.

[229] Ausführlich zum Aufdrängungsschutz im Bereicherungsrecht, welcher über 684 S. 1 auch für die GoA gilt, *MüKo/Lieb*, § 812 Rn. 307 ff.

1. Die negative Vertragsfreiheit

Die vertragliche Risikozuordnung leitet sich aus der *schuldrechtlichen Vertragsfreiheit* ab. Diese gewährt als spezielle Ausprägung der Privatautonomie über die allgemeine Dispositionsfreiheit hinaus jedem das Recht, im Rahmen der Gesetze Schuldverträge abzuschließen und über deren Inhalt frei zu bestimmen. Teil dieser Vertragsfreiheit ist auch deren Wahrnehmung im negativen Sinn, wodurch jedem Bürger das Recht zusteht, einen Vertrag *nicht* abzuschließen.[230] Ein erzwingbares Recht auf Abschluß eines ungewollten oder unerwünschten Vertrages wird von der Rechtsordnung grundsätzlich nicht eingeräumt.[231] Folge dieser negativen Vertragsfreiheit ist die Zuordnung des Risikos für das Scheitern von Vertragsverhandlungen: Es gilt der Grundsatz, daß jede Vertragspartei das Risiko, daß kein wirksamer Vertrag zustande kommt, selbst trägt.[232]

Betrachtet man demgemäß die irrtümliche Fremdgeschäftsführung unter dem Aspekt des „gescheiterten Vertrages", könnte die Anwendung der GoA als ein Unterlaufen dieser Risikozuweisung angesehen werden. Denn wird dem Geschäftsführer ein Anspruch, insbesondere auf bereicherungsunabhängigen Aufwendungsersatz, zuerkannt, kommt dieses Ergebnis einem indirekten Kontrahierungszwang gleich.[233]

2. Der Ausschluß von Ansprüchen bei fehlgeschlagenem Vertragsschluß

Um eben einen solchen indirekten Kontrahierungszwang ging es in dem Urteil des *BGH* vom 23.09.1999 zur Problematik der sogenannten „Erbensucher", welches schon im *Abschnitt C.* der Arbeit besprochen wurde.[234] In der Entscheidung versagte der *BGH* einem gewerblichen „Verkäufer" von Nachlaßinformationen jegliche Ansprüche und insbesondere den Aufwendungsersatzanspruch aus §§ 670, 683 S. 1, 677, weil deren Anerkennung der

---

230 *Knobel*, Wandlungen im Verständnis der Vertragsfreiheit (2000), S. 18 f.

231 *Knobel*, Wandlungen im Verständnis der Vertragsfreiheit (2000), S. 18. Eine Ausnahme ist insbesondere die Verpflichtung zum Vertragsabschluß im Wege des Kontrahierungszwangs, umfassend dazu *Busche*, Privatautonomie und Kontrahierungszwang (1999).

232 *Schulze*, JZ 2000, 523, 524.

233 *Emmerich*, JuS 2000, 603 ,604; *Schulze*, JZ 2000, 523, 524.

234 *BGH* NJW 2000, 72, 73. Vgl. dazu auch die Ausführungen zu dieser Entscheidung unter Gliederungspunkt C. § 3 II., S. 98.

„aus den Grundsätzen des bürgerlichen Rechts folgenden Risikoverteilung" widerspreche. Ist dieser Fall mit der Konstellation der irrtümlichen Geschäftsbesorgung vergleichbar, könnte diese Wertung auch für deren Lösung herangezogen werden.

a) Die Vergleichbarkeit der Konstellationen

Die Grundlage des Geschäftmodells des Erbensuchers ist der Erfolg der Ermittlungstätigkeit und der Nutzen für den anfangs unbekannten Erben. Insofern basiert die die Fremdgeschäftsführung des Erbensuchers *weitergehend auf dem Gedanken der Fremdnützigkeit* als die Fälle, in denen der Geschäftsführer aufgrund einer irrtümlich angenommenen Verpflichtung handelt. Denn wenn Vertragsverhandlungen gescheitert sind, wird die anschließende irrtümliche Erfüllung des vermeintlichen Vertrages zwar nicht stets, jedoch regelmäßig dem Interesse und Willen des Geschäftsherrn widersprechen.[235]

Wenn aber schon bei der objektiv nützlichen Interessenwahrnehmung durch den Erbensucher jegliche Ansprüche ausgeschlossen sein sollen, könnte man deshalb im Sinne eines *argumentum a minore ad maius* auf einen Ausschluß der GoA in den Fällen der irrtümlichen Einmischung schließen.

b) Die maßgeblichen Wertungsgesichtspunkte

Gegen die Übernahme der vom *BGH* genannten Wertungsgesichtspunkte sprechen allerdings mehrere Gründe.

Beim Anspruch des Erbensuchers geht es nicht um die Rückabwicklung eines gescheiterten Vertrages, sondern um die Abwicklung einer gescheiterten *Vertragsvorbereitung und -anbahnung.* Der *BGH* äußert sich deshalb bezüglich des Risikos bei Scheitern des Vertragsabschlusses nur ausdrücklich zu „eigenen Aufwendungen im Vorfeld des Vertragsschlusses".[236] Bei den Fällen der irrtümlichen Geschäftsbesorgung geht es jedoch um den Ersatz von Aufwendungen, welche zur *Erfüllung* eines nicht bestehenden Vertrages erbracht wurden. Das Risiko hinsichtlich solcher Aufwendungen trägt zwar ebenfalls jeder selbst, allerdings mit der Möglichkeit der Rückab-

---

235 Vgl. auch *Schulze*, JZ 2000, 523 f.

236 *BGH* NJW 2000, 72, 73.

wicklung im Wege der ungerechtfertigten Bereicherung. Eine grundsätzliche Ablehnung der Rückerstattung fehlgeschlagener Vertragsleistungen ist der negativen Vertragsfreiheit nicht zu entnehmen.

Daneben ist zu bedenken, daß die Argumentation des *BGH* zur Problematik des Erbensuchers nicht widerspruchsfrei ist.[237] So hätte zum einen die Zuerkennung eines Anspruchs des Erbensuchers aus GoA wegen der objektiven Nützlichkeit der Geschäftsführung auch mit guten Gründen bejaht werden können.[238] Offensichtlich hat der *BGH* hier die Interessen der Erben lediglich höher gewichtet als die der gewerblich tätigen Erbensucher. Darüber hinaus ist fraglich, ob der Rückgriff auf die vertragliche Risikoverteilung der Problematik vollends gerecht wird. Denn der Anspruch des Erbensuchers unterscheidet sich nicht unerheblich von den typischen Aufwendungen im Vorfeld eines Vertragsschlusses. Wandelt man den Fall des Erbensuchers dahingehend ab, daß dieser nach Aufdeckung der Erbschaft sofort Aufwendungsersatz fordert, *ohne* vorher überhaupt einen Vertrag abschließen zu wollen, kann der Anspruch aus GoA nicht mit dem Verweis auf die *vertragliche* Risikozuordnung versagt werden.[239] Man wäre dann wieder bei der Frage des Ersatzes der „aufgedrängten Bereicherung" angelangt, welcher nach herrschender Meinung wegen der Realisierung des Vorteils gerade nicht ausgeschlossen wäre.[240]

Paßt jedoch der Rückgriff auf die vertragliche Risikoverteilung nicht auf die Problematik der Erbensucher, ist erst recht eine Ausweitung der herangezogenen Aspekte auf die irrtümliche Fremdgeschäftsführung abzulehnen.

V. *Der Schutz vor erfolgsunabhängigem Aufwendungsersatz*

Aus den in der „Erbensucher-Entscheidung" genannten Wertungsgesichtspunkten folgt demnach kein Ausschluß der Ansprüche des Geschäftsführers ohne Auftrag. Die Frage des indirekten Kontrahierungszwangs ist damit jedoch noch nicht vollständig beantwortet. Denn die negative Vertragsfreiheit ist schon dadurch beeinträchtigt, daß der Geschäftsführer ohne Auftrag

---

[237] Zu den Schwächen der Urteilsbegründung *Falk*, JuS 2003, 833, 838 ff.; zu alternativen Lösungsmöglichkeiten *Schulze*, JZ 2000, 524 f.

[238] *Falk* sieht die Tätigkeit des Erbensuchers gar als „sozial wertvolle Leistung" an, vgl. *Falk*, JuS 2003, 833, 838; ähnlich *Hoppe/Spoerr/Niewerth*, StAZ 1998, 65, 69 f.; *OLG Celle*, ZEV 1999, 499; mit Einschränkung *Schulze*, JZ 2000, 524 f.

[239] Dazu *Schulze*, JZ 2000, 525.

[240] *Schulze*, JZ 2000, 525.

möglicherweise einen *Aufwendungsersatz* zugesprochen bekommt, welcher einer vertraglichen Vergütung gleichkommt, ohne daß auf der Seite des Geschäftsherrn eine fehlende Bereicherung oder eingetretene Entreicherung berücksichtigt werden kann.

1. Die maßgeblichen Wertungsgesichtspunkte

Damit geht es auch hier um die Wertung des § 818, allerdings unter umgekehrten Vorzeichen. Bei unwirksamen Verträgen war den Vorschriften des Bereicherungsrechts und deren Wertungen besondere Bedeutung beizumessen, weil diese *den Regelfall* der Rückabwicklung eines unwirksamen Vertrages darstellen. Die irrtümliche Geschäftsbesorgung stellt dagegen einen Grenzbereich dar, für den zunächst kein grundsätzlicher Vorrang des Bereicherungsrechts anzuerkennen ist. Eine entsprechende Schlußfolgerung, daß die Anwendung der GoA auch in diesen Fällen gegen Wertungen des § 818 und damit gegen die Systematik der gesetzlichen Schuldverhältnisse verstößt, ist nicht ohne weiteres möglich.

a) Die Ähnlichkeit zu der Rückabwicklung eines unwirksamen Vertrages

Da keine weiteren zwingenden Wertungen zur Lösung dieser Problematik ersichtlich sind, muß auf den allgemeinen Grundsatz der Gerechtigkeit zurückgegriffen werden, daß wertungsmäßig gleichliegende Tatbestände möglichst gleich zu behandeln sind, sofern nicht die Ungleichbehandlung aus guten Gründen vom Gesetz angeordnet ist.[241] Damit könnte die schon angesprochene *Vergleichbarkeit* der irrtümlichen Geschäftsbesorgung zur Rückabwicklung eines unwirksamen Vertrages *gegen die Anwendung der GoA* entscheiden.

b) Die Vergleichbarkeit mit sonstigen Fällen der GoA

Zu beachten ist jedoch, daß dieses Gebot der Gleichbehandlung auch im Hinblick auf den Idealfall der GoA zu berücksichtigen ist. Eine teleologische Reduktion der §§ 677 ff. im Sinne einer Differenzierung zu den sonstigen Fällen der GoA ist nur dann zulässig, wenn die irrtümliche Fremdgeschäfts-

---

[241] Vgl. *Larenz/Canaris*, Methodenlehre der Rechtswissenschaft (1995), S. 210 f.

führung sich wesentlich von denjenigen Fällen der GoA unterscheidet, in denen der Geschäftsführer *nicht* an eine Verpflichtung glaubte.[242]

2. Die notwendige Typisierung der irrtümlichen Fremdgeschäftsführung

Insofern lassen sich allerdings stets Fälle bilden, die entweder einem gescheiterten Vertrag bzw. gerade dem Idealfall der GoA ähneln. Weil aber weitere Differenzierungskriterien nur schwer vorstellbar sind, steht damit zugleich fest, daß es stets Fälle geben wird, die im Grenzbereich zwischen GoA und Bereicherungsrecht zu verorten sind. Im folgenden soll deshalb die Abgrenzung am *typischen* und *wahrscheinlichsten Fall* der irrtümlichen Fremdgeschäftsführung vorgenommen werden.

VI. Die Interessenbewertung bei der irrtümlichen Geschäftsführung

Dabei werden nachfolgend die Rechtsfolgen betrachtet, welche sich bei Anwendung bzw. Ablehnung der GoA ergeben. Für die Frage der Anwendbarkeit der GoA ist dann insbesondere entscheidungserheblich, welches Ergebnis den schutzwürdigen Interessen der Beteiligten am besten entspricht.

1. Der Aufwendungsersatzanspruch des Geschäftsführers

Betrachtet man die Fälle der irrtümlichen Geschäftsführung im Hinblick auf den Aufwendungsersatzanspruch des Geschäftsführers gem. §§ 670, 683 S. 1, 677, scheint eine Differenzierung zu nichtigen Verträgen unangebracht.

Der Geschäftsführer wollte einen schuldrechtlichen Vertrag erfüllen. Dabei muß er aber einkalkulieren, daß sich seine Ansprüche für vertragliche Leistungen im Falle der Unwirksamkeit des Vertrages auf die noch vorhandene Bereicherung des Geschäftsherrn beschränken. Dies spricht zunächst gegen die Anwendung der GoA.

Demgegenüber muß der Geschäftsherr Aufwendungsersatz leisten, welcher nach der üblichen Vergütung zu bemessen ist, obwohl ohne gültigen Vertrag in seinen Rechtskreis eingegriffen wurde. Da er sich nicht auf

---

242 Vgl. den Überblick zur teleologischen Reduktion *Raisch*, Juristische Methoden (1995), S. 162 ff.

eine fehlende Bereicherung oder einen Wegfall derselben berufen kann, wird der Geschäftsherr praktisch einem Kontrahierungszwang unterworfen.

a) Die typische Fallkonstellation

In Ansehung des typischen Falls der irrtümlichen Geschäftsbesorgung relativiert sich allerdings die vermeintlich unangemessene Unterscheidung zur Rückabwicklung einer vertraglichen Beziehung. Denn *ohne rechtsgeschäftlichen Kontakt* bzw. *ohne vertragliche Einigung* zwischen den Beteiligten wird die Geschäftsführung in der Regel dem Interesse und mutmaßlichen Willen des Geschäftsherrn im Sinne des § 683 S. 1 widersprochen haben. In diesem Fall kommt es über die Verweisung des § 684 S. 1 lediglich zu Ansprüchen nach dem Recht der ungerechtfertigten Bereicherung, womit sich kein Unterschied zur Rückabwicklung eines unwirksamen Vertrages ergibt.

Daß die irrtümliche Geschäftsbesorgung doch dem Interesse und mutmaßlichen Willen des Geschäftsherrn entsprochen hat, muß der Geschäftsführer beweisen.[243] Erst wenn ihm dies gelingt, ist der Geschäftsherr zum Aufwendungsersatz verpflichtet. Insofern ist die Konstellation anders einzustufen als die Fälle der unwirksamen Verträge, denn bei diesen hat der Geschäftsherr regelmäßig durch den Vertragsschluß bekundet, daß die Übernahme der Geschäftsführung seinem Willen entspricht.[244]

b) Der vom Geschäftsherr verursachte Irrtum

Darüber hinaus muß die Möglichkeit des Falles in Betracht gezogen werden, bei dem der *Geschäftsherr* den Irrtum des Geschäftsführers verursacht oder zumindest mitverursacht hat. Als Beispiel kann hier der berühmte „Flugreisefall" des *BGH* aus dem Jahre 1971 angeführt werden, wo sich ein „blinder Passagier" eine Beförderung nach New York erschlichen hatte.[245] Läßt man

---

[243] Insofern trägt eine angemessene Auslegung des § 683 S. 1 erheblich zu einer angemessenen Risikoverteilung bei.

[244] Ausgenommen sind lediglich die Fälle, in denen dem Geschäftsherrn kein solcher Wille unterstellt werden kann, wie beispielsweise bei von Minderjährigen abgeschlossenen Verträgen.

[245] *BGH* NJW 1971, 609 (Ausführungen zur Rückbeförderung nicht abgedruckt in *BGHZ* 55, 128).

die hier vorliegende Minderjährigkeit des Passagiers außer Betracht,[246] spricht wegen dessen fehlender Schutzwürdigkeit trotz des Irrtums der Fluggesellschaft nichts gegen einen Aufwendungsersatzanspruch aus berechtigter GoA.[247]

2. Der Schadensersatzanspruch des Geschäftsherrn

Wiederum ist auch in diesem Zusammenhang zu beachten, daß die GoA nicht nur dem Geschäftsherrn, sondern auch dem Geschäftsführer Pflichten auferlegt. Als solche kommen bei einer irrtümlichen Geschäftsführung insbesondere die Schadensersatzansprüche der § 678 und § 280 Abs. 1 in Betracht.

a) Die Vorrangigkeit der Interessen des Geschäftsherrn

Vor diesem Hintergrund erlangen die schutzwürdigen Interessen des Geschäftsherrn entscheidende Bedeutung. Daß diese bei einem Ausschluß der Haftung aus GoA im Falle der irrtümlichen Fremdgeschäftsführung nicht ausreichend gewahrt sind, zeigt der Vergleich der Rechtsfolgen.

Nach § 678 muß der Geschäftsführer ohne Auftrag verschuldensunabhängig für die von ihm verursachten Schäden einstehen, soweit er fahrlässig verkannte, daß die Geschäftsübernahme dem Willen des Geschäftsherrn widerspricht. Entzieht man die Fälle, in denen der Geschäftsführer irrtümlich an eine Verpflichtung glaubte, dem Anwendungsbereich der GoA, entfiele diese Haftung aus § 678. Dies würde den Geschäftsherrn aber unangemessen benachteiligen, denn dessen Interessen sind ebenso schutzwürdig, wenn der Geschäftsführer in einen fremden Rechtskreis eingreift, weil er fahrlässig vom Bestehen eines Vertrages ausgeht. Ein Grund für eine Differenzierung zwischen beiden Fällen ist nicht ersichtlich.

---

246 Bei Minderjährigkeit sind die Voraussetzungen des § 683 S. 1 wegen eines entgegenstehenden Interesses und Willens der Eltern regelmäßig nicht erfüllt, wodurch man nur zu einem Anspruch aus unberechtigter GoA (mit der Rechtsfolge des § 818) gelangt.

247 Bemerkenswert ist auch hier wiederum, daß der *BGH* hinsichtlich des Hinfluges die vorliegende unberechtigte GoA mit keinem Wort erwähnte, beim Rückflug jedoch einen Anspruch aus GoA zuerkannte.

Daß sich eine vergleichbare Schlußfolgerung beim Schadensersatzanspruch des §§ 280 Abs. 1, 677 ergibt, zeigt die schon besprochene Entscheidung des *BGH* vom 21.02.1996 zum Schadensersatzanspruch eines Handelsmaklers:[248] Der geschäftsführende Makler hatte einen Kaufvertrag ohne wirksamen Auftrag des Verkäufers vermittelt. Der Handelsmakler handelte dabei zwar in Kenntnis der fehlenden Berechtigung, jedoch in dem guten Glauben, dem Verkäufer ein günstiges Geschäft zu vermitteln. Weil der Makler den Verkäufer aber nicht über das Geschäft informierte und damit schuldhaft seine Unterrichtungspflicht verletzte, haftete er gem. §§ 280 Abs. 1, 681 S. 1, 677 auf Schadensersatz.[249]

Wandelt man diesen Fall nun dahingehend ab, daß der Handelsmakler aufgrund von Fahrlässigkeit irrtümlich von einer Berechtigung zu der Geschäftsvermittlung ausging, kommt es für einen Schadensersatzanspruch ausschließlich darauf an, ob die GoA bei einem Irrtum des Geschäftsführers ausgeschlossen ist. Denn ohne Anspruch aus GoA würde der Makler mangels eines alternativen Anspruchs nicht haften.[250] Bejaht man den Ausschluß der GoA beim Irrtum des Geschäftsführers, müßte der Verkäufer allerdings nur deshalb auf eine Haftung des Maklers verzichten, weil dieser ein *anderes Motiv* für das Eingreifen in den fremden Rechtskreis hat, welches isoliert betrachtet weder mehr noch weniger altruistisch geprägt ist als bei der typischen GoA bei auch-fremden Geschäften.

b) Das Fehlen eines gesetzlichen Schuldverhältnisses

Mit diesen Überlegungen korrespondiert auch die zu den unwirksamen Verträgen gefundene Lösung. Dort bleibt durch die Begründung einer Sonderverbindung zwischen den Beteiligten beim Vertragsschluß zumindest für die Verletzung von Schutzpflichten ein Schadensersatzanspruch bestehen.[251]

Bei der lediglich irrtümlichen Fremdgeschäftsführung mangelt es wegen des Fehlens eines rechtsgeschäftlichen Kontakts an einer entsprechenden

---

[248] *BGHR* BGB § 677 Schadensersatz 1; vgl. dazu die Ausführungen unter Gliederungspunkt C. § 2 II. 2., S. 93.

[249] *BGHR* BGB § 677 Schadensersatz; vgl. auch *BGH* NJW-RR 2005, 639, 642.

[250] Vgl. die Ausführungen unter Gliederungspunkt C. § 2 II. 2. b) aa), S. 94.

[251] Vgl. Gliederungspunkt E. § 1 V. 6., S. 229.

Anspruchsgrundlage.[252] Damit ist es jedoch notwendig, daß dem Geschäftsherrn in diesen Fällen ein Schadensersatzanspruch aus GoA verbleibt.

VII. Resümee

Zusammenfassend ist festzustellen, daß bei der Konstellation der nicht zustande gekommenen Verträge eine teleologische Reduktion der §§ 677 ff. nicht geboten ist.

Es wurde aufgezeigt, daß die Fälle, in denen der Geschäftsführer ohne Vertragsschluß lediglich irrtümlich an eine wirksame Verpflichtung glaubte, durchaus als „gescheiterte Verträge" angesehen werden könnten und damit eine Harmonisierung mit der Konstellation der unwirksamen Verträge wünschenswert wäre. Die Betrachtung eines typischen Falles hat allerdings nachgewiesen, daß bei der irrtümlichen Fremdgeschäftsführung der Eingriffscharakter der Tätigkeit den vertraglichen Charakter überwiegt. Unter diesen Umständen und insbesondere im Hinblick auf die Haftung des Geschäftsführers ist nicht zu begründen, warum eine Differenzierung zu den Fällen vorgenommen werden sollte, in denen der Geschäftsführer altruistisch in fremde Rechte eingreift.

Trotz der partiellen Ähnlichkeit zu den Fällen der unwirksamen Verträge bleibt es deshalb bei der Anwendbarkeit der GoA, wodurch bei Erfüllung des Tatbestandes des § 677 ein Rechtsgrund im Sinne des Bereicherungsrechts vorliegt.

§ 3 Grenz- und Sonderfälle

Im Laufe der bisherigen Untersuchung wurde eine Zweiteilung zwischen den unwirksamen und nicht zustande gekommenen Verträgen vorgenommen. Es sind allerdings auch Fälle möglich, die sich nicht ohne weiteres in dieses Schema einteilen lassen. Nachdem das Ergebnis für die beiden Hauptkonstellationen grundsätzlich feststeht, sollen im Anschluß diese Grenz- und Sonderfälle untersucht werden.

---

[252] So auch im eben genannten Fall des Handelsmaklers, weil dieser „nicht der ständige Umsatzmittler" des Geschäftsherrn war, vgl. *BGHR* BGB § 677 Schadensersatz 1.

I. Der versteckte Dissens zwischen den Vertragsparteien

Einer dieser Grenzfälle ist der beiderseitige versteckte Dissens. Bei diesem gehen *beide Beteiligten* irrtümlich davon aus, daß ein Vertrag zustande gekommen ist, während sie sich tatsächlich nicht geeinigt haben.[253]

1. Der Vertragsabschluß beim Dissens

In den bisherigen Ausführungen wurde zwischen *Abschluß* und *Zustandekommen* des Vertrages nicht unterschieden. Vielmehr wurde jeweils ein Zustandekommen des Vertrages angenommen, wenn die Beteiligten einen Vertrag geschlossen haben. Für den Umgang mit dem Dissens muß allerdings zwischen diesen Begriffen nochmals differenziert werden.[254]

Haben die Vertragsparteien die auf die Schließung des Vertrages gerichteten Willenserklärungen abgegeben und Übereinstimmung in den Erklärungen erzielt, kommt der Vertrag zustande. Fehlt es dabei an einer wirklichen *Vereinbarung*, liegt also ein Dissens vor, kommt der Vertrag nicht zustande. Wenn die Parteien aufgrund des äußerlichen Akts der beiderseitigen Abgabe der Willenserklärungen die vertragliche Regelung jedoch in Geltung setzen, weil sie von einer Einigung ausgehen, liegt gleichwohl ein *Vertragsabschluß* vor.[255] Deshalb stellt sich die Frage, ob schon aufgrund dieses Abschlusses die GoA ausgeschlossen ist.

Die bisherigen Überlegungen haben aufgezeigt, daß im wesentlichen systematische Wertungsgesichtspunkte über eine Anwendung der GoA bei den untersuchten Konstellationen ausschlaggebend sind. Handelt es sich um eine - wenn auch unwirksame - vertragliche Beziehung, gilt diese Einordnung auch für die Rückabwicklung. Dieser Abgrenzung entsprechend könnte man wegen der In-Geltung-Setzung der vertraglichen Regelung

---

[253] Die Konstellation des Dissenses kommt in der Rechtsprechung äußerst selten vor. In der einzigen gefundenen Entscheidung zum Dissens bei einem Werkvertrag geht der *BGH* nicht auf die GoA ein, sondern entscheidet nach Bereicherungsrecht, vgl. *BGH*, Urteil vom 30.11.1999 - X ZR 84/97 = www.lexetius.com/1999,356 (nicht anderweitig veröffentlicht).

[254] Umfassend zum Abschluß des Vertrages sowie zum Unterschied zwischen Abschluß und Zustandekommen *Leenen*, AcP 188 (1988), S. 381, 391 ff.

[255] *Leenen*, AcP 188 (1988), S. 381, 391 f.; vgl. auch *Staudinger/Schmidt*, Einl. zu §§ 241 ff. Rn. 246.

durch die Beteiligten deren Beziehung beim unerkannten Einigungsmangel durchaus als „vertraglich“ bezeichnen.

2. Der Vergleich mit dem Gesellschaftsrecht

Zur Bestätigung dieser Ansicht bietet sich ein Vergleich zum Gesellschaftsrecht an. Dort besteht das gleichartige Problem bei der Frage, welche Anforderungen an die Entstehung einer fehlerhaften Gesellschaft bzw. an einen Beitritt zu einer solchen zu stellen sind. Der *BGH* ordnet den verdeckten Dissens diesbezüglich als Vertragsmangel ein und läßt die Anwendung des Gesellschaftsrechts zu:

> „Das BerGer. verkennt jedoch, daß selbst bei einem versteckten Einigungsmangel die Annahme einer fehlerhaften Gesellschaft nicht von vorneherein ausgeschlossen ist ... Die Willensübereinstimmung der Parteien muß sich nicht auf alle Punkte beziehen, die der Gesellschaftsvertrag regeln soll. Der übereinstimmende Wille der Parteien, ihre Rechtsbeziehungen nach gesellschaftsrechtlichen Gesichtspunkten zu regeln, reicht aus.“[256]

Überträgt man diese Beurteilung auf die Fälle der Geschäftsbesorgungsverträge, folgt daraus der Ausschluß der Geschäftsführung ohne Auftrag. Denn auch hier haben *beide* Beteiligten durch ihre Willenserklärungen übereinstimmend zum Ausdruck gebracht, daß sie ihre Rechtsbeziehungen nach *vertraglichen Gesichtspunkten* regeln wollen. Damit kann die Rückabwicklung ebenfalls nur vertraglichen Charakter besitzen.

3. Die schutzwürdigen Interessen der Beteiligten

Darüber hinaus lassen sich im Fall des versteckten Dissenses trotz des Ausschlusses der GoA interessengerechte Ergebnisse erzielen.

Weil sich der Einigungsmangel nicht auf alle Punkte des Vertrages beziehen muß, ist es durchaus möglich, daß die Geschäftsführung willens- und interessengemäß im Sinne des § 683 S. 1 war. Der Ausschluß des Anspruchs auf Aufwendungsersatz ist jedoch sachgerecht, da dem Geschäftsführer auch bei einem nichtigen Vertrag nur ein Anspruch aus Bereicherungsrecht verbleiben würde. Auch die Schwierigkeiten der Abgren-

---

[256] *BGH* NJW 1992, 1501, 1502; vgl. auch *BGHZ* 11, 190, 191; *BGH* NJW 1988, 1321, 1323.

zung zwischen Dissens und Irrtum gem. § 119 in der Praxis sprechen für eine Gleichbehandlung.[257]

Der Verweis des Geschäftsherrn auf diejenigen Ansprüche, die sich bei einem nichtigen Vertrag ergeben, erscheint ebenfalls als angemessen. Im Gegensatz zur einseitig irrtümlichen Fremdgeschäftsführung verbleiben dem Geschäftsherrn wegen der Begründung einer Sonderbeziehung ein Anspruch bei Verletzung einer Schutzpflicht sowie ein Anspruch aus c.i.c. gem. § 280 Abs. 1 i. V. m. §§ 241 Abs. 2, 311 Abs. 2.[258]

Insgesamt sprechen deshalb gute Gründe für einen Ausschluß der GoA auch in den Fällen, in denen die Beteiligten einen Vertrag abgeschlossen und vollzogen haben, der Vertrag wegen eines versteckten Einigungsmangels aber schon nicht zustande gekommen ist.

II. Die Vertretung ohne Vertretungsmacht

Auch die Fälle der Vertretung ohne Vertretungsmacht lassen sich nicht ohne nähere Untersuchung in die Zweiteilung zwischen vertraglicher Rückabwicklung und lediglich irrtümlicher Fremdgeschäftsführung einordnen.

1. Die praktische Relevanz

Anders als bei den Fällen des Dissenses ist die Frage der Anwendung der §§ 677 ff. bei einer Vertretung ohne Vertretungsmacht von erheblicher Praxisrelevanz. So ist die GoA dann von Belang, wenn im Falle einer Vertretung ohne Vertretungsmacht der *Dritte* die Vergütung seiner erbrachten Leistungen als Geschäftsführer ohne Auftrag *vom Vertretenen* beansprucht, anstatt Schadensersatz vom Vertreter gem. § 179 zu fordern. Der *BGH* geht in ständiger Rechtsprechung davon aus, daß Ansprüche aus § 683 S. 1 bzw. § 684 S. 1 neben einer Haftung aus § 179 bestehen können.[259]

---

257 Vgl. *MüKo/Kramer*, § 155, Rn. 3 ff.

258 Vgl. dazu und zur Frage eines möglichen Anspruchs aus § 122 analog *MüKo/Kramer*, § 155 Rn. 14.

259 *BGH* NJW-RR 1989, 970; *BGH* NJW-RR 2002, 1312 (jedoch mit Ablehnung der Voraussetzungen des § 683 S. 1); *BGH* NJW-RR 2004, 81; *LG Wiesbaden*, NJW 1967, 1570; *OLG Düsseldorf*, NJW-RR 2001, 14.

Die Änderung der Rechtsprechung des *BGH* zur sogenannten Vollbetreuung beim Immobilienerwerb, die schon bei der Untersuchung des § 134 besprochen wurde,[260] ist auch hier für den potentiellen Anwendungsbereich der GoA von Bedeutung. Die typische Ausgangssituation stellt sich im Hinblick auf die Vertretung ohne Vertretungsmacht dabei wie folgt dar:[261]

> Der *Erwerber* schließt mit einem *gewerblichen Baubetreuer* einen Geschäftsbesorgungsvertrag über die Verschaffung einer Immobilie im Rahmen eines Steuersparmodells. Gleichzeitig wird der Baubetreuer vom Erwerber bevollmächtigt, diesen bei allen zur Vorbereitung und Durchführung des Immobilienerwerbs notwendigen Geschäften zu vertreten. Die Vollmacht umfaßt dabei insbesondere den Abschluß des Kauf- bzw. Werklieferungsvertrages über die Immobilie sowie den Abschluß des Darlehensvertrages.

Weil die Tätigkeit des Baubetreuers gegen Art. 1 § 1 RBerG verstößt, ist der Geschäftsbesorgungsvertrag zwischen Erwerber und Betreuer gem. § 134 nichtig.[262] Nach neuerer Rechtsprechung des *BGH* erfaßt die Nichtigkeit des Geschäftsbesorgungsvertrages allerdings auch die erteilte Vollmacht.[263] Damit sind alle Geschäftsbesorgungsverträge, die der Betreuer im Namen des Erwerbers mit Dritten geschlossen hat, wie beispielsweise Verträge über Steuerberatung, technische Baubetreuung oder die Erstellung von Gutachten,[264] wegen Fehlens der Vertretungsmacht ebenfalls unwirksam.[265] Da

---

260 Vgl. die Ausführungen unter Gliederungspunkt E. § 1 II. 1. a) und c), S. 190, 191.

261 Vgl. beispielsweise *BGHZ* 145, 265; *BGH* NJW 2002, 66.

262 Vgl. zu der Anwendbarkeit der GoA in diesem Verhältnis die Ausführungen unter Gliederungspunkt E. § 1 II. 1. a), S. 190.

263 Vgl. *BGH* NJW 2002, 66, 67 zur Wirksamkeit der Vollmacht bei Verstoß gegen das RBerG: „Das Verbot unerlaubter Rechtsbesorgung soll in erster Linie die Rechtsuchenden vor unsachgemäßer Erledigung ihrer rechtlichen Angelegenheiten schützen. ... Mit dieser Zweckrichtung wäre es aber unvereinbar, den unbefugten Rechtsberater gleichwohl rechtlich ... in den Stand zu setzen, seine gesetzlich missbilligte Tätigkeit zu Ende zu führen, indem er Rechtsgeschäfte zu Lasten des Geschützten abschließt, und den Rechtsuchenden allein auf Schadensersatzansprüche gegen den Rechtsberater zu verweisen." Vgl. auch *BGH* NJW 2002, 2325; *BGH* NJW 2004, 2378; *Drasdo*, NJW-Spezial 2004, 145 f.

264 Vgl. beispielsweise den Umfang der Vollmacht in der Entscheidung *BGH* NJW 2002, 66.

265 Der *XI. Zivilsenat* des *BGH* ist wohl um Rechtssicherheit bemüht und läßt eine Wirksamkeit der Vollmacht unter Rechtsscheinsgesichtspunkten grundsätzlich zu, vgl. *BGH* NJW 2001, 3774, 3775; *BGH* NJW 2002, 2325, 2325 f.; *BGH* ZIP 2003, 1692; dem tritt der *II. Senat* wiederum entgegen, vgl. NJW 2004, 2742; vgl. dazu auch *Meurer/Neunaber*, NZM 2002, 807 ff.

der *BGH* bei Vertretung ohne Vertretungsmacht aber einen Anspruch des Dritten aus auftragloser Fremdgeschäftsführung für zulässig hält, wäre die Rückabwicklung dieser Nachfolgeverträge nach den Vorschriften der §§ 677 ff. nur konsequent.

2. Die Vertretung ohne Vertretungsmacht als unwirksamer Vertrag

Wegen der besonderen Beziehung der Beteiligten ist die Einordnung dieser Fälle der Vertretung ohne Vertretungsmacht fraglich. Sieht man einen Verstoß gegen die Vorschriften der Stellvertretung als *Nichtigkeitsgrund* an, folgt daraus unter Anwendung der bisherigen Argumentation der Ausschluß der GoA.

Möglich ist jedoch auch der Fall, in dem der Vertretene weder mit „dem anderen Teil" noch dem Vertreter in rechtsgeschäftlichen Kontakt gekommen ist. Insoweit erscheint es nicht sachgerecht, von einem *unwirksamen Vertrag* zwischen dem Dritten und dem Vertretenen zu sprechen.

a) Die begriffliche Einordnung

Demnach müßte allein das rechtsgeschäftliche Handeln des Vertreters ausreichend für die Begründung einer *vertraglichen Beziehung* sein.

Betrachtet man die Terminologie des BGB, ist diese Frage eindeutig zu bejahen. Die §§ 177-179, welche die Rechtsfolgen einer Vertretung ohne Vertretungsmacht bestimmen, sprechen übereinstimmend von einem „geschlossenen Vertrag". Daraus ist zu entnehmen, daß die Vertretungsmacht gerade *keine* Voraussetzung für das Zustandekommen des Vertrages ist.[266] Insbesondere ist das vollmachtlose Vertreterhandeln auch ein Rechtsgeschäft, aus welchem sich durchaus vertragliche Rechtsfolgen für den Vertretenen ergeben können. So ist der abgeschlossene Vertrag bei fehlender Vertretungsmacht nicht unheilbar nichtig, sondern lediglich schwebend unwirksam. Durch die nachträgliche Genehmigung des Vertretenen gem.

---

[266] § 177: „Schließt jemand ohne Vertretungsmacht einen Vertrag ..."; § 179: „Wer als Vertreter ein Vertrag geschlossen hat, ..." Differenziert man zwischen Abschluß und Zustandekommen, so nimmt der Vertreter den Abschluß des Vertrages vor, auch ohne Vertretungsmacht kommt der Vertrag mit dem Vertretenen (zunächst schwebend unwirksam) zustande. Eingehend dazu *Leenen*, AcP 188 (1988), S. 381, 388, 391 f.

§ 184 Abs. 1 kann der Vertrag rückwirkende Wirksamkeit erlangen.[267] Daneben kann sich die Wirksamkeit eines ohne Vertretungsmacht geschlossenen Vertrages aus gesetzlichen oder richterrechtlich anerkannten Gründen des Verkehrsschutzes ergeben.[268]

b) Die Gründe des Fehlens der Vertretungsmacht in der Praxis

Doch auch abgesehen von dieser begrifflichen Argumentation erscheint die Einordnung der Fälle der Vertretung ohne Vertretungsmacht unter die unwirksamen Verträge als angemessen. Die Untersuchung der Fälle, in denen die Rechtsprechung wegen Fehlens der Vertretungsmacht die GoA anwendet, spricht für eine Rückabwicklung unter Ausschluß der GoA.

Denn *regelmäßig* wurde dem Vertreter eine Vollmacht erteilt, diese erwies sich jedoch wegen Verstoßes gegen eine andere Nichtigkeitsvorschrift als unwirksam. Mit anderen Worten scheitert das wirksame Vertreterhandeln damit zwar *formal* an den Regeln der Stellvertretung, *Grundlage* der Nichtigkeit ist jedoch ein sonstiger Nichtigkeitsgrund. So hat sich die Unwirksamkeit der Vollmacht dabei aus Art. 1 § 1 RBerG oder § 305c[269] ergeben. Darüber hinaus wurde ein Anspruch aus GoA in einem Fall zuerkannt, in dem die Vollmachterteilung wegen Mißachtung der Formvorschrift des § 311b gem. § 125 formunwirksam war.[270]

Die Schwierigkeit der Abgrenzung der Vorschriften der Stellvertretung von den sonstigen Nichtigkeitsgründen zeigen auch die Fälle auf, in denen Gemeinden und öffentlich-rechtliche Körperschaften unter *Mißachtung öffentlich-rechtlicher Formvorschriften* Verpflichtungserklärungen abgegeben haben.[271] Diesbezüglich ist umstritten, wie diese Vorschriften dogmatisch einzuordnen sind.[272] Während ein Teil der Literatur diese als

267 Vgl. *MüKo/Schramm*, § 177 Rn. 1, 15 f.

268 Beispielsweise aus § 170 ff., 15, 56 HGB oder den Grundsätzen der Duldungs- und Anscheinsvollmacht. Dazu *MüKo/Schramm*, § 167 Rn. 45 ff.

269 *BGH* NJW-RR 2002, 1312 (zu der gleichlautenden Vorschrift des § 3 AGBG).

270 *BGH* NJW-RR 1989, 970 (zu § 313 a.F.)

271 Vgl. *BGH* NJW 1972, 940; *BGH* NJW-RR 1992, 1435; *OLG München*, BB 1984, 2018.

272 Vgl. dazu *Ludwig/Lange*, NVwZ 1999, 136 ff.; *Vogel*, JuS 1996, 964 ff.

echte Formvorschriften im Sinne des § 125 ansieht,[273] geht der *BGH* von einer Einschränkung der Vertretungsmacht aus.[274]

Wenn die Fälle der Vertretung ohne Vertretungsmacht allerdings so eng mit den Fällen verknüpft sind, in denen sich die Nichtigkeit aus einer anderen Vorschrift ergibt und im Einzelfall sogar streitig ist, ob die Wirksamkeit des Vertrages an § 177 oder § 125 scheitert, ist eine differenzierte Behandlung dieser Fälle nicht gerechtfertigt.

3. Die schutzwürdigen Interessen der Beteiligten

Entspricht der Lebenssachverhalt, welcher den Fällen der Vertretung ohne Vertretungsmacht zugrundeliegt, somit regelmäßig einem nichtigen Vertrag zwischen dem Dritten und dem Vertretenen, sind doch Einzelfälle denkbar, in denen ein zurechenbares rechtsgeschäftliches Handeln des Vertretenen fehlt. Das ist der Fall, wenn nicht die Wirksamkeit der Vertretungsmacht in Frage steht, sondern es überhaupt an einer Bevollmächtigung fehlt.

Es stellt sich die Frage, ob in diesen Fällen die begriffliche Einordnung der Vertretung ohne Vertretungsmacht als zustande gekommener, jedoch schwebend unwirksamer Vertrag für den Ausschluß der GoA ausreichend ist. Diese Frage ist zu bejahen, wenn trotz eines Ausschlusses der §§ 677 ff. interessengerechte Ergebnisse erzielt werden können.

a) Ansprüche des Geschäftsführers

Dem Dritten verbleibt neben den Ansprüchen aus Bereicherungsrecht *gegen den Vertretenen* ein Anspruch *gegen den Vertreter* ohne Vertretungsmacht aus § 179. Betrachtet man das abgestufte Rechtsfolgenprogramm dieser Vorschrift, welches das Verschulden des Vertreters sowie eine mögliche Bösgläubigkeit des „anderen Teils“ berücksichtigt, erscheint ein Verweis des Dritten auf den Schadensersatzanspruch gem. § 179 als sachgerecht. Insbesondere kann der Dritte bei Kenntnis des Vertreters vom Fehlen der

---

[273] Zum Streitstand *MüKo/Einsele*, § 125 Rn. 28 f. mit umfangreichen Nachweisen.

[274] Vgl. *BGH* NJW 1994, 1528: „Formvorschriften der Gemeindeordnungen, die von den Vertretern der Gemeinden beim Abschluß von Verträgen beachtet werden müssen, sind materielle Vorschriften über die Beschränkung der Vertretungsmacht.“

Vertretungsmacht Schadensersatz fordern, welcher nicht auf das negative Interesse beschränkt ist bzw. kann er Erfüllung beanspruchen.[275]

b) Ansprüche des Geschäftsherrn

Die schutzwürdigen Interessen des Vertretenen können nur hinsichtlich der Nebenansprüche auf Herausgabe und Schadensersatz beeinträchtigt sein, welche durch den Ausschluß der GoA entfallen würden.

Insoweit könnte ein deliktischer Anspruch des Vertretenen gegen den Vertreter gem. § 826 bestehen, wenn dieser vorsätzlich ohne Vertretungsmacht in fremden Namen kontrahiert.[276] Doch ein Verweis auf das Deliktsrecht ist zumeist nicht notwendig. Vielmehr liegt dem Vertreterhandeln häufig ein rechtsgültiger Vertrag mit dem Vertretenen zugrunde. Geradezu „klassisch“[277] ist der Fall im Werkvertragsrecht, bei dem der Vertreter die vertragliche Leistung dem von ihm Vertretenen *selbst schuldet.*[278] Schließt der Vertreter statt einer Beauftragung eines Subunternehmers im eigenen Namen vollmachtlos einen Vertrag im Namen seines Gläubigers ab, kann der Vertretene immerhin vertragliche Schadensersatzansprüche gegen den Vertreter geltend machen, weil dieser seine Vertragspflichten verletzt hat.

4. Resümee

Die nähere Betrachtung der Fälle, in denen die Wirksamkeit des Vertrages zwischen Drittem und Vertretenem an der fehlenden Vertretungsmacht des Vertreters scheitert, zeigt, daß die GoA auch in diesem Bereich ausgeschlossen sein sollte. Die Unwirksamkeit der Bevollmächtigung und damit des Vertrages hat ihre Ursache im Regelfall in der Sphäre des Vertretenen. Damit besteht in diesen Fällen jedoch kein Zweifel, daß eine „vertragliche“ Rechtsbeziehung zwischen den Beteiligten besteht.

---

275 Vgl. *MüKo/Schramm*, § 179 Rn. 30 ff., 36.

276 Vgl. *BGH* NJW 1999, 1026 zum ähnlichen Fall der Haftung eines Treuhänders bei pflichtwidriger Verfügung.

277 *MüKo/Lieb*, § 812 Rn. 106.

278 Beispielsweise *BGHZ* 36, 30; vgl. dazu auch die nachfolgenden Ausführungen unter Gliederungspunkt III.

Ist dem Vertretenen das Handeln im Sinne dieser Voraussetzungen nicht zurechenbar, existieren alternative Ansprüche beider Beteiligten, welche den Verzicht auf die Regeln der GoA erlauben. Eine einheitliche Behandlung aller Fälle der Vertretung ohne Vertretungsmacht ist damit möglich.

III. Die GoA im bereicherungsrechtlichen Dreiecksverhältnis

Die bisherige Untersuchung der GoA hatte stets nur die Beziehung zwischen Geschäftsführer und Geschäftsherr im Sinne der GoA im Blick. Es besteht jedoch die Möglichkeit, daß sich der Tatbestand der GoA auf Konstellationen erstreckt, welche als gescheiterte Verträge einzuordnen sind und gleichzeitig ein sogenanntes *Dreiecks- oder Mehrpersonenverhältnis* im Sinne des Bereicherungsrechts darstellen.

Eine Argumentation im Hinblick auf diese Sachverhalte wurde bisher vermieden, da der Rückgriff auf diesbezügliche Wertungen eine fundierte und ausführliche Stellungnahme zu einzelnen Fallgruppen des Bereicherungsausgleichs in Dreiecksverhältnissen erfordern würde. Angesichts der Fülle der dogmatischen Konzepte im Schrifttum und der teilweise diametral entgegenstehenden Rechtsprechung zu diesem Problemkreis *einerseits* sowie der eingeschränkten praktischen Bedeutung im Bereich der GoA *andererseits* würde mit einem solchen Vorgehen allerdings das eigentliche Anliegen der Arbeit verfehlt werden.[279]

Deshalb sollen im Rahmen der nachfolgenden Ausführungen nur die typischen Konstellationen aufgezeigt werden, in denen ein Konflikt der GoA mit den Wertungen des Bereicherungsrechts entstehen kann. Schon dabei kann sich zeigen, ob die bisher gefundenen Ergebnisse auch bei Dreiecksverhältnissen grundsätzlich mit der herrschenden Meinung zum Bereicherungsausgleich vereinbar sind oder ob gegebenenfalls weitere Ausnahmen von der Anwendbarkeit der GoA vorzunehmen sind.

[279] Vgl. zum Bereicherungsausgleich im Dreiecksverhältnis im Überblick *MüKo/Lieb*, § 812 Rn. 26 ff., 35 ff.; *Canaris*, Der Bereicherungsausgleich im Dreipersonenverhältnis, in: Festschrift für Larenz (1973), S. 799 ff.

1. Das Vorliegen eines bereicherungsrechtlichen Dreiecksverhältnisses

Der mögliche Konflikt der §§ 677 ff. zu den §§ 812 ff. besteht im besonderen bei den sogenannten *Anweisungsfällen im Dienst- und Werkvertragsrecht.* Bereicherungsrechtlich stellt sich die Ausgangssituation wie folgt dar:

A[280] ist Schuldner einer Dienst- oder Werkleistung im Rahmen eines mit *B* abgeschlossenen diesbezüglichen Vertrages. Anstatt die Leistung selbst zu erbringen, weist *A* einen Dritten *C* an,[281] die Leistung direkt bei seinem Gläubiger *B* zu erbringen. In aller Regel ist dabei der Angewiesene *C* dem Anweisenden *A* selbst vertraglich zur Leistungserbringung verpflichtet. Erbringt nun *C* die geschuldete Leistung direkt bei *B*, führt dies bei intakten Kausalverhältnissen aufgrund der übereinstimmenden Willen aller Beteiligten als *Simultanleistung* zur Erfüllungswirkung im *Valutaverhältnis A-B* sowie gleichzeitig im *Deckungsverhältnis C-A.*[282]

a) Die maßgeblichen Wertungsgesichtspunkte im Bereicherungsrecht

Erweist sich eines oder beide Kausalverhältnisse der Beteiligten als unwirksam, ist fraglich, in welchen Fällen eine Direktkondiktion des Angewiesenen *C* gegenüber dem Anweisungsempfänger *B* zuzulassen ist. Stark vereinfacht betrachtet gilt insoweit der allgemein anerkannte Grundsatz, daß bei Vorliegen einer (fehlerfreien) Anweisung nur im jeweils betroffenen Kausalverhältnis eine Leistungskondiktion zulässig ist. Eine Eingriffskondiktion darf diese Wertung nicht durchbrechen und kommt im Verhältnis der tatsächlichen Vermögensverschiebung *C-B* nicht mehr in Betracht.

Die Rechtsprechung und Teile der Literatur stellen insoweit durchgängig auf den Begriff der *Leistung im Rechtssinn* ab, deren Zweckbestimmung sich

---

[280] Die hier gewählte Bezeichnung der Beteiligten des Dreipersonenverhältnisses bleibt im folgenden gleich. *A* ist der Anweisende, *B* ist der Anweisungsempfänger und gegebenenfalls Geschäftsherr im Sinne der GoA, *C* ist der Angewiesene und gegebenenfalls Geschäftsführer im Sinne der GoA. Sollten im Rahmen der folgenden Ausführungen Konstellationen untersucht werden, bei denen zwischen *C* und *A* keine Leistungsbeziehung bzw. keine Anweisung vorliegt, bleibt *A* der Vertragspartner des *B* im Valutaverhältnis.

[281] Der Begriff der Anweisung ist dabei im weiteren Sinne zu verstehen, vgl. dazu *Larenz/Canaris*, Schuldrecht Besonderer Teil II/2, 13. Auflage (1994), S. 201 f.

[282] *BGHZ* 66, 362, 363; 102, 152, 157; 147, 269, 273; vgl. die Darstellung bei *St. Lorenz*, JuS 2003, 729, 732.

eben regelmäßig nur auf die bestehende Rechtsbeziehung beschränkt.[283] Ein Teil der Literatur lehnt die Verabsolutierung des Leistungsbegriffs ab und leitet die Ergebnisse direkt aus Wertungsgesichtspunkten ab.[284]

Anerkannt sind jedenfalls gleichermaßen[285] folgende Wertungen für die bereicherungsrechtliche Rückabwicklung: Jede Partei soll nur das Insolvenzrisiko ihres Vertragspartners tragen; jeder Partei sollen ihre Einwendungen gegen ihren Vertragspartner erhalten bleiben; jede Partei soll vor Einwendungen aus fremden Leistungsverhältnissen geschützt werden.[286]

b) Der Konflikt mit dem Recht der GoA

Vergegenwärtigt man sich nochmals die bisherigen Ergebnisse der Untersuchung, ist offensichtlich, daß die Zuerkennung eines Anspruchs aus GoA mit diesen Wertungszusammenhängen in Konflikt geraten kann. Denn wenn bei den Anweisungsfällen die geschuldete Tätigkeit des *C* eine Geschäftsbesorgung darstellt, ist im Verhältnis *C-B* der Tatbestand des § 677 erfüllt:

Bei einer Dienst- oder Werkleistung des Angewiesenen *C* führt dieser mit Fremdgeschäftsführungswillen ein Geschäft des Anweisungsempfängers

283 *BGHZ* 40, 272, 277; 50, 227, 231 f.; 72, 246, 248 f.; *Medicus*, Bürgerliches Recht (2004), Rn. 686.

284 Vgl. *Larenz/Canaris*, Schuldrecht Besonderer Teil II/2, 13. Auflage (1994), S. 246 ff.; *St. Lorenz*, JuS 2003, 839 mit weiteren Nachweisen. Zum Streit um die Maßgeblichkeit des Leistungsbegriffs und die „Subsidiarität der Eingriffskondiktion" *MüKo/Lieb*, § 812 Rn. 26 ff., 278 ff.

285 Ob man wie die Rechtsprechung die Abgrenzung im Begriff der Leistung verortet oder unabhängig von der Begrifflichkeit der Leistungskondiktion auf die zugrundeliegenden Kausalverhältnisse abstellt, ist für das Ergebnis unbeachtlich. Denn die Rechtsprechung läßt insoweit Wertungsgesichtpunkte in den Leistungsbegriff einfließen, indem insbesondere eine Leistung im Rechtssinn nur innerhalb der Kausalverhältnisse vorliegen soll. Daneben erkennt sie in ihrer neueren Rechtsprechung ausdrücklich Ausnahmen vom Grundsatz des Vorrangs der Leistungsbeziehungen an. Vgl. dazu nur die lehrbuchartige Darstellung der Rechtsprechung in *BGHZ* 147, 269, 273 ff.

286 Vgl. *MüKo/Lieb*, § 812 Rn. 40; *Canaris*, Der Bereicherungsausgleich im Dreipersonenverhältnis, in: Festschrift für Larenz (1973), S. 799, 802 f.; *Larenz/Canaris*, Schuldrecht Besonderer Teil II/2, 13. Auflage (1994), S. 246 ff. mit weiteren Nachweisen.

B.[287] Dies geschieht auch ohne Auftrag, da *keine Beauftragung durch B* vorliegt.[288] Weil von der Rechtsprechung bei der insoweit vorliegenden GoA regelmäßig nicht nach einer vertraglichen Risikozuweisung gefragt wird, kann es zu Durchbrechungen der Grundsätze kommen, welche für den Bereicherungsausgleich im Dreiecksverhältnis maßgeblich sind.

2. Die Herleitung der maßgeblichen Wertungskriterien

Nachfolgend soll deshalb auf diejenigen gescheiterten Verträge mit Geschäftsbesorgungscharakter eingegangen werden, welche sich im Grenzbereich zwischen GoA und dem Bereicherungsausgleich im Dreiecksverhältnis befinden. Als Ausgangspunkt der Überlegungen bietet sich dabei der Fall an, in dem der Angewiesene *C* bzw. Geschäftsführer im Sinne der GoA aufgrund einer *wirksamen Anweisung* und eines *wirksamen Vertrages* mit *A* eine Leistung an den Anweisungsempfänger *B* erbringt.

a) Kein Durchgriff über GoA bei entgeltlichem Vertrag - BGH NJW-RR 2004, 81

Daß *C* in solchen Fällen eine Vergütung für die erbrachte vertragliche Leistung nicht im Wege der GoA vom Anweisungsempfänger *B* beanspruchen kann, scheint selbstverständlich. Doch erst im Jahre 2003 hat der *BGH* die entgeltliche vertragliche Regelung gegenüber einem Anspruch aus GoA *ausdrücklich* für vorrangig erklärt.[289]

Zwar wurde in der Rechtsprechung, soweit ersichtlich, bisher kein Anspruch aus GoA zuerkannt, wenn ein wirksamer entgeltlicher Vertrag zwischen dem Geschäftsführer und einem Dritten bestand, in welchem eine Vergütung der Geschäftsbesorgung vereinbart war. Eine grundsätzliche Klärung der Problematik wurde jedoch vermieden. Vielmehr hat man das

---

[287] Genaugenommen führt der Geschäftsführer wegen der objektiven Zuordnung der tatsächlichen Bereicherung ein *Geschäft für den Anweisungsempfänger*, gleichzeitig wegen dessen vertraglicher Verpflichtung ein *Geschäft des Anweisenden* sowie wegen seines Interesses an einer vertraglichen Gegenleistung ein *teilweise eigenes Geschäft*. Vgl. zur Weite der Zuordnung eines Geschäfts auch die Entscheidung *BGH* NJW 2001, 3184.

[288] Vgl. auch die Ausführungen unter Gliederungspunkt B. § 3 II. 3., S. 50.

[289] *BGH*, Urteil v. 21.10.2003 - X ZR 66/01, NJW-RR 2004, 81; insoweit noch offengelassen in *BGH* NJW 1999, 858.

Vorliegen des fremden Geschäfts, des Fremdgeschäftsführungswillens oder des Interesses des Geschäftsherrn verneint, was teilweise der übrigen Rechtsprechung zum auch-fremden Geschäft widersprach.[290]

In der Entscheidung vom 21.10.2003 wurde nun vom *BGH* der abschließende Charakter entgeltlicher vertraglicher Beziehungen gegenüber der GoA anerkannt.[291]

b) Die maßgeblichen Wertungskriterien

Der Bezug der Entscheidung zu den hier untersuchten Fällen der gescheiterten Geschäftsbesorgungsverträge läßt sich durch die vom *BGH* für maßgeblich angesehenen Wertungskriterien herstellen.

Grund für den Ausschluß der GoA sei nach Ansicht des *BGH* der aus dem Grundsatz der Privatautonomie „folgende Vorrang der vertraglichen Rechte gegenüber dem Ausgleich der aus der erbrachten Leistung resultierenden Vorteile Dritter, die außerhalb des Vertrags stehen". Weiterhin bestünde die Funktion der GoA nicht darin, einem vertraglich Verpflichteten das Insolvenzrisiko für seinen Vertragspartner durch Gewährung eines Aufwendungsersatzanspruches abzunehmen.[292] Diesen angeführten Wertungen ist uneingeschränkt zuzustimmen.[293]

---

[290] Beispielsweise *OLG Hamm*, NJW 1974, 951; vgl. dazu *Wollschläger*, Die Geschäftsführung ohne Auftrag (1976), S. 202 f. mit umfassenden Rechtsprechungsnachweisen.

[291] Bezeichnend ist dabei, daß der *BGH* sich bei seiner Argumentation lediglich auf die Kommentarliteratur bezieht und nicht auf vorangegangene Entscheidungen, bei denen schon in diesem Sinne argumentiert wurde. Vgl. beispielsweise *LG Köln*, NJW 1991, 2354; *OLG Saarbrücken*, NJW 1998, 828, 829.

[292] *BGH* NJW-RR 2004, 81, 83.

[293] Ebenso *Wendlandt*, NJW 2004, 985, 986 f.

c) Die Übertragbarkeit auf die GoA

Entgegen der Ansicht des *BGH* sind diese Grundsätze auch auf die Fälle der unwirksamen Verträge übertragbar.[294] Denn die tragenden Argumente der Entscheidung bezüglich des Ausschlusses der GoA, der Vorrang der vertraglichen Beziehung und die vertragliche Zuweisung des Insolvenzrisikos, entsprechen gerade den Wertungen des Bereicherungsausgleichs im Dreiecksverhältnis.

Zu einem Bereicherungsausgleich kann es erst dann kommen, wenn ein vertragliches Kausalverhältnis nicht besteht bzw. nicht wirksam ist. Es wird im Bereicherungsrecht stets auf die vertraglichen Wertungen abgestellt, obwohl *nie ein wirksamer Vertrag vorliegt.* Solange die Kausalbeziehung noch durch ein zurechenbares Handeln in Form der Anweisung zu bestimmen ist, bleibt diese Beziehung als vertragliche *Leistungsbeziehung* gegenüber der Nichtleistungsbeziehung zum Dritten vorrangig.

Dieser Wertungszusammenhang darf durch die Anerkennung eines direkten Anspruchs gegen den Anweisungsempfänger gem. § 670, 683 S. 1, 677 bzw. § 818, 684 S. 1, 677 nicht unterlaufen werden. Wenn eine wirksame oder unwirksame vertragliche Beziehung des Geschäftsführers zu einem Dritten besteht, kann insoweit kein Anspruch gegen den von der Geschäftsbesorgung unmittelbar Begünstigten mehr in Betracht kommen. Diesen Überlegungen entsprechend muß die GoA auch in denjenigen Fällen ausgeschlossen sein, in denen der *Vorrang vertraglicher Rechte als grundsätzliche Wertung des Bereicherungsausgleichs im Dreiecksverhältnis*[295] einem bereicherungsrechtlichen Anspruch des Geschäftsführers entgegensteht.[296]

---

[294] Der *BGH* hält eine GoA in diesen Fällen ausdrücklich weiterhin für möglich, vgl. *BGH* NJW-RR 2004, 81, 83. Er bezieht sich dabei jedoch auf die Konstellation der Vertretung ohne Vertretungsmacht, vgl. dazu nach nachfolgenden Ausführungen unter Gliederungspunkt E. § 3 III. 4. b), S. 266.

[295] Streng genommen ist diese Wertung keine solche *des Bereicherungsrechts*, sondern ein allgemeiner Grundsatz, welcher eben auch für die GoA gelten sollte. Weil sich eine diesbezügliche Problematik regelmäßig allein im Bereicherungsrecht ergibt und die Auseinandersetzung in Rechtsprechung und Wissenschaft sich auf das Bereicherungsrecht beschränkt, bleibt es im folgenden bei der Bezeichnung des Vorrangs vertraglicher Rechte als der Wertung des Bereicherungsausgleichs.

[296] Vgl. dazu auch *Wolf*, Festschrift Mühl (1981), S. 703, 712 ff.; *Wollschläger*, Die Geschäftsführung ohne Auftrag (1976), S. 202 ff.; *Beuthien*, JuS 1987, 841, 847.

3. Die GoA bei Vorliegen eines unwirksamen Vertrages mit einem Dritten

Die erste in diesem Kontext zu betrachtende Konstellation der gescheiterten Verträge ist der Fall der Anweisung, bei dem sich das *Deckungsverhältnis A-C* als *nichtig* erweist.

Bei dieser Konstellation ist die Entscheidungsregel im Bereicherungsrecht eindeutig. Ebenso wie bei einem wirksamen Vertrag hat der Angewiesene *C* das Insolvenz- und Einwendungsrisiko seines vermeintlichen Vertragspartners *A* übernommen, wodurch ein direkter Anspruch gegen den Empfänger *B* ausscheidet.[297] Unstreitig wird deshalb dieser Fall in Rechtsprechung und Wissenschaft dahingehend beurteilt, daß eine Direktkondiktion gegen den Anweisungsempfänger ausgeschlossen ist.[298]

Nimmt der Angewiesene *C* aufgrund eines unwirksamen Vertrages mit dem Anweisenden *A* eine Dienst- oder Werkleistung an den Empfänger *B* vor, müssen folgerichtig auch *Ansprüche aus GoA ausgeschlossen* sein.[299]

4. Die GoA bei der Vertretung ohne Vertretungsmacht

Höchst umstritten ist dagegen die Beurteilung der Fälle der Vertretung ohne Vertretungsmacht.[300] Die problematische Konstellation ist dabei der schon erwähnte Fall der sogenannten „irrtümlichen Eigenleistung" bei einer Vertretung ohne Vertretungsmacht im Werkvertragsrecht:[301] Ein Werkunternehmer *A* beauftragt ohne Vollmacht des Bestellers *B* in dessen Namen einen Dritten *C* mit der direkten Ausführung bei *B*. *C* fordert im Anschluß von *B* die Vergütung der erbrachten Leistungen bzw. die Herausgabe der

---

[297] Zum Bereicherungsausgleich bei fehlerhaftem Deckungsverhältnis *MüKo/Lieb*, § 812 Rn. 42 ff.; *Larenz/Canaris*, Schuldrecht Besonderer Teil II/2, 13. Auflage (1994), S. 203 ff.

[298] *BGHZ* 66, 362, 363; 102, 152, 157; 147, 269, 273; *Staudinger/W. Lorenz*, § 812 Rn. 50; *Medicus*, Bürgerliches Recht (2004), Rn. 672; *Reuter/Martinek*, Ungerechtfertigte Bereicherung (1983), S. 412 f.; *MüKo/Lieb*, § 812 Rn. 42 mit weiteren Nachweisen.

[299] Ebenso *Wolf*, Festschrift Mühl (1981), S. 703, 714; *Wollschläger*, Die Geschäftsführung ohne Auftrag (1976), S. 204 f.

[300] Umfassend dazu *MüKo/Lieb*, § 812 Rn. 106 ff.

[301] Vgl. die Ausführungen unter Gliederungspunkt E. § 3 II. 3. b), S. 257.

Bereicherung.[302] Der Konflikt mit dem Bereicherungsausgleich im Dreiecksverhältnis tritt auf, weil *B* die Werkleistung in diesen Fällen als solche des vollmachtlosen Vertreters *A* ansieht.[303]

Nach den bisherigen Feststellungen sollte die Anwendung der GoA in den Fällen, in denen die irrtümliche Geschäftsbesorgung aus einer Vertretung ohne Vertretungsmacht resultiert, ausgeschlossen sein.[304] Die nachfolgend kurz dargestellte Rechtsprechung ist deshalb im Hinblick auf die GoA nicht mehr entscheidungserheblich. Die bei dieser Konstellation zu erkennende Widersprüchlichkeit der Rechtsprechung bestätigt jedenfalls das gefundene Ergebnis.

a) Die irrtümliche Eigenleistung als Fall des fehlerhaften Deckungsverhältnisses

Teilweise werden diese Fälle in die Fallgruppe des fehlerhaften Deckungsverhältnisses eingeordnet.[305] Der *BGH* läßt im Sinne seiner ständigen Rechtsprechung eine bereicherungsrechtliche Rückabwicklung nur in den Leistungsverhältnissen zu, wobei es für die Bestimmung der Leistungsbeziehung auf die Sicht des Empfängers ankommen soll.[306]

Ob dieser Ausschluß der Direktkondiktion durch den Vertrauensschutz des Empfängers gerechtfertigt ist, erscheint zweifelhaft.[307] Zumindest die dogmatische Herleitung des Ergebnisses aus dem Vorrang der Leistungsbeziehungen ist höchst fraglich, da genau betrachtet bereits *kein Deckungsverhältnis* vorliegt. Denn auch bei wirksamer Stellvertretung würde

---

[302] Siehe beispielsweise *BGHZ* 40, 272; *BGH* NJW-RR 2002, 1312; *BGH* NJW-RR 2004, 81; *OLG Oldenburg*, MDR 2000, 1373.

[303] Kann der Empfänger der Werkleistung *B* diese als solche des „Angewiesenen" C ansehen, weil der Vertreter *A* seinem eigenen Rechtskreis entstammt, liegt kein Dreiecksverhältnis im Sinne des Bereicherungsrechts vor. So liegt der *typische Fall* der Vertretung ohne Vertretungsmacht, bei dem kein Konflikt mit den Wertungen des Bereicherungsausgleichs im Dreiecksverhältnis auftreten kann, wie beispielsweise *BGH* NJW-RR 1989, 970. Vgl. dazu Gliederungspunkt E. § 3 II. 2., S. 254.

[304] Vgl. Gliederungspunkt E. § 3 II. 4., S. 257.

[305] *Oechsler*, LMK 2004, 19; *BGHZ* 67, 232, 241.

[306] *BGHZ* 40, 272, 276 ff.; 67, 232, 241; *BGH* NJW-RR 2002, 1312; im Ergebnis schon *BGHZ* 36, 30, jedoch noch ohne die Anwendung der erst später entwickelten Lehre vom Vorrang der Leistungsbeziehungen; vgl. dazu *MüKo/Lieb*, § 812 Rn. 106 ff.

[307] Dazu *MüKo/Lieb*, § 812 Rn. 111 ff.

keine Leistungsbeziehung zwischen dem Angewiesenen *C* und dem Vertreter *A* bestehen.[308]

b) Die irrtümliche Eigenleistung als Fall der GoA

Zumeist wird vom *BGH* in diesen Fällen zusätzlich ein Anspruch aus GoA geprüft. Regelmäßig scheitert dann der Aufwendungsersatzanspruch des Angewiesenen *C* aus §§ 670, 683 S. 1, 677 jedoch an den Voraussetzungen des § 683 S. 1, während auf den Anspruch aus unberechtigter GoA nicht eingegangen wird.[309]

Auch die schon erwähnte Entscheidung *BGH* NJW-RR 2004, 81, welche den Vorrang vertraglicher Rechte vor Ansprüchen aus GoA begründete,[310] hält an der grundsätzlichen Anwendungsmöglichkeit der GoA neben Leistungsbeziehungen fest. Sollte in dem zu entscheidenden Fall demnach kein wirksamer Vertrag zwischen *C* und dem Vertreter *A*, sondern eine Vertretung ohne Vertretungsmacht vorliegen, sei ein Anspruch des *C* aus GoA gegen den Vertretenen *B* möglich.[311] Daß der *B* die Werkleistung unstreitig als *Leistung des Vertreters A* ansehen konnte, scheint für den *BGH* im Hinblick auf die GoA unbeachtlich zu sein.[312]

---

[308] Vgl. die in ständiger Rechtsprechung wiederholten Ausführungen des *BGH* zum maßgeblichen Leistungsbegriff: „Nach dem bereicherungsrechtlichen Leistungsbegriff bewirkt der Angewiesene, der von ihm getroffenen, allseits richtig verstandenen Zweckbestimmung entsprechend, mit seiner Zuwendung an den Anweisungsempfänger zunächst eine eigene Leistung an den Anweisenden und zugleich eine Leistung des Anweisenden an den Anweisungsempfänger", *BGHZ* 152, 307, 311 mit Verweis u. a. auf *BGHZ* 40, 272. Bei den Fällen der irrtümlichen Eigenleistung erbringt *C* jedoch nie eine Leistung an den Anweisenden *A*, da er stets nur seine eigene vermeintliche Schuld gegenüber *B* tilgen will. Warum der *BGH* diese Fälle gleichwohl nach den Grundsätzen des fehlerhaften Deckungsverhältnisses entscheidet, ist nicht nachvollziehbar.

[309] Vgl. beispielsweise *BGHZ* 67, 232, 240 f.; *BGH* NJW-RR 2002, 1312, 1313.

[310] Vgl. die Ausführungen unter Gliederungspunkt E. § 3 III. 2., S. 261.

[311] Hinsichtlich der Alternativlösung, bei der kein wirksamer Vertrag mit dem Vertreter, sondern ein Vertretung ohne Vertretungsmacht vorliegt, *BGH* NJW-RR 2004, 81, 83.

[312] Anders sieht das jedoch das *OLG Oldenburg*. Dieses erklärt die Leistungsbeziehung zwischen dem Vertretenen und dem Vertreter auch gegenüber der GoA für vorrangig, wobei für die Bestimmung der Leistung im Rechtssinne wiederum auf den Empfängerhorizont abgestellt wird, MDR 2000, 1373.

5. Die GoA beim nicht zustande gekommenen Vertrag

Anders als bei den Fällen der Vertretung ohne Vertretungsmacht ist bei *nicht zustande gekommen Verträgen* nach den bisherigen Feststellungen die Anwendung der GoA zulässig, weil diese Konstellation nicht der Rückabwicklung eines Vertrages entspricht.[313]

Kommt deshalb ein solcher nicht zustande gekommener Vertrag einer „irrtümlichen Eigenleistung" im Sinne des Bereicherungsrechts gleich, ist ein Konflikt von GoA und Bereicherungsausgleich im Dreiecksverhältnis möglich. Dies ist konkret dann der Fall, wenn der Geschäftsführer *C ohne Anweisung* irrtümlich von einer Verpflichtung gegenüber dem Geschäftsherrn *B* ausgeht, dieser die Geschäftsbesorgung indes als Leistung seines insoweit unbeteiligten Vertragspartners *A* ansieht.[314]

Es wurde festgestellt, daß der grundsätzliche Vorrang vertraglicher Rechte als Grundprinzip des Bereicherungsausgleichs im Dreiecksverhältnis sowohl bei der Rückabwicklung nach Bereicherungsrecht als auch bei der GoA zu beachten ist.[315] Deshalb ist für die Anwendbarkeit der GoA in diesem Fall entscheidungserheblich, ob diese Wertungen einer Direktkondiktion des Geschäftsführers *C* gegen den Geschäftsherrn *B* entgegenstehen *würden.*[316]

---

[313] Vgl. zur GoA bei nicht zustande gekommenen Verträgen die Ausführungen unter Gliederungspunkt E. § 2, S. 234; zusammenfassend Gliederungspunkt E. § 2 VII., S. 249.

[314] Siehe beispielsweise *OLG Hamm*, NJW-RR 1991, 1303; *BGH* NJW-RR 2005, 639. In den übrigen Fällen der nicht zustande gekommenen Verträge treten wegen Nichtvorliegens eines bereicherungsrechtlichen Dreiecksverhältnisses diesbezüglich keine Abgrenzungsschwierigkeiten auf.

[315] Vgl. Gliederungspunkt E. § 3 III. 2. c), S. 263.

[316] Nochmals ist zu betonen, daß Wertungen, welche einer Direktkondiktion im Verhältnis *C-B* entgegenstehen, auch einem Anspruch aus GoA *unmittelbar* entgegenstehen. Weil sich die diesbezügliche Argumentation in der Wissenschaft lediglich auf die gleichgelagerte Problematik im Bereicherungsrecht erstreckt, wird insoweit der Umweg über die Frage der *Zulässigkeit der Direktkondiktion* beschritten. Vgl. z.B. die Argumentation bei *Oechsler*, LMK 2004, 19. Siehe auch Gliederungspunkt E. § 3 III. 2. c), S. 263, Fn. 295.

a) Die Ansicht der Rechtsprechung

Die Rechtsprechung zu diesem Problemkreis ist nicht einheitlich. Weil der *BGH* für die Bestimmung der Leistungsbeziehungen ausschließlich den Horizont des Empfängers für maßgeblich erklärt, kommt es nach seiner Ansicht nicht darauf an, worin die Vermögensmehrung durch *C* ihre Ursache hat. Ob *C* zu der Tätigkeit durch einen unwirksamen Vertrag mit *A*, durch die Anweisung eines vollmachtlosen Vertreters oder allein durch seine eigene Fehlvorstellung motiviert war, spielt in den Urteilsbegründungen eine untergeordnete bzw. gar keine Rolle.[317] Eine ausdrückliche Stellungnahme des *BGH* zur „irrtümlichen Eigenleistung" bei nicht zustande gekommenen Verträgen fehlt bisher.

Weil der *BGH* in Anwendung der Lehre vom Empfängerhorizont eine Direktkondiktion ausschließt, soweit der Bereicherte *B* von einer Leistung seines Vertragspartners *A* ausgehen konnte, dürfte dieser Grundsatz auch bei den Fällen der „irrtümlichen Eigenleistung" ohne Anweisung bzw. ohne Handeln eines vollmachlosen Vertreters gelten.

aa) Die Rechtsprechung zur Leistung aufgrund nicht zurechenbarer Anweisung

Zu beachten sind in diesen Zusammenhang allerdings mehrere Entscheidungen des *BGH* zu Anweisungslagen bei Banküberweisungen und Darlehensverträgen, bei denen eine *zurechenbare Anweisung fehlte.*[318] Der *BGH* nimmt nunmehr in ständiger Rechtsprechung eine Einschränkung der Lehre vom Empfängerhorizont vor, wenn die Anweisung des scheinbar Leistenden *A* unwirksam war[319] bzw. nur eine sogenannte „Scheinanweisung" vorlag[320]. Weil *A* in diesen Fällen keine Ursache für den Anschein gesetzt hat, die Zahlung sei seine Leistung, könne die Leistung des *C* im Verhältnis *A-B* keine Tilgungswirkung erzeugen.[321] Insoweit sei der

---

[317] Vgl. beispielsweise *BGH* NJW-RR 2002, 1176, 1177.
[318] *BGHZ* 111, 382; 147, 145; 147, 269; 152, 307.
[319] *BGHZ* 147, 145, 149 ff.
[320] *BGHZ* 152, 307, 311 f.
[321] *BGHZ* 147, 145, 149; 152, 307, 311 f.

Leistungsempfänger *B* nicht schutzwürdig, auch wenn er hinsichtlich der Leistung des *A* gutgläubig war.[322]

Betrachtet man die in diesen Entscheidungen genannten Wertungsgesichtpunkte, sollte eine Direktkondiktion im Fall einer „irrtümlichen Eigenleistung" ohne Weisung möglich sein, denn auch dort ist *A* der Rechtsschein für eine Leistung im Verhältnis *A-B* nicht zurechenbar.[323] Insofern ist jedoch anzumerken, daß der *VII. Zivilsenat* des *BGH*, welchem Werk- und Architektenverträge zugewiesen sind, auch in seiner neueren Rechtsprechung zur „irrtümlichen Eigenleistung" nicht auf die Frage der Zurechenbarkeit der Anweisung eingeht.[324]

bb) Die irrtümliche Eigenleistung als Fall der GoA

Auch bei dem Fall des nicht zustande gekommenen Vertrages finden sich Urteile, die bei identischer Dreiecksbeziehung nicht auf das Bereicherungsrecht abstellen, sondern wegen der möglichen Einordnung der Leistung als Geschäftsbesorgung einen Anspruch aus GoA zuerkennen.

Das *OLG Hamm*[325] prüft in einer Entscheidung zur vermeintlichen Vertragserfüllung eines Bauhandwerkers *C* zunächst einen Anspruch aus Leistungskondiktion. Dieser scheitert am Vorliegen einer Leistung im Rechtssinne, da aus Sicht des Eigentümers *B* eine Leistung seines Vertragspartners *A* vorlag. Weil der Bauhandwerker mithin ohne Anspruch „leer ausgehen" und der Eigentümer die Leistung „kostenlos behalten" würde, erkennt das Gericht dem Handwerker einen Anspruch aus unberechtigter GoA zu. Ein anderes Ergebnis „entspräche nicht der Sachlage".[326] Das Gericht hat damit im Wege der GoA die ständige Rechtsprechung des *BGH* zur Lehre vom Empfängerhorizont durchbrochen, ohne diesbezüglichen Begründungsaufwand betreiben zu müssen.

---

322 Der *BGH* verweist auf den „hinreichenden" Schutz des § 818 Abs. 3 BGB, vgl. *BGHZ* 152, 307, 312.

323 Vgl. *BGHZ* 152, 307, 309: „Der Empfängerhorizont könne aber dann nicht mehr maßgebend sein, wenn es an einem Mehrpersonenverhältnis mit verschiedenen Leistungsbeziehungen in Wirklichkeit fehle."

324 Vgl. *BGH* NJW-RR 2002, 1176; *BGH* NJW-RR 2002, 1312.

325 *OLG Hamm*, NJW-RR 1991, 1303.

326 *OLG Hamm*, NJW-RR 1991, 1303, 1304.

Erst kürzlich hat der *VIII. BGH-Zivilsenat* die irrtümliche Lieferung von Strom als auftraglose Fremdgeschäftsführung angesehen, obwohl der Endverbraucher einen wirksamen Vertrag mit einem anderen Versorger abgeschlossen hatte und an dessen Leistung glaubte.[327] Das Recht der ungerechtfertigten Bereicherung erwähnt das Gericht mit keinem Wort.

b) Die maßgeblichen Wertungen

Daß eine sachgerechte Beurteilung dieser „heillos umstrittenen Problematik"[328] nur schwer möglich ist, zeigt die nachfolgende Skizzierung der zu berücksichtigenden Wertungszusammenhänge.

aa) Der Vorrang der vertraglichen Beziehungen

Ausgangspunkt für die wertungsorientierte Betrachtung der Problematik ist wiederum der Grundsatz des Vorrangs vertraglicher Beziehungen. Weil *C* aufgrund seiner eigenen vermeintlichen Verpflichtung die Vermögensmehrung bei *B* vornimmt, liegt keine vertragliche Beziehung bzw. Leistungsbeziehung zu *A* vor. *C* wollte auch lediglich das Insolvenzrisiko hinsichtlich seines vermeintlichen Vertragspartners *B* übernehmen.[329] Damit steht auf der Seite des *C* einer Direktkondiktion keine vorrangige vertragliche Beziehung entgegen.

Maßgeblich kann deshalb nur das Valutaverhältnis sein. Die entscheidende Wertungsfrage ist, ob wegen des wirksamen Vertrages zwischen *A* und *B* eine Direktkondiktion des *C* ausscheidet.

bb) Die Schutzwürdigkeit des Empfängers

Der Vorrang einer vertraglichen Beziehung ist allerdings kein Selbstzweck, sondern rechtfertigt sich nur durch ein schutzwürdiges Vertrauen der Beteiligten.

---

327 *BGH* NJW-RR 2005, 639.

328 *St. Lorenz*, JuS 2003, 843. Vgl. auch dessen zusammenfassende Darstellung, S. 843 ff.

329 Ebenso *Wolf*, Festschrift Mühl (1981), S. 703, 717 f.; *Wendlandt*, NJW 2004, 985, 987.

Eine Schutzwürdigkeit des Empfängers *B* wird durch das wirksame Valutaverhältnis auch begründet. Fraglich ist jedoch, ob es notwendig ist, dem Empfänger *abstrakten Vertrauensschutz* durch vollständigen Ausschluß der Direktkondiktion zu gewähren. Denn wenn *A* mit der Handlung des *C* nichts zu tun hatte und dementsprechend kein zurechenbarer Rechtsschein gesetzt wurde, ist es möglicherweise ausreichend, unter Anerkennung einer Direktkondiktion lediglich das *konkrete Vertrauen* des *B* über die Anwendung des § 818 Abs. 3 zu schützen.[330]

Ob der Vertrauensschutz über § 818 Abs. 3 ausreichend und damit eine Direktkondiktion zulässig ist, wird in der Literatur unterschiedlich beurteilt. Insbesondere bestehen Zweifel an der Angemessenheit des konkreten Vertrauensschutzes, weil umstritten ist, ob bzw. unter welchen Voraussetzungen sich der Empfänger *B* wegen einer etwaigen Zahlung an seinen Vertragspartner *A* auf den Wegfall der Entreicherung im Sinne des § 818 Abs. 3 berufen könnte.[331]

cc) Die fehlende Schutzwürdigkeit des irrtümlich Leistenden

Weiterhin wird in der wissenschaftlichen Diskussion angeführt, *C* sei nicht schutzwürdig, da er sich zunächst nicht über die Wirksamkeit des Vertrages vergewissert habe und darüber hinaus bei der Leistungserbringung seine Tilgungs- und Zweckbestimmung gegenüber *B* nicht ausreichend klargestellt hat.[332]

Teilweise wird deshalb vertreten, *C* könne lediglich seine *Tilgungsbestimmung* gem. § 119 Abs. 1 analog *anfechten*.[333] Denn *C* wollte die Tilgung der eigenen Schuld erklären, während er aus der (maßgeblichen) Sicht des Empfängers *B* die Tilgung der Schuld des *A* erklärt hat.[334] Nach dieser Ansicht kann *C* wegen Bereicherung in sonstiger Weise bei *B* kondi-

---

330 *MüKo/Lieb*, § 812 Rn. 111.

331 Vgl. *MüKo/Lieb*, § 811 Rn. 111; *Medicus*, Bürgerliches Recht (2004), Rn. 688; zu der „irrationalen Unterscheidung" im Hinblick auf eine mögliche Vindikation *Staudinger/W. Lorenz*, § 812 Rn. 61 mit weiteren Nachweisen.

332 Vgl. *Medicus*, Bürgerliches Recht (2004), Rn. 688; *St. Lorenz*, NJW 1996, 883.

333 *Weitnauer*, NJW 1974, 1729, 1731; *St. Lorenz*, NJW 1996, 883, 883 f.; *Larenz/Canaris*, Schuldrecht Besonderer Teil II/2, 13. Auflage (1994), S. 218 ff.; kritisch dazu *MüKo/Lieb*, § 812 Rn. 108. In einem Überweisungsfall hat der *BGH* eine solche Anfechtung zugelassen, vgl. *BGHZ* 106, 163, 166 f.

334 Dazu *Medicus*, Bürgerliches Recht (2004), Rn. 607.

zieren. *B* ist dann allerdings ein entstandener Vertrauensschaden nach § 122 zu ersetzen.

Neben der Praxisferne dieser Konstruktion über die Anfechtung der Tilgungsbestimmung[335] ist zu bedenken, daß in den Fällen, in denen die Leistung in der *Übereignung einer Sache* besteht, die Anfechtung auch die dingliche Einigung erfassen kann. In diesem Fall ergeben sich jedoch möglicherweise Wertungswidersprüche im Verhältnis von Kondiktion und Vindikation.[336]

dd) Die sachenrechtliche Parallelwertung

Neben der Schutzwürdigkeit der Beteiligten stehen auch die *Wertungen des Sachenrechts* im Blickpunkt der Diskussion.[337]

Denn bei der „irrtümlichen Eigenleistung" kommt nicht nur eine Dienst- oder Werkleistung, sondern auch der *Einbau von Sachen* in Betracht.[338] In der Literatur zum Bereicherungsrecht wird deshalb bei der Frage der Zulassung einer Direktkondiktion teilweise eine Orientierung an den sachenrechtlichen Wertungen befürwortet. Weil der gutgläubige Erwerb stets „kondiktionsfest" sei, soll geprüft werden, ob *B* bei Annahme einer rechtsgeschäftlichen Übereignung der Sachen das Eigentum gutgläubig erworben *hätte*.[339] Bei Bejahung dieser Frage sei beim Einbau von Sachen ein Wertersatzanspruch des *C* gem. §§ 951 Abs. 1 S. 1, 812 Abs. 1 S. 1 Alt. 2

---

[335] *C* müßte zunächst über „diffizile bereicherungsrechtliche Kenntnisse" verfügen, um an eine solche Anfechtung überhaupt zu denken und weiterhin die Anfechtung unverzüglich erklären, § 121; vgl. *MüKo/Lieb*, § 812 Rn. 108; ähnlich *Larenz/Canaris*, Schuldrecht Besonderer Teil II/2, 13. Auflage (1994), S. 219.

[336] Dazu *Staudinger/W. Lorenz*, § 812 Rn. 61.

[337] Vgl. *Larenz/Canaris*, Schuldrecht Besonderer Teil II/2, 13. Auflage (1994), S. 212 ff.; *MüKo/Lieb*, § 812 Rn. 112 ff.; *Staudinger/W. Lorenz*, § 812 Rn. 61; *Reuter/ Martinek*, Ungerechtfertigte Bereicherung (1983), S. 458 ff.; *St. Lorenz*, NJW 1996, 883, 884.

[338] Vgl. *BGHZ* 40, 272.

[339] Weil insoweit wieder auf den Empfängerhorizont abgestellt wird, kommt nur ein gutgläubiger (Geheiß-)Erwerb von *A* gem. §§ 932 BGB, 366 Abs. 1 HGB in Betracht. Dazu *Larenz/Canaris*, Schuldrecht Besonderer Teil II/2, 13. Auflage (1994), S. 217 f.

als Direktkondiktion ausgeschlossen, da die §§ 946 ff. nur einen Ersatz für die Vindikation stellen sollen.[340]

Nach *Canaris* sind diese sachenrechtlichen Wertungen sogar auf die Fälle übertragbar, in denen *lediglich eine Werkleistung geschuldet* war. Obwohl es einen gutgläubigen Erwerb von Werkleistungen nicht gibt, sollen die §§ 932, 935 allein wegen der darin enthaltenen „Entscheidungsmuster", welche Wertungswidersprüche vermeiden können, anwendbar sein.[341]

c) Die Bewertung des Interessenkonflikts

Insgesamt sprechen die besseren Argumente für die Möglichkeit einer Direktkondiktion des C gegen *B*. Denn andernfalls kann *B* unter Umständen den Vermögensvorteil kostenlos behalten, während *C* ohne Anspruch bleibt.[342] Auch wenn man eine Rückgriffskondiktion gegen *A* wegen der Tilgung einer fremden Schuld im Sinne des § 267 für möglich hält,[343] wird das Ergebnis nicht interessengerechter. Denn in diesem Fall wird der unbeteiligte und damit ebenso schutzwürdige *A* in die Rückabwicklung einbezogen.

Läßt man folglich einen direkten Bereicherungsanspruch des *C* gegen *B* zu, muß diese Wertungsentscheidung auch entsprechend im Falle einer Geschäftsbesorgung gelten. Weil der Tatbestand der GoA bei nicht zustande gekommenen Verträgen nicht ausgeschlossen ist, kommt damit auch bei einer gleichzeitigen „irrtümlichen Eigenleistung" ein Anspruch aus GoA in Betracht.

Angesichts der umfangreichen Diskussion dieses bereicherungsrechtlichen Problems in Wissenschaft und Rechtsprechung soll an dieser Stelle jedoch auf eine ausführlichere Bewertung verzichtet werden.

---

340 *Larenz/Canaris*, Schuldrecht Besonderer Teil II/2, 13. Auflage (1994), S. 217 f.; *Beuthien*, JuS 1987, 841, 844 f. *St. Lorenz*, NJW 1996, 883, 884; kritisch dazu *MüKo/Lieb*, § 812 Rn. 109, 112 ff.

341 *Larenz/Canaris*, Schuldrecht Besonderer Teil II/2, 13. Auflage (1994), S. 221.

342 Vgl. beispielsweise den Sachverhalt bei der Entscheidung *OLG Hamm*, NJW-RR 1991, 1303, bei der eine Direktkondiktion über die unberechtigte GoA „fingiert" wurde.

343 Vgl. *MüKo/Lieb*, § 812 Rn. 115 ff, 119.

6. Resümee

Die Untersuchung der Fälle des Dreipersonenverhältnisses hat weiter zur Konkretisierung des Anwendungsbereichs der GoA beigetragen. Die Wertungen, welche dem Bereicherungsausgleich im Dreipersonenverhältnis zugrundegelegt werden, sind auf die auftraglose Fremdgeschäftsführung übertragbar. Der Vorrang vertraglicher Rechte als Grundsatz des gesamten bürgerlichen Vermögensrechts gilt insoweit auch im Recht der GoA. Ob man zu diesem Ergebnis über eine Annahme des Vorrangs der Leistungsbeziehungen unter wertungsgebundener Auslegung des Leistungsbegriffs kommt oder direkt auf die maßgeblichen Wertungszusammenhänge abstellt, ist dabei unbeachtlich.

Hat demzufolge der Geschäftsführer *C* einen Vertrag mit Geschäftsbesorgungscharakter abgeschlossen, kann er die direkt bei einem Dritten *B* erbrachte geschuldete Leistung nicht von diesem über einen Anspruch aus GoA vergütet bekommen. Ob der abgeschlossene Vertrag wirksam oder unwirksam ist, spielt dabei keine Rolle. Insoweit muß *C* auf den vertraglichen oder den Bereicherungsanspruch im Deckungsverhältnis verwiesen werden.

Wurde *C* von einem Vertreter ohne Vertretungsmacht zu der Leistung an seinen vermeintlichen Vertragspartner *B* angewiesen, entspricht diese Konstellation einer sogenannten „irrtümlichen Eigenleistung". In diesen Fällen kommt schon wegen der Einordnung der Vertretung ohne Vertretungsmacht als „vertragliche" Beziehung kein Anspruch aus GoA in Betracht. Hinsichtlich der Möglichkeit der Direktkondiktion des *C* gegen den Bereicherten *B* differieren die Ansichten in Rechtsprechung und Literatur.

Wenn der Geschäftsführer *C* irrtümlich und ohne Anweisung bei dem Geschäftsherrn eine Dienst- oder Werkleistung erbringt, kann bereicherungsrechtlich ebenfalls eine „irrtümliche Eigenleistung" vorliegen, wenn der Geschäftsherr *B* die Tätigkeit als Leistung seines (unbeteiligten) Vertragspartners *A* ansehen konnte. Über die maßgeblichen Wertungsgesichtspunkte und deren Gewichtung hinsichtlich der Zuerkennung eines direkten Bereicherungsanspruchs des irrtümlich Leistenden herrscht in der Literatur Uneinigkeit, während auch die Rechtsprechung eine klare Linie vermissen läßt. Im Hinblick auf die GoA ist deshalb auf eine Klärung dieser Problematik in der Rechtsprechung und der wissenschaftlichen Debatte zu hoffen. Sollte sich ein dahingehender Konsens zeigen, daß beim Fehlen einer zurechenbaren Anweisung der abstrakte Vertrauensschutz des Bereicherten zu weitreichend ist, kommt ein direkter Anspruch des *C* gegen *B* in

Betracht. Besteht die Leistung in einer Geschäftsbesorgung, wäre demnach auch ein Anspruch aus GoA möglich, weil diese bei nicht zustande gekommenen Verträgen anwendbar bleibt.

§ 4 Die Zusammenfassung der Ergebnisse zur Anwendbarkeit der GoA bei gescheiterten Verträgen

Die Zusammenfassung der Ergebnisse, welche durch die Einbeziehung von Wertungen außerhalb der §§ 677 ff. erzielt wurden, ergibt folgendes Gesamtbild zur Anwendbarkeit der GoA bei gescheiterten Verträge mit Geschäftsbesorgungscharakter:

Wenn ein Vertrag zwischen dem Geschäftsführer und dem Geschäftsherrn (bzw. einem Dritten) zustande gekommen ist, diesem Vertrag aber wegen Verstoßes gegen eine Nichtigkeitsvorschrift die Wirksamkeit versagt bleibt, ist das Ergebnis eindeutig. Die Rückabwicklung dieser *unwirksamen Verträge* ist dem Recht der ungerechtfertigten Bereicherung sowie den allgemeinen Vorschriften zugewiesen. Auch wenn die vermeintlich geschuldete Leistung in einer Geschäftsbesorgung besteht und damit formal der Tatbestand des § 677 erfüllt ist, darf von diesem Grundsatz des BGB keine Ausnahme gemacht werden. Gegen eine solche Ausnahme in diesem Bereich sprechen vornehmlich die Wertungen der Nichtigkeitsgründe und des Bereicherungsrechts. Weiterhin basiert die unterschiedliche Behandlung der Fälle der Geschäftsbesorgung nicht auf einem besonderen Verhältnis bzw. auf besonders schutzwürdigen Interessen der Parteien, sondern resultiert im wesentlichen nur aus der begrifflichen Differenzierung zu anderen Vertragstypen. Auch systematische Erwägungen sprechen damit gegen eine abweichende Einordnung. In den Fällen der unwirksamen Verträge mit Geschäftsbesorgungscharakter ist deshalb eine teleologische Reduktion des Tatbestandes der GoA erforderlich.[344]

Demgegenüber ist die Anwendung der GoA bei einem *nicht zustande gekommenen Vertrag* nicht ausgeschlossen, da der Geschäftsführer lediglich irrtümlich von einem wirksamen Vertrag ausging, *ohne* daß eine *vertragliche Beziehung* zu dem Geschäftsherrn oder zu einem Dritten bestand. Allein die Vorstellung des Geschäftsführers, zur Tätigkeit durch Vertrag verpflichtet zu

---

[344] Vgl. die abschließende Betrachtung der unwirksamen Verträge unter Gliederungspunkt E. § 1 VI., S. 232; vgl. zur GoA bei einem unwirksamen Vertrag mit einem Dritten Gliederungspunkt E. § 3 III. 3., S. 264.

sein, kann eine „vertragliche" Beziehung und damit einen Vorrang des Bereicherungsrechts nicht begründen. Wenn man in diesem Fällen auch begrifflich von einem „gescheiterten Vertrag" sprechen kann, gebieten insbesondere die schutzwürdigen Interessen des Geschäftsherrn bei einem Eingriff in seinen Rechtskreis die Anwendung der GoA.[345] Ob der Geschäftsführer gegen den Geschäftsherrn ausnahmsweise keine Ansprüche geltend machen kann, wenn dieser die Geschäftsbesorgung als vertragliche Leistung eines unbeteiligten Dritten ansehen konnte, soll hier nicht abschließend beurteilt werden.[346]

In einigen *Grenzfällen* ist die Frage, ob eine lediglich irrtümliche Geschäftsbesorgung oder bereits eine als „vertraglich" einzustufende Rechtsbeziehung vorliegt, nicht einfach zu beantworten. Ein alleiniges Abstellen auf den Begriff der Leistung im Rechtssinne hat sich schon bei der Untersuchung der nicht zustande gekommenen Verträge als untauglich erwiesen, weil die Leistung einerseits nicht jegliche vertraglichen Beziehungen erfaßt, andererseits nicht nur vertragsbezogen sein kann.[347] Regelmäßig ist demgegenüber das *Zustandekommen eines Vertrages* im Sinne einer vertraglichen Einigung objektiver Anknüpfungspunkt der Abgrenzung. Allerdings hat die genauere Untersuchung aufgezeigt, daß eine vertragliche Beziehung nicht erst mit dem Zustandekommen eines Vertrages, sondern schon dann begründet werden kann, wenn beide Beteiligten zu erkennen gegeben haben, daß sie ihre Beziehungen nach vertraglichen Gesichtspunkten regeln wollen. Gingen deshalb sowohl Geschäftsführer als auch Geschäftsherr im Sinne eines beiderseitigen versteckten Dissenses[348] irrtümlich von einer vertraglichen Einigung aus, kann schon der *Abschluß eines Vertrages* als Akt der In-Geltung-Setzung der vertraglichen Regelung Anknüpfungspunkt sein.[349] In diesem Zusammenhang wurde nachgewiesen, daß die über den Begriff des Vertragsabschlusses vorgenommene Abgrenzung auch hinsichtlich der erzielten Ergebnisse den schutzwürdigen

---

[345] Vgl. die abschließende Betrachtung der nicht zustande gekommenen Verträge unter Gliederungspunkt E. § 2 VII., S. 249.

[346] Vgl. Gliederungspunkt E. § 3 III. 5. c), S. 273.

[347] Vgl. Gliederungspunkt E. § 2 I. 2. a), S. 235.

[348] Vgl. Gliederungspunkt E. § 3 I., S. 250.

[349] Für einen Vertragsschluß als Akt der beiderseitigen Abgabe der auf einen Vertrag gerichteten Willenserklärungen mit der In-Geltung-Setzung der vertraglichen Regelung ist unbeachtlich, ob der Vertrag zustande kommt oder wirksam ist. Zum Begriff des Vertragsschlusses *Flume*, Allgemeiner Teil II (1992), S. 78 f.; vgl. auch die Ausführungen unter Gliederungspunkt E. § 3 I. 1., S. 250.

Interessen der Parteien entspricht.[350] Liegt dementsprechend ein Vertragsabschluß zwischen den Parteien vor, ist deren Beziehung ebenfalls als „vertraglich" einzustufen und eine Berufung auf die unzuständige GoA nicht möglich.

In den Fällen der Vertretung ohne Vertretungsmacht ist durch das Vertreterhandeln ein schwebend unwirksamer Vertrag zwischen dem Vertretenen als Geschäftsherrn und dem Geschäftsführer zustande gekommen.[351] Neben der begrifflichen Einordnung als vertragliche Beziehung spricht die nähere Betrachtung der typischen Fälle der Vertretung für einen Ausschluß der GoA. Denn insoweit gibt der Geschäftsherr gewöhnlich durch rechtgeschäftliches Handeln zu erkennen, daß er die Beziehung zum Geschäftsführer nach vertraglichen Gesichtspunkten regeln will. Die Wirksamkeit des Vertrages scheitert regelmäßig nicht an einer fehlenden Bevollmächtigung, sondern die Vertretungsmacht erweist sich wegen weiterer Nichtigkeitsgründe lediglich als unwirksam. Da auch bei einem nicht zurechenbaren Vertreterhandeln interessengerechte Ergebnisse erzielt werden können, sollten alle Fälle der Vertretung ohne Vertretungsmacht einheitlich als vertragliche Beziehungen dem Anwendungsbereich der §§ 677 ff. entzogen sein.

350 Vgl. Gliederungspunkt E. § 3 I. 3., S. 251.

351 Vgl. Gliederungspunkt E. § 3 II., S. 252, zum Resümee siehe S. 257.

F. Ergebnisse

Ausgehend von der Rechtsprechung des *BGH* zur Problematik der gescheiterten Verträge mit Geschäftsbesorgungscharakter wurden die Vorschriften der §§ 677 ff. dahingehend untersucht, ob in diesen Fällen das gesetzliche Schuldverhältnis der Geschäftsführung ohne Auftrag entsteht. Die diesbezüglich *aufgeworfenen Fragen*[1] können nunmehr beantwortet werden.

1. Bei der Frage, ob der Rückgriff auf die Regeln der GoA bei gescheiterten Verträgen mit Geschäftsbesorgungscharakter zulässig ist, muß zwischen den einzelnen Fallgruppen differenziert werden.

Die Rechtsprechung geht zunächst zutreffend davon aus, daß bei einem gescheiterten Vertrag mit Geschäftsbesorgungscharakter der Tatbestand der GoA erfüllt ist. Der generalklauselartig gefaßte Wortlaut des § 677 macht es unmöglich, die Tatbestandsmerkmale der GoA so zu konkretisieren, daß der Anwendungsbereich des Rechtsinstituts auf diejenigen Fälle beschränkt bleibt, welche dem zugrundegelegten Sinn und Zweck entsprechen. Für die Konkretisierung und Eingrenzung der GoA ist infolgedessen vornehmlich auf Wertungsgesichtspunkte außerhalb der GoA abzustellen.[2]

Im Sinne der hier vertretenen Auslegung des Tatbestandes bedeutet dies, daß die Tatbestandsvoraussetzungen des § 677 im Falle eines gescheiterten Vertrages formal erfüllt sind. Die vermeintliche Erfüllung eines Vertrages mit Geschäftsbesorgungscharakter stellt die Besorgung eines im fremden Rechts- und Interessenkreis liegenden Geschäfts dar. Der Fremdgeschäftsführungswille ist zu vermuten, da ein zumindest auch-fremdes Geschäft vorliegt, während ein Eigeninteresse des Geschäftsführers oder dessen Annahme einer vertraglichen Verpflichtung den Fremdgeschäftsführungswillen nicht ausschließt.[3]

Der anschließend erforderlichen teleologischen Reduktion des Tatbestandes der GoA verschließt sich indes die höchstrichterliche Rechtsprechung. So haben die Untersuchung der Systematik des BGB sowie die Betrachtung der Wertungen der Nichtigkeitsgründe und des Bereicherungsrechts gezeigt, daß

---

[1] Siehe Gliederungspunkt A. § 1 I., S. 26 f.

[2] Siehe die Ausführungen unter Gliederungspunkt D. § 7 I., S. 171 ff.

[3] Vgl. zur Auslegung des Tatbestandes der GoA im Bereich der gescheiterten Verträge Gliederungspunkt D., S. 103, zusammenfassend D. § 7 III., S. 174 ff.

die gesetzliche Rückabwicklung einer als „vertraglich" einzuordnenden Beziehung nach dem Recht der ungerechtfertigten Bereicherung und den sonstigen allgemeinen Vorschriften erfolgen muß.[4]

In den Fällen der gescheiterten Verträge, in denen der Geschäftsführer und der Geschäftsherr bzw. der Geschäftsführer und ein Dritter einen Vertrag hinsichtlich der in Frage stehenden Geschäftsbesorgung abgeschlossen haben, ist die Anwendung der GoA deshalb unzulässig. Dagegen bleibt in den Fällen, in denen kein Vertrag abgeschlossen wurde und sich die Einordnung als gescheiterter Vertrag nur aus der irrtümlichen Annahme einer vertraglichen Verpflichtung durch den Geschäftsführer ergibt, die GoA anwendbar.[5]

2. Die Frage, welches Anliegen hinter der Anwendung der GoA auf gescheiterte Verträge steht, wurde durch die nähere Betrachtung von ausgesuchten Entscheidungen des *BGH* beantwortet.

Demnach verfolgt der *BGH* mit dem Rückgriff auf die Ansprüche der GoA das Anliegen, bei der Rückabwicklung des gescheiterten Vertrages eine angemessene Risikoverteilung vorzunehmen. Diesen Gedanken hat der *BGH* wiederholt seiner Auslegung der §§ 677 ff. ausdrücklich zugrundegelegt.[6] Die Untersuchung hat indes gezeigt, daß dieses Ziel überwiegend verfehlt wird.

Zunächst kann der Rechtsprechung insofern nicht zugestimmt werden, als daß in Fallkonstellationen nach einer angemessenen Risikoverteilung gefragt wird, in denen sich eine solche Frage strikt verbietet. Insbesondere bei einem Verstoß des Vertrages gegen ein Verbotsgesetz oder die guten Sitten ist festzustellen, daß die Rechtsprechung die Nichtigkeitsfolgen bzw. den Kondiktionsausschluß des § 817 S. 2 BGB zu umgehen versucht. In diesem Bereich hat der Gesetzgeber jedoch die Risikoverteilung zwingend festgelegt, womit die Angemessenheit des Ergebnisses im Sinne der „Billigkeit" grundsätzlich unbeachtet bleiben sollte.

Auch in den weiteren Fällen der unwirksamen Vertragsbeziehungen kann die von der Rechtsprechung gewählte Auslegung der §§ 677 ff. der

---

[4] Vgl. die Ausführungen unter Gliederungspunkt E., S. 179, zusammenfassend E. § 1 VII., S. 232.

[5] Vgl. zur teleologischen Reduktion der GoA im Bereich der gescheiterten Verträge Gliederungspunkt E., S. 179, zusammenfassend E. § 4, S. 275.

[6] Vgl. die Ausführungen unter Gliederungspunkt C. § 2 II. 1. b) bb), S. 91.

Kritik des Schrifttums nicht standhalten. Diesbezüglich ist die Gerichtspraxis des *BGH* zweifach fehlerhaft. Zum einen wurde festgestellt, daß die Anwendung der GoA ausgeschlossen ist, soweit eine vertragliche Beziehung rückabgewickelt werden soll. Warum allein im Bereich der unwirksamen Geschäftsbesorgungsverträge eine vertragsähnliche Haftung anzuerkennen ist sowie dem Geschäftsführer mit der Anwendung der §§ 670, 683 S. 1 das Risiko der Nutzlosigkeit der Aufwendungen und des Wegfalls der Bereicherung beim Geschäftsherrn abgenommen werden sollen, ist nicht zu begründen.[7] Ein insoweit gegen die Systematik des BGB verstoßendes Ergebnis ist per se unangemessen.

Darüber hinaus wendet die Rechtsprechung die Vorschriften der GoA keineswegs stringent an. Vergegenwärtigt man sich die mögliche Tragweite der Einbeziehung gescheiterter Verträge in den Anwendungsbereich der GoA, stellt sich die tatsächliche Anwendung der GoA in der Gerichtspraxis als Ausnahmefall dar.[8] Denn wenn eine als angemessen angesehene Lösung auf anderem Weg erreicht werden kann, sieht die Rechtsprechung keinen Anlaß, auf die GoA zurückzugreifen. Wie selbstverständlich wird dann in diesen Entscheidungen lediglich auf das Vertrags-, Delikts- und Bereicherungsrecht eingegangen, ohne daß die GoA auch nur erwähnt wird. Dies stellt im Ergebnis eine ungebundene Billigkeitsrechtsprechung dar, welche sich jeglicher rationalen Kontrolle entzieht. Wie ein Gericht im Fall eines gescheiterten Vertrages mit Geschäftsbesorgungscharakter entscheiden wird, ist nach dem derzeitigen Stand der Rechtsprechung damit schlicht nicht vorhersehbar.

3. Die Untersuchung hat sich im weiteren nicht auf die Kritik der Rechtsprechung beschränkt. Im Hinblick auf die Frage, ob sich das Anliegen der Rechtsprechung auch ohne Anwendung der GoA erreichen läßt, wurde aufgezeigt, daß sich bei unwirksamen Vertragsbeziehungen auch ohne Rückgriff auf die Ansprüche der §§ 677 ff. wertungs- und interessengerechte Ergebnisse erzielen lassen.

Weil ein Ergebnis, welches der Systematik der Rückabwicklung unwirksamer Verträge widerspricht, von vornherein als unangemessen anzusehen ist, kann sich die Frage eines angemessenen Ergebnisses bei gescheiterten Verträgen lediglich in *zwei Konstellationen* stellen:

---

[7] Vgl. die Ausführungen unter Gliederungspunkt E. § 1 IV. 2., S. 225 f.

[8] Vgl. die Ausführungen unter Gliederungspunkt E. § 1 IV. 1., S. 223 f.

Erstens könnte dann von einem sachwidrigen bzw. unangemessenen Ergebnis gesprochen werden, wenn die Rechtsfolge, die sich ohne die Anwendung der GoA ergeben würde, dem Sinn und Zweck der Nichtigkeitsnorm zuwiderläuft. Bei Verstößen gegen Verbotsgesetze sollte aber zunächst das Augenmerk darauf gerichtet werden, ob die Folge der Nichtigkeit dem Sinn und Zweck des Verbotsgesetzes entspricht. Eine anschließende Angemessenheitsprüfung der Rechtsfolgen erscheint methodisch fragwürdig, wenn zuvor festgestellt wird, daß sich aus der ratio legis des Gesetzes *nicht* „ein anderes" als die vollständige Nichtigkeit des Vertrages ergibt (vgl. § 134 2. HS).[9]

Soweit eine Nichtigkeitsvorschrift wie beispielsweise § 138 Abs. 1 keinen Normzweckvorbehalt vorsieht, kann *im Einzelfall* die Rechtsfolge der Kondiktion dem Sinn und Zweck des Nichtigkeitsgrundes oder des § 817 S. 2 widersprechen. In diesen Fällen ist indes eine teleologische Reduktion der §§ 812 ff. möglich. Diese Lösung ist dem Ausweichen auf die GoA nicht nur trotz, sondern gerade wegen der erheblichen Anforderungen an eine solche Restriktion stets vorzuziehen. Nur eine ausreichend begründete Ausnahme von den grundsätzlichen Rechtsfolgen der §§ 812 ff. wird den Anforderungen an eine richterliche Entscheidung gerecht.[10] Eine ergebnisorientierte Anwendung der GoA im Einzelfall ohne Offenlegung der zugrundegelegten Wertungen erfüllt diese Anforderungen nicht.

Der zweite Fall, in dem sich die Frage der Angemessenheit des Ergebnisses stellen kann, ist die Konstellation, in der es um die Zuerkennung von vertragsähnlichen Herausgabe- und Schadensersatzansprüchen geht.[11] Weil eine Haftung hinsichtlich *leistungsbezogener Pflichten* bei unwirksamen Vertragsbeziehungen gegen Wertungszusammenhänge des BGB verstößt, ist eine Angemessenheitsprüfung auf die Fälle der Verletzung von *Schutzpflichten* beschränkt. Doch auch in diesem Bereich wurde nachgewiesen, daß mit dem Instrumentarium des Bereicherungs- und Deliktsrechts sowie der gesetzlichen Haftung für vorvertragliche und vertragliche Schutzpflichtverletzungen sachgerechte Ergebnisse zu erzielen sind.

Allein im Fall der irrtümlichen Annahme einer Verpflichtung ohne vorherigen Vertragsschluß gebieten die schutzwürdigen Interessen des Geschäftsherrn die Anwendung der GoA. In diesem Bereich stehen weder

---

[9] Siehe die Ausführungen unter Gliederungspunkt E. § 1 II. 1. d), S. 192.

[10] Vgl. zur Notwendigkeit der Begründung als notwendiges Erfordernis der Rechtsfindung *Raisch*, Juristische Methoden (1995), S. 134 f.

[11] Vgl. die Ausführungen unter Gliederungspunkt E. § 1 V., S. 225 ff.

Wertungsgesichtspunkte einer Anwendung der GoA entgegen, noch kann der Geschäftsherr auf Ansprüche wegen vorvertraglicher oder vertraglicher Schutzpflichtverletzung verwiesen werden.[12]

Das Fazit der Untersuchung ist somit ernüchternd: Die Rechtsprechung des *BGH* zu gescheiterten Verträgen mit Geschäftsbesorgungscharakter verstößt in weiten Teilen gegen anerkannte Wertungszusammenhänge des Zivilrechts. Das grundsätzlich berechtigte Anliegen, eine angemessene Risikoverteilung bei der Rückabwicklung vorzunehmen, kann die rechtsdogmatischen Mängel der vom *BGH* gewählten Auslegung der §§ 677 ff. nicht aufwiegen.

---

[12] Vgl. die Ausführungen unter Gliederungspunkt E. § 2, S. 234, zusammenfassend E. § 2 VII., S. 249.

Literaturverzeichnis

Batsch, Karl Ludwig: Aufwendungsersatzanspruch und Schadensersatzpflicht des Geschäftsführers im Falle berechtigter und unberechtigter Geschäftsführung ohne Auftrag, AcP 171 (1971), S. 218 ff.

Baur, Fritz: Zur 'dinglichen Seite' der Geschäftsführung ohne Auftrag, JZ 1952, S. 328 ff.

Blas, Elisabeth Eva: Die Geschäftsführung ohne Auftrag im öffentlichen Recht, 1991.

Becker, Ludwig: Die Ausdehnung des § 817, Satz 2 BGB auf andere Ansprüche außerhalb des Gebiets der ungerechtfertigten Bereicherung, Diss. 1951.

Beckmann, Roland Michael: Nichtigkeit und Personenschutz: parteibezogene Einschränkung der Nichtigkeit von Rechtsgeschäften, Tübingen 1998.

Benöhr, Hans Peter: Die Grundlage des BGB: Das Gutachten der Vorkommission von 1874, JuS 1977, S. 79 ff.

Enneccerus, Ludwig / *Buchka*, Gerhard von / *Bachem*, Carl / *Schroeder*, Richard (Herausgeber): Bericht der Reichstags-Kommission über den Entwurf eines Bürgerlichen Gesetzbuchs und Einführungsgesetzes nebst einer Zusammenfassung der Kommissionsbeschlüsse, Berlin 1896.

Beuthien, Volker: Leistung und Aufwendung im Dreiecksverhältnis - Grenzen des Handelns im Doppelinteresse, JuS 1987, S. 841 ff.

Beuthien, Volker: Die unberechtigte Geschäftsführung ohne Auftrag im bürgerlichrechtlichen Anspruchssystem, in: Europas universale rechtsordnungspolitische Aufgabe im Recht des dritten Jahrtausends: Festschrift für Alfred Söllner zum 70. Geburtstag, München 2000, S. 125 ff.

Brennhausen, Rüdiger: Geschäftsführung ohne Auftrag im öffentlichen Recht, Giessen 1934.

Brors, Christiane: Quasivertragliche Haftung trotz verbotener Rechtsberatung? ZIP 2001, S. 317 ff.

Busche, Jan: Privatautonomie und Kontrahierungszwang, Tübingen 1999.

Busz, Eick G.: Der Vergütungsanspruch aus einem durch Submissionsbetrug erlangten Auftrag, NZBau 2003, S. 65 ff.

Caemmerer, Ernst von: Bereicherung und unerlaubte Handlung, in: Festschrift für Ernst Rabel, Band 1, Tübingen 1954, S. 333 ff.

Calabresi, Guido: The costs of accidents: a legal and economic analysis, New Haven u. a. 1970.

Canaris, Claus-Wilhelm: Ansprüche wegen „positiver Vertragsverletzung" und „Schutzwirkung für Dritte" bei nichtigen Verträgen, JZ 1965, S. 475 ff.

Canaris, Claus-Wilhelm: Der Bereicherungsausgleich im Dreipersonenverhältnis, in: Festschrift für Karl Larenz zum 70. Geburtstag, München 1973, S. 799 ff.

Canaris, Claus-Wilhelm: Grundrechte und Privatrecht, AcP 184 (1984), S. 201 ff.

Canaris, Claus-Wilhelm: Urteilsanmerkung zu BGH, Urteil vom 20.12.1984 - VII ZR 388/83, NJW 1985, S. 2404 f.

Deckert, Martina Renate: Folgenorientierung in der Rechtsanwendung, München 1995.

Dehnen, Dietrich: Zu den Voraussetzungen eines allgemeinen zivilrechtlichen Anspruchs auf Kostenersatz bei Selbstvornahme, Hamburg 1997.

Dorn, Horst: Strukturgleichheit zwischen faktischen Vertragsverhältnissen und Geschäftsführung ohne Auftrag, NJW 1964, S. 799 ff.

Drasdo, Michael: Immobilienvertrieb und unerlaubte Rechtsberatung, NJW-Spezial 2004, S. 145 f.

Ehmann, Horst: Urteilsanmerkung zu BGH, Urteil v. 23.09.99 - III ZR 322/98, LM Nr. 40 zu § 677 BGB.

Eidenmüller, Horst: Wertersatz für rechtsgrundlos erbrachte Bauleistungen, JZ 1996, S. 889 ff.

Eidenmüller, Horst: Effizienz als Rechtsprinzip - Möglichkeiten und Grenzen der ökonomischen Analyse des Rechts, 2. Auflage, Tübingen 1998.

Einsele, Dorothee: Geschäftsführung ohne Auftrag bei nichtigen Verträgen? - BGH, NJW 1997, 47, in: JuS 1998, S. 401 ff.

Emmerich, Volker: Urteilsanmerkung zu BGH, Urteil v. 23.9.1999 - III ZR 322/98, JuS 2000, S. 603 ff.

Enneccerus, Ludwig / *Lehmann*, Hans Carl: Lehrbuch des Bürgerlichen Rechts, 2. Band, Recht der Schuldverhältnisse, 15. Auflage, Tübingen 1958.

Erman, Walter (Begründer): Handkommentar zum Bürgerlichen Gesetzbuch,

- Band 1, §§ 1-811, 11. Auflage, Köln 2004 (zit. Erman/Bearbeiter),

- Band 2, §§ 812-2385, 11. Auflage, Köln 2004 (zit. Erman/Bearbeiter).

Ernst, Astrid: Schuldrecht, Besonderer Teil II: Miete, Werkvertrag, GoA u. a., München 1999.

Esser, Josef / *Weyers*, Hans-Leo: Schuldrecht, Band 2, Besonderer Teil, Teilband 2, 8. Auflage, Heidelberg 2000.

Falk, Ulrich: Von Titelhändlern und Erbensuchern: Die GoA-Rechtsprechung am Scheideweg, JuS 2003, S. 833 ff.

Fezer, Karl-Heinz: Aspekte einer Rechtskritik an der economic analysis of law und am property rights approach, JZ 1986, S. 817 ff.

Fikentscher, Wolfgang: Schuldrecht, 9. Auflage, Berlin u. a. 1997.

Fisch, Christian: Strafbarkeitsausschluß durch berechtigte Geschäftsführung ohne Auftrag: zur strafbarkeitsausschließenden Wirkung der berechtigten Geschäftsführung ohne Auftrag (§§ 677 ff. BGB) im Verhältnis zwischen Geschäftsherrn und Geschäftsführer, Frankfurt/Main 2000.

Flume, Werner: Allgemeiner Teil des Bürgerlichen Rechts, Zweiter Band: Das Rechtsgeschäft, 4. Auflage, Berlin 1992 (zit. Flume, Allgemeiner Teil II).

Friedrich, Fabian M.: Die Selbstaufopferung für Minderjährige im Straßenverkehr und die Haftung nach dem Zweiten Gesetz zur Änderung schadensersatzrechtlicher Vorschriften, NZV 2004, S. 227 ff.

Frotz, Gerhard: Dogmatische Fortschritte im Verständnis der Regreßmethoden bei Schuldnermehrheit? JZ 1964, S. 665 ff.

Giesen, Dieter: Grundsätze der Konfliktlösung im Besonderen Schuldrecht – Das Recht der fremdnützigen Geschäftsbesorgung, Jura 1996, S. 225 ff., 288 ff., 344 ff.

Gödicke, Patrick: Bereicherungsrecht und Dogmatik, Berlin 2002.

Gold, Ingo: "GoA" bei nichtigen Werkverträgen? - Besprechung von BGH NJW 1993, 3196, JA 1994, S. 205 ff.

Globisch, Günter: Geschäftsführung ohne Auftrag, DVP 1998, S. 267 ff.

Griebe, Thomas: Der Aufwendungsersatzanspruch des Geschäftsführers ohne Auftrag: eine juristisch-ökonomische Analyse unter besonderer Berücksichtigung der Rechtsprechung des Bundesgerichtshofes, Frankfurt/ Main 1996.

Gursky, Karl-Heinz: Die Ausweitung des Anwendungsbereichs der Geschäftsführung ohne Auftrag in der neueren Rechtsprechung, JurA (Jur. Analysen) 1969, S. 103 ff.

Gursky, Karl-Heinz: Der Tatbestand der Geschäftsführung ohne Auftrag, AcP 184 (1985), S. 13 ff.

Gutbrod, Max B.: Rechtsfragen der Erbenermittlung, ZEV 1994, S. 337 ff.

Hadding, Walther: Die Verweisungen auf die Vorschriften über die Herausgabe einer ungerechtfertigten Bereicherung im BGB, in: Festschrift für Otto Mühl zum 70. Geburtstag, Stuttgart 1981, S. 225 ff.

Hanau, Peter / *Adomeit*, Klaus: Arbeitsrecht, 12. Auflage, Neuwied u. a. 2000.

Hau, Wolfgang: Geschäftsführung ohne Verbraucherauftrag, NJW 2001, S. 2863 ff.

Hauß, Fritz: Ein strapaziertes Rechtsinstitut - Zur Eingrenzung der Geschäftsführung ohne Auftrag, in: Festgabe für Hermann Weitnauer zum 70. Geburtstag, Berlin 1980, S. 333 ff.

Helm, Johann Georg: Geschäftsführung ohne Auftrag, in: Gutachten und Vorschläge zur Überarbeitung des Schuldrechts, Band 3, Köln 1983, S. 335 ff. (zit. *Helm*, Gutachten und Vorschläge).

Hensche, Martin: Teleologische Begründungen in der juristischen Dogmatik: eine Untersuchung am Beispiel des Arbeitskampfrechts, Baden-Baden 1998.

Honsell, Heinrich: Die Rückabwicklung sittenwidriger oder verbotener Geschäfte, München 1974.

Hoppe, Werner / *Spoerr*, Wolfgang / *Niewerth*, Johannes: Das Einsichtsrecht der Erbenermittler in Personenstandsbücher - Gesetzliche und verfassungsrechtliche Grundlagen, StAZ 1998, 65.

Hospach, Frank J.: Rückabwicklung gescheiterter Titelkäufe, NJW 1996, S. 643 ff.

Jhering, Rudolf v.: Abhandlungen aus dem römischen Recht, Band I, Leipzig 1844.

Jakobs, Heinrich / *Schubert*, Werner: Die Beratung des Bürgerlichen Gesetzbuchs in systematischer Zusammenstellung der unveröffentlichten Quellen, Recht der Schuldverhältnisse, §§ 652 bis 853, Berlin 1983 (zit. *Jakobs/Schubert*, Die Beratung des Bürgerlichen Gesetzbuchs, Schuldverhältnisse III).

Kaiser, Dagmar: Die Rückabwicklung gegenseitiger Verträge wegen Nicht- und Schlechterfüllung nach BGB, Tübingen 2000.

Klatt, Michael: Auftraglose Fremdgeschäftsführung durch Minderjährige: zugleich ein Beitrag zum Minderjährigenschutz in gesetzlichen Schuldverhältnissen, Berlin 2001.

Kleine-Cosack, Michael: Restriktive Auslegung des Rechtsberatungsgesetzes -Abwägungsgebot als oberstes Auslegungsprinzip, NJW 2003, S. 3009 ff.

Knobel, Ulrike: Wandlungen im Verständnis der Vertragsfreiheit, Berlin 2000.

Koch, Hans-Joachim / *Rüßmann*, Helmut: Juristische Begründungslehre: eine Einführung in Grundprobleme der Rechtswissenschaft, München 1982.

Köhler, Helmut: Arbeitsleistungen als „Aufwendungen"? JZ 1985, S. 359 ff.

Köhler, Helmut: Schwarzarbeitsverträge: Wirksamkeit, Vergütung, Schadensersatz, JZ 1990, S. 466 ff.

Köndgen, Johannes: Die Geschäftsführung ohne Auftrag im Wandel der Zeiten - Versuch einer Ehrenrettung, in: Rechtsgeschichte und Privatrechtsdogmatik, Festschrift für Hans Hermann Seiler zum 70. Geburtstag, Heidelberg 1999, S. 371 ff.

Kötz, Hein: Die Ungültigkeit von Verträgen wegen Gesetz- und Sittenwidrigkeit, RabelsZ 58 (1994), S. 209 ff.

Kötz, Hein: Geschäftsführung ohne Auftrag aus rechtsökonomischer Sicht, in: Festschrift für Bernhard Großfeld zum 65. Geburtstag, Heidelberg 1999, S. 583 ff.

Kohler, Josef: Die Menschenhülfe im Privatrecht, in: Jherings Jahrbücher für die Dogmatik des römischen und deutschen Privatrechts, Bd. 25 (1887), S. 1 ff.

Koppensteiner, Hans-Georg / *Kramer*, Ernst: Ungerechtfertigte Bereicherung, 2. Auflage, Berlin u. a. 1988.

Krebs, Peter: Sonderverbindung und außerdeliktische Schutzpflichten, München 2000.

Kuhlmann, Kai: Leistungspflichten und Schutzpflichten, Ein kritischer Vergleich des Leistungsstörungsrechts des BGB mit den Vorschlägen der Schuldrechtskommission, Berlin 2001.

Larenz, Karl: Lehrbuch des Schuldrechts, Band 1: Allgemeiner Teil, 14. Auflage, München 1987.

Larenz, Karl / *Canaris*, Claus-Wilhelm: Lehrbuch des Schuldrechts Band II/1: Besonderer Teil/ 1. Halbband, 13. Auflage, München 1986.

Larenz, Karl / *Canaris*, Claus-Wilhelm: Lehrbuch des Schuldrechts Band II/2: Besonderer Teil/ 2. Halbband, 13. Auflage, München 1994.

Larenz, Karl / *Canaris*, Claus-Wilhelm: Methodenlehre der Rechtswissenschaft, 3. Auflage, Berlin 1995.

Laufs, Adolf: Mehrere Geschäftsherren bei der negotiorum gestio, NJW 1967, S. 2294 ff.

Leenen, Detlef: Abschluß, Zustandekommen und Wirksamkeit des Vertrages – zugleich ein Beitrag zur Lehre vom Dissens, AcP 188 (1988), S. 381 ff.

Lent, Friedrich: Der Begriff der auftraglosen Geschäftsführung, Leipzig 1909.

Lent, Friedrich: Die Gesetzeskonkurrenz im bürgerlichen Recht und Zivilprozeß, Band 1, Leipzig 1912.

Lent, Friedrich: Wille und Interesse bei der Geschäftsbesorgung, Leipzig 1938.

Looschelders, Dirk / *Roth*, Wolfgang: Juristische Methodik im Prozeß der Rechtsanwendung – Zugleich ein Beitrag zu den verfassungsrechtlichen Grundlagen von Gesetzesauslegung und Rechtsfortbildung, Berlin 1996.

Lorenz, Stephan: Gescheiterte Vertragsbeziehungen zwischen Geschäftsführung ohne Auftrag und Bereicherungsrecht: späte Einsicht des BGH?, NJW 1996, S. 883 ff.

Lorenz, Stephan: Der Schutz vor dem unerwünschten Vertrag – Eine Untersuchung von Möglichkeiten und Grenzen der Abschlußkontrolle im geltenden Recht, München 1997.

Lorenz, Stephan: Bereicherungsrechtliche Drittbeziehungen, JuS 2003, S. 729 ff., 839 ff.

Lorenz, Werner: Rechtsfolgen formnichtiger Schuldverträge – BGH, NJW 1965, 812, JuS 1966, S. 429 ff.

Ludwig, Ingo / *Lange*, Jérôme: Die Kompetenz der Länder zum Erlaß kommunalrechtlicher Formvorschriften für Verpflichtungserklärungen, NVwZ 1999, S. 136 ff.

Lutter, Marcus / *Hommelhoff*, Peter (Herausgeber): GmbHG, 16. Auflage, Köln 2004 (zit. Lutter/Hommelhoff/Bearbeiter).

Lützenkirchen, Klaus: Unterlassene Schönheitsreparaturen durch den Mieter: Anwendbarkeit der Vorschriften über die Geschäftsführung ohne Auftrag, MDR 2001, S. 9 ff.

Martinek, Michael / *Theobald*, Uwe: Grundfälle zum Recht der Geschäftsführung ohne Auftrag, JuS 1997, S. 612 ff., S. 805 ff., S. 992 ff., JuS 1998, S. 27 ff.

Medicus, Dieter: Bürgerliches Recht, 20. Auflage, Köln u. a. 2004.

Melullis, Klaus-Jürgen: Das Verhältnis von Geschäftsführung ohne Auftrag und ungerechtfertigter Bereicherung: zugleich ein Beitrag zur Lehre vom sachlichen Geltungsbereich beider Institute, Diss. Hamburg 1971.

Meurer, Wolfgang / *Neunaber*, Jörg: Das Aus für Geschäftsbesorgungsverträge bei Bauträgermodellen? – Vollmachten bei Bauträgermodellen im Lichte des RBerG, NZM 2002, S. 807 ff.

Monroy, Ernst v.: Die vollmachtlose Ausübung fremder Vermögensrechte, Rostock 1878.

Motive zu dem Entwurfe eines Bürgerlichen Gesetzbuches für das Deutsche Reich, 5 Bände, Berlin 1888 (zit. Mot. Band).

Müller, Friedrich / *Christensen*, Ralph: Juristische Methodik, Band 1: Grundlagen, Öffentliches Recht, 9. Auflage, Berlin 2004.

Müller, Harald: Der Fremdgeschäftsführungswille - Eine kritische Bestandsaufnahme, Mannheim 1980.

Münchener Kommentar zum Bürgerlichen Gesetzbuch,

- Band 1, Allgemeiner Teil, §§ 1-240, 4. Auflage, München 2001 (zit. MüKo/Bearbeiter),

- Band 4, Schuldrecht Besonderer Teil II, §§ 611-704, 4. Auflage, München 2005 (zit. MüKo/Bearbeiter),

- Band 5, Schuldrecht Besonderer Teil III, §§ 705-853, 4. Auflage, München 2004 (zit. MüKo/Bearbeiter).

Muscheler, Karlheinz: Römischrechtliche Exegese: Geschäftsführung ohne Auftrag - Afr. D. 3, 5, 48, JuS 1988, S. 627 ff.

Nedden, Claudio: Die Geschäftsführung ohne Auftrag im Öffentlichen Recht, Berlin 1994.

Oechsler, Jürgen: Urteilsanmerkung zu BGH, Urteil vom 21.10.2003 - X ZR 66/01, LMK 2004, S. 19 f.

Oppermann, Bernd H.: Konstruktion und Rechtspraxis der Geschäftsführung ohne Auftrag - Zur Transformation eines bürgerlich-rechtlichen Instituts in das Wettbewerbsrecht, AcP 193 (1993), S. 497 ff.

Ott, Claus: Die Relevanz der Rechtsökonomie für die Anwendung und Fortbildung des Zivilrechts, in: Wirtschafts- und Medienrecht in der offenen Demokratie, Freundesgabe für Friedrich Kübler zum 65. Geburtstag, Heidelberg 1997, S. 21 ff.

Ott, Claus / *Schäfer*, Hans-Bernd: Die ökonomische Analyse des Rechts - Irrweg oder Chance wissenschaftlicher Rechtserkenntnis? JZ 1988, S. 213 ff.

Palandt, Otto (Begründer): Bürgerliches Gesetzbuch, 64. Auflage, München 2005 (zit. Palandt/Bearbeiter).

Pesch, Andreas: Probleme der Geschäftsführung ohne Auftrag im Lichte der gesetzlichen Regelung, Jura 1995, S. 361 ff.

Planck, Gottlieb (Begründer): Kommentar zum Bürgerlichen Gesetzbuch, II. Band, 2. Hälfte: Recht der Schuldverhältnisse, Besonderer Teil, 4. Auflage, Berlin 1928 (zit. Planck/Bearbeiter).

Rabel, Ernst: Ausbau oder Verwischung des Systems? Zwei praktische Fragen, RheinZ 10 (1919), S. 89 ff., in: Gesammelte Aufsätze, Band I - Arbeiten zum Privatrecht 1907-1930, Tübingen 1965, S. 309 ff.

Raisch, Peter: Juristische Methoden: Vom antiken Rom bis zur Gegenwart, Heidelberg 1995.

Reichard, Ingo: Negotium alienum und ungerechtfertigte Bereicherung - Zur Entbehrlichkeit des § 687 Abs. 2 BGB -, AcP 193 (1993), S. 597 ff.

Reuter, Dieter / *Martinek*, Michael: Handbuch des Schuldrechts in Einzeldarstellungen, Band 4: Ungerechtfertigte Bereicherung, Tübingen 1983. (zit. Reuter/Martinek, Ungerechtfertigte Bereicherung).

RGRK, Das Bürgerliche Gesetzbuch, Kommentar, herausgegeben von Mitgliedern des Bundesgerichtshofs,

- Band II 4 (§§ 631-811), 12. Auflage, Berlin - New York 1978, (zit. RGRK/Bearbeiter),

- Band II 5 (§§ 812-831), 12. Auflage, Berlin - New York 1989 (zit. RGRK/Bearbeiter).

Roth, Herbert: Das Eigentümer-Besitzer-Verhältnis, JuS 2003, S. 937 ff.

Rowedder, Heinz / *Schmidt-Leithoff*, Christian (Herausgeber): Gesetz betreffend die Gesellschaften mit beschränkter Haftung (GmbHG), 4. Auflage, München 2002 (zit. Rowedder/Schmidt-Leithoff/Bearbeiter)

Ruhstrat, E.: Beiträge zur Lehre von der Negotiorum Gestio, AcP 32 (1849), S. 173 ff.

Rödder, Dieter: Grundzüge der Geschäftsführung ohne Auftrag, JuS 1983, S. 930 ff.

Saenger, Ingo: Einstweiliger Rechtsschutz und materiellrechtliche Selbsterfüllung: Möglichkeiten der kurzfristigen Verwirklichung von Ansprüchen auf Vornahme vertretbarer Handlungen - zugleich ein Beitrag zum Spannungsverhältnis von Prozeßrecht und materiellem Recht, Tübingen 1998.

Sack, Rolf: Das Anstandsgefühl aller billig und gerecht Denkenden und die Moral als Bestimmungsfaktoren der guten Sitten, NJW 1985, S. 761 ff.

Sauer, Stefan / *Wittemann*, Frank, Das Rechtsberatungsgesetz und die Wirksamkeit von Geschäftsbesorgungsverträgen – Vorgaben des Verfassungsrechts, BKR 2003, S. 656 ff.

Savigny, Friedrich Carl v.: System des heutigen Römischen Rechts, Band I, Berlin 1840.

Schäfer, Hans-Bernd / *Ott*, Claus: Lehrbuch der ökonomischen Analyse des Zivilrechts, 3. Auflage, Berlin 2000.

Schmalz, Dieter: Methodenlehre für das juristische Studium, 4. Auflage, Baden-Baden 1998 (zit. Schmalz, Methodenlehre).

Schmid, Martin: Geschäftsführung ohne Auftrag als Anspruchsgrundlage für Kostenerstattung von wettbewerbsrechtlichen Abmahnungen?, GRUR 1999, S. 312 ff.

Schmidt, Benjamin: Der Anwendungsbereich der berechtigten Geschäftsführung ohne Auftrag, JuS 2004, S. 862 ff.

Schönberger, Christoph: Rechtsberatungsgesetz und Berufsfreiheit, NJW 2003, S. 249 ff.

Schreiber, Rupert: Die Anwendbarkeit der Regeln der Geschäftsführung ohne Auftrag bei zugleich eigenem und fremden Geschäft, DB 1979, S. 1397 ff.

Schubert, Werner: Die Entstehung der Vorschriften des BGB über Besitz und Eigentumsübertragung: Ein Beitrag zur Entstehungsgeschichte des BGB, Berlin 1966.

Schubert, Werner: Der Tatbestand der Geschäftsführung ohne Auftrag, AcP 178 (1978), S. 425 ff.

Schubert, Werner: Grenzen der Geschäftsführung ohne Auftrag, NJW 1978, S. 687 ff.

Schubert, Werner: Die Vorlagen der Redaktoren für die erste Kommission zur Ausarbeitung des Entwurfs eines Bürgerlichen Gesetzbuches,

- Recht der Schuldverhältnisse, Teil 2, Besonderer Teil, Verfasser Franz Philipp von Kübel und Hilfsarbeiter, Berlin 1980 (zit. v. Kübel, in: Schubert, Die Vorlagen der Redaktoren für die erste Kommission, Schuldrecht II).

- Recht der Schuldverhältnisse, Teil 3, Besonderer Teil II, Verfasser Franz Philipp von Kübel und Hilfsarbeiter, Berlin 1980 (zit. v. Kübel, in: Schubert, Die Vorlagen der Redaktoren für die erste Kommission, Schuldrecht III).

- Anlagen: Entwürfe eines Bürgerlichen Gesetzbuchs, Entwürfe eines Einführungsgesetzes für das Bürgerliche Gesetzbuch von 1888, Berlin 1986 (zit. Schubert, Die Vorlagen der Redaktoren für die erste Kommission, Anlagen).

Schubert, Werner: Materialien zur Entstehungsgeschichte des BGB: Einführung, Biographien, Materialien, Berlin 1978 (zit. Schubert, Materialien zur Entstehungsgeschichte des BGB).

Schulte-Nölke, Hans: Das Reichsjustizamt und die Entstehung des Bürgerlichen Gesetzbuchs, Frankfurt/Main 1995.

Schulte-Nölke, Hans: Die schwere Geburt des Bürgerlichen Gesetzbuchs, NJW 1996, S. 1705.

Schulz, Fritz: System der Rechte auf den Eingriffserwerb, AcP 105 (1909), S. 469 ff.

Schulze, Götz: Urteilsanmerkung zu BGH, Urteil vom 23.09.1999 - III ZR 322/98, JZ 2000, S. 523 ff.

Schwark, Eberhard: Der Fremdgeschäftsführungswille bei der Geschäftsführung ohne Auftrag, JuS 1984, S. 321 ff.

Seiler, Christian: Auslegung als Normkonkretisierung, Heidelberg 2000.

Seiler, Hans Hermann: Der Tatbestand der negotiorum gestio im Römischen Recht, Köln 1968.

Seiler, Hans Hermann: Über die Vergütung von Dienstleistungen des Geschäftsführers ohne Auftrag, in: Festschrift für Heinz Hübner zum 70. Geburtstag, Berlin 1984, S. 239 ff.

Seiler, Hans Hermann: Grundfälle zum Recht der Geschäftsführung ohne Auftrag, JuS 1987, S. 368 ff.

Soergel, Hans Theodor (Begründer): Kommentar zum Bürgerlichen Gesetzbuch,

- Band 4, Teilband 2, §§ 651a-704, 12. Auflage, Stuttgart u. a. 1999 (zit. Soergel/Bearbeiter).

- Band 4, Teilband 3, §§ 705-853, 11. Auflage, Stuttgart u. a. 1985 (zit. Soergel/Bearbeiter).

Stamm, Jürgen: Die Rückführung der sog. »auch fremden Geschäfte« von der Geschäftsführung ohne Auftrag auf die Gesamtschuld, Jura 2002, S. 730 ff.

Staub, Hermann (Begründer), Großkommentar zum Handelsgesetzbuch, Band 1, Einleitung §§ 1-104, 4. Auflage, Berlin 1995 (zit. *Staub*/Bearbeiter).

Staudinger, Julius v. (Begründer): Kommentar zum Bürgerlichen Gesetzbuch,

- 1. Buch, Allgemeiner Teil, Band 3, §§ 90-133, Bearbeitung 2004, Berlin 2004 (zit. Staudinger/Bearbeiter).

- 1. Buch, Allgemeiner Teil, Band 4, §§ 134-163, Neubearbeitung 2003, Berlin 2003 (zit. Staudinger/Bearbeiter).

- 2. Buch, Recht der Schuldverhältnisse, §§ 241-234, 13. Bearbeitung, Berlin 1995 (zit. Staudinger/Bearbeiter).

- 2. Buch, Recht der Schuldverhältnisse, §§ 255-314, Neubearbeitung 2001, Berlin 2001 (zit. Staudinger/Bearbeiter).

- 2. Buch, Recht der Schuldverhältnisse, Band 2, §§ 652-704, 13. Bearbeitung, Berlin 1995 (zit. Staudinger/Bearbeiter).

- 2. Buch, Recht der Schuldverhältnisse, Band 2, §§ 652-704, 11. Auflage, Berlin 1958 (zit. Staudinger/Bearbeiter, 11. Auflage).

- 2. Buch, Recht der Schuldverhältnisses, §§ 812-822, Neubearbeitung 1999, Berlin 1999 (zit. Staudinger/Bearbeiter).

Thies, Tjark: Die Nichtigkeit des Werkvertrages unter besonderer Berücksichtigung des Eigentümer-Besitzer-Verhältnisses, Berlin 2001.

Vogel, Achim Olrik: Formvorschriften oder Einschränkungen der Vertretungsmacht? - BGH, NJW 1994, 1528, in: JuS 1996, 964 ff.

Voit, Wolfgang / *Geweke*, Götz: Der praktische Fall - Bürgerliches Recht: Der fehlgeschlagene „Titelkauf“, JuS 1997, S. 531 ff.

Voß, Ulrich: Vertragliche und gesetzliche Ansprüche des Schwarzarbeiters, Berlin 1994.

Wank, Rolf: Die Auslegung von Gesetzen - Eine Einführung, 3. Auflage, Berlin 2005.

Weiler, Frank: Gekaufte Doktortitel - Rückabwicklung nach Geschäftsführung ohne Auftrag oder Bereicherungsrecht? NJW 1997, 1053 f.

Weishaupt, Arnd: Zur Geschäftsführung ohne Auftrag bei vertraglicher Pflichtbindung des Geschäftsführers, NJW 2000, S. 1002 f.

Weitnauer, Hermann: Die bewußte und zweckgerichtete Mehrung fremden Vermögens, NJW 1974, S. 1729 ff.

Wendlandt, Bettina: „Ein bißchen Rubikon“ - Der BGH und die GoA des vertraglich pflichtgebundenen Geschäftsführers, NJW 2004, S. 985 ff.

Wernecke, Frauke: Abwehr und Ausgleich „aufgedrängter Bereicherungen“ im Bürgerlichen Recht, Berlin 2004.

Wieacker, Franz: Privatrechtsgeschichte der Neuzeit: unter besonderer Berücksichtigung der deutschen Entwicklung, 2. Auflage, Göttingen 1967.

Wichert, Joachim: Urteilsanmerkung zu OLG Koblenz, Urteil v. 29.07.1999 - 5 U1787/98, ZMR 2000, S. 220 f.

Windscheid, Bernhard: Lehrbuch des Pandektenrechts, Band 2, 5. Auflage, Stuttgart 1879.

Windscheid, Bernhard / *Kipp*, Theodor: Lehrbuch des Pandektenrechts, Band 2, 9. Auflage, Frankfurt/Main 1906.

Wittmann, Roland: Begriff und Funktionen der Geschäftsführung ohne Auftrag: eine zivilistisch-dogmengeschichtliche Abhandlung, München 1981.

Wlassak, Moriz: Zur Geschichte der negotiorum gestio: Eine rechtshistorische Untersuchung, Jena 1879.

Wolf, Manfred: Die Verwendungsersatzansprüche des Besitzers im Anspruchssystem, AcP 166 (1966), S. 188 ff.

Wolf, Manfred: Zur Anwendung der Geschäftsführung ohne Auftrag neben Leistungsbeziehungen, in: Festschrift für Otto Mühl zum 70. Geburtstag, Stuttgart 1981, S. 703 ff. (zit. Wolf, Festschrift Mühl).

Wolff, Lutz-Christian: Zuwendungsrisiko und Restitutionsinteresse - Struktur und Rückabwicklung von Zuwendungen, dargestellt am Beispiel von Synallagma und Leistungskondiktion, Berlin 1998.

Wollschläger, Christian: Die Geschäftsführung ohne Auftrag: Theorie und Rechtsprechung, Berlin 1976.

Wollschläger, Christian: Die Geschäftsführung ohne Auftrag im öffentlichen Recht und Erstattungsanspruch, Berlin 1977.

Zippelius, Reinhold: Juristische Methodenlehre, 9. Auflage, München 2005.

Peter Lang · Europäischer Verlag der Wissenschaften

Stephan Schwilden

Die rechtliche Stellung des GmbH-Geschäftsführers und des managing directors einer englischen private limited company im Vergleich

Frankfurt am Main, Berlin, Bern, Bruxelles, New York, Oxford, Wien, 2005. 224 S.
Europäische Hochschulschriften: Reihe 2, Rechtswissenschaft. Bd. 4094
ISBN 3-631-52968-6 · br. € 39.–*

Die private limited company und die GmbH sind sowohl in England als auch in Deutschland die mit Abstand am weitesten verbreiteten Gesellschaftsformen. Aufgrund ihrer Ähnlichkeit zur GmbH stellt die private limited company immer mehr auch für deutsche Gesellschaften, die beabsichtigen dauerhaft in England tätig zu werden, die bevorzugte Gesellschaftsform dar. Ihre Gründung ist einfach und vergleichsweise kostengünstig. Die unterschiedlichen Rechte, Pflichten und Haftungsrisiken, die sich für die Unternehmensführer beider Gesellschaften ergeben, sowie deren unterschiedliches Verhältnis zur Gesellschaft sind Gegenstand dieser Arbeit. Auch wenn der Ausgleichsdruck, den die EG-Richtlinien auf das englische Recht in der Vergangenheit ausgeübt haben, immer mehr zu einer Annäherung der gesellschaftsrechtlichen Strukturen geführt hat, bestehen in der Praxis nach wie vor gravierende Unterschiede zwischen dem GmbH-Geschäftsführer und dem managing director einer englischen private limited company.

Aus dem Inhalt: Die rechtliche Stellung der Geschäftsführer und directors · Bestellung und Anstellung · Vertretungsmacht und Geschäftsführungsbefugnis · Haftung und Enthaftung · Versicherbare Risiken – D&O Versicherungen · Insolvenzhaftung · Das Ende der Geschäftsführertätigkeit

Frankfurt am Main · Berlin · Bern · Bruxelles · New York · Oxford · Wien
Auslieferung: Verlag Peter Lang AG
Moosstr. 1, CH-2542 Pieterlen
Telefax 00 41 (0) 32 / 376 17 27

*inklusive der in Deutschland gültigen Mehrwertsteuer
Preisänderungen vorbehalten

Homepage http://www.peterlang.de